LA TEORÍA CONSTITUYENTE
(EXPLICADA EN ALGUNAS LECCIONES POR PETRA DOLORES LANDAETA)

©   by Luis Beltrán Guerra G.

Hecho el Depósito de Ley
ISBN: 978-980-365-357-6
Depósito Legal: DC2016000336

Editorial Jurídica Venezolana
Torre Oasis. Av. Francisco Solano López.
P.B. Local 4. Sabana Grande
Apartado Postal 17.598. Caracas 1015-A. Venezuela
Teléfonos: 762-25-53/762-38-42 Fax. 763-52-39
Email fejv@cantv.net
http://wwvv.editorialjundicavenezolana.com.ve

Impreso por: Lightning Source, an INGRAM Content company
para Editorial Jurídica Venezolana International Inc.
Panamá, República de Panamá.
Email: ejvinternational@gmail.com

Diagramación y montaje por: Francis Gil,
en letra Time New Roman 14, interlineado múltiple 1,1, Mancha 18,5 x 12

LUIS BELTRÁN GUERRA G.

Doctor en Derecho
Profesor de Derecho Administrativo

LA TEORÍA CONSTITUYENTE
(EXPLICADA EN ALGUNAS LECCIONES POR PETRA DOLORES LANDAETA)

Con la colaboración de Marisol García, Andrés E. Guerra
y Giulio Cellini

Editorial Jurídica Venezolana

Caracas, 2017

A Luis Eduardo, Valeria,
Emiliana e Ignacio Luis.

Mis nietos.

Dedicamos

GEORGE STEINER, en DIEZ (POSIBLES) RAZONES PARA LA TRISTEZA DEL PENSAMIENTO[1], nos traduce al español a SCHELLING, Uber das Wesen der menschlichen Freiheit (1908):

Esta es la tristeza que se adhiere a toda vida mortal, una tristeza que, sin embargo, nunca llega a la realidad, sino que solo sirve a la perdurable alegría de la superación. De ahí el velo de la pesadumbre, el cual se extiende sobre la naturaleza entera, de ahí la profunda e indestructible melancolía de toda la vida.

Solo en la personalidad está la vida; y toda personalidad se apoya en un fundamento oscuro, que, no obstante, debe ser también el fundamento del conocimiento.

{Sobre la esencia de la libertad humana}

---

1   Ediciones Siruela. México, 2007

PRÓLOGO A LA TEORÍA CONSTITUYENTE, SU TENDENCIA Y FINES

Julio Rodríguez Berrizbeitia
Individuo de Número de la
Academia de Ciencias Políticas
y Sociales

Me hace un honor inmerecido mi profesor y amigo de toda una vida, Luis Beltrán Guerra, al pedirme que prologue esta obra. Me viene a la memoria el prólogo de Víctor Goti a la obra *Niebla (Nivola),* de Miguel de Unamuno:

> Se empeña don Miguel de Unamuno en que ponga yo un prólogo a este su libro en que se relata la tan lamentable historia de mi buen amigo Augusto Pérez y su misteriosa muerte, y yo no puedo menos sino escribirlo, porque los deseos del señor Unamuno son para mí mandatos, en la más genuina acepción de este vocablo[1].

De cualquier forma, espero que no sea necesario, en la situación que nos ocupa, requerir un "postprólogo" como lo hizo Don Miguel con su buen amigo -sobre el que confiesa estar "en el secreto de su existencia"- Víctor Goti.

Pero ocupémonos por un momento de las inquietudes de Petra Dolores Landaeta, quien adquiere vida espiritual a través de la experi-

---

1 UNAMUNO, Miguel de, *Ensayo -Novela-Poesía- Teatro,* Círculo de Lectores, Barcelona, 1969, p. 139.

mentada pluma de Luis Beltrán Guerra. Muy a pesar de sus noventa y cuatro años -los cuales no pesarían tanto en el mundo que nos anuncia Harari[2]-, Petra Dolores tiene la consistencia y voluntad de pensar que se puede dar "el gusto de percibir la transición de esta Venezuela a una democrática, rica, estable, sólida y de avanzada, como es la que merecen quienes en ella moramos".

Guerra, con una aproximación al ciudadano común a través de un selecto grupo de personajes de ficción y realidad, nos habla del proceso constituyente. Más bien, acorde con el objetivo anterior, se refiere a una "teoría constituyente práctica". No es accidental que el profesor Guerra presente dos dimensiones de la formación de su personaje principal relativas a un análisis de las oportunidades históricas y a su sólida formación en derecho constitucional, lo que le va a permitir -gracias a lo aprendido en la cátedra de Jóvito Villalba- "experimentar en sentido práctico y real la Teoría Constituyente". De lo anterior podemos deducir en Dolores Landaeta, álter ego de Guerra, esa formación humana tan valiosa para Platón[3], tal como lo enseñaba Villalba.

Antes de introducirnos en su detallado análisis de los principios fundamentales del texto constitucional actual de Venezuela, Guerra establece una serie de fundamentos básicos no solo a fin de contrastarlos con lo que tenemos, sino más bien como herramienta de cualquier proceso que en el futuro pretenda transitar por el proceso constituyente como panacea de resolución de los conflictos existentes en una sociedad. El autor nos advierte con gran agudeza la necesidad de evitar que lo que parece lógico nos lleve a lo irracional. En tal sentido, jamás imaginamos las dificultades de los pueblos para conformarse como sociedades en ejercicio de la soberanía a ellas inherente. Así, pareciera imponerse una nueva ética ciudadana que empiece a darle significado

---

2   *HARARI, Yuval Noah,* Homo Deus. A Brief History of Tomorrow, *Vintage,* 2016.

3   De hecho, Jaeger citado por Antonio Gómez Robledo en su *Introducción a la República de Platón,* señalaba: "La República platónica es, ante todo, una obra de formación humana. No es una obra política en el sentido usual de lo político, sino en sentido socrático". Ver GÓMEZ ROBLEDO, Antonio, *Introducción a la República de Platón,* Universidad Autónoma de México, 1971, p. CVII.

al esfuerzo colectivo frente al de los personajes mesiánicos; al rol que corresponde a cada institución en la sociedad; a la negación de una solidaridad cómplice frente a la violación del Estado de derecho; a la concepción del servicio público como un instrumento ajeno al enriquecimiento personal; a la búsqueda de una sociedad justa definida en términos de lo mejor posible para todos los estratos que la componen; a la condenación de la política mal entendida como instrumento de "explotación de la esperanza" del pueblo. En pocas palabras, urge una nueva relación entre el hombre y el poder político. Guerra se lo plantea acudiendo a la Constitución, sin ignorar una realidad evidente que no es otra que el riesgo siempre presente en un "gobierno atípico que se elige conforme a pautas constitucionales formales, pero que pone de lado la Constitución material". Lo anterior parece generar una duda grave en la mayoría de la población venezolana con respecto a la eficacia del texto fundamental para limitar efectivamente la acción gubernamental[4].

Las expectativas de los venezolanos frente a la actual Asamblea Nacional se han visto frustradas por el control -casi absoluto- que el Ejecutivo ha ejercido sobre los poderes públicos. El autor del libro que prologamos lo señaló de la siguiente forma: "Mucho ha de hacerse de parte de la Asamblea Nacional ante la crisis nacional derivada de la tergiversación de la política, la economía y la atención a la problemática social. Criterios pretorianos, caprichosos y sin ningún contexto filosófico, ni científico, han alimentado la hecatombe que padece un país otrora próspero".

A lo anteriormente señalado, Guerra añade: violaciones de los derechos humanos; destrucción de la descentralización; manejo autoritario del poder; inflación normativa; uso arbitrario de leyes habilitantes

---

4   Jesús María Casal ha señalado: "En cuanto a nosotros es necesario acometer, cuanto antes, la reconstitucionalización del proceso político, entendida no como la vuelta a un pasado constitucional anterior a 1999 sino como la realización plena de la Carta Fundamental de ese año". Ver CASAL H., Jesús M., "Proceso constituyente, Constitución y justicia constitucional", en Jesús María Casal H., coordinador, *Defender la Constitución*, Asociación Venezolana de Derecho Constitucional y Universidad Católica Andrés Bello, Caracas, 2011, p. 44.

con prórrogas continuas que las hacen parecer permanentes; control político y compra de conciencias; descarada intervención en la libertad de empresas; protectorado socialista; lucha contra la corrupción solo a nivel declarativo, sin ningún efecto práctico; etc. La lista de los males parece predecir una caja de Pandora imposible de cerrar. Con gran acierto Petra Dolores señala que muchas otras manifestaciones de la detestable inflación normativa abundan en la agenda de los diecisiete años chavistas, a lo cual califica también como la "metodología del engaño". Nos queda una situación que abruma por la cualidad de los problemas que debemos abordar, pero también constituye una lección importante para entender que no es posible interpretar la historia solo en clave de pasado o de presente: se requiere un concienzudo análisis de los dos para construir el futuro.

No solo es una experiencia venezolana, sino que es conveniente compartirla. El profesor Guerra señala que "No es extraño, sino que, por el contrario, no hay página escrita, conversación, programa radial o de televisión, prensa, libro ni tratado" en donde no se afirme que en "los países de América Latina, y entre ellos, por supuesto, Venezuela, que tal vez ocupe el primer lugar para el 2016, llevado a ello por la alucinación revolucionaria [...] la teoría constituyente, entendida en cualquiera de sus formas, ha servido de todo y para todo". Y continúa indicando que:

> La crisis que la afecta ha sido, por lo menos, dual, esto es, en la escritura y en la realidad. Algunas veces lo escriturado no ha sido bueno y otras cuando se ha escrito bien lo anotado se ha aplicado mal o no se ha observado. La anarquía ha sacudido, pues, a la Teoría a lo largo de todo el continente. Pero lo más grave, continúa galopando en la mayoría de los casos bajo la conducción de potros descarriados. Octavio Paz con ocasión de analizar el libro de Carlos Rangel *Del buen salvaje al buen revolucionario,* cuyo título ilustra bastante con respecto al fenómeno, escribió: "La mentira se instaló en nuestros pueblos casi constitucionalmente. El daño ha sido incalculable y alcanza zonas muy profundas de nuestro ser. Nos movemos en la mentira con naturalidad. De ahí que la lucha contra la mentira oficial y constitucional sea el primer paso de toda tentativa seria de reforma". Pero para lograr el antagonismo necesario para enfrentar

a los que creen o son convencidos para creer en un mal llamado proceso revolucionario, con los que no lo creen, se acude a teorías como la del amigo-enemigo de Smith, tan contrarias a la forma de ser del latinoamericano[5]. Revolución que no involucra cambios hacia estados de vida mejor, percibido por la población, sino al contrario la promesa marxista de un futuro inalcanzable mientras que los regentes del poder ya lo alcanzaron. Paradoja más que evidente en cualquier estado social capaz de ser vislumbrado por cualquiera de los habitantes de una sociedad que tengan que soportarlo en las expresiones más que evidentes de la vida diaria.

Al final podríamos caer en la tentación de, como dice Guerra, "parar la historia para comenzar otra vez". Lo cual resulta imposible al menos desde el punto de vista fáctico, pero pudiera ser relevante desde el analítico. En lo práctico, recomponer un país con el fin de poner a cada uno en su sitio resulta, al menos como ejercicio, una forma de comenzar a recomponer el país frente a la duda escéptica de lo inexorable. Cómo nos cuesta a los latinoamericanos pensar en que somos capaces de cambiar nuestro destino, sobre todo cuando conocemos los males no "ontológicos", sino sociales, de nuestra forma de asumir la vida. El "éxito de la travesía", como lo expresa Guerra, no nos lleva (en mi opinión) a otro lugar que a una fantasía de resultados que no pueden ser sostenidos en el tiempo. Probablemente a mucha de nuestra población la juzguen por la inmediatez de la necesidad de lograr fortuna de algunos de nuestros ancestros europeos. Esa es una versión no real de la mayoría que luchó por imponerse frente a lo heredado sumado a lo recibido. Son determinaciones de las cuales debemos deslastrarnos para ocupar nuestro lugar en la historia. Cuanto antes lo hagamos será mejor y ello es tan prioritario como cambiar sistemas dictatoriales como el venezolano actual. Ni las "coincidencias ni las incongruencias" de las cuales habla Guerra pueden minar, a pesar del

---

5   Sobre la teoría abominable de Smith del "amigo-enemigo" ver: RIQUEZES CONTRERAS, Oscar, "El significado del Estado social de derecho. ¿Espacio para la libertad o para la opresión?", en *Libro Homenaje a la Academia de Ciencias Políticas y Sociales en el centenario de su fundación 1915-2015*, tomo I, Caracas, 2015, p. 610.

caudillismo, provincialismo, anarquía, el rol de los que pretenden saber más y las teorías del complot, la vocación latinoamericana para el futuro.

No vale, como bien señala Guerra, que los roles institucionales se desprendan de sus funciones para afiliarse a proyectos contrarios a sus fines. No es algo atribuible a la teoría constituyente requerida para formar la base de un acuerdo social que debe tratar de incorporar a todos. El que tengamos una justicia constitucional que pretenda adherirse a la temporalidad de un gobierno no es otra cosa que una mera quimera que parte de la idea, históricamente errónea, del mantenimiento permanente del *statu quo* político[6]. Tal como señala Guerra al referirse al delicado mantenimiento del poder citando al sociólogo venezolano Luis Pedro España:

> El gobierno por sí mismo simplemente no existe. Nadie puede creer que sea posible mantenerse así por los próximos años. Unos esperan milagros, otros el desenlace final. Predecir lo que sigue es imposible. La permanencia es un acto de simple aleatoriedad. El gobierno lanza la moneda cada día. En una cara dice 2016, en la otra 2017, no hay más allá.

El problema es que entre lanzar una moneda y otra los problemas se agudizan, creando situaciones que algún día -lejos o cerca- alguien tiene que resolver.

---

6   El Dr. Román J. Duque Corredor ha señalado con gran acierto: "Corresponde al juicio de la historia, en el contexto expresado, la calificación que corresponde a la Sala Constitucional del Tribunal Supremo de Justicia de Venezuela y su responsabilidad en la organización del desgobierno violatorio de la legitimidad democrática y de su propia legitimidad". Ver DUQUE CORREDOR, Román J., "Desafíos de la democracia en Venezuela (el derecho de resistir la violación del Estado de derecho). Legitimidad democrática y jurisdicción constitucional", en *Libro Homenaje a la Academia de Ciencias Políticas y Sociales, ob. cit.,* p. 673. Ver igualmente: GONZÁLEZ CRUZ, Fortunato, "De la república a la autocracia. La desnaturalización del Estado democrático en Venezuela", en *Libro Homenaje a la Academia de Ciencias Políticas y Sociales, ob. cit.,* p. 371.

En el fondo de todo lo narrado, que pudiera apuntar a un orden de solución de problemas complicado de por sí, en Guerra hay un optimismo natural producto de su formación jurídico-moral enfocada a la solución de problemas. Así dice:

> El futuro democrático de Venezuela pareciera estar cerca, como es sin duda deseado, pero no puede dejar de expresarse que las masas populares demandan orientaciones claras, precisas y determinantes, pues el reclamo a la democracia en lo que a su eficiencia se contrae ha pasado a ser enorme.

En una Venezuela como la actual pareciera reflejarse el futuro de Latinoamérica, con las fuerzas que confluyen a crear un destino. Venezuela es clave. No lo es por sus recursos o por su ubicación. Lo es porque tiene un pueblo que se equivocó en la elección de "lo político", pero está claro en el valor de la libertad para seguir transitando su futuro. Luis Beltrán Guerra, con su forma especial de hablarnos de un proceso complejo como el que ha habido en Venezuela en los últimos años, nos aporta una experiencia valiosa desde la perspectiva de un actor que ha asumido múltiples roles: desde el de un jurista formado, hasta el del político con experiencia práctica. En los momentos actuales, en que la nación se debate entre fórmulas como el resurgimiento de la Constituyente, sus comentarios son de gran valor para el país que vamos a tener. Pareciera, al final de todo, que un comentario suyo nos aterriza en una realidad contundente: "La Propuesta Constituyente no garantiza que los poderes se comporten de forma diferente a como lo han hecho".

Su análisis, digno de ser revisado, nos lleva a una forma de narrar las vicisitudes de un proceso traumático para un país, pero ejemplificante para todos. Mi amigo y profesor nos aporta un recuerdo importante digno de ser seguido para entender la realidad que tenemos. El depositar todas nuestras esperanzas en una Constitución pudiera ser una forma equívoca de ver la realidad si la misma no se soporta en un acuerdo social general de guiar nuestras vidas conforme a él. A menudo en estos días he pensado en los roles que cada uno asume frente a la sociedad en la cual -por esa decisión que no nos corresponde- nos ha tocado vivir. Me pregunto frecuentemente, más como ser humano que como jurista, qué papel me hubiera tocado desempeñar en cualquiera de las posiciones que la vida me hubiera impuesto, y al final recuerdo la no tan recordada obra de Mario Briceño Irragorry *El regente Heredia o La piedad heroica,* en la cual señala al final de la misma:

> El regente Heredia hizo constantes esfuerzos por amansar la furia de una soldadesca brutal que hollaba escandalosamente las leyes y pactos, por impedir a los americanos las esperanzas, que él sin duda tenía, de que la nueva Constitución española pusiese fin a un estado de cosas tan horroroso. Desainado, vilipendiado y a fuerza de sinsabores y amarguras arrastrado al sepulcro, no logró otra cosa que dar a los americanos una prueba más de lo ilusorio de aquellas esperanzas[7].

Agradezco al Dr. Luis Beltrán Guerra por solicitarme un prólogo sin resultado garantizado. Pero sobre todo le agradezco la inmensa oportunidad de poder comentar cosas que nos interrogan como venezolano y latinoamericano. Es posible prescindir de todo y pensar que las cosas se pueden solucionar solas dejando que el tiempo, "el gran barrendero" como decía Maritain, lo resuelva todo. Ello va a suceder, pero nuestra inquietud, luego de leer el recuento del profesor Guerra, nos determina por los nuestros a tratar de acelerar los cambios.

---

7 BRICEÑO-IRRAGORRY, Mario, *Obras selectas,* Ediciones Edime, Madrid-Caracas, 1954, p. 377.

PRÓLOGO

Carlos Ayala Corao

Luis Beltrán Guerra, estimado amigo y destacado profesor venezolano de Derecho Público, nos ha honrado al solicitarnos que escribamos el Prólogo a su nueva obra: "LA TEORÍA CONSTITUYENTE (Explicada en algunas lecciones por Petra Dolores Landaeta)".

Se trata de un libro profundo y sencillo a la vez. Que combina la teoría constitucional con el análisis social y económico. Así es la riqueza de los autores y las fuentes que cita en sus propios estudios, reflexiones, artículos de opinión, Constitución, leyes, sentencias y los fundamentos de sus análisis.

El personaje escogido para poner imaginariamente estas reflexiones no podía ser más original y acertado: Petra Dolores Landaeta, una andina de 94 años de edad, que ha participado activamente en la política venezolana desde la Asamblea Nacional Constituyente de 1946 a la Constitución de 1961, para luego retirarse; pero que luego de la Constituyente de 1999 decide bajar de los Andes para reflexionar sobre la nueva Constitución y la actual vida política venezolana. Petra Dolores combina así la sencillez de su origen popular, con su suspicacia andina y su astucia de adeca.

Como lo explica Petra Dolores de distintas formas a lo largo de este libro, la separación e independencia de los poderes públicos es la base de toda la teoría constitucional. Como lo expresaron los constituyentes franceses en su Declaración de Derechos en 1789, un país que no tiene garantizada la separación de poderes y los derechos, no tiene Constitución. Por muy perfecta e ideal que sea una constitución escrita, como puede ser la Constitución normativa de 1999, si no existe un Poder Judicial autónomo e independiente que la garantice, la Constitución no tendrá vigencia real. En estos casos, la Constitución será violada, desconocida, torcida y puesta al servicio del poder.

El Poder Judicial al servicio de la "Revolución" y el secuestro de la Constitución

En el caso venezolano, el poder político y más concretamente el Gobierno desde 1999 ha cooptado y configurado un Tribunal Supremo de Justicia (también e indistintamente "TSJ") como un apéndice del Poder Ejecutivo Nacional al servicio de la "Revolución". Los poderes que la Constitución separa, quedaron unidos bajo el supremo mando del Comandante Supremo de la Revolución.

De esta manera, el Poder Judicial incluida su jurisdicción constitucional se convirtió en un instrumento obediente y sumiso al servicio de la Revolución. Ello ha ocasionado, en primer lugar, una justicia que no cumple sus funciones más básicas a la sociedad. Frente a los elevadísimos índices de delitos que afligen a la sociedad venezolana, el Poder Judicial es responsable de una impunidad cercana al 90%, que en el caso de los delitos contra los derechos humanos llega al 99%. En segundo lugar, esa justicia ha sido utilizada por el poder político como un instrumento de persecución a todo tipo de disidencia; incluso llegando a renunciar su jurisdicción propia, para entregar el ajusticiamiento de los ciudadanos que disienten a los tribunales militares, en violación de la Constitución y los instrumentos internacionales sobre derechos humanos.

En tercer lugar, el Poder Judicial liderado por el Tribunal Supremo de Justicia, ha renunciado a controlar los actos de los Poderes Públicos de la Revolución. Ello ha permitido el desarrollo de un desenfrenado autoritarismo por parte de todos los poderes públicos a su servicio.

La "Revolución" no acepta la Constitución ni la democracia cuando pierde elecciones

Como Petra Dolores lo destaca, al perder la Revolución el control de algunos de estos poderes públicos, la situación se revierte hasta llegar a vaciar sus competencias constitucionales. En todas estas situaciones el Herodes ha sido el Tribunal Supremo de Justicia y especialmente su Sala Constitucional. Así pasó cuando perdieron las elecciones en algunas gobernaciones y entonces se nacionalizaron las competencias constitucionales en materia de la administración de puertos, aeropuertos y autopistas. O cuando perdieron las elecciones en la Alcaldía Metropolitana de Caracas y entonces crearon por ley la Alcaldía o jefatura del gobierno del Distrito Capital, traspasándole competencias, servicios, presupuesto y hasta la sede física a un funcionario no electo sino designado a dedo por el Presidente de la República.

El secuestro de la Asamblea Nacional por el TSJ y el asalto gubernamental

Pero sin duda alguna, la mayor fechoría ha venido ocurriendo desde diciembre de 2015, cuando los partidos de oposición agrupados en la Mesa de la Unidad Democrática (MUD), ganaron la mayoría calificada de las dos terceras partes de los diputados de la Asamblea Nacional (también e indistintamente "AN"). A partir de ese momento, el Herodes Judicial ejecutó un verdadero golpe de estado contra la soberanía popular, mediante actos arbitrarios e irregulares con la fachada de "sentencias", que fueron vaciando las competencias parlamentarias: para calificar a sus miembros, legislar, controlar a la administración pública, realizar interpelaciones, investigar funcionarios públicos, dictar su reglamento interno y hasta administrar su propio personal.

Mediante estas actuaciones políticas del Tribunal Supremo de Justicia, todas las leyes dictadas por la Asamblea Nacional desde el año 2016 han sido anuladas o en definitiva han sido dejadas sin efecto; así como lo han sido las interpelaciones y votos de censura parlamentarias; las investigaciones parlamentarias sobre actos de corrupción; la aprobación de contratos de interés público nacional; la aprobación del presupuesto nacional y el reglamento interno; llegando al extremo, de excusar al Presidente de rendir su informe anual ante la Asamblea Nacional para que lo haga ante la Sala Constitucional y despojando a la Junta Directiva del parlamento de sus facultades de administrar su presupuesto y pagar a sus propios empleados. No sin razón la comunidad internacional y la nacional prendió todas sus alarmas ante las sentencias 155 y 156 de marzo del 2017, donde llegaron al extremo de despojar a la Asamblea Nacional de todas sus competencias constitucionales. Ello fue justificadamente calificado como una ruptura del orden constitucional o golpe de estado, mereciendo la condena universal *urbi et orbi*.

Este secuestro institucional de la Asamblea Nacional se consumó con el asalto a la Asamblea Nacional el 5 de julio de 2017, perpetrado por grupos armados paraestatales con la abierta colaboración de la Guardia Nacional Bolivariana.

Se trata como dijimos, de actos políticos inconstitucionales, que usurparon la soberanía popular encomendada a los diputados electos, mediante actos que vaciaron la Constitución, despojando a la Asamblea Nacional de sus competencias expresas.

El secuestro del derecho político-constitucional al referendo revocatorio y del derecho a votar

Para completar esta grave ruptura del orden constitucional, durante el año 2016 la "Revolución" secuestró el derecho constitucional del pueblo a convocar un referendo revocatorio del Presidente de la República (art. 72). Para ejecutar este secuestro se utilizó también al Poder Judicial, a través de tribunales penales abiertamente incompetentes y de un Consejo Nacional Electoral dependiente, quienes conspiraron para ello con el Poder Ejecutivo.

Ese mismo Consejo Nacional Electoral tampoco convocó en ese año 2016, a las elecciones para gobernadores y legisladores estadales, conforme lo manda la Constitución; y en el año 2017, tampoco convocó las elecciones de alcaldes y concejales municipales, conforme lo dispone la misma Constitución.

La rebelión democrática de los ciudadanos

Sin elecciones, con la Asamblea Nacional secuestrada y en medio de una gravísima crisis económica con la inflación más alta del mundo, un desabastecimiento extremo de alimentos y medicinas, y un colapso de los servicios públicos sobre todo en materia de salud, en el mes de abril de este año el pueblo decidió salir a protestar contra el Gobierno, por la democracia y por sus derechos. Estas protestas pacíficas han sido reprimidas violentamente por la Guardia Nacional Bolivariana y la Policía Nacional Bolivariana, contando con la intervención, el apoyo y la impunidad de grupos paraestatales o "colectivos" armados. El saldo ha sido hasta la fecha de casi cien muertos, en su mayoría jóvenes y hasta menores de edad, más de mil heridos, y más de mil quinientos detenidos, incluyendo más de quinientos procesados por tribunales militares.

Con ello se están violando los derechos humanos (vida, integridad personal, libertad, expresión, reunión y manifestación) y la Constitución, ante la mirada complaciente y hasta cómplice de ese mismo Poder Judicial.

Frente a ello, en lugar de dialogar y entenderse, el Gobierno se ha burlado de la sociedad y de la comunidad internacional, al no respetar los acuerdos mínimos alcanzados, como lo evidencia la carta publicada del Secretario de Estado del Vaticano, Monseñor Pietro Parolin.

Pero aun peor, el Gobierno ha decidido radicalizar su deriva autoritaria, con la convocatoria a una nueva Asamblea Nacional Constituyente en usurpación a la soberanía popular y en fraude a la Constitución. Evidentemente que ello no es más que una coartada para controlar ese instrumento y prolongarse en el poder sin hacer las elecciones libres, ni respetar la Constitución.

La respuesta: convocatoria por y para el Presidente de la Constituyente en 2017

Así, el Presidente de la República Bolivariana de Venezuela, Nicolás Maduro Moros, en Consejo de Ministros, mediante el Decreto N° 2.830 de fecha 1 de mayo de 2017[1] decidió convocar ("convoco") a una Asamblea Nacional Constituyente (ANC) (art. 1). Según los considerandos de dicho decreto presidencial, la ANC se convoca con los propósitos de (i) preservar la vida del planeta; (ii) defender la soberanía e integridad de la nación; (iii) constitucionalizar las grandes Misiones Socialistas; (iv) perfeccionar el sistema económico hacia la Venezuela Potencia; (v) la paz; (vi) erradicar la impunidad de los delitos; (vii) constitucionalizar las Comunas y los Consejos Comunales;

---

1   *Gaceta Oficial* (*G.O.*) N° 6.925 Extraordinario de fecha 1-5-2017.

(viii) consagrar los derechos de la juventud y (ix) reivindicar el carácter pluricultural. En este decreto el Presidente dispuso que los integrantes de la ANC serán elegidos "en los ámbitos sectoriales y territoriales" (art. 2). Seguidamente, el 23 de mayo de 2017 el Presidente de la República dictó el Decreto N° 2.878[2] mediante el cual dictó las "Bases Comiciales" para la ANC, consistentes en once disposiciones sobre la forma y el número de integrantes por los ámbitos territoriales y sectoriales. En este sentido dispuso que la ANC tendrá una composición unicameral y solo se elegirán representantes o Constituyentes principales, en los siguientes ámbitos:

1) En el ámbito *territorial*, dispuso que serían un total de 364 miembros: uno (1) por cada municipio del país electo en forma nominal y sistema mayoritario; dos (2) en los municipios capitales mediante lista y sistema proporcional; y siete (7) en el Municipio Libertador de Caracas mediante lista y sistema proporcional.

2) En el ámbito *sectorial*, dispuso que sería un (1) Constituyente por cada ochenta y tres mil (83.000) electores del registro electoral sectorial. Así mismo se dispuso los siete (7) sectores que elegirán sus Constituyentes: 1. campesinos y pescadores; 2. personas con discapacidad; 3. empresarios; 4. pensionados; 5. estudiantes (universitaria pública, universitaria privada y misiones gubernamentales); 6. trabajadores, por tipos de actividad laboral (petróleo, minería, industrias básicas, comercio, educación, salud, deporte, transporte, construcción, cultores, intelectuales, prensa, ciencia y tecnología y administración pública); y 7. Comunas y Consejos Comunales. A continuación, el decreto presidencial aclaró que ningún elector podrá estar en más de un registro electoral, de acuerdo a un orden de prelación (empresarios, campesinos y pescadores, personas con discapacidad, estudiantes, trabajadores, comunas y consejos comunales y pensionados).

---

2   *G.O.* N° 41.156 de fecha 23-5-2017.

3) Los *pueblos indígenas* estarán representados por ocho (8) Constituyentes electos de acuerdo a la reglamentación que dicte el Consejo Nacional Electoral, tomando como base el de respeto a sus costumbres y prácticas ancestrales, conforme al cual se llevó a cabo su elección para la ANC de 1999.

Posteriormente, debido a las críticas en la opinión pública del carácter unilateral e inconsulto de los decretos presidenciales y el riesgo de que la Constitución elaborada por la ANC no fuera de la aprobación de la mayoría del pueblo, el Presidente Maduro dictó otro Decreto, el N° 2.889 de fecha 4 de junio de 2017[3], mediante el cual dispuso "exhortar" a la ANC convocada para que la Constitución que redacte, sea sometida a referendo aprobatorio popular. Sin embargo, esa sola "exhortación" no da la seguridad de una obligación garantizada de buena fe, de que verdaderamente se haga cumplir con dicho referendo aprobatorio de una supuesta nueva Carta.

La ilegítima convocatoria por el CNE a las elecciones de los constituyentes

A las escasas 48 horas de haberse dictado y publicado el decreto presidencial N° 2.878 mediante el cual dictó las "Bases Comiciales" para la ANC, el 25 de mayo de 2017 la Presidenta del Consejo Nacional Electoral (también e indistintamente "CNE"), Tibisay Lucena, anunció en conferencia de prensa, que dicho organismo había decidido fijar la fecha para la elección de los Constituyentes el día 30 de julio de ese año. Sin embargo, no fue sino unos pocos días después, el 7 de junio de 2017 cuando se publicó en la página o sitio web oficial del CNE la Resolución N° 170607-119 emanada en esa misma fecha de dicho organismo[4], mediante la cual se dispuso convocar a dicha elección de Constituyentes para el día domingo 30 de julio de 2017.

En esa misma fecha 7 de mayo de 2017, el CNE adoptó y publicó la Resolución N° 170607-118 mediante la cual expresó que examinó las bases comiciales contenidas en la propuesta presentada por el Ejecutivo Nacional para la convocatoria y elección de la ANC y acordó aprobarlas con unas reformas parciales puntuales.

---

3   *G.O.* N° 6.303 Extraordinario de fecha 4 de junio de 2017.

4   Consultada en www.cne.gob.ve.

Estas reformas consistieron, en primer lugar, en precisar las tres *regiones indígenas* para la elección de los 8 representantes: 4 por Occidente (Zulia, Mérida y Trujillo); 1 por la Sur (Amazonas y Apure); y 3 por Oriente (Anzoátegui, Bolívar, Delta Amacuro, Monagas y Sucre).

En segundo lugar, se precisó que en el *ámbito sectorial*, se elegirán 174 Constituyentes de la siguiente manera:

A) 42 Constituyentes electos nacionalmente, por el sistema de representación mayoritaria:

1) Campesinos y pescadores: 8
2) Personas con Discapacidad: 5
3) Empresarios: 5
4) Estudiantes: universidades públicas 11, privadas 3 y Misiones 10.

B) 79 Trabajadores Constituyentes electos en listas nacionales por sub-sectores, por el sistema de representación proporcional:

1) Petróleo-Minería: 2
2) Social: 12
3) Comercio-Banca: 11
4) Servicio: 14
5) Construcción: 4
6) Industria: 6
7) Transporte: 2
8) Administración Pública: 17
9) Por cuenta propia: 11

C) 24 Constituyentes representantes de Comunas y Consejos Comunales electos por entidad federal por el sistema de representación mayoritaria: uno (1) en cada uno de los 23 estados y uno en el Distrito Capital.

D) 28 Pensionados Constituyentes electos nominalmente por regiones, por el sistema de representación mayoritaria: Capital 7, Central 4, Llanos 2, Centro-Occidente 6, Andes 4, Guayana 1, Insular 1 y Nororiental 3.

El resto de las Bases Comiciales dictadas por el Presidente de la República en sus dos decretos fueron aprobadas y publicadas sin cambios por el CNE en esta resolución.

La supremacía constitucional y el derecho a la democracia

Tanto la convocatoria a la ANC como las Bases Comiciales son inconstitucionales y configuran una usurpación de la soberanía popular.

La Constitución como norma suprema del ordenamiento jurídico, implica que todas las personas y órganos que ejercen el Poder Público están sujetos a ella (art. 7). En consecuencia, las atribuciones de los órganos que ejercen el Poder Público se deben sujetar a la Constitución y la ley (art. 137). La sanción a los actos del Estado que violen la Constitución y los derechos es su nulidad; y los funcionarios que los ordenen o ejecuten incurren en responsabilidad penal, civil y administrativa, según los casos, sin que les sirvan de excusas órdenes superiores (arts. 25 y 336, C).

La protección de la supremacía de la Constitución se refuerza con su rigidez normativa, es decir, que las modificaciones a la misma solo pueden llevarse a cabo a través de reformas o enmiendas, que requieren mecanismos reforzados, mayorías especiales y que incluyen su aprobación mediante referendos (arts. 340 a 346). Aparte de estos dos mecanismos de modificación, la Constitución de 1999 prevé que el pueblo de Venezuela como depositario del poder constituyente originario puede convocar a una ANC, con el objeto de transformar el Estado, crear un nuevo ordenamiento jurídico y redactar una nueva Constitución (art. 347).

La Constitución de Venezuela de 1999, siguiendo la tradición de la Constitución de 1961, contiene una cláusula pétrea sobre la democracia al disponer que el gobierno de la República y de las entidades "es y será siempre" democrático, participativo, electivo, descentralizado, alternativo, responsable, pluralista y de mandatos revocables (art. 6, C).

El tema de la democracia ya no puede considerarse un asunto interno de los Estados. Tanto el Consejo de Europa como la Organización de Estados Americanos (OEA) y la Unión Africana tienen entre sus principios y fundamentos a la democracia, el Estado de derecho y los derechos humanos. En el ámbito interamericano, la Carta de la OEA como tratado, establece la "democracia representativa" como una obligación internacional de los Estados Miembros y uno de los propósitos esenciales y principios de la Organización (arts. 2 y 3). Así mismo, la Carta Democrática Interamericana (CDI) consagra el derecho de los pueblos a la democracia y la obligación de sus gobiernos de promoverla y defenderla (art. 1); y reconoce que la democracia representativa es la base del Estado de derecho y los regímenes constitucionales de los Estados Miembros (art. 2). Entre los "elementos esenciales" de la democracia representativa, la CDI consagra, entre otros, la celebración de elecciones periódicas, libres, justas y basadas en el sufragio universal y secreto como expresión de la soberanía del pueblo. El elemento electoral conocido como la "legitimidad de origen" de la democracia, es ciertamente una condición necesaria pero no suficiente de toda democracia.

La democracia requiere así su ejercicio efectivo dentro del marco de respeto del Estado de derecho y los derechos humanos. En contraste con ello, las Bases Comiciales de la ANC impuestas por el Presidente de la República, adoptadas por el CNE y validadas por la SC/TSJ, configuran un fraude constitucional y una usurpación de la soberanía popular, y así mismo, violan la Constitución y los instrumentos sobre derechos humanos por cuanto transgreden los principios de universalidad e igualdad del sufragio.

El fraude constitucional y la usurpación de la soberanía popular

El poder constituyente consiste en la facultad que tiene un pueblo para darse su Constitución. La Constitución emana del poder constituyente como poder creador normativo superior a los poderes constituidos. Por ello, conforme al principio democrático "le corresponde al pueblo, en cuanto titular de la soberanía, el ejercicio indiscutible del poder constituyente".[5]

---

5 Ver, De Vega, Pedro. **La Reforma Constitucional y la problemática del Poder constituyente.** Madrid, 1991, pág. 15. Ver también, Linares Quintana, Segundo. **Derecho Constitucional e Instituciones Políticas.** Tomo 2, Buenos Aires, 1975, pág. 405.

En este sentido la Constitución de Venezuela de 1999 dispone que es **el pueblo** como depositario del poder constituyente originario, quien puede *convocar* una ANC:

> *Artículo 347.* ***El pueblo*** *de Venezuela es el depositario del poder constituyente originario. En ejercicio de dicho poder, puede* ***convocar*** *una* ***Asamblea Nacional Constituyente*** *con el objeto de transformar el Estado, crear un nuevo ordenamiento jurídico y redactar una nueva Constitución.* (Resaltados añadidos).

De manera tal que, el pueblo y sólo el pueblo como poder constituyente, es quien puede convocar una ANC. Para ello, conforme a la Constitución, la *iniciativa* a fin de consultar la voluntad del pueblo sobre si desea convocar una ANC la tienen, cualquiera de los órganos del poder constituido allí señalados (Presidente, Asamblea Nacional y Concejos Municipales) o la iniciativa popular de un número mínimo de electores (15%):

> *Artículo 348.* ***La iniciativa*** *de convocatoria a la Asamblea Nacional Constituyente podrán tomarla el Presidente o Presidenta de la República en Consejo de Ministros; la Asamblea Nacional, mediante acuerdo de las dos terceras partes de sus integrantes; los Concejos Municipales en cabildo, mediante el voto de las dos terceras partes de los mismos; o el quince por ciento de los electores inscritos y electoras inscritas en el Registro Civil y Electoral.* (Resaltado añadido).

De allí que, el constituyente de 1999 haya recogido en la Constitución su propia experiencia utilizada en ese mismo año para convocar la ANC, la cual consistió en: (i) la iniciativa por decreto presidencial de convocar al pueblo a un referendo para que decidiera si deseaba convocar a una ANC y aprobar las bases comiciales propuestas; y (ii) la aprobación por el pueblo de la convocatoria y las bases comiciales mediante referendo; y (iii) una vez aprobada la consulta popular, se convocó a las elecciones de los Constituyentes (conforme a las bases aprobadas previamente).

En otras palabras, debe quedar claro que una cosa es la *iniciativa* del Presidente de la República para convocar la celebración de un referendo para que el pueblo como titular del poder constituyente decida si convoca a una ANC y aprueba sus bases comiciales; y otra cosa es, precisamente la *convocatoria a la ANC* la cual sólo la puede decidir el pueblo mediante su aprobación en dicha consulta popular. Pero lo que no puede hacer el Presidente como órgano del poder constituido -y limitado- es sustituir al pueblo como poder constituyente originario y convocar él directamente por decreto la ANC. La ANC solo puede ser convocada por el pueblo como titular del poder constituyente originario, mediante la aprobación de una consulta popular o referendo.

A pesar de la claridad de los principios y las normas constitucionales comentadas, como vimos, el Presidente Maduro mediante el Decreto N° 2.830 de fecha 1-5-17 decidió directamente convocar la ANC, en lugar de convocar al pueblo a una consulta popular para que éste decidiera si convoca una ANC. Y el CNE, en lugar de observar la inconstitucionalidad de estos decretos y plantear el conflicto ante el Tribunal Supremo de Justicia, procedió el 7-6-17 de forma inmediata y autómata, mediante la Resolución N° 170607-119, a convocar directamente la elección de los Constituyentes para la ANC.

El golpe judicial continuado: la nueva conspiración del TSJ para destruir la Constitución y la democracia

Primero el Presidente Maduro mediante los Decretos N° 2.878 de fecha 23-5-17 y el N° 2.889 de fecha 4-617 dictó las "Bases Comiciales" para la ANC, las cuales fueron igualmente de forma inmediata y autómata el 7-6-17 aprobadas por el CNE mediante la Resolución N° 170607-118. De tal manera que, esta conspiración para usurpar la soberanía popular y cometer un fraude a la Constitución, la comenzó el Presidente de la República y fue consumada finalmente por el CNE.

Pero como era previsible, en la jugada entró de inmediato y también de manera autómata el TSJ a través de su Sala Constitucional (también e indistintamente "SC/TSJ"), para imprimirle el *úkase* o blanqueo anticipado de estos actos irregulares mediante la "sentencia" N° 378 de fecha 31 de mayo de 2017. Así, en pocos días, veintidós (22) para ser exactos, la SC/TSJ resolvió interpretar que el Presidente sí podía convocar, el sólo y directamente, una ANC sin consultar al pueblo; es decir, que quien convoca la ANC no es el pueblo sino directamente el Presidente. Este fallo textualmente dispuso lo siguiente:

[...] la Sala considera que **no es necesario ni constitucional-mente obligante, un referendo consultivo previo para la convocatoria de una Asamblea Nacional Constituyente**, porque ello **no está expresamente contemplado** en ninguna de las disposiciones del Capítulo III del Título IX.[6] (Resaltados añadidos).

En el mismo sentido, con una rapidez de tan solo 12 días, la Sala Constitucional del TSJ -tomando de oficio conocimiento del segundo decreto presidencial y de la aprobación de las bases comiciales por el CNE- citando su anterior fallo N° 378, declaró la constitucionalidad del decreto presidencial fijando las Bases Comiciales para la elección de la ANC. De esta manera la SC/TSJ también validó la no aprobación de las Bases mediante un referendo o consulta popular así como su mecanismo eleccionario "particular" mediante sectores y territorial (municipios). Para ello el fallo no dio ningún fundamento serio más que recurrir a distorsionar y manipular a la propia Constitución en sus conceptos de democracia directa y Estado federal descentralizado. Así la SC/TSJ en su "sentencia" N° 455 de fecha 12 de junio de 2017 concluyó señalando lo siguiente:

*El proyecto "Bases Comiciales" respeta, en criterio de esta Sala, el **concepto de la democracia participativa y el sufragio universal, directo y secreto**. En efecto, sobre el concepto de democracia plasmado en el texto fundamental de 1999, ya hemos advertido que tiene mecanismos de **democracia directa que facultan la presencia privilegiada de sectores sociales** cuyo protagonismo ha sido destacado por el legislador, en particular a través de las leyes del poder popular.*

*Por otra parte, es digno de destacar que **la escogencia de los constituyentistas deberá hacerse en el ámbito territorial y sectorial, mediante voto universal, directo y secreto"** (artículo Primero del Decreto. Extracto y subrayado del fallo). En consecuencia, esta Sala no advierte violación alguna del principio constitucional del sufragio. Así se declara.* (Resaltados añadidos).

---

6   Consultar este fallo en la página web o sitio oficial del TSJ: www.tsj.gob.ve

La burla argumental y los errores jurídicos manifiestos e inexcusables de este fallo no tendrían explicación, a no ser porque se trata del mismo "Tribunal" groseramente sumiso al Poder Ejecutivo que, entre muchas otras barbaridades, desmanteló las competencias constitucionales de la Asamblea Nacional una vez que la oposición ganó la mayoría y se instaló en enero del año 2016. A partir de esa fecha la Sala Constitucional del TSJ luego de más de 50 fallos, llegó a vaciar por completo a la Asamblea Nacional de todas sus competencias hasta el zarpazo de sus fallos Nos. 155 y 156 de marzo de 2017, los cuales fueron denunciadas como una "ruptura del orden constitucional".

La convocatoria a la ANC y las Bases Comiciales para su elección dictadas por los decretos presidenciales, aceptadas por las resoluciones del CNE y avaladas por los fallos de la SC/TSJ, configuran así una evidente usurpación de la soberanía popular y un fraude constitucional.

La inconstitucionalidad e inconvencionalidad de las Bases Comiciales

De conformidad con el artículo 5 constitucional, la soberanía reside intransferiblemente en el pueblo, quien la ejerce directamente en la forma prevista en la Constitución y en la ley, e indirectamente, mediante el sufragio, por los órganos que ejercen el Poder Público. Por ello, los órganos del Estado emanan de la soberanía popular y a ella están sometidos. Desde la dimensión del derecho ciudadano a la participación política, este principio fundamental es reconocido constitucionalmente como el derecho de todos los ciudadanos a participar libremente en los asuntos públicos, directamente o por medio de representantes elegidos (art. 62). De allí que, la Constitución establezca los siguientes medios de participación y protagonismo del pueblo en ejercicio de su soberanía, en lo *político*: el referendo, la consulta popular, la elección de cargos públicos, la revocación del mandato, las iniciativas legislativa, constitucional y constituyente, el cabildo abierto y la asamblea de ciudadanos (art. 70).

De manera convergente con las normas constitucionales, el Pacto Internacional de Derechos Civiles y Políticos (PIDCP) y la Convención Americana sobre Derechos Humanos (CADH) reconocen el derecho de todo ciudadano sin discriminación alguna ni restricciones indebidas, a participar en los asuntos públicos, directamente o por medio de representantes libremente elegidos (art. 25.a y art. 23.1.a, respectivamente). La Corte Interamericana de Derechos Humanos (CorteIDH) ha sostenido la importancia para una sociedad democrática del ejercicio efectivo de los derechos políticos, como un fin propio y para garantizar los demás derechos humanos reconocidos en la Convención. En su sentencia en el caso *Leopoldo López Mendoza vs Venezuela*, la CorteIDH sostuvo esta doctrina en los siguientes términos:

> *La Corte estima pertinente reiterar que "el ejercicio efectivo de los derechos políticos constituye un fin en sí mismo y, a la vez, un medio fundamental que las sociedades democráticas tienen para garantizar los demás derechos humanos previstos en la Convención (Cfr. Caso Castañeda Gutman, párr. 143) y que sus titulares, es decir, los ciudadanos, no sólo deben gozar de derechos, sino también de "oportunidades". Este último término implica la **obligación de garantizar con medidas positivas que toda persona que formalmente sea titular de derechos políticos tenga la oportunidad real para ejercerlos** (Cfr. Caso Yatama, párr. 195). En el presente caso, si bien el señor López Mendoza ha podido ejercer otros derechos políticos (supra párr. 94), está plenamente probado que se le ha privado del sufragio pasivo, es decir, del derecho a ser elegido.[7] (Resaltados añadidos).*

En suma, los ciudadanos ejercen sus derechos políticos tanto constitucionales como humanos internacionales, cuando participan directamente en los asuntos públicos (ej. referendos) como cuando eligen a sus representantes (ej. Constituyentes). Por lo cual, tanto desde el Derecho Constitucional como desde el Derecho Internacional es un error jurídico inexcusable confundir la facultad de "iniciativa" constituyente con la aprobación de la "convocatoria" a la ANC: la primera le corresponde a los órganos del poder constituido como puede ser el Presidente de la República –y a la iniciativa popular–; mientras que la segunda le corresponde al pueblo como titular de la soberanía (indele-

---

7   **Corte IDH.** *Caso López Mendoza Vs. Venezuela.* Fondo Reparaciones y Costas. Sentencia de 1 de septiembre de 2011. Serie C N° 233, párr. 108.

gable). Un ejemplo claro sobre estos conceptos sería confundir la "iniciativa" de ley que tiene el Presidente de la República (art. 204.1, C) ante la Asamblea Nacional con la aprobación misma de la ley por la Asamblea Nacional (art. 213, C). El Presidente puede presentar proyectos de ley a la Asamblea Nacional, pero no aprobarlos él mismo directamente, ya que ello le corresponde a dicha Asamblea.

La usurpación de la soberanía popular y el fraude constitucional por los poderes constituidos

Por ello, tanto la convocatoria a la ANC como la aprobación de las Bases Comiciales de manera unilateral por el Presidente Maduro con la colaboración activa y decisiva del Consejo Nacional Electoral y el Tribunal Supremo de Justicia, configuran una usurpación de la soberanía popular y un fraude a la Constitución.

Además de lo anterior, el contenido mismo de las Bases Comiciales decretadas por el Presidente Maduro y "aprobadas" por el CNE con el visto bueno de la SC/TSJ, es contrario a los principios constitucionales y convencionales del sufragio a través de votaciones universales, libres e iguales.

Y la violación de los principios de la universalidad e igualdad del sufragio

Las Bases Comiciales al dividir parcialmente a los electores en siete (7) sectores para elegir 173 Constituyentes por los *ámbitos sectoriales*, violó el principio de la universalidad del sufragio. Para la elección de un cuerpo deliberante nacional, el sufragio puede organizarse por circuitos electorales de base poblacional, que en caso de un Estado federal como Venezuela (art. 4), lo procedente es que se organice por los veintitrés estados miembros de la unión más el Distrito Capital.

Estos sectores para la elección de la ANC parecen el sueño de Mussolini del "Estado Corporativo", basado en el concepto fascista de corporación que pretendía superar la lucha de clases e integrar al pueblo y al Estado en el gobierno. El sistema corporativo fascista establecía la división en veintidós áreas, a cada una de las cuales se asignaba una "corporación". En cada corporación, los representantes de los grupos de organización fascista de los obreros, los empresarios y el gobierno, actuaban bajo la dirección del ministro de corporaciones y en última instancia por el mismo Duce.[8]

La asignación del voto por sectores excluye de los electores a postularse por el ámbito sectorial si no pertenecen a uno de los sectores arbitrariamente escogidos. Conforme a las Bases Comiciales en el ámbito sectorial, los candidatos solo pueden ser postulados *por el sector correspondiente*, para lo cual deben presentar una constancia de pertenecer a dicho sector postulante y recibir para ello el respaldo de un porcentaje del Registro de dicho sector.[9]

Recapitulando

En conclusión, tanto la convocatoria a la ANC como las Bases Comiciales para la ANC impuestas por decreto del Presidente Maduro, luego adoptadas por el CNE y validadas por el TSJ, configuran un fraude a la Constitución y una usurpación a la soberanía popular; además de violar los principios de la universalidad y la igualdad del sufragio.

---

8   Las cámaras corporativas finalmente terminaron por integrarse al Estado propiamente dicho, de modo que en 1938 la Cámara de los diputados fue sustituida por una Cámara de Fascios y Corporaciones. De este modo se pretendía que la legislatura no represente a los partidos políticos sino a los trabajadores, siendo estos una molécula viva dentro del organismo del Estado Fascista. Ver los comentarios sobre *La Dottrina del Fascismo* de Benito Mussolini, entre otras fuentes en: Marra, Realino. *Aspetti dell'esperienza corporativa nel periodo fascista*, en **Annali della Facolttà di Giurisprudenza di Genova**, XXIV-1-2., 1991-1992: y Wiarda, Howard. **Corporativism and Comparative Politics**, London, 1996.

9   Conforme vimos arriba, en cuanto a la postulación en el ámbito sectorial por el sector correspondiente, el CNE introdujo un número de firmas requerido (en lugar del 3% del Registro): 500 firmas para las personas discapacitadas, campesinos y pescadores, empresarios y pensionados; y 1.000 firmas para los estudiantes y los trabajadores. Sin embargo, en el caso de las Comunas y los Consejos Comunales, solo se establece: la certificación de la comisión electoral permanente al ente al que pertenece el candidato.

De conformidad con la Constitución, la soberanía reside de manera intransferible en el pueblo (art. 5), quien es además como depositario del poder constituyente originario el único que puede convocar a una ANC y aprobar sus Bases Comiciales (art. 347). Por tanto, la convocatoria a la ANC y sus Bases Comiciales deben ser sometidas al pueblo mediante un referendo para su consideración y aprobación o rechazo. Al obviar este requisito esencial de validez, los actos de convocatoria a la ANC como las Bases Comiciales están viciados de nulidad absoluta insalvable.

Además de ello, el contenido de las Bases Comiciales viola los principios de universalidad e igualdad del sufragio. En efecto, la imposición de candidatos y electores por "sectores" excluyentes del conjunto de los electores y la representación territorial por municipios sin proporción a la base poblacional, violan la universalidad e igualdad del voto.

No se sabe exactamente qué porcentaje de la población representan los sectores vis a vis los sectores no incluidos; o qué porcentaje representan respecto a toda la población nacional. Y por lo mismo, no hay ni racionalidad ni proporcionalidad en el establecimiento de las representaciones asignadas a esos sectores, lo cual es abiertamente contrario al principio de la igualdad del voto.

La representación "territorial", al asignar un Constituyente por municipio (dos por municipio capital de estado) independientemente de la base poblacional, rompe el principio de una persona un voto. Ello distorsiona por completo la igualdad en la representación poblacional del voto, ya que cada municipio urbano es distinto en población a los otros y los municipios urbanos son distintos a los rurales o selváticos. Estas desigualdades discriminatorias creadas por las Bases Comiciales de la ANC se agravan al establecer la representación sobre la base igualitaria del territorio de los municipios –como personas jurídico-territoriales equivalentes al circuito electoral-, pero cuyo número es creado por cada estado y no de manera uniforme sobre la base de la población nacional o de cada estado. Por lo cual, la representación territorial impuesta en las Bases Comiciales viola el principio de igualdad del sufragio y el voto igual en circunscripciones electorales sobre la base poblacional.

El objeto y la finalidad de la Constituyente: la destrucción de la República

Dadas estas graves violaciones evidentes y de por sí escandalosas, cabe entonces preguntarse: ¿por qué y para qué convoca el Presidente Maduro en estos momentos a una ANC? La respuesta es evidente: primero, para controlar la ANC con una minoría pro gubernamental a través de unas Bases Comiciales que le permitirán hacer elegir sus candidatos de los sectores diseñados y controlados en buena parte por el gobierno, y de municipios con un peso electoral desproporcionado en los estados mayoritariamente de población rural, con mayor ventaja para el actual partido oficial. De esta manera, se pretende arbitraria e inconstitucionalmente evitar las elecciones de los Gobernadores que debían celebrarse el año 2016, las elecciones municipales que deben celebrarse este año 2017 y las elecciones presidenciales que deben celebrarse en el próximo año 2018, y en todas las cuales el Presidente y los candidatos de su partido (PSUV) resultarían perdedores. Por ello no debe extrañarnos que, en todas las encuestas realizadas entre un 70% y un 85% de la población rechaza la ANC y no piensa ir a votar[10]. Ergo, frente al rechazo de la oposición (MUD) a esta ANC, solo se inscribieron como candidatos e irá a votar esa minoría pro gubernamental que está de acuerdo con la ANC y los candidatos del gobierno.

Los valores y principios de la teoría constituyente

Pero una de las reglas de la democracia es la alternabilidad, el pluralismo y el respeto a la voluntad del pueblo. Un partido o grupo que hoy es gobierno, mañana pasa a la oposición; y un partido que hoy es oposición mañana pasa a ser gobierno. Y así sucesivamente. Ningún

---

10 En este sentido las encuestas coinciden en sus resultados. A continuación una de las encuestas incluso más favorables a la ANC, cuyo apoyo baja más cuando se les pregunta si antes debería consultarse al pueblo: "Encuesta: 66% de los entrevistados está en desacuerdo con Constituyente. El 84,3% de los entrevistados considera que primero habría que preguntarle al pueblo vía referendo si desea una Asamblea Nacional Constituyente, tal como hizo Chávez en el año 1999", diario El Tiempo digital de fecha 9 de mayo de 2017, disponible en: http://eltiempo.com.ve/venezuela/politica/encuesta-66-de-los-entrevistados-esta-en-desacuerdo-con-constituyente/238965

partido o proyecto político se puede sentir "dueño" del poder ni predestinado de por vida a "salvar" a un pueblo, al extremo de identificar su proyecto con la Patria o de lo contrario con la traición a la Patria o incluso la muerte.[11]

Por eso las constituciones no pueden ser ideológicas, sino que deben consistir de principios y reglas pluralistas, objetivas, cuyos principios superiores y derechos universales son para todos y sin discriminación. Sin embargo, en los decretos presidenciales de la ANC se evidencia la intención de elaborar una Constitución Socialista para el proyecto del actual partido de gobierno. En efecto, el Decreto N° 2.831 emanado del Presidente Maduro de fecha 1 de mayo de 2017[12], mediante el cual creó la Comisión Presidencial que tuvo a su cargo la preparación de las Bases Comiciales de la ANC, no solo estuvo integrada exclusivamente por funcionarios públicos y por diputados y asesores oficialistas, sino que, dentro de los propósitos de esta Comisión, confesados en el propio decreto está el de "seguir cimentando las bases del Socialismo Bolivariano del Siglo XXI". Pero las constituciones no pueden y por tanto no deben, imponer un modelo político o económico único y mucho menos cuando éste no es democrático y pluralista.

Recordemos que en el año 2007 el entonces Presidente Hugo Chávez propuso una reforma constitucional que entre otras cosas establecía el Estado Socialista y Comunal, desdibujaba el derecho de propiedad y restringía los derechos de referendos populares. Esta propuesta de reforma constitucional fue rechazada ese año por el pueblo en el referendo aprobatorio convocado. Pero poco le importó el rechazo popular al Presidente Chávez, quien habiendo controlado políticamente todos los Poderes Públicos Nacionales incluidos la AN y el TSJ, dictó decretos e hizo aprobar leyes del poder comunal y restricciones a la propiedad, que fueron validadas por la SC/TSJ.

---

11 A partir del 2008 el Presidente Hugo Chávez adoptó el eslogan para el gobierno y los miembros de su partido PSUV: "Patria, socialismo o muerte".

12 *G.O.* N° 6.295 Extraordinario de fecha 1-5-17.

Por ello no cabe duda que el principal propósito de la ANC aun antes de aprobar una "Constitución Socialista del Siglo XXI", será terminar con la República: dejar sin efecto la Constitución de 1999 y disolver los poderes constituidos "no alineados" que estorban al gobierno, como son la AN y la Fiscalía General de la República, así como posiblemente a los Gobernadores y Alcaldes de oposición. En este sentido, los anuncios hechos por voceros oficiales han adelantado que al instalarse la ANC, entre otras medidas se removerá a la Fiscal General de la República (quien descubrió recientemente una vocación para ejercer su cargo con autonomía e independencia política), y además se les levantará la inmunidad parlamentaria a los diputados de la Asamblea Nacional para juzgarlos penalmente[13].

Una irresponsabilidad histórica

Esta convocatoria a la ANC del Presidente Maduro es una irresponsabilidad frente al país y a la historia, que ha incrementado la crisis política, social y económica que vive el país y no permitirá solucionarla democráticamente mediante el diálogo, la negociación y los acuerdos. Como está diseñada la ANC para tener lugar, no será ni puede ser una oportunidad para un diálogo incluyente, plural y participativo. Además, lo que pide la inmensa mayoría de los habitantes es solucionar sus necesidades más básicas, ante la grave crisis que sufren a diario debido al fracasado modelo económico del socialismo bolivariano. En este sentido lo que piden a diario las personas es evidente: oportunidades de trabajo digno y bien remunerado, que se controle la inflación desatada que le confisca sus ingresos, el acceso a la comida

---

13 Así por ejemplo, "Cabello dijo que Constituyente podrá allanar inmunidad parlamentaria. El vicepresidente del PSUV afirmó que la Asamblea Nacional Constituyente podrá aprobar leyes ya que el Parlamento actual no sirve para nada", en diario "El Nacional WEB", de fecha 1 de junio de 2017, disponible en: http://www.el-nacional.com/noticias/gobierno/cabello-dijo-que-constituyente-podra-allanar-inmunidad-parlamentaria_185490; y "Constituyente puede destituir a la Fiscal para garantizar justicia, afirmó Diosdado Cabello", en sitio web de Venezolana de Televisión (VTV), publicado el 2 de junio de 2017, disponible en: http://vtv.gob.ve/activa-cion-de-la-constituyente-puede-destituir-a-la- fiscal-para-garantizar-justicia-afirmo-diosdado-cabello/

sin tener que pasar hambre y tener que humillarse ante los funcionarios por las llamadas bolsas de comida "Clap" (que a veces les vende el gobierno pero solo si es portador del "carnet de la Patria"), el acceso a la salud y a las medicinas, y por supuesto, seguridad ciudadana ante el crimen y la impunidad desatada.

Nada de lo anterior se conseguirá con esa ANC y menos como la diseñada e impuesta desde el gobierno, ya que las constituciones son puntos de encuentro no de desencuentro, son acuerdos no imposiciones, en fin, son tratados de paz no declaraciones de guerra. Venezuela lo que necesita es más Constitución y menos Constituyente, más democracia y menos autoritarismo, más civilidad y menos militarismo, más producción y menos importación, más transparencia y menos corrupción, más Estado de derecho y menos Socialismo del Siglo XXI, más Estado de derecho y más Estado social, más independencia de los poderes públicos comenzando por el Tribunal Supremo de Justicia y el resto del sistema de justicia, y así, más justicia y control de la arbitrariedad y menos abuso e impunidad.

Por ello no dudamos en afirmar, que jugarle a esta Asamblea Nacional Constituyente es un grave error histórico y una irresponsabilidad con toda la nación.

A pesar de este panorama actual tan sombrío para el país, dadas nuestros valores históricos libertarios, somos optimistas. Por ello, concluimos este Prólogo, precisamente con una nota positiva de Petra Dolores, que el autor menciona al final de su obra:

Petra Dolores está convencida, a pesar de las dificultades, sus desencantos y momentos de melancolía que vivirá para darse el gusto de percibir la transición de esta Venezuela a una democrática, rica, estable, sólida y de avanzada, como es la que merecen quienes en ella moramos.

Caracas, 10 de julio de 2017.

A MANERA DE PRESENTACIÓN
Petra Dolores Landaeta

Nace en Rubio como Carlos Andrés Pérez, en dos ocasiones electo constitucionalmente Presidente de Venezuela. Pero también los generales Juan Vicente Gómez y Eleazar López Contreras, ambos, asimismo, Jefes de Estado, pero no democráticamente. A los tres les admira, puesto que considera que sus ejecutorias estuvieron adecuadas al momento histórico.

Se gradúa de abogada decidida a incorporarse a la lucha por una Venezuela donde se establezca un gobierno del pueblo y para el pueblo electo mediante el sufragio universal, directo y secreto. Es decir, una democracia moderna. En 1938 se residencia en Caracas presenciando el movimiento político que se gesta contra Juan Vicente Gómez y a él se incorpora desde las aulas universitarias donde escucha las clases de derecho constitucional del doctor Jóvito Villalba relacionadas con la Teoría Constituyente, necesaria para el establecimiento de las democracias. El título de doctora en Ciencias Políticas lo recibe cuando ya se ha producido la Revolución de Octubre que lidera Rómulo Betancourt y con la cual se inicia el primer régimen democrático. Es electa asambleísta a la constituyente de 1947 y en ella participa en la redacción de la primera Carta Magna democrática de Venezuela. Tiene la fortuna, pues, de experimentar en sentido práctico y real la Teoría Constituyente que aprende en las aulas universitarias.

Jamás imagina las dificultades de los pueblos para conformarse como sociedades en ejercicio de la soberanía a ellas inherente. Aquello que le parece lógico termina en lo contrario, esto es, en la irracionalidad de quiénes se proponen y oponen a una fórmula que luce conveniente, oportuna y útil.

A la elección de Rómulo Gallegos se incorpora convencida de que Venezuela se enrumbaría hacia la civilidad, con un pacto social regimentado constitucionalmente. Pero una soldadesca a la usanza de la vieja historia derroca al régimen civil creándose una Junta Militar y un rato después un Primer Magistrado escogido por la misma. A Petra Dolores después de años de prisión se le exilia en México conjuntamente, con compatriotas cercanos a la Revolución de Octubre y al gobierno constitucional.

En el 1958 regresa incorporándose a la lucha para la democracia que se instituye bajo el amparo de un acuerdo político fuente para un régimen de libertades durante cuatro décadas por poderes públicos electos en libres comicios. Es diputada y sus intervenciones contribuyen al esclarecimiento de los problemas nacionales y a la toma de las providencias oportunas. Está convencida que ha llegado el fin del oprobio dictatorial en Venezuela y que ella será para siempre libre, democrática y constitucional.

Sin embargo, no deja de preocuparle, por un lado, la reelección presidencial innata en aquellas sociedades, por una parte, víctimas del caudillismo y por la otra que los denominados líderes primarios se arrogan el privilegio no solamente de escoger a sus sucesores, sino que los últimos han de comprometerse a sus mismas costumbres, conducta y hábitos, configurándose así una especie de solidaridad a ciegas entre maestros y alumnos. Por consiguiente, han de ser reelectos. Se limita así la democratización en los partidos, su subsecuente anarquía y la pérdida de interés de las masas populares en la participación.

Además le preocupa la deuda social de la democracia, bastante acentuada en los ochenta, usualmente bandera de populistas para soliviantar a las masas ofreciendo prebendas y soluciones milagrosas ante la inequitativa distribución de la riqueza y del reducido acceso de los pobres a una vida decente. Se explota así la ambivalencia entre derechos políticos y sociales, terreno fértil para que quienes pernoctan en la miseria terminen inducidos por la explotación de la esperanza de quienes ofrecen pan. Prefieren a este último, sin importarles perder la libertad. Piensan que quienes ejercen el poder, así como aquellos que a él tienen acceso terminan convirtiéndose en una clase privilegiada. Los restantes son los abandonados.

Teme al enflaquecimiento democrático, palpa el disgusto del pueblo y mira con ansiedad al ambiente castrense, pero no consigue la audiencia adecuada para plantearlo. La dirigencia política con una explicable sordera, el gobierno sin apoyo suficiente en el pueblo y en los partidos. Una sociedad cuyas manifestaciones se perciben. Pero disgregada también la dirigencia en todos sus ámbitos. Problemas superables para Petra Dolores, quien confiaba en la solidez de una democracia de cuatro décadas elogiada en otros países.

Pero para sorpresa de todos un madrugonazo castrense se convierte en el camino para un régimen atípico que se elige conforme a pautas constitucionales formales, pero que pone de lado la constitución material. Deroga la democrática de 1961 y promulga otra a través de una Asamblea Constituyente, texto que a lo largo de casi 20 años se ha aplicado subjetivamente en favor del gobierno y de sus intereses. Ese Texto se ha desaplicado tanto, que existe uno opuesto, aquel que de hecho se ejecuta.

Petra Dolores vive a este régimen en un absoluto mutismo, sin encontrar explicación, ni respuesta lógica.

Pero en la cercanía a elecciones parlamentarias para elegir a la Asamblea Nacional, poder legislativo en la Constitución de 1999, regresa al coraje con el que se despidió de las montañas andinas para analizar una metodología idónea para el restablecimiento de una democracia real.

Seis meses dedica a la investigación convenciéndose que el método pasa por *La Teoría Constituyente*, por lo que decide explicarla.

UNA ACLARATORIA DE PETRA DOLORES...

Petra Dolores afirma que la idea primigenia fue un análisis de *"La Teoría Constituyente"* con el fin de puntualizar aspectos determinantes del proceso constituyente, tanto en su aspecto formal, como en el sustancial:

1. *La Constitución*

Conjunto sistemático de normas jurídicas fundamentales que rigen la organización y funcionamiento de un Estado señalando los derechos y garantías de sus miembros[1].

2. *Los supuestos de las constituciones contemporáneas*

Todo ordenamiento estatal ha tenido siempre un complejo de principios organizativos propio que lo caracteriza y lo distingue de otros, pero solo en tiempos relativamente recientes se ha difundido y consolidado la convicción de que aquellos han de estar concentrados en un documento denominado constitución[2],

1. Las primeras constituciones fueron introducidas en el marco de un proceso de limitación y fragmentación del poder absoluto tal como se había consolidado en las monarquías europeas,

2. Actualmente al propio concepto de constitución se le considera a menudo coincidente con el de poder político distribuido

---

1   Rodrigo Borja, *Enciclopedia de la Política*, Fondo de Cultura Económica, México, 1997, p. 154.

2   Norberto Bobbio, Nicola Matteucci y Gianfranco Pasquino, *Diccionario de Política*, Siglo Veintiuno Editores, S.A., Madrid, 1998, p. 323.

entre varios órganos constitucionales, de modo que se reconozca a los ciudadanos, además de una serie de derechos fundamentales, garantías idóneas contra abusos por los titulares de los órganos del poder político,

3. La constitución, texto fundamental, carta magna o ley de leyes es un documento de naturaleza esencialmente política por[3],

   a) El origen,

   b) Su contenido, y

   c) La función que desempeña.

3. *El Pacto Social Constitucional*

1. Es el convenio en que una de las partes cumple con el compromiso que le corresponde, y la otra queda obligada a cumplir el suyo posteriormente. El que cumple primero confía en el que la cumplirá después[4],

2. La constitución como el orden concreto de la existencia y actividad política de un pueblo[5],

3. En el nacimiento, desarrollo y consolidación del proceso social, aparecen entremezclados, entre otras nociones, principios e instituciones, el Estado, la sociedad, la nación, el país, el pueblo, la soberanía, de la cual éste es titular, la manera y los efectos de transferirla, así como quiénes han de ejercerla. Se conforma, así, una terminología del uso cotidiano, técnicamente derivada del orden normativo primario, conformado

3   Oscar Alzaga Villasmil, *Comentarios a la Constitución Española de 1978, Cortes Generales* / Editoriales de Derecho Reunidas, EDERSA, Madrid, 1996, Tomo I, pp. 17-39.

4   Tomas Hobbes, *El Leviatán*, citado por Andrés Serra Rojas, *Diccionario de Ciencia Política*, Facultad de Derecho / UNAM, México, 1999, p. 814.

5   Manuel García Pelayo, "Derecho Constitucional Comparado", *Manuales de la Revista de Occidente*, Madrid, 1959, p. 26.

por la constitución, y de uno secundario, «el ordenamiento jurídico», desarrollo del primero[6].

4. *Las acepciones constitucionales*

En lo concerniente al texto fundamental, en virtud del rol que cumple, son, por consiguiente, variadas. El resumen usual puede formularse así[7]:

1. Como fuente del orden jurídico y de la organización del Estado,

2. Vinculada a la definición de Estado, ente que crea, organiza, define sus funciones, quienes la ejercen y los objetivos a perseguir,

3. En lo concerniente a su interpretación histórica, como ley fundamental, base para concebir a un Estado organizado,

4. Con respecto a su carácter como fuente de convivencia política y social a lo largo de la historia,

5. En cuanto a su naturaleza como régimen normativo del Estado y de la sociedad contemporánea,

6. En lo atinente a su carácter de fuente escrita, como pilar esencial en la creación, organización y fines del Estado, en el contexto de la Declaración de los Derechos del Hombre, de 1789,

7. En su contexto histórico tradicional,

8. En lo que respecta a su visión sociológica.

5. *La ordenación de procesos históricos*

En rigor, los textos constitucionales han sido instrumentos utilizados por la humanidad para ordenar un determinado proceso histórico, en procura de «una sociedad justa». En ese orden, han de entenderse las diversas acepciones que a ellos se atribuyen

---

6   Luis Beltrán Guerra G., *El dilema Venezolano; La gerencia de los intereses públicos y la teoría del desarrollo social en el régimen constitucional*, Comala.com, Caracas, 2002, pp. 18-20.

7   Guerra, *Ibídem*.

6. *Funciones y poderes del Estado*

1. El sistema constitucional genera, además, la convivencia de que la elaboración de las normas la ejerza un determinado complejo orgánico, distinto del que ejecuta sus mandatos, ambos, igualmente, autónomos de aquel al cual se confía aplicarlos,

2. Se identifican, de esta manera, tres funciones públicas, desde la terminología clásica, calificadas como: legislación, ejecución y jurisdicción, cuyo ejercicio ha de corresponder al Parlamento, al Gobierno y al juez, respectivamente.

7. *El Estado, derivación social*

1. Con la determinante histórica constituida por la Revolución Francesa,

2. Se estructura como entidad en torno a dos principios, la autonomía de los poderes y la separación de sus funciones.

8. *Formulas organizativas*

1. La humanidad, a través de este proceso, coordina un complejo de fórmulas organizativas[8]:

2. Sociedad y Estado,

3. Estado y poder público,

4. Funciones del Estado: legislación, ejecución y jurisdicción,

5. Separación entre los complejos orgánicos a los cuales se confía el ejercicio de las funciones,

6. Conceptualización de tres poderes: legislativo, ejecutivo y judicial, uno para cada función,

7. Se generan, de manera concurrente, pautas conforme a las cuales han de operar las estructuras orgánicas concebidas[9]:

---

8 *Ibídem.*
9 Borja, *Ibídem*, p. 31.

* El poder legislativo sólo dicta leyes,

* El poder ejecutivo se limita a ejecutarlas,

* El poder judicial, a aplicarlas.

9. *Teoría Constituyente y las democracias*

1. El gobierno del pueblo,

2. El gobierno para el pueblo,

3. Democracias formales y sustanciales,

4. La justicia democrática[10],

5. La Teoría de la Justicia[11],

6. The Critical Legal Studies [12],

7. La rebelión intelectual de Roberto Mangabeira Unger / Una Constitución Real[13]

8. Democracia real

   a) Política,

   b) Económica, y

   c) Social

---

10 Ian Shapiro, *Democratic Justice*, Yale University Press – New Haven & London, 1999

11 John Rawls, *A Theory of Justice*, The Belknap Press of Harvard University Press, Cambridge – Massachusetts, 1971. También Michael J. Sandel, *Justice, What's The Right Thing To Do*, Farrar, Straus and Giroux, New York, 2009.

12 Bernard Schwartz, *Main Currents in American Legal Thought*, Carolina Academic Press, Durham, North Caroline, 1993.

13 *The Critical Legal Study Movement*, Cambridge, Harvard University Press, 1966, Social Theory: its situation and its Task, Cambridge University Press, 1994.

10. *Crisis de los pactos sociales*[14]

Entre sus causas:

a. En lo atinente a la autoridad,

b. Por falta de ella,

c. Por autoridad insuficiente,

d. Por su debilidad, corrupción y errores,

En lo relacionado con la sociedad misma,

a. Anarquía social,

b. Desorden en que incurre un grupo social,

Con respecto al ejercicio de la soberanía

a. La desnaturalización de la representación política,

b. El pueblo representado y sus representantes,

Conforme a la definición misma de la constitución con respecto al poder político,

a. El criterio según el cual han pasado muchos siglos hasta que el hombre político ha asumido que la sociedad justa ha de otorgarle y garantizarle sus situaciones subjetivas, incluyendo al poder con respecto a la observancia del régimen normativo primario y consecuencial, independientemente[15],

b. La convicción de que la mejor manera de alcanzar este fin es tipificando normativamente controles constitucionales por parte de la sociedad a los detentadores del poder político,

---

14 Guillermo O'Donnell, *Transition from Authoritarian Rule, Latin America,* Baltimore, The John Hopkins University Press, 1993.

15 Karl Loewenstein, citado por Jorge Zavala Egas, *Derecho Constitucional*, Edino, Guayaquil, Ecuador, 1999, pp. 101-104.

c. La constitución pasa a ser el dispositivo fundamental para el control del poder,

d. El Texto Fundamental termina jugando un papel determinante en *el proceso mediante el cual se limita efectivamente la acción gubernamental*[16],

e. La constitución, por tanto, propende a una legítima participación del pueblo en el proceso mediante el cual se somete el ejercicio del poder político a reglas y procedimientos que han ser respetados por aquellos que lo ejercen[17],

f. Por tanto, expresa la estructuración técnico-jurídica del Estado, en procura de la convivencia política[18]

11. *Vigencia de la Teoría Constituyente*

1. El poder constituyente postula, consecuencialmente, la decisión del pueblo como pacto social,

   a. Lo hace por órgano de la asamblea constitucional por aquél electa,

   b. Las aspiraciones populares devienen en preceptos cuyo cumplimiento habrán de observar los poderes públicos, por ser normas jurídicas superiores,

2. La constitución deviene en un régimen normativo primario que,

   a. Crea y regimenta el Estado y a los poderes conforme a los cuales éste se estructura,

   b. Garantiza los derechos de los individuos,

---

16 Friedrich, *Ibídem.*
17 Linares Quintana, *Ibídem.*
18 Verdu, *Ibídem.*

c. El régimen de protección a la libertad puede ser tomando en cuenta a la persona humana, particularmente, considerada, o en grupos asociados, para ejercer las situaciones jurídicas subjetivas que a aquellos incumben,

3. El Texto Fundamental regula el ejercicio del poder público, propendiendo que no sea arbitrario, ni en la concepción, ni en su desempeño,

4. El principio de la juridicidad,

5. Sanciones a las arbitrariedades constitucionales

12. *Realidad de los pactos sociales*[19]

1. Los pactos sociales y las democracias

   a. Democracias formales,

   b. Democracias débiles,

   c. Democracias consolidadas,

2. La pérdida de vigencia de los pactos sociales[20]

   a. La falta de armonización social,

   b. Las subsociedades,

   c. Los pueblos sin rumbo,

   d. El liderazgo,

   e. El gobierno,

   f. Los políticos,

   g. Las autocracias[21]

---

19 Barrington Moore, Jr., *Social Origins of Dictatorship and Democracy*, Beacon Press, Boston, 1993.

20 Guerra, *El Dilema, Ibídem*. También, *Gregorio El Conversador en una Venezuela Aturdida*, Editorial Jurídica Venezolana, Caracas, 2013.

21 Barrington Moore, Jr. *Ibídem*.

13. *La Venezuela constitucional en la primera mitad del Siglo XXI*

a. El destino de los pactos sociales a lo largo de la historia,

b. El desuso de la constitución de 1999,

c. Posibilidades para adecuarla a la realidad de la primera mitad del Siglo XX,

   1. Un Contrato Social aggiornato,

   2. Una nueva constitución,

   3. Mecanismos,

   4. Otra Carta Magna,

   5. La reforma,

¿Sería suficiente para la adecuación a la realidad nacional del Texto Fundamental?,

   1. La enmienda,

¿Es el mecanismo idóneo para un nuevo Pacto Social o para la actualización del actual?

   2. La permanencia histórica de los textos constitucionales: ¿Una falacia?

   3. La rigidez de las constituciones,

   4. Su aprovechamiento por las autocracias,

   5. Democracias formales y autocracias de hecho,

   6. Las rebeliones populares[22],

   7. Ejemplos históricos de pueblos en rebeldía;

     a) La Primavera Árabe,

     b) La democracia en Túnez,

---

22 Albert Camus, *The Rebel*, A Vintage International / Vintage Books, A Division of Random House, Inc., New York, 1991. También, *Resistance, Rebellion and Death, Ibídem*, 1961.

c) El Cuarteto de la Paz, y

d) Otros

8. La desconstitucionalización y sus variables

a) Lo novedoso de la acepción[23],

b) Constituciones nominales[24], y

c) Constituciones fachadas[25].

---

23 Néstor Pedro Sagüés, Texto revisado del discurso de aceptación pronunciado el 4 de diciembre de 2007 en Lima, con ocasión del otorgamiento del Doctorado Honoris Causa por parte de la Pontificia Universidad Católica del Perú.

24 Jesús M. Casal, *¿De la Constitución nominal a la Constitución fachada?* I.- Introducción. II.- Las Constituciones nominales y las Constituciones fachada. III.- La Constitución de 1961. IV.- La Constitución de 1999. 1.- Constitución nominal y Constitución fachada. 2.- De la Constitución fachada a la implantación de un sistema ideológico alternativo. A) La Constitución fachada. B) La propuesta de reforma constitucional del 2007 y su rechazo mediante referendo: la acentuada desconstitucionalización. C) La infiltración patológica y el desplazamiento de la Constitución de 1999: ¿qué está pasando en términos constitucionales? D) Una muestra del modelo político-económico en desarrollo: el Proyecto de Ley Orgánica de Participación y Poder Popular; a.- Las bases ideológicas del Proyecto de Ley, b.- Aspectos más resaltantes del articulado. V.- Colofón. Caracas.

25 *Ibídem.*

EL 6 DE DICIEMBRE DEL 2015

Pero el 6 de diciembre del 2015 para alegría de muchos y tristeza de pocos los venezolanos han elegido una Asamblea Nacional con mayoría calificada de diputados de las organizaciones políticas y similares que se integraron en la alternativa democrática denominada Mesa de Unidad Democrática (MUD). Se instala conforme a la Constitución en enero, designándose como Presidente al diputado Henry Ramos Allup, Secretario General del Partido Acción Democrática. Petra Dolores cree oportuno aplicar los conceptos, ideas, criterios y fines de la investigación que se ha adelantado a fin de concebir una especie de agenda con propósito ilustrativo en lo concerniente a las actuaciones del parlamento electo, teniendo presente lo que ha sucedido durante los 17 años de vigencia del denominado proceso revolucionario, también socialismo del Siglo XXI, sin saberse a ciencia cierta qué es lo uno y lo otro. Una gran verdad si es incuestionable que Petra Dolores no tiene dudas en calificar como "Una hecatombe nacional" jamás experimentada por los venezolanos.

Acude a la apreciación siguiente:

Milton Friedman, que nunca fue el monstruo que ahora se ha querido ver, instaba a evaluar las políticas públicas no por las intenciones, sino por sus resultados,

Se plantea en aras de su espíritu colaborador elaborar el documento *LA ASAMBLEA NACIONAL. SUGERENCIAS PARA UNA AGENDA,* con el temario siguiente:

Liminar. Un ensoberbecimiento refundar la República,

Apuntaciones finales.

Pasa a desarrollarlo sosteniendo además conversaciones con diputados democráticos, quienes se lo agradecen, comprometiéndose a estudiarlo. Sin dudas, como sostienen, le servirá de guía en el difícil quehacer parlamentario a que popularmente se han comprometido.

LIMINAR

UN ENSOBERBECIMIENTO. REFUNDAR
LA REPÚBLICA...

A la democracia representativa de cuarenta años cuya fuente es la Constitución de 1961, pretende desplazársele en la de 1999 con una calificada pseudo democracia participativa, en rigor una entelequia, por lo menos así demostrado durante el tiempo que ha precedido al último Texto. Francamente la metodología de la representación política había venido perdiendo vigencia, pero no para que se le suprimiera, sino para mejorarle, lo cual no pareciera tener en cuenta *la Nomenclatura* que se arraiga por un golpe militar que conduce a un pueblo confundido a elecciones para escoger al *por verse*, *sin ponderar de que se trataba*. El resultado en una especie de narrativa fabulada se califica como una vertiente de *nacional socialismo criollo*:

"... Adolfo Estrada (quien en la trama de la novela **Juan Rivas; El Repitiente,** es Hugo R. Chávez Frías), que había encabezado el suceso conspirativo de 1992, ya liberado y resuelto a buscar el poder por la vía del voto, les solicita a sus asesores una lista de preguntas y respuestas sobre los problemas del país para aprendérsela y manejarla en su recorrido por el territorio nacional durante la ya próxima campaña electoral, "pues él lo único que sabía decir era 'A discreción... Firm'". Triunfa en los comicios y, al poco tiempo de su régimen, comienza a sembrar el odio y la división entre los venezolanos, a dar muestras de un ostensible autoritarismo y a comportarse como un gobernante con poderes absolutos...[1]".

Pero esta especie de *procesión innovadora* que asalta al país pretende borrar todo lo anterior por obsceno, dañino y hediondo y acude, asimismo, al *ensoberbecimiento de refundar a la república*, capricho que merece consideraciones como éstas:

"... 1. Proponerse «refundar a Venezuela», después de 300 años de su independencia de España, es en el fondo envanecerse en un propósito, una manera de la usanza suramericana de ofrecer con «elocuencia muy abundante y elevada» metas a alcanzar en un lenguaje o estilo ameno y profusamente exornado...,

2. Si entendemos la tarea de «fundar de nuevo» como el proyecto político plasmado en la Constitución de la V República, deberíamos atribuir igual objetivo a las 26 iniciativas de cartas magnas bajo las cuales ha tratado Venezuela de estructurarse socialmente...,

3. Etimológicamente, el significado de la palabra fundar (del latín fundáre) es, en una primera acepción, «edificar materialmente una ciudad, colegio u hospital»...,

4. En igual contexto, también «erigir, instituir un mayorazgo, universidad u obra pía, dándoles rentas y estatutos para que subsistan y se conserven»...,

5. Para una cuarta acepción, equivale a «establecer, crear un imperio...». ...,

6. Empecemos por descartar esta última, la cual pudiera pretender aplicarse al caso de Venezuela, pues la vocación de imperio que este país jamás ha tenido es un obstáculo para aceptar tal supuesto. ...,

---

1   Carlos Canache Mata, Prólogo del libro *Juan Rivas; El Repitiente*, de Luis Beltrán Guerra, Cyngular, Caracas, 2015.

7. Si aceptamos como aplicables las otras dos acepciones, las cuales son las números uno y tres en el Diccionario de la Lengua Española, tendríamos forzosamente que concluir que Venezuela fue fundada por España a partir de 1498, fecha cuando arribó a Macuro, por el estado Sucre, Cristóbal Colón y demás conquistadores…. y,

8. Sería, dentro de este contexto, una manifestación de «entontecimiento» pretender que nos «fundemos de nuevo», quinientos años después...[2]".

Antes estas y otras absurdas pretensiones la soberanía popular se ha expresado en las elecciones parlamentarias del 6 de diciembre, impartiendo una derrota electoral al utópico régimen presuntamente revolucionario y socialista, con el resultado de 112 diputados de la oposición, mayoría determinante que ha de asumir el rol de ejercer las potestades constitucionales legislativas y de control del gobierno y demás poderes públicos en aras del rescate de una democracia terriblemente maltratada durante los últimos 17 años.

Esa es la demanda de los 7.707.422 venezolanos que les eligieron y en quienes han delegado la soberanía que como pueblo le es propia.

Es también la razón de ser de este documento.

---

2   Guerra, *Leticia Harentz Pérez, Una Venezolana que comenta la Constitución de la V República*, Comala.Com, Caracas, 2002, Pp. 235-238.

I

PRINCIPIOS FUNDAMENTALES DE ÍNDOLE CONSTITUCIONAL

El Texto Constitucional estatuye como Principios Fundamentales lo siguiente:

Artículo 2. Venezuela se constituye en un Estado democrático y social de Derecho y de Justicia, que propugna como valores superiores de su ordenamiento jurídico y de su actuación, la vida, la libertad, la justicia, la igualdad, la solidaridad, la democracia, la responsabilidad social y, en general, la preeminencia de los derechos humanos, la ética y el pluralismo político.

Artículo 3. El Estado tiene como fines esenciales la defensa y el desarrollo de la persona y el respeto a su dignidad, el ejercicio democrático de la voluntad popular, la construcción de una sociedad justa y amante de la paz, la promoción de la prosperidad y bienestar del pueblo y la garantía del cumplimiento de los principios, derechos y deberes reconocidos y consagrados en esta Constitución. La educación y el trabajo son los procesos fundamentales para alcanzar dichos fines.

Artículo 4. La República Bolivariana de Venezuela es un Estado federal descentralizado en los términos consagrados en esta Constitución, y se rige por los principios de integridad territorial, cooperación, solidaridad, concurrencia y corresponsabilidad.

Artículo 5. La soberanía reside intransferiblemente en el pueblo, quien la ejerce directamente en la forma prevista en esta

Constitución y en la ley, e indirectamente, mediante el sufragio, por los órganos que ejercen el Poder Público. Los órganos del Estado emanan de la soberanía popular y a ella están sometidos.

Artículo 6. El gobierno de la República Bolivariana de Venezuela y de las entidades políticas que la componen es y será siempre democrático, participativo, electivo, descentralizado, alternativo, responsable, pluralista y de mandatos revocables.

Artículo 7. La Constitución es la norma suprema y el fundamento del ordenamiento jurídico. Todas las personas y los órganos que ejercen el Poder Público están sujetos a esta Constitución.

Precisa también:

1. El Poder Público Nacional se divide en Legislativo, Ejecutivo, Judicial, Ciudadano y Electoral,

2. Cada uno tiene sus funciones propias,

3. La Carta Magna y la Ley definen las atribuciones que a ellos incumben,

4. Las atribuciones de los poderes Legislativo, Ejecutivo, Judicial, Ciudadano y Ejecutivo han de ejercerse de manera obligatoria de conformidad con el régimen normativo que la Constitución y la Ley establezcan.

1. *Una consecuencia lógica...*

La cual dimana del mandato constitucional:

a. Las providencias contrarias al régimen estatuido adolecerían de nulidad absoluta,

b. Sanciones para los funcionarios que las provean,

c. Pero también para aquellos que las ejecuten.

2. *En procura de otra consecuencia...*
Durabilidad de la vigencia Constitucional

Es una tradición bien arraigada aquella que propugna la estabilidad del orden constitucional, bajo el aparente supuesto de que el grupo humano que ha decidido sujetarse a los preceptos de una determinada Carta Magna lo hecho con madurez, razón para pensar que la permanencia en el tiempo del orden normativo primario coadyuva para que los ciudadanos se habitúen a ellas. En los países de América Latina, incluyendo, por supuesto a Venezuela, este principio no se ha observado, por lo cual a lo largo de la historia es fácil identificar más de un texto constitucional, como lo demuestra la lectura siguiente:

"... La historia constitucional venezolana, que se inicia coetáneamente al constitucionalismo español (e incluso antes, toda vez que su primera Constitución data de 21 de diciembre de 1811) es extraordinariamente agitada ya que es posible constatar un elevado número de textos constitucionales (1811, 1819, 1821, 1830, 1857, 1858, 1864, 1874, 1881, 1891, 1893, 1901, 1904, 1909, 1914, 1922, 1925, 1928, 1929, 1931, 1936, 1945, 1947, 1953, 1961 y 1999). Evidentemente un buen número de tales textos no constituyen otra cosa que una mera cobertura jurídica con apariencia de constitución para justificar el poder de caudillos o dictadores militares; de otra parte, también hay que advertir, para matizar esta afirmación inicial, que en la tradición constitucional venezolana no ha existido hasta épocas recientes el mecanismo de la reforma parcial, por lo que con frecuencia se reviste como nueva constitución lo que materialmente no ha sido más que una puntual modificación de algunos preceptos constitucionales...[1]".

3. *En lo relativo a la Constitución democrática de 1961...*

"... No obstante, todo ello no es óbice para que la mera enumeración de los textos formalmente constitucionales revele una

---

1   Luis López Guerra y Luis Aguiar de Luque, Centro de Estudios Políticos y Constitucionales, Madrid, 2009, Volumen II, pp. 2129-2130.

ajetreada historia política y una escasa consolidación de las ideas constitucionales. La Constitución de 15 de diciembre de 1999, hoy vigente, ha venido a suceder a aquella otra de 23 de enero de 1961, que fuera elaborada con el acuerdo y respaldo de los tres principales partidos (Acción Democrática, Copei y Unión Republicana Democrática) que apoyaron a la Junta de Gobierno implantada tras el levantamiento cívico-militar que tuvo lugar el 23 de enero de 1958 contra el gobierno del general Marcos Pérez Jiménez, y logró dotar al país de un régimen basado en los principios de la democracia constitucional, liberal y representativa. Durante casi cuarenta años Venezuela pareció así disfrutar de estabilidad constitucional, período en el que la vida política discurrió con arreglo a los cauces marcados por un texto que fue reformado en dos ocasiones (11 de mayo de 1973 y 16 de marzo de 1983) con arreglo a los procedimientos por él establecidos...[2]".

4. *La cacareada Constitución Bolivariana...*

La lectura, adicionalmente, prosigue en lo relativo a la cacareada Constitución bolivariana:

"... No puede decirse lo mismo —en cuanto espíritu de acuerdo y respeto de las formas constitucionales— del movimiento político que alumbró la nueva Constitución bolivariana aprobada bajo los auspicios del coronel Hugo Chávez (responsable de un intento fallido de golpe de Estado en 1992), que accedió a la Presidencia de la República tras las elecciones presidenciales celebradas el 6 de diciembre de 1998 con un amplio respaldo popular (56 por 100) y después de haber triunfado igualmente en las elecciones legislativas y regionales celebradas poco antes (noviembre de 1998). El proceso de elaboración de la nueva Constitución se autoproclamó desde sus mismos inicios dotado de un carácter originario y en ruptura con el orden constitucional precedente; de ello da buena prueba tanto la expresión con la que el coronel Chávez aludía a la Constitución de 1961

---

2   *Ibídem.*

(la moribunda), como el calificativo popular con el que se conoció a la Asamblea Constituyente (la soberanísima)...[3]".

5. *Formalidades para la estabilidad constitucional*

Estas circunstancias han inducido a tratar de garantizar mediante preceptos escritos la vigencia constitucional, limitando de manera taxativa las variables posibles tanto para la derogatoria, como en lo tocante a la enmienda y a la reforma de las constituciones.

El Constituyente venezolano de 1999 fantasea con este régimen de excepciones, como se observa del Título VIII, Capítulo I y los artículos que se citan y transcriben:

1. **Artículo 333.** Esta Constitución no perderá su vigencia si dejare de observarse por acto de fuerza o porque fuere derogada por cualquier otro medio distinto al previsto en ella. En tal eventualidad, todo ciudadano investido o ciudadana investida o no de autoridad, tendrá el deber de colaborar en el restablecimiento de su efectiva vigencia.

2. **Artículo 334.** Todos los jueces o juezas de la República, en el ámbito de sus competencias y conforme a lo previsto en esta Constitución y en la ley, están en la obligación de asegurar la integridad de esta Constitución. En caso de incompatibilidad entre esta Constitución y una ley u otra norma jurídica, se aplicarán las disposiciones constitucionales, correspondiendo a los tribunales en cualquier causa, aun de oficio, decidir lo conducente. Corresponde exclusivamente a la Sala Constitucional del Tribunal Supremo de Justicia, como jurisdicción constitucional, declarar la nulidad de las leyes y demás actos de los órganos que ejercen el Poder Público dictados en ejecución directa e inmediata de esta Constitución o que tengan rango de ley, cuando colidan con aquella.

3. **Artículo 335.** El Tribunal Supremo de Justicia garantizará la supremacía y efectividad de las normas y principios cons-

---

3   *Ibídem.*

titucionales; será el máximo y último intérprete de esta Constitución y velará por su uniforme interpretación y aplicación. Las interpretaciones que establezca la Sala Constitucional sobre el contenido o alcance de las normas y principios constitucionales son vinculantes para las otras Salas del Tribunal Supremo de Justicia y demás tribunales de la República.

6. *El Control de la constitucionalidad*

El control de la constitucionalidad es elogiado en la literatura constitucional contemporánea a que se ha hecho mención:

"... 1.   Finalmente, en este breve repaso de algunas notas comunes del más reciente constitucionalismo iberoamericano, es inexcusable advertir de la recuperación y relanzamiento del control de constitucionalidad;

2.   Recuperación porque la garantía judicial de la Constitución, bien que no muy operativa, existía de antiguo como control difuso en los ordenamientos iberoamericanos (Argentina, Brasil, Chile, Costa Rica o Uruguay entre otros);

3.   Relanzamiento porque en este nuevo ciclo político-constitucional el control de constitucionalidad se ha extendido a otros ordenamientos o se han revisado los planteamientos anteriores para aproximarlo al denominado control concentrado de constitucionalidad,

4.   Sobre todo, este tipo de control ha cobrado una importancia considerable, hasta el punto de convertirse en alguno de estos países en pieza clave del sistema político institucional:

5.   Por ejemplo, Costa Rica...[4]".

---

4   López Guerra y Aguiar de Luque, *Ibídem*, Volumen I, p. 15.

II

LAS MAYORÍAS PARLAMENTARIAS

Ante la mayoría de parlamentarios en las elecciones de diciembre, las ideas que más abajo se señalan pudieran orientar la actuación, tanto de la Directiva, como de los diputados, tomando en cuenta que conforme a las pautas democráticas en la elección del Presidente, Vicepresidentes, Secretario y Subsecretario reinará la pluralidad.

1. *La reorganización del parlamento. Su funcionamiento*

Las pautas que se señalan a continuación parecieran pertinentes:

1. Actualización a la nueva realidad del Reglamento de Interior y de Debates,

2. El restablecimiento del Diario de Debates,

3. La integración plural de las Comisiones,

4. El acceso de los medios de comunicación al hemiciclo,

5. El asesoramiento jurídico en lo atinente a la revisión de los textos legales y demás documentos, y

6. Medidas en procura de la integridad física de los parlamentarios y del personal al servicio de la Asamblea.

Nota importante…

Es de tener en cuenta que el régimen parlamentario supedita las providencias de la AN a las votaciones en cámara, razón por la cual han de ser votadas y que los escenarios son diversos, a saber:

a. **Mayoría absoluta**, definida en el Reglamento de Interior y de Debates como la mitad del número par siguiente al total de los diputados, popularmente conocida, como la mitad más uno de los parlamentarios,

b. **Mayorías calificadas**;

b. 1. Las tres quintas (3/5) partes de los diputados, y

b. 2. Las dos terceras (2/3) partes de los mismos.

Una explicación más detallada recomienda en el cuadro siguiente el profesor José Rafael Badell[1]:

ASAMBLEA NACIONAL
TOTAL DIPUTADOS 167

1. Mayoría Simple:

+85 Diputados, legitimación para:

- Aprobación de convocatoria de un referendo consultivo nacional sobre materias de especial trascendencia nacional. (art. 71 CN).

- Promover la descentralización (atribuyéndole a los Municipios o a los Estados determinadas materias de competencia nacional- art. 157 CN)

- Ejercer funciones de control en la discusión del presupuesto nacional (art. 187.6 CN)

- Autorizar la salida del Presidente de la República del territorio nacional (art. 187.17 CN)

- Voto de censura al Vicepresidente Ejecutivo y a los Ministros (art. 187.10 CN).

- Autorizar la detención y el enjuiciamiento de Diputados (art. 200 CN).

---

1   Badell & Grau, Caracas, Diciembre 6, 2015. Mail enviado al suscrito.

- Ejercer la función de control mediante los mecanismos de interpelaciones, aprobaciones parlamentarias (art. 222 CN).
- Decidir la falta absoluta del Presidente de la República (art. 234 CN).
- Iniciativa de la enmienda constitucional (art. 341.5 CN).
- Iniciativa de la reforma constitucional. (art. 342 CN).

2. **Mayorías calificadas:** *3/5 Partes- 2/3 Partes,*

3/5 Partes (+100 diputados), legitimación para:

- Sancionar Ley habitante (art. 203 CN).
- Aprobación de moción de censura al Vicepresidente Ejecutivo y a los Ministros (art. 240-246 CN).

2/3 partes (+111 diputados), legitimación para:

- Referéndum aprobatorio de Proyectos de Ley (art. 73 CN).
- Someter a referendo los tratados, convenios o acuerdos internacionales que comprometan la soberanía nacional o transfieran competencias a órganos supranacionales (art. 73 CN).
- Aprobación de la separación del cargo de un Diputado (art. 187.20 CN).
- Creación de Comisiones Permanentes (art 193 CN).
- Aprobación del proyecto de reforma constitucional (art. 343.5 CN).
- Promulgación y modificación de Leyes orgánicas (art. 203 CN).
- Designación y Remoción de Magistrados del TSJ (art. 265 CN-38 LOTSJ).
- Designación del titular del órgano del Poder Ciudadano (art. 279 CN).
- Designación y remoción de los integrantes del CNE (art. 296 CN).
- Convocatoria de una constituyente (art. 348 CN).

2. En lo concerniente al Poder Judicial, Ciudadano y Electoral…

La asambleísta del 47 y diputada en el 61 considera que la Constitución con la finalidad de arbitrar mecanismos que contribuyeran a definir una denominada democracia participativa, bandera enarbolada particularmente por el Presidente Hugo R. Chávez Frías, se propuso enraizar los poderes judicial, ciudadano y electoral con el ejercicio de la soberanía popular. Prueba de ello son frases de la propia Constitución, entre otras… *"La potestad de administrar justicia emana de los ciudadanos…" y "El Poder Ciudadano se ejerce por el Consejo Moral Republicano…".*

En disposiciones constitucionales específicas se observa con mayor claridad la tendencia a la susodicha democracia participativa. En efecto, el **artículo 279** dispone:

1. "El Consejo Moral Republicano convocará un Comité de Evaluación de Postulaciones del Poder Ciudadano que estará integrado por representantes de diversos sectores de la sociedad…",

2. Se adelantará un proceso público de cuyo resultado se obtendrá una terna por cada órgano del Poder Ciudadano,

3. Esa terna será sometida a la consideración de la Asamblea Nacional,

4. La Asamblea Nacional mediante voto favorable de las dos terceras partes de sus integrantes escogerá en un lapso no mayor de treinta días continuos, al o la titular del órgano del Poder Ciudadano que esté en consideración,

5. Si no hay acuerdo en la Asamblea Nacional el Poder Electoral someterá la terna a consulta popular, y

6. La Asamblea Nacional para el caso de que no se hubiere convocado el Comité de Postulaciones procederá a la designación del funcionario.

No hay dudas de que la precitada disposición de la Carta Magna estatuye una amplia potestad de la Asamblea Nacional en lo concerniente a lo que el propio Texto denomina El Poder Ciudadano, integrado por la Administración de Justicia, el Ministerio Publico y la Contraloría General de la República, a desempeñarse tanto en lo relativo a la designación de quienes han de dirigirlos, como también en lo atinente a su funcionamiento. Esto último queda ratificado por el mandato constitucional que a letra dice:

"Los y las integrantes del Poder Ciudadano serán removidos o removidas por la Asamblea Nacional, previo pronunciamiento del Tribunal Supremo de Justicia, de acuerdo con los establecido en la Ley" (Art. 279).

Una conclusión inobjetable...

Para la mayoría parlamentaria decembrina...

La Asamblea Nacional decembrina con mayoría parlamentaria de la oposición, tiene una definitiva injerencia tanto en la designación como en la remoción de quienes integran Poder Ciudadano, que ejercen el Consejo Moral Republicano integrado por:

1. El Defensor del Pueblo,

2. El Fiscal General de la Republica, y

3. El Contralor General de la República.

Artículo 273. El Poder Ciudadano se ejerce por el Consejo Moral Republicano integrado por el Defensor o Defensora del Pueblo, el Fiscal o Fiscala General y el Contralor o Contralora General de la República... Los órganos del Poder Ciudadano son la Defensoría del Pueblo, el Ministerio Público y la Contraloría General de la República, uno o una de cuyos titulares será designado o designada por el Consejo Moral Republicano como su Presidente o Presidenta por periodos de un año, pudiendo ser reelecto o reelecta... El Poder Ciudadano es independiente y sus órganos gozan de autonomía funcional, financiera y administrativa. A tal efecto, dentro del presupuesto general del Estado se le asignará una partida anual variable... Su organización y funcionamiento se establecerá en ley orgánica.

3. *El Poder Electoral y las dos terceras partes de la Asamblea...*

Una democracia demanda una autoridad electoral objetivamente autónoma de los restantes poderes públicos, máxima ésta de las más vulneradas desde la promulgación del excelsado Texto Constitucional del 99, pues el Consejo Nacional Electoral ha sido prácticamente un apéndice del Poder Ejecutivo y de las fuerzas políticas afectas al gobierno, en una crasa transgresión al artículo 294:

> **Artículo 294.** Los órganos del Poder Electoral se rigen por los principios de independencia orgánica, autonomía funcional y presupuestaria, despartidización de los organismos electorales, imparcialidad y participación ciudadana; descentralización de la administración electoral, transparencia y celeridad del acto de votación y escrutinios.

A esa violación constitucional ha de añadirse la del último párrafo del **artículo 293**:

> Los órganos del Poder Electoral garantizarán la igualdad, confiabilidad, imparcialidad, transparencia y eficiencia de los procesos electorales, así como la aplicación de la personalización del sufragio y la representación proporcional.

No hay dudas de que la sociedad demanda un árbitro electoral estatuido conforme a la Carta Magna y por cuanto el actual no cumple con ello, una de las obligaciones ineludibles para la Asamblea Nacional es la de que la Constitución se cumpla, por tratarse, además, del árbitro del sufragio ciudadano, fuente determinante de la democracia.

La potestad constitucional legitima a la Asamblea Nacional:

1. Para adelantar un proceso de revisión tanto de la conformación, como de las actuaciones del CNE,

2. Remover a sus integrantes y

3. Designar nuevas autoridades,

Es de puntualizar que para la remoción de los actuales integrantes del Consejo Nacional Electoral la Asamblea Nacional requerirá el previo pronunciamiento del Tribunal Supremo de Justicia **(Artículo 296, penúltimo párrafo)**, un serio inconveniente, si el Poder Legislativo electo no aborda el tema de la independencia del Poder Judicial, otro de los clamores de la sociedad.

La Constitución exige las tres cuartas partes de los diputados para la designación de los integrantes del CNE, mas no para la remoción, siendo muy probable que si esta última se acordare sin esa mayoría calificada, el TSJ no emita un pronunciamiento favorable **(Art. 296, penúltimo párrafo)**, lo cual refuerza el planteamiento anterior referido a la conveniencia de que la Asamblea aborde el tema de la reorganización del Tribunal Supremo de la República.

4. *La administración de justicia...*

Petra Dolores denuncia que una Comisión de alto nivel designada por el Presidente Carlos Andrés Pérez en la oportunidad de aspirar por segunda vez a la Primera Magistratura, a los efectos de realizar un diagnóstico y formular propuestas con respecto a la administración de Justicia sostuvo:

> "...El cometido de la función estadal de administrar justicia, se revela hoy en nuestro medio como factor neurálgico en el sentir nacional, centro capitalizador de los ingredientes negativos que en el devenir histórico de los pueblos constituyen la barrera entre el poder y los que a él están supeditados... No es exagerado expresar que la situación que se confronta en la administración de Justicia puede tener consecuencias imprevisibles y devastadoras para nuestro Estado de Derecho. El Juez venezolano y el Poder Judicial siempre se han visto impedidos en el afianzamiento de una autonomía e independencia que rebasen la simple formulación constitucional y legal. Las fuerzas políticas, la carencia de presupuesto adecuado, la endeblez de la formación universitaria, su subalternidad frente a las demás ramas del poder público, conforman la amalgama de obstáculos que se han interpuesto en el camino de un Poder Judicial autónomo, capaz científica y éticamente enfrentado a estas variantes del indeclinable peso de nuestra historia política y de la realidad actual.... De ahí que desde múltiples enfoques y perspectivas se hayan

hecho sentir criterios, proposiciones y políticas de revisión, de cambio, de reestructuración de un Poder Judicial que, sin proponerse, ha hecho suyos los vicios y las debilidades de los otros, a los cuales por una u otra razón se encuentra subordinado en la praxis cotidiana... Esta situación revela con matices angustiantes la necesidad de buscar caminos, vencer obstáculos y rescatar la imagen del Poder Judicial y hacerlo transitar por las sendas que el constituyente le abrió, la Nación reclama hacia lo que, en esencia, es su verdadero destino...[2]".

La Constitución de 1999 exhibida por el entonces Presidente Hugo R. Chávez Frías como la panacea para resolver todos los problemas confrontados no solamente por Venezuela, sino en toda América Latina, más que haber mejorado la administración de justicia la ha hecho más irregular, consecuencia de la inobservancia de los propios postulados constitucionales y de las leyes dictadas conforme a ésta, entre otras muy específicamente los concernientes a la imparcialidad e independencia de los jueces en el ejercicio de sus funciones:

Artículo 256. Con la finalidad de garantizar la imparcialidad y la independencia en el ejercicio de sus funciones, los magistrados o las magistradas, los jueces o las juezas; los fiscales o las fiscales del Ministerio Público; y los defensores públicos o las defensoras públicas, desde la fecha de su nombramiento y hasta su egreso del cargo respectivo, no podrán, salvo el ejercicio del voto, llevar a cabo activismo político partidista, gremial, sindical o de índole semejante, ni realizar actividades privadas lucrativas incompatibles con su función, ni por sí ni por interpuesta persona, ni ejercer ninguna otra función pública a excepción de actividades educativas. Los jueces o las juezas no podrán asociarse entre sí.

---

2 Programa de Gobierno de Acción Democrática; Comisión de Asuntos Jurídicos; Luis Beltrán Guerra G., Coordinador, Integrantes, Jesús R. Carmona B., Emilio Ramos de la Rosa, Cecilia Sosa y Esperanza Matos de Saad, Secretaria Ejecutiva.

Es por tanto pertinente que la Asamblea electa haya de revisar los vicios que afectan la autonomía, imparcialidad, integración, funcionamiento y decisiones de los jueces que han integrado desde la vigencia de la Constitución del 99 a la Administración de Justicia. Particular análisis ha de hacerse en lo concerniente al Tribunal Supremo de Justicia, órgano máximo del poder Judicial. Esta potestad revisora de la AN abarca no solamente a los preceptos del Texto Constitucional, sino también a las leyes orgánicas, incluyendo las habilitantes, y ordinarias que se hayan dictado. De un lado por constituir la potestad legislativa una natural de la AN y por la otra por los vicios que en lo que respecta a la justicia se han venido cometiendo.

Ello quiere decir, que la Asamblea, además, de legislar reformando los textos legislativos dictados, ha de ejercer la potestad de analizar la actuación de los magistrados a efectos de ratificarles o removerles en el ejercicio de sus cargos:

Artículo 265. Los magistrados o magistradas del Tribunal Supremo de Justicia podrán ser removidos o removidas por la Asamblea Nacional mediante una mayoría calificada de las dos terceras partes de sus integrantes, previa audiencia concedida al interesado o interesada, en caso de faltas graves ya calificadas por el Poder Ciudadano, en los términos que la ley establezca.

La oposición, es de recordar, ha de tener para la remoción de los magistrados del TSJ las 2 terceras partes de los parlamentarios electos, lo cual puede confirmarse en el cuadro detallado contenido en páginas anteriores que define las atribuciones constitucionales de la Asamblea Nacional, así como y el número de diputados requerido para que sean aprobadas constitucionalmente para que la providencias pertinentes sean aprobadas.

5. *Las cuentas relativas a la administración de los fondos públicos...*

Los constituyentes de 1961 ante un pasado que dejó atrás el 23 de enero y los odiosos capítulos que le precedieron para establecer una democracia constitucional en Venezuela, se propusieron castigar la exagerada corrupción y enriquecimiento ilícito de los personeros de la dictadura que gobernara al país durante 10 años. Prueba es, entre muchas, disposiciones como el:

Artículo 234. Corresponde a la Contraloría General de la República el control, vigilancia y fiscalización de los ingresos, gastos y bienes nacionales, así como las operaciones relativas a los mismos.

En el inicio de la democracia regida por esa Carta Magna se promulgó la Ley contra el Enriquecimiento Ilícito estableciéndose un procedimiento, aunque expedito, sujeto a las pautas constitucionales, particularmente, en lo concerniente al derecho de defensa de los declarados, por la Comisión plural creada al respecto, como enriquecidos bajo practicas reñidas con la Ley durante la dictadura que fenecía. Además de su espíritu sancionador, el texto legal que creó al susodicho organismo persiguió un propósito ejemplarizante en lo relativo a la moral en el manejo del erario público. La tendencia en el castigo a la corrupción prosiguió durante los 40 años de la democracia constitucional de 1961, dictándose la Ley Orgánica de la Contraloría General de la República y creándose una jurisdicción especial para sancionar los delitos de salvaguarda del patrimonio público. Expresar que durante esos periodos no haya habido corrupción sería una falacia, pero sí hubo una seria intención por parte del poder público en castigarlo.

Lo contrario ha sucedido durante los últimos 17 años, abundantes en tipologías delictuales que sobrepasan la figura misma de la corrupción, ampliándola a través de diferentes variables y vinculándose con el narcotráfico.

Se impone, por tanto, una averiguación exhaustiva por parte de la Asamblea Nacional que involucra a los funcionarios públicos y a terceros que valiéndose de las más variadas formulas han acumulado fortunas inconmensurables y de conocimiento notorio. La propia Carta Magna le habilita para:

Artículo 187, Ordinal 3°. Ejercer funciones de control sobre el gobierno y la administración pública

Esta potestad ha de ser entendida en conjunción con el **artículo 222**, cuyo texto es el que se transcribe:

Artículo 222. La Asamblea Nacional podrá ejercer su función de control mediante los siguientes mecanismos:

1. las interpelaciones,

2. las investigaciones,

3. las preguntas,

4. las autorizaciones y las aprobaciones parlamentarias previstas en esta Constitución y en la ley,

5. y mediante cualquier otro mecanismo que establezcan las leyes y su reglamento.

En ejercicio del control parlamentario, podrán declarar la responsabilidad política de los funcionarios públicos o funcionarias públicas y solicitar al Poder Ciudadano que intente las acciones a que haya lugar para hacer efectiva tal responsabilidad.

a. *Del Contralor General...*

La sociedad reclama de manera evidente que se exija responsabilidad a los Contralores Generales de la década y siete años por concluir, pues pareciera que tales cargos de índole constitucional no se hubieran proveído por titular alguno o que no existiesen, ante la ausencia casi total de providencias concernientes a la responsabilidades de funcionarios y terceros por el abusivo manejo que se ha hecho de la cosa pública.

Pudiera sostenerse que las atribuciones que a este órgano asigna del **artículo 289**, sin excepciones, ninguna se hubiese ejercido:

Artículo 289. Son atribuciones de la Contraloría General de la República:

1. Ejercer el control, la vigilancia y fiscalización de los ingresos, gastos y bienes públicos, así como las operaciones relativas a los mismos, sin perjuicio de las facultades que se atribuyan a otros órganos, en el caso de los Estados y Municipios, de conformidad con la ley,

2. Controlar la deuda pública, sin perjuicio de las facultades que se atribuyan a otros órganos en el caso de los Estados y Municipios, de conformidad con la ley,

3. Inspeccionar y fiscalizar los órganos, entidades y personas jurídicas del sector público sometidos a su control; practicar fiscalizaciones, disponer el inicio de investigaciones sobre irregularidades contra el patrimonio público, así como dictar las medidas, imponer los reparos y aplicar las sanciones administrativas a que haya lugar de conformidad con la ley,

4. Instar al Fiscal o a la Fiscal de la República a que ejerzan las acciones judiciales a que hubiere lugar con motivo de las infracciones y delitos cometidos contra el patrimonio público y de los cuales tenga conocimiento en el ejercicio de sus atribuciones,

5. Ejercer el control de gestión y evaluar el cumplimiento y resultado de las decisiones y políticas públicas de los órganos, entidades y personas jurídicas del sector público sujetos a su control, relacionadas con sus ingresos, gastos y bienes, y

6. Las demás que establezcan esta Constitución y la ley.

Este importante organismo por el cual se prestó el respeto debido en los regímenes democráticos, empezando por la escogencia para dirigirlos de personalidades de reconocida competencia y solvencia profesional y moral, ha pasado a ser en la autocracia socialista verdaderamente ignorado no solamente en los referidos aspectos, sino también y muy particularmente en lo relativo al desempeño de las potestades constitucionales y legales que tiene asignadas.

b. *De la Contraloría General de las Fuerzas armadas*

La autocracia que ha gobernado desde 1982 ha causado un grave daño a las Fuerzas Armadas, para algunos en éstos términos:

"… Las fuerzas armadas sujetas al gobierno civil electo popularmente están al servicio de la nación, garantizando la independencia, la soberanía y la integridad del territorio. No tiene dudas de que la pauta se ilegítima cuando a los oficiales se les involucra sin límites a posiciones en la Administración Pública, establecen con partidos vinculaciones inadecuadas, incurren en prácticas contrarias a la moral en el manejo del erario nacional, no se hace el orden de los ascensos por méritos y ejecutan ordenes contrarias a la Ley. No pueden convertirse, además, en árbitros en los conflictos políticos...[3]".

Mucho ha de hacer la Asamblea para convertir en realidad la máxima de que en las democracias las fuerzas armadas han de estar sujetas a los gobiernos civiles, así como en lo relativo a la observancia de los postulados contenidos en la anterior transcripción, con respecto a las cuales ha de solicitar cuentas de la Contraloría General que para ellas establece el Constituyente del 99:

> **Artículo 291.** La Contraloría General de la Fuerza Armada Nacional es parte integrante del sistema nacional de control. Tendrá a su cargo la vigilancia, control y fiscalización de los ingresos, gastos y bienes públicos afectos a la Fuerza Armada Nacional y sus órganos adscritos, sin menoscabo del alcance y competencia de la Contraloría General de la República. Su organización y funcionamiento lo determinará la ley respectiva y estará bajo la dirección y responsabilidad del Contralor o Contralora General de la Fuerza Armada Nacional, quien será designado o designada mediante concurso de oposición.

6. Del Consejo Moral Republicano... El Ministerio Público, El Defensor del Pueblo y El Contralor... ¿Utopías?...

Es de tener presente que quedan en el contexto el denominado Poder Ciudadano que pasa a ejercerlo un precitado Consejo Moral Republicano, señalándose como órganos del primero la Defensoría del Pueblo, el Ministerio Público y la Contraloría General de la República, cuyos titulares pasan a ser designados mediante consultas populares en el fondo irrealizables o cuanto menos difícil de lograrlo. La lectura del artículo 279 Constitucional así lo revela:

---

3   Guerra, *El Universal*, Caracas, Noviembre, 2015.

Artículo 279. El Consejo Moral Republicano convocará un Comité de Evaluación de Postulaciones del Poder Ciudadano, el cual estará integrado por representantes de diversos sectores de la sociedad; adelantará un proceso público de cuyo resultado se obtendrá una terna por cada órgano del Poder Ciudadano, la cual será sometida a la consideración de la Asamblea Nacional. Ésta, mediante el voto favorable de las dos terceras partes de sus integrantes, escogerá en un lapso no mayor de treinta días continuos, al o a la titular del órgano del Poder Ciudadano que esté en consideración. Si concluido este lapso no hay acuerdo en la Asamblea Nacional, el Poder Electoral someterá la terna a consulta popular. En caso de no haber sido convocado el Comité de Evaluación de Postulaciones del Poder Ciudadano, la Asamblea Nacional procederá, dentro del plazo que determine la ley, a la designación del titular o la titular del órgano del Poder Ciudadano correspondiente.

No puede dejar de observarse que el precepto termina refiriéndose al procedimiento para la remoción de los titulares de los órganos del Poder Ciudadano, esto, es del Fiscal, Contralor y Defensor, aplicable solo en democracias perfectas o por lo menos donde reine el principio de la separación de los poderes, lo cual no ha sucedido, sino más bien todo lo contrario, en el largo tiempo transcurrido desde 1989:

Los o las integrantes del Poder Ciudadano serán removidos o removidas por la Asamblea Nacional, previo pronunciamiento del Tribunal Supremo de Justicia, de acuerdo con lo establecido en la ley.

Se da por descontado que el TSJ en la manera como está constituido emita un parecer favorable a la destitución de alguno de los titulares de los órganos constitucionales referidos, lo cual limita sin dudas el poder que al respecto la Constitución establece para la Asamblea Nacional.

Las consideraciones que se han formulado con respecto a la negligencia por parte de la Contraloría General de la Republica son nítidamente aplicables con relación a la Defensoría del Pueblo, evidencia de lo cual es la mera lectura del **artículo 280** de la Carta Magna:

Artículo 280. La Defensoría del Pueblo tiene a su cargo la promoción, defensa y vigilancia de los derechos y garantías establecidos en esta Constitución y en los tratados internacionales sobre derechos humanos, además de los intereses legítimos, colectivos o difusos de los ciudadanos y ciudadanas. ... Para ser Defensor o Defensora del Pueblo se requiere.... manifiesta y demostrada competencia en materia de derechos humanos y cumplir con las exigencias de honorabilidad, ética y moral que establezca la ley...

III

UNA RESPONSABILIDAD DETERMINANTE...
LAS SOCIEDADES DEMOCRÁTICAS...
LAS AUTOCRÁTICAS...
EL CONTROL DE LA CONSTITUCIONALIDAD Y
LA LEGALIDAD...

Una de las promesas mejor vendidas de la tipología de gobierno que se establece, a raíz del intento de Golpe de Estado de 1982 y la falsa promesa democrática del 89, está referida a la observancia de la legalidad. A lo que terminó siendo una metáfora, el gobierno se cansó de alardear al lado de la constitucionalidad formal, el materializar estadios importantes de igualdad social, bandera fácilmente comprable en los pueblos que exhiben pobreza. Pero, además, cansadas de promesas irrealizables, incumplibles y hasta falsas, ante las cuales este nuevo ofrecimiento se planteó con una atractiva facundia.

Un capítulo más habría de presentarse, como realmente se produjo, de dicotomía entre la constitución formal y la substancial, pues en los preceptos del orden normativo primario se conceptualiza al Ministerio Publico como una autoridad objetivamente pensada para velar por la observancia de la legalidad, tanto por parte del Estado y sus poderes, como por los ciudadanos, a cargo de un alto funcionario que reuniera, como los magistrados del Tribunal Supremo de Justicia, condiciones excepcionales. La racionalidad de la responsabilidad que constitucionalmente está llamado a desempeñar, así los justifica.

En los países que se proponen uniformarse al estado de derecho como manera de progresar democráticamente, además de la observancia a la constitucionalidad, establecen un régimen para garantir la salvaguarda de las pretensiones subjetivas de aquellos que integran el conglomerado social. Ese es el régimen de los derechos humanos, cuya vigilancia inclusive se traspola al escenario internacional, por lo que las disposiciones del derecho interno han de estar en sintonía con aquellas.

Es este corolario el que lleva a observar que en la pomposa Constitución del 99, la cual deroga a la de la democracia pactada de 1961, se instituye al Ministerio Publico con cometidos tan ambiciosos, tanto en lo que respecta a sus funciones, como en lo concerniente al funcionario de rango constitucional que ha de conducir al organismo, con la errónea consecuencia de un gran desastre y una solemne frustración, en uno y en otro aspecto. Por lo que la conclusión es que si algún poder público requiere ser revisado por la Asamblea Nacional, es, precisamente, el Ministerio Publico, lo cual ha de hacerse en lo concerniente a su normativa, atribuciones, organización, funcionamiento y fines y muy específicamente en lo referido a sus actuaciones y al resultado y consecuencias de las mismas. Desconocer esta perentoria necesidad es un abuso contra cualquier sociedad, la nuestra u otra. Pero algo bien grave, una inconsecuencia con un sin número de venezolanos cuyos derechos han sido vulgarmente transgredidos ante la acción inerte, abusiva y contra legem de una Fiscalía General de la República.

A la Asamblea bastaría corroborar la realidad de las actuaciones del Ministerio Público con las atribuciones que el **artículo 285** del Texto del 99 le confiere. Allí encontrará evidencias incuestionables de la mayor negligencia que en la historia del país ha caracterizado a poder alguno:

Artículo 285. Son atribuciones del Ministerio Público:

1. Garantizar en los procesos judiciales el respeto de los derechos y garantías constitucionales, así como de los tratados, convenios y acuerdos internacionales suscritos por la República,

2. Garantizar la celeridad y buena marcha de la administración de justicia, el juicio previo y el debido proceso,

3. Ordenar y dirigir la investigación penal de la perpetración de los hechos punibles para hacer constar su comisión con todas las circunstancias que puedan influir en la calificación y responsabilidad de los autores o las autoras y demás participantes, así como el aseguramiento de los objetos activos y pasivos relacionados con la perpetración,

4. Ejercer en nombre del Estado la acción penal en los casos en que para intentarla o proseguirla no fuere necesario instancia de parte, salvo las excepciones establecidas en la ley,

5. Intentar las acciones a que hubiere lugar para hacer efectiva la responsabilidad civil, laboral, militar, penal, administrativa o disciplinaria en que hubieren incurrido los funcionarios o funcionarias del sector público, con motivo del ejercicio de sus funciones, y

6. Las demás que le atribuyan esta Constitución y la ley.

Estas atribuciones no menoscaban el ejercicio de los derechos y acciones que correspondan a los o las particulares o a otros funcionarios o funcionarias de acuerdo con esta Constitución y la ley.

La verdad incuestionable, si pretendiésemos definir la tipología de régimen que se gesta a raíz del golpe de estado del 92, es que no ha de quedar duda de haberse anunciado como una presuntuosa democracia participativa, pero que se moldeó progresivamente como una típica autocracia:

"... Régimen de gobierno en el cual la voluntad de un solo individuo es la suprema Ley... En los regímenes autocráticos el orden jurídico tiene valor solamente nominal, además de que, generalmente, es obra de la voluntad del autócrata, quien es el individuo que ejerce por sí solo la autoridad suprema, indiscutida en una pseudo sociedad, conformada así, precisamente, por la existencia del caudillo autocrático y del régimen que a su antojo aplica...[1]".

---

1 Andrés Serra Rojas, Diccionario de Ciencia Política, Facultad de Derecho / UNAM, México, Tomo A-LL, p. 93.

No sería exagerado afirmar, dadas las circunstancias que han rodeado el ejercicio del poder público durante estos largos años, que Venezuela ha sido gobernada por una autocracia castrense. En la forma, una mal denominada autocracia revolucionaria, tan contradictoria que no mantiene, como se ha sostenido, ni siquiera, vínculo alguno con la Teoría Marxista:

> "… En la autocracia revolucionaria el poder dictatorial está concentrado y es absoluto,… además se instaura de hecho y no soporta límites prestablecidos… Puede suceder que el poder no esté en manos del dictador… en algunas hipótesis en un grupo de hombres (una convención, una asamblea, un partido revolucionario)…[2]".

A la descripción de la hecatombe de la última década y media se le han dedicado muchas páginas, evidencia del talante democrático de los venezolanos. En una de ellas con motivo de un homenaje a Andrés Eloy Blanco, quien fuera fundador de Acción Democrática, escritor, poeta, asambleísta en la constituyente de 1947 y despojado de su tierra por la dictadura que la rigió a partir del derrocamiento del Presidente Gallegos, constitucionalmente electo, se dedican algunas notas sinceras a la perversamente denominada Revolución Bolivariana, a saber:

> "… En la última década hasta la nación o concepción de pueblo se hizo "mítica" o militar. El pueblo se organizó, en un arrebato conjetural de un demente, en un cuartel formado por batallones dispuestos a una lucha virtual con un enemigo a las puertas como los griegos en el sitio de Troya…[3]".

A la luz de lo expuesto y no cabiendo dudas con respecto al rol de la *"Asamblea Nacional Decembrina"*, el cual la íntima ante los venezolanos, gobiernos democráticos y organismos internacionales (ONU / OEA, etc.) a exigir cuenta a los poderes autocráticos que nos han go-

---

2   Norberto Bobbio, Nicola Matteucci y Gianfranco Pasquino, Diccionario de Política, Siglo XXI Editores, Madrid, Tomo A-J, p. 494.

3   Andrés Eloy Blanco, Tránsito Inhóspito por las Corrientes Poéticas de la Modernidad, Miguel Ron Predique, mayo 2009.

bernado acerca de las evidentes transgresiones a la constitucionalidad, ella en ejercicio del poder soberano que le confirió el pueblo en las elecciones parlamentarias ha de rescatar la legalidad usurpada, previa una revisión detallada de los órganos a los cuales incumbe constitucionalmente la observancia de tan importante principio del *Estado Constitucional y de Derecho:*

> "Todos los órganos jurisdiccionales deben ejecutar la misión de garantizar la Constitución, ya que la función jurisdiccional no es otra que la de asegurar la primacía del derecho, y la Constitución no solo es derecho, sino el fundamento formal y material de éste dentro del Estado... Toda aplicación del derecho supone potencialmente una aplicación constitucional, tanto la del tribunal Constitucional, como la de los órganos del Poder Judicial[4].

Se tiene la certeza de que en el análisis que habrá de adelantar la Asamblea Nacional en ejercicio de las potestades constitucionales constatará que la ambivalencia, ya referida en líneas anteriores, entre una Carta Magna escrita, que quedó en el papel, con las ejecutorias de un gobierno manirroto y de destrucción nacional tanto en lo político, como en lo económico y lo social. Esa dualidad ha sido la de moda en las últimas décadas en países de América Latina, entre ellos el Ecuador gobernado bajo el continuismo populista de Rafael Correa:

> "... El fervor de la nueva constitución nos motivó a identificar novedades propias del neo-constitucionalismo, pero al estilo ecuatoriano, porque todo quedó en el papel: Estado constitucional de derechos y justicia, democrático y soberano, intercultural y plurinacional; un excesivo catálogo normativo de principios, derechos y garantías para el ejercicio ciudadano de los derechos constitucionales; creación de la Corte Constitucional, como una instancia máxima de interpretación constitucional "ajeno a los intereses y actores políticos", y, un órgano de Control Social y Transparencia como un espacio de participación directa de la

---

4   Pablo Pérez Tremps, Tribunal Constitucional y Poder Judicial... "Centro de Estudios Constitucionales, Madrid, 1985, p. 121, citado por Jorge Zabala Egas, Derecho Constitucional, Editorial Edino, Guayaquil, Ecuador, 2002, Tomo II, p. 115.

ciudadanía simbolizando el hecho de que la soberanía radicada en el pueblo; derechos de la naturaleza, un nuevo modelo económico y desarrollo fundamentado en el sumak kawsay, o sea, el buen vivir, entre otros…/ palabra kachua de la cosmovisión ancestral kichwa de la vida/". *Las enmiendas constitucionales en Ecuador*, Lourdes Tiban, Asambleísta de la Provincia de Cotopaxi por el Movimiento de Unidad Plurinacional Pachakutik y una de las líderes nacionales del movimiento indígena…[5]".

5   El   País,   Madrid,   http://internacional.elpais.com/internacional/2015/11/30/actualidad/1448917675_427547.html.

IV
EL MODELO ECONÓMICO...
¿AUTORÍA?..
¿A QUIÉNES HA INCUMBIDO EJECUTARLO?...

Ha de aceptarse que toda Constitución propende a la puesta en práctica de un proyecto social y que éste queda supeditado al modelo económico que delinea igualmente el Texto Fundamental, por lo que debe tenerse claro que el éxito de lo que formalmente queda escrito está condicionado a determinadas variables:

1. La sensatez del modelo, sí real, no populista, respete la libertad de mercado, propiedad privada y los medios de producción y ajeno a la intervención abusiva del Estado y mucho menos que éste se apropie de aquellos, convirtiéndose en el Leviathan criollo,

2. Lo que de aquello pueda ponerse en práctica, o sea, su viabilidad,

3. El sistema político para adelantar el modelo, democrático o autocrático,

4. La eficiencia, y

5. La honestidad, o sea, que los gerentes públicos juren que no meterán la mano ilícitamente en los recursos financieros que el modelo demande, lo que equivale a afirmar que los administren alejados de la corrupción, una vieja usanza que la humanidad no ha podido proscribir, y que de incurrir en ella sean duramente sancionados.

A los parlamentarios de la oposición no les costará demasiado constatar que el proceso económico adelantado por el gobierno desde 1989, no solamente se ha alejado de los preceptos constitucionales contenidos en el *Titulo VI; Del Sistema Socio Económico,* sino además, lo cual es aún más grave, los ha transgredido sin excepción de norma alguna. A los representantes del pueblo les bastaría con leer el artículo 299 con el cual el Constituyente inicia el *Capítulo I; Del Régimen Socioeconómico y de la Función del Estado en la Economía* y el cual a letra dice:

> **Artículo 299.** El régimen socioeconómico de la República Bolivariana de Venezuela se fundamenta en los principios de justicia social, democracia, eficiencia, libre competencia, protección del ambiente, productividad y solidaridad, a los fines de asegurar el desarrollo humano integral y una existencia digna y provechosa para la colectividad. El Estado, conjuntamente con la iniciativa privada, promoverá el desarrollo armónico de la economía nacional con el fin de generar fuentes de trabajo, alto valor agregado nacional, elevar el nivel de vida de la población y fortalecer la soberanía económica del país, garantizando la seguridad jurídica, solidez, dinamismo, sustentabilidad, permanencia y equidad del crecimiento de la economía, para lograr una justa distribución de la riqueza mediante una planificación estratégica democrática, participativa y de consulta abierta.

La misma consideración podrán constatarla los diputados en lo concerniente al *Capítulo II; Del Régimen Fiscal y Monetario*, así como a sus Secciones y preceptos, entre ellas:

1. Sección Primera. Del Régimen Presupuestario, Artículos 331 al 315,

2. Sección Segunda. Del Sistema Tributario, Artículos del 316 al 319,

3. Sección Tercera. Del Sistema Monetario Nacional, Artículos del 318 al 319, y

4. Sección Cuarta. De la Coordinación Macroeconómica, Artículos 320 a 321.

1. *El modelo económico del 99...Vs*
El del Constituyente del 1961...

Una otras cuantas consideraciones debe ponderar la Asamblea en lo concerniente tanto al modelo, como a las dañinas ejecutorias por parte del gobierno en la conducción de la economía, entre otras (Guerra, *El Dilema Venezolano*; *La Teoría de Desarrollo Social en la Constitución*, Comala.Com, Caracas, 2002):

1. El texto del 99 no postula un modelo económico en particular,

2. Ello contrasta con lo que sus ideadores han caletreado con relación al texto de 1961, al tildar a este último de ineficiente, inoportuno y contrario al desarrollo social que ha de proponerse Venezuela,

3. Es más restrictivo, por falta de especificidad del régimen que en materia económica postula al contrario del documento del 61, cuya amplitud ha encontrado un reconocimiento incuestionable, tal como puede inferirse de las precisiones siguientes:

    a. Es propósito del texto del 61 promover el bienestar general y la seguridad social, así como lograr la participación equitativa de los venezolanos en el disfrute de la riqueza, según los principios de la justicia social, y fomentar el desarrollo de la economía al servicio del hombre,

    b. De allí que el Estado que crea y organiza y que es consecuencia de ese acuerdo esos estados que integran la tipología estatal de corte federal (acuerdo planeado constitucionalmente para el ejercicio de la función constituyente) está llamado institucionalmente a lograr ese propósito,

    c. Es ese objetivo y la obligación que surge para el Estado de alcanzarlo lo que impone concebirlo como rector de la economía para que esté encaminada a los propósitos constitucionalmente establecidos,

d. El propósito antes mencionado, el cual constituye un postulado constitucional, el propio texto del 61 lo instituye como una obligación al reconocer a favor del ciudadano los derechos sociales a que se contrae el capítulo IV del título III, los cuales permiten y legitiman al individuo para requerir los beneficios que tales garantías constitucionales conllevan y el deber estatal de ofrecerlos y prestarlos. Tales beneficios son los siguientes:

a) La protección que debe el Estado a las asociaciones, corporaciones, sociedades y comunidades que tengan por objeto el mejor cumplimiento de los fines de la persona humana y de la convivencia social,

b) La protección de la familia,

c) La protección de la infancia,

d) La protección de la salud,

e) El mejoramiento de las condiciones de vida de la población campesina,

f) El fomento y la prestación de la educación,

g) El fomento del trabajo y la posibilidad de colocación y empleo para la generalidad de personas,

h) El derecho de sindicación y de huelga garantizados como vehículos para que la clase trabajadora logre condiciones favorables de trabajo, específicamente, un adecuado salario y beneficios sociales superiores a los previstos legalmente.

2. *El clima de calamidades... Seriedad, objetividad y diafanidad de un modelo económico... La medición por resultados... una exigencia social...*

El clima de calamidades que vivimos los venezolanos, resultado, entre otras razones, por el desconocimiento, la ignorancia y la falta de claridad, prudencia y muy particularmente honestidad para el manejo de los recursos públicos, en una especie de compadrazgo con un brutal populismo adelantado con el único fin de obtener sufragios favorables al régimen, demanda un trabajo parlamentario que a la larga habrá de considerar una adecuada revisión constitucional, tarea en la cual se comprenderá que el modelo económico postulado por el Texto Constitucional de 1961 es mucho más claro y que fue derogado sin razón por el del 99. Una mixtura diabólica bajo el amparo formal de esta última Carta dirigió a Venezuela como una tipología de nacionalsocialismo criollo, conduciéndola a un destrozo que ha trasladado sus propias fronteras.

No hay rincón en Venezuela donde no se palpe el desaire, una profunda molestia y una acentuada crispación ante los resultados de la dramática política económica del gobierno. La falta de insumos básicos elementales, el alto costo de la canasta básica y de la vida, una inflación galopante jamás sufrida y superior al resto de los países latinoamericanos, sueldos pagados con moneda absolutamente devaluada, un proceso inflacionario detestable, escenario éste difícil de retrotraer, específicamente, por los actuales precios del oro negro y de haberse disminuido de manera determinante la enorme cantidad de ingresos malbaratados por el gobierno durante estos últimos 17 terroríficos años, por haber sido administrados de manera abusiva, corrupta, discriminatoria y en beneficio, inclusive de países extranjeros y de las camarillas oficiales. Muchos de ellos convertidos en dadivas en procura de votos favorables a los aspirantes a cargos electivos y de otra índole afectos al régimen. Una dilapidación del erario público imperdonable y que la Asamblea Nacional ha de procurar que se castigue con severidad. Así se lo reclama un pueblo dolido que Dios quiera no vuelva a experimentar desagrado, frustración y desengaño.

El mal se sabe que no es exclusivo de Venezuela, pues lo padecen otros pueblos de América Latina, pero no con las bárbaras manifestaciones de la Nación. Las lecturas revelan opiniones como éstas:

1. América Latina vuelve a contemplar su futuro con inseguridad. Después de una década de crecimientos fulgurantes, los grandes países del área sufren un descenso en sus expectativas e incluso algunos como Brasil han entrado en recesión,

2. La crisis del petróleo, el fin del boom de las materias primas y un deterioro en la confianza ciudadana caracterizan los nuevos tiempos,

3. En este horizonte, los sueños de una década áurea han llegado a su fin y, a la hora del balance, muchos se preguntan si América Latina, ese espacio de 605 millones de habitantes y 22 millones de kilómetros cuadrados, aprovechó la oportunidad o perdió el tiempo en los años felices...[1]".

4. En ese cuadro ilustrativo con respecto a unas cuantas dificultades y pocas ventajas se alude adicionalmente al país señalándosele por haber experimentado una reversión a lo largo de estos años con presos políticos, restricciones mediáticas e intrusiones constantes del Gobierno (Ricardo Haussman, *Ibídem*).

Es también ilustrativa en el análisis la caída de la popularidad de los gobiernos latinoamericanos (Ibídem), episodio que por fortuna favorecería, como realmente sucedió, a la oposición para las elecciones decembrinas.

El triunfo de los parlamentarios por ella postulados constituirá sin dudas un episodio interesante para la reconquista de la institucionalidad democrática.

3. *Enmiendas y reformas para bien…*
Enmendar y reformar sin sentido…

Pareciera resultar cuesta arriba que la ***Asamblea Nacional Casi Constituyente*** deje de abordar, por lo menos, una comedida revisión constitucional, potestad que le es propia y que le reitera la propia Carta Magna en el **Título IX, De La Reforma Constitucional:**

---

1 *América Latina, ¿otra década perdida?,* Foro… Centro David Rockefeller… Universidad de Harvard… El País y el Club de Prensa de NTN24, EL PAÍS BOSTON 27 NOV 2015 - 01:36 CET.

Capítulo I, De las Enmiendas:

Artículo 340. La enmienda tiene por objeto la adición o modificación de uno o varios artículos de esta Constitución, sin alterar su estructura fundamental.

Artículo 341. Las enmiendas a esta Constitución se tramitarán en la forma siguiente:

1. La iniciativa podrá partir... de un treinta por ciento de los o las integrantes de la Asamblea Nacional...,

2. Cuando la iniciativa parta de la Asamblea Nacional, la enmienda requerirá la aprobación de ésta por la mayoría de sus integrantes y se discutirá, según el procedimiento establecido en esta Constitución para la formación de leyes,

3. El Poder Electoral someterá a referendo las enmiendas a los treinta días siguientes a su recepción formal,

4. Se considerarán aprobadas las enmiendas de acuerdo con lo establecido en esta Constitución y en la ley relativa al referendo aprobatorio,

5. Las enmiendas serán numeradas consecutivamente y se publicarán a continuación de esta Constitución sin alterar el texto de ésta, pero anotando al pie del artículo o artículos enmendados la referencia de número y fecha de la enmienda que lo modificó.

Capítulo II, De la Reforma Constitucional...

Artículo 342. La reforma constitucional tiene por objeto una revisión parcial de esta Constitución y la sustitución de una o varias de sus normas que no modifiquen la estructura y principios fundamentales del texto constitucional.

La iniciativa de la reforma de esta Constitución podrán tomarla la Asamblea Nacional mediante acuerdo aprobado por el voto de la mayoría de sus integrantes...

Artículo 343. La iniciativa de reforma constitucional será tramitada por la Asamblea Nacional en la forma siguiente:

1. El proyecto de reforma constitucional tendrá una primera discusión en el período de sesiones correspondiente a la presentación del mismo.

2. Una segunda discusión por Título o Capítulo, según fuere el caso,

3. Una tercera y última discusión artículo por artículo,

4. La Asamblea Nacional aprobará el proyecto de reforma constitucional en un plazo no mayor de dos años, contados a partir de la fecha en la cual conoció y aprobó la solicitud de reforma,

5. El proyecto de reforma se considerará aprobado con el voto de las dos terceras partes de los o las integrantes de la Asamblea Nacional.

Esta revisión en lo que al régimen económico se refiere no es nada ajeno a las ideas que con respecto al tema se han hecho en lo concerniente a la Constitución de 1961, extinguida por *la potestas* de un caudillo mediante una Asamblea Constituyente constituida a su antojo y con muy pocas excepciones con integrantes de su gusto y por tanto manipulables. Las notas siguientes referidas a comparaciones entre el Texto el 61 y el 99 revelan:

1. El propio constituyente (1961) establece que el régimen económico se fundamentará en principios de justicia social que aseguren una existencia digna y provechosa para la colectividad y de que el Estado promoverá el desarrollo económico y la diversificación de la producción con el fin de crear nuevas fuentes de riqueza, aumentar el nivel de ingresos de la población y fortalecer la soberanía económica del país. En este precepto constitucional se observa con claridad, que no admite dudas, de que la economía venezolana, lejos de estar inspirada o asistida por el liberalismo económico de Frederik Von Hayek y Milton Friedman, es una economía regulada y controlada por un Estado que el mismo constituyente ha establecido como intervencionista,

2. Ese carácter intervencionista del Estado para que ejerza la rectoría de la economía venezolana se ratifica aún más cuando el artículo 98 del propio texto de la Constitución lo faculta –al Estado– para dictar las medidas que considere necesarias para planificar, racionalizar y fomentar la producción y regular la circulación, distribución y consumo de la riqueza, a fin de impulsar el desarrollo económico del país. El constituyente, pues, institucionaliza la participación e intervención del Estado en la economía para que ella esté encaminada a los objetivos de justicia social que el propio texto postula,

3. Las libertades individuales de contenido económico que garantiza la Carta Magna están, en consecuencia, limitadas constitucionalmente, ya que ellas no pueden ejercerse en contradicción con el interés que tiene el Estado en el logro de esos objetivos de justicia social que –como ya se ha dicho– la propia Constitución establece. Así el artículo 96 garantiza la libertad de empresa –principal manifestación de la libertad económica– pero establece que ella puede ser objeto de limitaciones constitucionales y legislativas establecidas por razones de seguridad, de sanidad u otras de interés social,

4. La propiedad privada –sobre bienes muebles e inmuebles y sobre los medios de producción–, que constituye la piedra angular del liberalismo económico, está garantizada, igualmente, en la Constitución de 1961, pero su garantía y su existencia están vinculadas al interés social, pudiendo, inclusive, ser sacrificadas en miras de la satisfacción de aquél,

5. La Constitución regula la propiedad y la explotación o uso de determinados recursos por parte del sector público, los cuales no pueden ser, por consiguiente, objeto de apropiación por los particulares, como es el caso del petróleo y del hierro y sus derivados, que se encuentran en manos exclusivas del Estado para que destine los beneficios que obtenga del comercio y distribución de los mismos a la satisfacción de las necesidades colectivas.

6. La Constitución define a la ley y, por consiguiente, faculta al legislador para ello, para que se determine en qué condiciones, oportunidades y bajo cuáles reglas puede participar el capital extranjero en el desarrollo económico nacional".

Estas apreciaciones se encuentran reafirmadas en términos aún mucho más precisos:

"... el sistema económico que diseña la Constitución (1961) responde a los siguientes rasgos:

1. Permite y garantiza una economía de propiedad privada capitalista,

2. La somete a restricciones, limitaciones y contribuciones en virtud de su función social, del interés general y la utilidad pública,

3. Las limitaciones son: unas permanentes y otras excepcionales. Éstas pueden operar dentro de un margen mínimo de restricción a la propiedad privada así como de uno máximo. Si el Estado llevase al máximo su restricción puede socializar la mayor parte, casi toda la empresa o propiedad privada existente en el país,

4. Como refuerzo del criterio antes expuesto, el artículo 97 de la Constitución (1961) autoriza al Estado a reservarse «determinadas industrias, explotaciones o servicios de interés público por razones de conveniencia nacional». Este mismo punto con-duce a la creación de un sector productivo de propiedad del Estado, al cual pertenece la industria básica pesada que dicho artículo también ordena al Poder Público, «propender a su creación y desarrollo»,

5. La conclusión derivada que se extrae del punto anterior es que el sistema diseñado es de economía mixta con dos sectores, uno privado intervenido y otro de propiedad del Estado,

6. Del diseño descrito se puede concluir que en los hechos se puede conformar un sistema capitalista con mínima intervención y, asimismo, uno con amplia intervención y con un sector productivo de propiedad pública que sea titular de casi el 100 por ciento de las empresas y propiedades existentes en el seno del territorio nacional. Podría teóricamente tomarse el rumbo hacia un Estado socialista sin necesidad de reformar la Constitución. Por tanto, la Constitución dibuja

unas normas bastante flexibles, que permiten cobijarse bajo su vigencia al sistema económico que se crea más conveniente impulsar, desde el capitalista puro, en los hechos no intervenido, hasta un socialismo evolutivo. Conforme a esas normas se puede implantar un Estado positivo, o uno de seguridad social o uno que conduzca al socialismo sin violar la Constitución...[2]".

Claridad constitucional, sin lugar a dudas, en la Carta Magna de la democracia pactada de 1961 y que deroga el autodenominado proceso socialista del Siglo XXI.

a. *El régimen económico del 99... Desagrados con lo estatuido...*
   Un poco más con su ejecución...

Los constituyentes del 99, de manera opuesta a los del 61, se enredan con el «mercado», suponemos que sabiendo que las ideas alrededor de esta metodología de desarrollo social rigen desde los tiempos del economista inglés Adam Smith (1723-1790), para quien el libre mercado, al estimular el afán de lucro de las personas, les mueve a actuar en beneficio de la sociedad aunque no sea esa su intención. Para los propulsores de esta escuela clásica, cualquier intromisión pública en el mercado dañaría el juego de sus leyes económicas –que son leyes naturales– y corrompería la eficiente operación de ellas. Por consiguiente, pensamos que tuvieron en cuenta que se debe dejar que el mercado funcione libremente para que sus mecanismos de autocontrol y de equilibrio den sus frutos..., pero también se confundieron con el intervencionismo, pues no sabemos si lo entienden como la tendencia a promover la participación de la autoridad pública en el proceso de la economía para:

1. Asumir la gestión directa de determinadas áreas de la producción,

---

2   Tomás Enrique Carrillo Batalla, *El sistema económico constitucional venezolano*, Ediciones del Congreso de la República, Caracas, 1982, citado por Guerra en Democracia y Estado Contemporáneo / Especial referencia el Sistema Democrático Venezolano, UCAB, Estudios Jurídicos, Caracas, 1983).

2. Alentar o desalentar a ciertas actividades según su conveniencia social,

3. Restituir la libre competencia cuando ésta se ha perdido por la acción monopolista,

4. Utilizar el sistema tributario y la seguridad social como instrumentos de distribución del ingreso, y

5. Cortar abusos del poder económico privado.

En rigor formal el régimen del 99 como el del 61, no hay duda en afirmarlo, faculta al poder público para orientar la economía en una determinada dirección a fin de alcanzar el mayor provecho social posible. Esto es, son por lo menos similares, lo cual no justifica desde ángulo alguno que al primero se le haya pretendido reformar por el segundo. Caprichos del caudillismo de la casi década y media transcurrida, pero también perdida.

Pero, además, el problema que surge es de que aquellos a quienes corresponde aplicar el modelo a partir de la primera elección presidencial favorable a la denominada Revolución Bolivariana, conducen a la economía arropada con un pavoroso populismo, entendido como "arrebañamiento de las multitudes en torno a ese "hechicero del siglo XX", listo siempre a ofrecer el paraíso terrenal a la vuelta de la esquina, que es el caudillo populista. Por extensión se denomina también populismo a toda concesión demagógica o populachera que hace un político.... Es decir, pues, en el texto de 1999 no se toma en cuenta lo que tales corrientes postulan, generando una amalgama de ideas contrastantes con la claridad meridiana que en materia económica contempla el texto del 61. Pudiera afirmarse que la Constitución de la V República, en este contexto:

1. Postula un bienestar social inalcanzable, propio de las estrategias políticas del populismo. En este orden acentúa una de las desviaciones más dañinas en las cuales, lamentablemente, cayó un liderazgo ya decadente con respecto al proyecto político contemplado en la Carta Magna del 61,

2. Al populismo y sus consecuencias se le formulan comentarios como éstos:

"... La demagogia en el estilo y la sustancia política no es una condición suficiente pero es necesaria para caracterizar al populismo latinoamericano. El término populismo ha sido usado para referirse a tres patrones políticos interrelacionados. Se aplica a una cierta clase de movilización política que incorpora a las clases populares (el pueblo) a un papel más activo en la polis, con promesas de mejoras rápidas y siempre crecientes en sus niveles de vida. Segundo, el populismo describe una coalición social heterogénea que integra a la clase trabajadora y a la clase media con algunos elementos de la burguesía no tradicional (moderna). El populismo se refiere a un conjunto de políticas reformistas que incluyen la expansión del activismo del Estado dirigido a incorporar a la clase trabajadora y a la clase media en un proceso de industrialización por sustitución de importaciones y de redistribución del ingreso. Se ha dicho que los movimientos y los líderes populistas carecen de una ideología coherente y bien acabada; sin embargo, desde el punto de vista ideológico, el populismo posee dos características claves: políticamente el populismo es antibilateral en al menos dos sentidos: a) el imperio de la ley no es un valor político significativo en el marco ideológico populista; más importante son el compromiso con el movimiento o el partido y la obediencia al líder carismático cuando éste existe; b) las masas, no el individuo, son supremas, desde la perspectiva económica, por otro lado, el populismo exalta el papel del Estado en la vida económica, desconfía profundamente del mercado y es retóricamente anticapitalista. Estos postulados ideológicos cruciales ayudan a explicar las debilidades tanto del concepto como de la realidad del imperio de la ley en la práctica democrática populista en América Latina, donde los derechos humanos son constantemente violados y frecuentemente sometidos a presiones que serían consideradas intolerables en las democracias liberales avanzadas. La existencia de una cepa autoritaria en el populismo, que se da incluso en sus variantes más democráticas, se manifiesta más claramente en las versiones abiertamente opresivas de los regímenes populistas que se han experimentado en América Latina (por ejemplo, en la Argentina de Perón y en Perú bajo el régimen militar comenzado en 1968), pero no está restringida a ésas. Como ha señalado Luis Abugattas, no hay una correspondencia mecánica entre populismo y modos democráticos de gobierno. La cuestión de la democracia versus el autoritarismo es una cuestión de regímenes políticos, donde la alternación entre los modos democráticos y autoritarios de gobierno es posible durante una fase populista como dentro de una fase antipopulista[3].

En lo relativo a lo postulado por el actual régimen, puede afirmarse que es democrático populista, pero sus ingredientes «democráticos» están condicionados por los aspectos antiliberales, autoritarios y demagógicos característicos del populismo latinoamericano en cualquiera de sus versiones (Ibídem). El propósito en materia económica pareciera ser el mismo de la Constitución del 61, pero expresado en términos más campanudos". En efecto, se postula una «justa distribución de la riqueza», pero su alcance queda supeditado a «una planificación estratégica democrática, participativa y de consulta abierta», lo cual se configura como un eslogan a lo largo del articulado del texto de 1999, apreciación que lleva a dudar si el nuevo constituyente tuvo claro el concepto de soberanía, para utilizar en tan variadas oportunidades la mayor parte de las derivaciones de este principio de ciencia política, pero con mayor empeño la referida a la participación popular. Da la impresión de que al término soberano pareciera más bien habérsele comprendido como sinónimo de «señor, príncipe, rey, monarca y emperador», pero acompañada –la soberanía– de «soberbia», entendida como «presunción, altivez, altanería, orgullo, inmodestia, arrogancia y aires».

Es aquí donde, precisamente, se ha instituido «una máxima y extraña amalgama» por parte de los ductores del proceso constituyente, el cual concluyó con la aprobación de la Carta de 1999. Es «una mezcla no del todo compactada» en lo referente a los conceptos de soberanía (popular, nacional y de Estado) y representación. Es el manojo desarticulado de ideas lo que más induce a determinar si la filosofía de la Carta Magna de la V República es de corte marxista.

En lo formal, pudiera sostenerse que el Texto del 99 se refiere a un «régimen socioeconómico», cuya fundamentación queda constitucionalmente estructurada en los principios siguientes:

---

3   Aníbal Romero, *Las Miserias del Populismo*, Editorial Panapo, Caracas, 1996.

a) Justicia social,

b) Democratización,

c) Eficiencia,

d) Libre competencia,

e) Protección del ambiente,

f) Productividad,

g) Solidaridad.

En razón a lo expuesto, la literatura ofrece consideraciones como estas:

Se trata de «una aleación de ideas» propuesta por una diversidad de profesionales y técnicos, acogidas por la Asamblea Constituyente dentro de lo que pretendió ser un proceso constitucional participativo. Es de imaginar que un abogado, un politólogo, un sociólogo, un economista, un administrador, un ingeniero ambiental, un empresario, un dirigente y pare usted de contar.

b. *Algunos detalles...*
Aplicación de los preceptos constitucionales...

El régimen socioeconómico del 99, como quedó estatuido, tiene por finalidad «asegurar el desarrollo humano integral y una existencia digna y provechosa para la colectividad», previsión que no agrega nada substancial al texto de 1961. Una redacción de textos constitucionales cuyos autores piensan que con preceptos formales las sociedades se consolidan y avanzan. Tendencia fracasada.

El constituyente predice «realizar esfuerzos conjuntos con el sector privado para promover el desarrollo armónico de la economía nacional», todo lo contrario a lo hecho por el gobierno, el cual institucionalmente es el primero llamado a cumplir con el mandato. La sugerencia que en tal sentido contiene, en lo formal, la Carta Magna del 99 —no puede calificársela de manera distinta— es que se alcancen, a través de esta conjunción de iniciativa pública y privada, los fines siguientes:

1. Generar fuentes de trabajo,

2. Producir alto valor agregado nacional,

3. Elevar el nivel de vida de la población, y

4. Fortalecer la soberanía económica del país.

El precepto no termina allí. Por el contrario, continúa predicando que todo ello se hará «... garantizando la seguridad jurídica, la solidez, el dinamismo, la sustentabilidad, la permanencia y la equidad del crecimiento de la economía...». Otra «amalgama» de ilusiones incluidas en la norma como para complacer a los proponentes, a quienes habrá que llamar cuando la Asamblea Nacional haya de interpretar lo que la Constitución postula, a efectos de elaborar las leyes y disposiciones normativas secundarias en ejecución de aquélla.

Existe una marcada incongruencia entre lo que se escribe en la Constitución de la V República en materia económica, con la realidad de un mundo que en el siglo XXI avanza convencido de las bondades de:

1. El libre comercio,

2. El mercado como mecanismo dinamizador de la producción interna y externa,

3. El cese a un Estado regulador,

4. El fin de las estructuras institucionales en el contexto del sector público propietarias de medios de producción,

5. Una agresiva competitividad y concurrencia con prevención y represión de las prácticas oligopólicas, incluyendo las del Estado, y

6. Un obligatorio e ineludible ambiente de comunicaciones modernas, a través del mercado electrónico y las comunidades virtuales.

Que a estas alturas en Venezuela todavía se tenga miedo a «la riqueza de las naciones», con sustento en el pleno y cabal desenvolvimiento de la libertad individual y se le subsuma en esquemas adheridos al manejo público y colectivo de la fuentes de producción tendrá un solo resultado: «el aislamiento del país en un contexto internacional que ha marcado un rumbo distinto y que arrolla a aquellos que se oponen, mucho más en tanto y en cuanto se sea débil».

Por las razones expuestas está plenamente justificada la acotación:

El sistema socioeconómico...Se busca su autor[4].

Ante estas consideraciones cabe preguntarse si el Constituyente del 99 se inspiró en términos absolutos en la libertad de mercado y la globalización, y que las políticas públicas fundamentadas en tal concepción han sido cuestionadas en lo que al resultado de las mismas concierne, tanto en foros internacionales como mediante protestas populares en las capitales de la mayoría de los países del mundo.

---

4   Guerra, Leticia, *Ibídem*, Pp. 147-171.

V

LA POLÍTICA ECONÓMICA DE CARA AL FUTURO...

A la Asamblea Nacional corresponde de conformidad con el artículo 187 de la Carta Magna:

1. Legislar en las materias de la competencia nacional..., y

2. Aprobar las líneas generales del Plan de Desarrollo Económico y Social de la Nación....,

Previsiones que han de interpretarse adminiculadamente con el artículo **156 del Capítulo II (Título IV)**, precepto que define la competencia del Poder Público Nacional y particularmente con los ordinales siguientes:

Artículo 156. Es de la competencia del Poder Nacional:

11. La regulación de la banca central, del sistema monetario, del régimen cambiario, del sistema financiero y del mercado de capitales; la emisión y acuñación de moneda,

12. La creación, organización, recaudación, administración y control de los impuestos sobre la renta, sobre sucesiones, donaciones y demás ramos conexos, el capital, la producción, el valor agregado, los hidrocarburos y minas; de los gravámenes a la importación y exportación de bienes y servicios; de los impuestos que recaigan sobre el consumo de licores, alcoholes y demás especies alcohólicas, cigarrillos y demás manufacturas del tabaco; y de los demás impuestos, tasas y rentas no atribuidas a los Estados y Municipios por esta Constitución o por la ley,

13. La legislación para garantizar la coordinación y armonización de las distintas potestades tributarias; para definir principios, parámetros y limitaciones, especialmente para la determinación de los tipos impositivos o alícuotas de los tributos estatales y municipales; así como para crear fondos específicos que aseguren la solidaridad interterritorial,

14. La creación y organización de impuestos territoriales o sobre predios rurales y sobre transacciones inmobiliarias, cuya recaudación y control corresponda a los Municipios, de conformidad con esta Constitución,

15. El régimen del comercio exterior y la organización y régimen de las aduanas,

16. El régimen y administración de las minas e hidrocarburos; el régimen de las tierras baldías; y la conservación, fomento y aprovechamiento de los bosques, suelos, aguas y otras riquezas naturales del país. El Ejecutivo Nacional no podrá otorgar concesiones mineras por tiempo indefinido. La ley establecerá un sistema de asignaciones económicas especiales en beneficio de los Estados en cuyo territorio se encuentren situados los bienes que se mencionan en este numeral, sin perjuicio de que también puedan establecerse asignaciones especiales en beneficio de otros Estados,

21. Las políticas macroeconómicas, financieras y fiscales de la República,

25. Las políticas nacionales para la producción agrícola, ganadera, pesquera y forestal, y

26. El régimen de la navegación y del transporte aéreo, terrestre, marítimo, fluvial y lacustre, de carácter nacional; de los puertos, aeropuertos y su infraestructura.

Es evidente que el gobierno con la permisión interesada de la actual AN y demás poderes públicos o no han sabido que tales disposiciones existen o le han ejercido en beneficio de lo que concibieron como un proyecto revolucionario, el cual además de atípico, incomprensible y perverso ha causado daños cuya recuperación sin lugar a dudas tomará un cierto tiempo.

Las atribuciones constitucionales de la Asamblea Decembrina la facultan para analizar la desacertada política económica puesta en práctica enmendando las leyes, incluyendo los numerosos decretos legislativos habilitados que se hubiesen promulgado y ejerciendo un control eficiente con respecto a la recaudación, administración, uso y destino de los recursos públicos. Ha de adecuar también a los principios más sensatos, reales y actualizados en materia económica, a los efectos de aprobarles, los lineamientos generales del Plan de Desarrollo Económico y Social de la Nación.

Mucho ha de hacerse de parte de la Asamblea Nacional ante la crisis nacional, derivada de la tergiversación de la política, la economía y la atención a la problemática social. Criterios pretorianos, caprichosos y sin ningún contexto filosófico, ni científico han alimentado a la hecatombe que padece un país otrora prospero.

> 1. *Planteamientos económicos actualizados…*
> *A la Asamblea Nacional Casi Constituyente…*

A tales efectos, se incorpora a los lineamientos de esta Agenda el estudio elaborado por el destacado economista, Profesor y actualmente diputado José Guerra:

LA SITUACIÓN NACIONAL. DIAGNOSTICO Y ALTERNATIVAS,

Con el Sumario siguiente

Política fiscal

Política monetaria

Política cambiaria

Política petrolera

Política fiscal

Y con este texto

Planteamiento del problema

La política macroeconómica se orienta a la disminución gradual y sostenida de la inflación para lo cual es fundamental la sostenibilidad fiscal y la estabilidad monetaria. La política fiscal lleva consigo la definición del tipo de Estado con el cual va a contar Venezuela. Esta es una decisión fundamental en la medida en que ya el Estado empresario que la estatización de la economía fue fraguando desde 2003, no tiene aliento y debe ser reemplazado por un Estado orientado esencialmente a lo social, a la provisión de bienes públicos, entendiendo por ello la priorización del aumento de las capacidades de los ciudadanos, mediante importantes inversiones en educación, salud, infraestructura, ciencia y tecnología y fomento del emprendimiento, entre otras actividades. De no equilibrarse las finanzas pública en el tiempo, el país sufrirá recurrentes episodios de elevada inflación y devaluaciones de su moneda.

Los principales lineamientos en materia fiscal son los siguientes:

1. Procurar la sostenibilidad mediante la definición de un plan fiscal de mediano plazo donde se establezca claramente el balance del presupuesto y sus fuentes de financiamiento del gasto.

2. Mejorar la eficiencia del gasto público. No se trata solamente de disminuir el gasto, sino principalmente de reorientarlo al bajarle ponderación al Estado empresario

3. Reducir la vulnerabilidad fiscal. Para ello es esencial ampliar la base tributaria no petrolera. Para recaudar más no necesariamente hay que aumentar los impuestos sino más bien hay que tener una economía que crezca. La política impositiva debe estimular la inversión, no inhibirla.

4. Mitigar la volatilidad fiscal mediante la redefinición de un verdadero fondo de estabilización, eliminando Fonden.

5. Evitar el financiamiento monetario del déficit fiscal.

a. *Política monetaria*

En lo concerniente a la política monetaria, la practicada por los gobiernos de Chávez y Maduro ha sido abiertamente pro inflacionaria y desestabilizadora. Una nueva política monetaria debe tener como norte la recuperación del valor de la moneda nacional y que los venezolanos vuelvan a confiar en el bolívar como instrumento para las transacciones y el ahorro. La política monetaria debe dirigirse preferentemente a moderar las oscilaciones cíclicas de la economía antes que a estar estimulando excesivamente la demanda, porque ello tiende a provocar tensiones inflacionarias en exceso a las que normalmente suele enfrentar la economía. La arquitectura fiscal y monetaria en Venezuela cónsona con la estabilidad económica pasa por acatar las disposiciones constitucionales donde se establecen los principios de responsabilidad y solvencia fiscal, la coordinación de la política macroeconómica y la primacía del objetivo de inflación del BCV sobre cualquier otro.

Los referentes de esa nueva política del manejo del dinero son los siguientes:

1. Definir un programa monetario que se oriente a reducir la inflación a un dígito en un plazo de tres años,

2. Revertir las reformas de la Ley del BCV de 2005, 2009 y 2010 para así restituirle la independencia al ente emisor.

3. Desaplicar el concepto de reservas internacionales excedentes y conferirle al BCV la gestión de los activos externos, como sustento de la estabilidad monetaria.

4. Hacer cumplir el Acuerdo Anual de Políticas entre el BCV y el Ministerio de Finanzas para la coordinación macroeconómica.

5. Mejorar la comunicación y la transparencia informativa entre el BCV y los mercados.

b. *Política cambiaria*

La definición de la política cambiaria en Venezuela comporta una complejidad fuera de lo común tal como suele suceder en países donde prevalece un significativo sector exportador de recursos naturales. No es tarea fácil aquella de acordar una expansión de la producción de petróleo con un mayor acento en la producción de otros bienes transables. Para que la industria manufacturera y la agricultura puedan tener alguna posibilidad de prosperar en medio de un auge petrolero hay que diseñar una política cambiaria que no permita apreciaciones insostenibles del tipo de cambio real con el apoyo de políticas sectoriales, principalmente en el área industrial y de capital humano y social. Por tanto, la orientación de la política cambiaria se funda en el mantenimiento de un tipo de cambio competitivo para estimular los sectores transables distintos al petrolero, lo cual sería posible mediante una participación activa del BCV en el manejo de la tasa de cambio.

Obviamente ello encara un desafío fundamental debido a que una entrada de capital producto de las inversiones petroleras tendería a apreciar el tipo de cambio. En este caso, el BCV tendría que esterilizar parte de esos influjos de capital con lo cual aumentarían las reservas internacionales del ente emisor y consecuentemente la cantidad de dinero. En este caso, se trataría de un dinero sano, resultado del financiamiento de una actividad productiva y no el resultado de la impresión de dinero para cubrir el déficit del gobierno. En cualquier caso, la política monetaria podría acudir en apoyo de la política cambiaria si es que la oferta de dinero y el aumento exagerado de la demanda agregada cuestionan la estabilidad de precios.

Las principales directrices para la política cambiaria, compatibles con el modelo de desarrollo propuestos, son las siguientes:

1. Manejar el tipo de cambio nominal de manera tal de evitar apreciaciones indeseables del tipo de cambio real.

2. Unificar los tipos de cambio oficiales y desmontar el control de cambio.

3. Simplificar los trámites para el proceso de exportación eliminando restricciones para arancelarias.

4. Establecer acuerdos con los productores orientados a levantar los niveles de exportaciones no petroleras.

5. Crear un mercado de derivados en divisas con el objeto minimizar el riesgo cambiario y hacer cobertura en moneda extranjera.

c. *Política petrolera*

La política petrolera que se ha seguido entre 1999 y 2014 ha tenido tres ejes claramente definidos. Sacrificar la producción petrolera para procurar sostener precios más altos, extraer de PDVSA y del resto de las empresas la mayor contribución fiscal y hacer de PDVSA una compañía sobre diversificada. Ello se ha traducido en una declinación de la producción de crudos y derivados de 17,0% entre 1999 y 2013, una ampliación del campo de negocios no petroleros de PDVSA y la consecuente expansión de su nómina y sus necesidades de financiamiento que la ha conducido a un proceso de endeudamiento creciente.

Por ello cualquier proyecto político que de verdad se plantee un cambio debe mirar primero al petróleo y la forma de relacionarse con la sociedad. En fin, hay que quitarle poder al estado para dárselo al ciudadano. Ello pasa por el hecho fundamental de abrir la industria petrolera a los venezolanos, de forma tal que de simples perceptores de subsidios a los combustibles y beneficiarios del estipendio del gasto público, los ciudadanos se empoderen para vigilar, supervisar y decidir lo que sucede con la gestión de la industria y los ingresos que ella genera. Por ello, aunque PDVSA seguirá siendo una empresa pública, en virtud de la nueva política petrolera, tendrá que competir con diversas empresas privadas, nacionales e internacionales en diferentes áreas del negocio. La conceptualización de la nueva política petrolera se esboza seguidamente.

Hay dos enfoques en la manera de abordar el aumento de la producción petrolera en Venezuela. El primero es el modelo estatista y el segundo es el modelo participativo. Según el modelo estatista, el cual siguió el gobierno de Chávez y ahora el de Nicolás Maduro, el Estado debe mantener el monopolio del negocio petrolero en todas sus fases, lo que implica la planificación y ejecución de significativas inversiones por parte de PDVSA, tanto para mantener el nivel de producción como para incrementarlo. Ha sido ese modelo el que ha causado a una caída importante en los niveles de producción.

El modelo participativo, en cambio, implica una transformación fundamental. La nación conserva la propiedad de los yacimientos y PDVSA continúa siendo una empresa totalmente estatal. Sin embargo, el Estado venezolano, de diversas maneras abriría oportunidades a los inversionistas, nacionales y extranjeros, para que inviertan en uno de los negocios más rentable del mundo: el petróleo. Se asignarán campos mediante diversas asociaciones a potenciales productores y el Estado cobraría la regalía establecida en la ley más los impuestos correspondientes por los beneficios que obtengan los inversionistas. Debe procurarse la progresividad impositiva para que el Estado perciba una mayor porción del aumento de los precios sin que ello desincentive la inversión. Entre ambos, regalía e impuestos, la participación del Estado en los ingresos no debe ser inferior al 70,0%. De esta manera, Venezuela aumentaría su nivel de producción, recibiría cuantiosas inversiones y se ahorraría buena parte de las erogaciones que actualmente realiza PDVSA. Esos recursos ahorrados se destinarían a fortalecer la inversión en infraestructura y el gasto social.

Entre esos inversionistas debe estimularse especialmente la participación del capital nacional. El petróleo ha sido extraño a los venezolanos desde el punto de vista productivo y financiero. La vinculación al petróleo ha sido como rentistas, mediante la transferencia del gasto público. Cuando se otorgaron las primeras concesiones petroleras, los beneficiarios nacionales rápidamente las traspasaron a las compañías extranjeras, ávidas de explotar el abundante petróleo venezolano y hasta la nacionalización del petróleo en 1976, fue marginal la participación del capital nacional en la actividad del petróleo. De hecho cuando Carlos Andrés Pérez nacionaliza la industria del petróleo pasaron a manos del Estado varias empresas pequeñas de capital nacional.

En este esquema PDVSA volvería a ser una empresa petrolera y sus funciones sociales serán transferidas gradualmente a los entes competentes en la política social, como corresponde en un país moderno. Así se cortaría parte del peculado relacionado con la compra de alimentos, la construcción de viviendas y demás actividades que de forma cuestionable ahora realiza la empresa petrolera.

Así concebido, el petróleo será una palanca para el desarrollo, mediante el despliegue de un conjunto de estímulos a sectores productivos conexos al petróleo, como son la industria metalmecánica y la petroquímica. La capacidad de encadenar procesos industriales mediante una demanda derivada de una actividad petrolera en expansión generaría los estímulos para que sectores manufactureros deprimidos recobren su vitalidad. Ello es consistente con un programa de compras nacionales por parte de las empresas petroleras existentes y las nuevas que se establecerían. Ello se reforzaría con el relanzamiento de la petroquímica y la refinación de petróleo, donde el valor agregado por cada barril es sustancialmente mayor que en el caso de un barril de crudos que se exporte. Se desarrollaría así un tejido industrial con base en ventajas comparativas claramente identificadas

Los lineamientos de una nueva política petrolera serían estos:

1. Aumentar gradualmente la producción de petróleo a razón de 60.000 barriles anuales durante cinco años. Hay que plantearse metas realistas compatibles con las capacidades técnicas y financieras y no proyectos irrealizables.

2. Dinamizar la industrialización de los hidrocarburos mediante un plan para fortalecer el potencial gasífero y petroquímico.

3. Promover nuevas inversiones en la industria, abriendo espacio al capital nacional en las áreas del negocio.

4. Estimular el programa de compras nacionales de bienes y servicios como elemento de conexión con la manufactura y servicios nacionales.

5. Constituir los fondos de inversión petrolera para aprovechar el ahorro interno en el financiamiento de la industria y el establecimiento de los fondos patrimoniales para distribuir la renta petrolera entre los venezolano.

Fuentes

Banco Central de Venezuela

Petróleos de Venezuela

Ministerio de Finanzas

Instituto Nacional de Estadísticas

Universidad Central de Venezuela

Universidad Católica Andrés Bello

Banco Mundial

Fondo Monetario Internacional

Programas de Gobiernos de la Democracia en Venezuela.

2. Mecanismos para el control constitucional... En materia económica...y otras áreas...

La propia Carta Magna en materia económica prevé los mecanismos que han de ponerse en práctica por la Asamblea Nacional Democrática para que las políticas del gobierno, tanto en materia económica, como política y social guarden conformidad con el espíritu, propósito y razón de las normas de la Ley Suprema.

Entre ellos:

1. **El artículo 187,** ordinal 3, el cual establece que corresponde a la Asamblea ejercer funciones de control sobre el Gobierno y la Administración Pública Nacional, en los términos consagrados en esta Constitución y en la ley...

2. **El artículo 211,** cuyo texto establece...

...La Asamblea Nacional o las Comisiones Permanentes, durante el procedimiento de discusión y aprobación de los proyectos de leyes, consultarán a los otros órganos del Estado, a los ciudadanos y ciudadanas y a la sociedad organizada para oír su opinión sobre los mismos. Tendrán derecho de palabra en la discusión de las leyes los Ministros o Ministras en representación del Poder Ejecutivo; el magistrado o magistrada del Tribunal Supremo de Justicia a quien éste designe, en representación del Poder Judicial; el o la representante del Poder Ciudadano designado o designada por el Consejo Moral Republicano; los y las integrantes del Poder Electoral; los Estados a través de un o una representante designado o designada por el Consejo Legislativo y los y las representantes de la sociedad organizada, en los términos que establezca el reglamento de la Asamblea Nacional,

2. **El artículo 222** que prevé...

...La Asamblea Nacional podrá ejercer su función de control mediante los siguientes mecanismos: las interpelaciones, las investigaciones, las preguntas, las autorizaciones y las aprobaciones parlamentarias previstas en esta Constitución y en la ley y cualquier otro mecanismo que establezcan las leyes y su reglamento. En ejercicio del control parlamentario, podrán declarar la responsabilidad política de los funcionarios públicos o funcionarias públicas y solicitar al Poder Ciudadano que intente las acciones a que haya lugar para hacer efectiva tal responsabilidad,

3. **El artículo 223** que estatuye…

… La Asamblea o sus Comisiones podrán realizar las investigaciones que juzguen convenientes en las materias de su competencia, de conformidad con el reglamento. Todos los funcionarios públicos o funcionarias públicas están obligados u obligadas, bajo las sanciones que establezcan las leyes, a comparecer ante dichas Comisiones y a suministrar las informaciones y documentos que requieran para el cumplimiento de sus funciones. Esta obligación comprende también a los particulares; quedando a salvo los derechos y garantías que esta Constitución consagra,

4. **El artículo 240** relativo a las mociones parlamentarias estatuyendo…

… La aprobación de una moción de censura al Vicepresidente Ejecutivo o Vicepresidenta Ejecutiva, por una votación no menor de las tres quintas partes de los integrantes de la Asamblea Nacional, implica su remoción. El funcionario removido o funcionaria removida no podrá optar al cargo de Vicepresidente Ejecutivo o Vicepresidenta Ejecutiva, o de Ministro o Ministra por el resto del período presidencial. La remoción del Vicepresidente Ejecutivo o Vicepresidenta Ejecutiva en tres oportunidades dentro de un mismo período constitucional, como consecuencia de la aprobación de mociones de censura, faculta al Presidente o Presidenta de la República para disolver la Asamblea Nacional. El decreto de disolución conlleva la convocatoria de elecciones para una nueva legislatura dentro de los sesenta días siguientes a su disolución. La

Asamblea no podrá ser disuelta en el último año de su período constitucional,

5. **El artículo 246**, también, relacionado con las censuras parlamentaria y cuyo texto pauta...

... La aprobación de una moción de censura a un Ministro o Ministra por una votación no menor de las tres quintas partes de los o las integrantes presentes de la Asamblea Nacional, implica su remoción. El funcionario removido o funcionaria removida no podrá optar al cargo de Ministro o Ministra ni de Vicepresidente Ejecutivo o Vicepresidenta Ejecutiva por el resto del período presidencial.

VI

LOS DERECHOS HUMANOS...
RECONOCIMIENTO FORMAL...Y
REALIDAD...

Una de las incongruencias más evidentes, casi axiomática y perturbadora de la Constitución de 1999 y que ha hecho suyo la denominada Revolución Bolivariana, hasta el extremo de que tanto Chávez, como Maduro y funcionarios de alta, mediana y hasta minúscula jerarquía la cargan empastada en edición especial de bolsillo para exhibirla como justificación a toda tropelía que se le ocurra al régimen. Es tal la contradicción entre lo escrito constitucionalmente y lo ejecutado por aquellos encargados de observarla, que puede sostenerse sin temor a equivocaciones que durante los casi 17 años del proceso socialista no ha habido derecho humano que no se haya violado, desconocido o sacrificado.

Es de observar que con respecto al tema se percibe:

1. En la sociedad actual existe un sistema de derechos fundamentales comprensivo de aquellos que el hombre cree que son los suyos, además de los valores humanos reconocidos a su favor por una constitución,

2. La lógica lleva a pensar que pareciera obvio que al cuantificarlos la persona estime que los constitutivos del primer grupo han de ser en calidad y cantidad mayores que los enumerados por el texto,

3. Se supone, asimismo, que prevalecerán los que la persona estime tener,

4. Ésta ha sido la tendencia en los Estados Unidos con respecto a los asuntos raciales, y

5. También pareciera ser el enfoque admitido en los demás países, incluyendo a Venezuela.

En un intento para señalar algunas de las modalidades del sistema, podrían identificarse las tipologías siguientes:

1. Derechos originales que pertenecen per se a cada ser humano,

2. Derechos reconocidos por una constitución,

3. Derechos derivados por el desenvolvimiento de las dos categorías anteriores y muy específicamente, a través de la interpretación de la ley por autoridad judicial o de otra índole.

1. *El sistema en Venezuela...*

Es de sostenerse que Venezuela pudiera ubicarse en este último grupo, pues suele redactar repetidamente las constituciones. Entre 1811 y 1999, ha tenido veinte y siete textos fundamentales, cada uno hecho o reformado con la pretensión de crear un mejor sistema de gobierno o de plena libertad, y viceversa. En verdad, la metodología adoptada pudiera identificarse como *"una declaración formal de deseos"*. El país ha alcanzado, no obstante, dos períodos de democracia, de 1945 a 1948 y de 1958 a 1995, sistema que se debilitó y comenzó a deambular de crisis en crisis en la década de los noventa. En 1993, a raíz de las reacciones populares contrarias al gobierno electoralmente escogido y que presidió Carlos Andrés Pérez, recrudeció la vocación por elaborar un nuevo texto, tal como lo revela, justificando el hecho, Ricardo Combellas, designado por la administración ya dirigida por Hugo Chávez Frías como Jefe Director de la Comisión Presidencial para la Reforma del Estado (Copre), al sostener:

"...desviación del programa constitucional por el populismo, clientelismo y corrupción, falta de una acción legislativa eficiente a una materialización coherente de dicho programa, omisión en la creación de garantías adecuadas en cuanto a la mejor protección de los derechos fundamentales, desviación de la supremacía

constitucional al deterioro del poder judicial y consolidación de una democracia sin pueblo..."

Ha de afirmarse también que la Constitución de 1961 ofrecía una manera aceptable de expresar cuáles son los derechos fundamentales de los venezolanos, basada en un mandato expreso conforme al cual el pueblo ha de tener una participación equitativa en la riqueza, de acuerdo con los principios de la justicia social. Esta premisa, adminiculada con el precepto que proyecta fomentar la economía a favor de la persona, revela que el constituyente postuló una justicia instituyendo al Estado como el rector del proceso económico en procura de tales objetivos, interpretación que encuentra soporte al examinarse la categoría de *"derechos fundamentales de índole social"* estatuidos constitucionalmente en el 61:

1. La protección debida a cualquier tipo de asociación, corporación u otras entidades, cuando estuvieren encaminadas a beneficiar los valores del ser humano y la convivencia social,

2. La protección a la familia,

3. La protección de la salud,

4. La mejora de la condición de los campesinos,

5. El desarrollo de la educación,

6. La protección del trabajo y como consecuencia el derecho que tienen los trabajadores de crear sindicatos y declararse en huelga a fin de lograr mejores condiciones laborales, salarios adecuados y beneficios sociales, que aquellos formalmente establecidos.

Ha de entenderse, por tanto, en el contexto, que el régimen económico ha de procurar el logro de la dignidad y el progreso colectivos, así como fomentar el desarrollo, crear nuevas riquezas, aumentar los ingresos y fortalecer la soberanía de la nación. Este carácter social del régimen se encuentra, también, reiterado al examinar el sistema que rige a la propiedad privada y a la actividad comercial. En efecto:

1. La propiedad está constitucionalmente garantizada, pero se condiciona por el interés social, pudiendo ser sacrificada si es necesario proteger a este último,

2. La propiedad y la explotación de determinados recursos naturales, como el petróleo, el hierro y sus derivados, se reservan para el gobierno. Además, el lucro proveniente de las actividades a ellos inherentes están destinados a satisfacer las necesidades colectivas,

3. Las instituciones políticas determinarán las condiciones, oportunidades y normas bajo las cuales el capital extranjero puede participar en el desarrollo del país.

En cuanto al resultado de esta metodología, de postular formalmente los derechos humanos en los textos constitucionales, pudieran formularse estos comentarios:

1. El procedimiento ha consistido en consagrar formalmente un complejo de derechos fundamentales, el más amplio posible, lo cual es común a la totalidad de los países latinoamericanos,

2. La injerencia de los gobiernos no puede calificarse de fructífera con respecto a consolidar lo que los textos constitucionales postulan en lo atinente al desarrollo social,

3. El involucramiento del pueblo ha estado signado por una profunda pasividad, un tanto espontánea, como la que de él han requerido los gobiernos,

4. El esfuerzo individual en procura de estadios aceptables de bienestar ha dependido de la acción dadivosa del sector público, la cual ha querido justificarse por el reconocimiento que la constitución atribuye a "los derechos fundamentales de índole social", el cual, mal interpretado, deviene en una absurda legitimación a efectos de exigir los beneficios otorgados y de que el Estado tenga el deber de materializarlos,

5. Los jueces administran una justicia formal, quedando excluida, con muy contadas excepciones, la problemática de los derechos sociales, y

6. En Venezuela, como en el resto de América Latina, los constituyentes realizan un inútil esfuerzo en el diseño de fórmulas para el desarrollo, apareciendo en esta manera más activos que los gobernantes y que el propio pueblo.

En verdad el alcance de una sociedad justa ha estado siempre lejano. La totalidad de los pueblos latinoamericanos encaran la dura interrogante de ¿por qué? Las respuestas, evasivas en el pasado y en el presente, se presumen que continuarán siéndolo en el futuro. Éste es, en el fondo, unos de los aspectos más determinantes en *"el dilema del continente"*.

El mal denominado proceso revolucionario que engendró el Texto socialistoide del 99, el más elogiada a lo largo de la historia, pero por sus autores, cultores y acomodaticios seguidores, estatuyó, como se deja escrito en el libro *"Leticia Harentz Pérez, Una Venezolana que comenta la Constitución de la V República[1]"* un largo, por no decir, interminable, contexto de 92 artículos con una lista casi imperecedera de derechos humanos, razón por la cual la protagonista del ensayo dejó formulada la pregunta *¿serán todos preceptos?* Por esta razón en el debate que se realiza entre Leticia Harentz y sus alumnos quedó anotado que la Carta Magna del 99 dedica siete capítulos a los derechos reconocidos a la persona, tipificando de esta manera siete categorías, a saber:

1. Primera categoría: los derechos civiles, capítulo III; artículos 43 al 61,

2. Segunda categoría: los derechos políticos, capítulo IV, artículos del 62 al 74,

3. Tercera categoría: los derechos sociales y de la familia, capítulo V, artículos del 75 al 97,

4. Cuarta categoría: los derechos culturales y educativos, capítulo VI, artículos del 98 al 111,

5. Quinta categoría: los derechos económicos, capítulo VII, artículos 112 al 118.

---

1 Guerra, *Ibídem*, pp. 93-107.

6. Sexta categoría: los derechos de los pueblos indígenas, artículos 119 al 126, y

7. Séptima categoría: los derechos ambientales, capítulo IX, artículos 127 a 129,

En el citado libro se plantea, por consiguiente y tal vez por denunciar lo objetivo en contraste con lo imaginario, una comparación entre los lineamientos generales del nuevo régimen de derechos y el del 61, criticándose la ambiciosa pretensión de una esfera, por demás mucho más amplia de protección al ciudadano y a su pueblo; a saber:

a) Protege a ciudadanos y ciudadanas, electores y electoras, venezolanos y venezolanas, los jóvenes y las jóvenes, los ancianos y las ancianas, en general a hombres y mujeres,

b) El pueblo ejerce un control protagónico en la gestión pública,

c) Obliga a los representantes a rendir cuentas a electores y electoras,

d) Establece el principio de la personificación del sufragio,

e) Instituye la democracia interna en las asociaciones con fines políticos,

f) Estatuye cauces precisos, objetivos y actuales para el ejercicio de la soberanía, regulando de manera particular el referendo popular,

g) Prevé la revocatoria de los mandatos populares. -Instituye la consulta popular para la aprobación y abrogación de leyes y otros actos del poder público,

h) Protege a la familia, a los hijos e hijas; eleva la protección a la paternidad y a la maternidad; regula el matrimonio como «un acuerdo voluntario recíproco» posible sólo entre un hombre y una mujer: e instituye como un deber compartido entre marido y cónyuge la crianza, formación, educación, mantenimiento y asistencia de los hijos e hijas,

i) Instituye la salud como un derecho social e impone al Estado la obligación de garantizarlo como parte del derecho a la vida,

j) Tipifica a la seguridad social en un servicio público,

k) Impone a la ley la obligación de establecer la estabilidad en el trabajo, el cual ha de ser satisfactoriamente remunerado, bajo un régimen de igualdad entre hombres y mujeres, en el entendido de que la Carta Magna lo estatuye como un derecho y un deber, instituyendo en el patrono el pago de prestaciones sociales y garantizando la sindicación en el contexto de la democracia sindical,

l) Atribuye a la cultura y a la educación la jerarquía que han de recibir en una sociedad en formación, a cuyos efectos estatuye que «la creación cultural es libre, cuyos valores constituyen un bien irrenunciable del pueblo venezolano», estableciendo como deber del sector público «la atención a las culturas populares constitutivas de la venezolanidad» e instituyendo como pretensión a favor del ciudadano «la emisión, recepción y circulación de la información cultural,

m) Concibe a la educación como derecho ciudadano y deber social fundamental, en el entendido de que ella ha de ser integral, de calidad, permanente, en razón de lo cual ha de prestarse en igualdad de condiciones y oportunidades. Es en el régimen de la educación donde el texto constitucional usa la palabra «discapacidad» de la moderna lengua castellana, aseveración con la cual la profesora Leticia Harentz se siente señalada en respuesta a la crítica que a esta palabra hiciera en la clase anterior,

n) Estatuye a la educación ambiental como obligatoria, y finalmente,

o) Crea la obligación de los medios de comunicación social de contribuir a la formación ciudadana.

Se hace también referencia a la categorización de dos nuevas tipologías de derechos ciudadanos:

a) A los derechos de los pueblos indígenas; cuya existencia reconoce el Estado por mandato expreso de la Carta Magna, atribuyéndoles los derechos de demarcar las tierras que ocupan, legitimándoles para el aprovecha-miento de los recursos naturales de sus hábitats, y convirtiéndolos en algo que nuestros aborígenes espera-ron durante toda la historia patria, la legitimidad que tienen, «a mantener y desarrollar su identidad étnica y cultural, cosmovisión, valores, espiritualidad y sus lugares sagrados y de culto, así como «a mantener y promover sus propias actividades económicas,

b) A los derechos ambientales, mecanismo de la nueva Constitución para que «toda persona tenga individual y colectivamente el disfrute de una vida y de un ambiente seguro, sano y ecológicamente equilibrado, obligando al sector público a «proteger el ambiente, la diversidad biológica, genética, los procesos ecológicos, los parques nacionales y monumentos naturales y de-más áreas de especial importancia ecológica.

Petra Dolores afirma con falsa admiración que a la constitución del proceso bolivariano se le puede criticar desde muchos ángulos, pero con excepción del de ser pomposa, ostentosa y fastuosa.

No hay dudas de que para Petra incurre en lo que pudiera calificarse como *"un embuste constitucional"*.

De hecho como se aduce en el primer párrafo de este capítulo, los derechos humanos escriturados en el 99 no solamente no se han atendidos, materializados y concretados, sino lo que más induce al aborrecimiento es la imposibilidad de identificar uno de ellos que no se haya transgredido a lo largo de los 17 años de destrucción revolucionaria.

En Petra Dolores Landaeta se observa que una ira justificada la domina. Pero también ironía.

Particularmente cuando se imagina ¿quién habrá sido el responsable de la autoría?

Presume Petra que Tarek William Saab, asambleísta escogido por Chávez que presidió la Comisión de Derechos Humanos designado a tales efectos por la Asamblea Constituyente.

Por supuesto, en su criterio es complicado identificar la autoría de los preceptos concernientes a los deberes, régimen limitado al **Capítulo X, De los Deberes** con solo 6 artículos:

Artículo 130. Los venezolanos y venezolanas tienen el deber de honrar y defender a la patria, sus símbolos y, valores culturales, resguardar y proteger la soberanía, la nacionalidad, la integridad territorial, la autodeterminación y los intereses de la Nación.

Artículo 131. Toda persona tiene el deber de cumplir y acatar esta Constitución, las leyes y los demás actos que en ejercicio de sus funciones dicten los órganos del Poder Público.

Artículo 132. Toda persona tiene el deber de cumplir sus responsabilidades sociales y participar solidariamente en la vida política, civil y comunitaria del país, promoviendo y defendiendo los derechos humanos como fundamento de la convivencia democrática y de la paz social.

Artículo 133. Toda persona tiene el deber de coadyuvar a los gastos públicos mediante el pago de impuestos, tasas y contribuciones que establezca la ley.

Artículo 134. Toda persona, de conformidad con la ley, tiene el deber de prestar los servicios civil o militar necesarios para la defensa, preservación y desarrollo del país, o para hacer frente a situaciones de calamidad pública. Nadie puede ser sometido a reclutamiento forzoso.

Toda persona tiene el deber de prestar servicios en las funciones electorales que se les asignen de conformidad con la ley.

Artículo 135. Las obligaciones que correspondan al Estado, conforme a esta Constitución y a la ley, en cumplimiento de los fines del bienestar social general, no excluyen las que, en virtud de la solidaridad y responsabilidad social y asistencia humanitaria, correspondan a los o a las particulares según su capacidad. La ley proveerá lo conducente para imponer el cumplimiento de estas obligaciones en los casos en que fuere necesario. Quienes aspiren al ejercicio de cualquier profesión, tienen el deber de prestar servicio a la comunidad durante el tiempo, lugar y condiciones que determine la ley.

VII

LA DESCENTRALIZACIÓN...

En el segundo gobierno del Presidente Carlos Andrés Pérez se adelantó el Programa de Gobierno denominado El Gran Viraje el cual puso especial énfasis en jerarquización de la Comisión para la Reforma del Estado, la cual pasó a ser dirigida por Carlos Blanco y con rango de Ministro de Estado. Pudiera sostenerse que la descentralización fue tema de importancia capital por parte del mencionado organismo y que fruto de su trabajo fue la promulgación de la Ley de Elección Directa de los Gobernadores de Estado, alcaldes y munícipes. Es de señalar, asimismo, que la referida reforma, así como otras de significativa importancia, fue adelantada bajo la vigencia de la Constitución de 1961, resultado como es sabido de la democracia pactada que rigió a Venezuela durante 4 décadas de progreso y que terminó siendo sustituida a raíz de un golpe militar sangriento y un presuntuoso socialismo del Siglo XXI, aun sin entender, causa del desastre nacional que corresponde analizar de manera objetiva, pero crítica, denunciante y sancionadora a la Asamblea Nacional del 6 de diciembre con una mayoría determinante de parlamentarios de la oposición.

A la segunda Administración de Pérez le bastaron 2 preceptos de la citada Carta Magna de 1961 para adelantar el proceso descentralizador, a saber:

1. **Artículo 22.** La ley podrá establecer la forma de elección y remoción de los Gobernadores, de acuerdo con los principios consagrados en el artículo 3o de esta Constitución. El respectivo proyecto deberá ser previamente admitido por las Cámaras en sesión conjunta, por el voto de las dos terceras partes

de sus miembros. La ley respectiva no estará sujeta al veto del Presidente de la República. Mientras no se dicte la ley prevista en este artículo, los Gobernadores serán nombrados y removidos libremente por el Presidente de la República,

2. **Artículo 137.** El Congreso, por el voto de las dos terceras partes de los miembros de cada Cámara, podrá atribuir a los Estados o a los Municipios determinadas materias de la competencia nacional, a fin de promover la descentralización administrativa.

En los análisis que se han hecho en lo concerniente a lo acontecido con el proceso de descentralización se constata lo que sucedió antes y durante la denominada Revolución Bolivariana, a saber:

1. Antes…

… La descentralización tomó fuerza en Venezuela en la década de los noventa a partir de los acuerdos que logró adelantar la Comisión Presidencial para la Reforma del Estado (COPRE) en el contexto político de esos años, concretándose sus mayores avances en la elección directa de las autoridades de gobierno (gobernadores y alcaldes) y en una nueva delimitación de competencias, entre exclusivas y concurrentes, básicamente dirigidas al fortalecimiento de las capacidades financieras e institucionales de los estados federales y municipios para que estas entidades pudieran ejercer sus potestades de forma autónoma e independiente del Poder Nacional en sus respectivos territorios… (Yolanda D' Elia, *En Defensa de la Descentralización en Venezuela*, Ildis, Unidad, Convite / Fundación Foro Socialdemócrata, Junio de 2010,

2. Durante los 17 años revolucionarios…

… En la Constitución de 1999 estos acuerdos fueron asumidos dentro del marco legal-político y protegidos por garantías e instancias jurisdiccionales. Sin embargo, han sido pocos los avances obtenidos en la consolidación del poder federal y municipal en Venezuela después que la Constitución entró en vigencia. No todas las leyes fueron adaptadas a sus disposiciones para desarrollar la estructura federal de gobierno y promover políticas de descentralización. Más aún, desde el año 2004, el Gobierno Nacional inició un proceso de centralización de rasgos autoritarios, tomando medidas y aprobando leyes que concentran el poder público en las instancias ejecutivas nacionales, al margen del marco constitucional... el proceso de centralización y el avance hacia un modelo de sociedad de rasgos autocráticos ha venido avanzando sin mayores obstáculos, entre otras razones por la situación de debilitamiento en la que se encuentra el sistema político, lo cual viene dándose desde hace más de una década y en la cual influyen visiones y comportamientos anti políticos que actualmente adoptan un perfil autoritario; la falta de independencia de los poderes públicos que limitan el acceso a la justicia y crean una situación de permanente impunidad; así como una más profunda descomposición del Estado que impide a las instituciones dar respuestas a los problemas más críticos de los ciudadanos y a éstos reclamarlas (Ibídem)

3. *Un deber de la Asamblea Nacional Decembrina...*

Como la escogida por la soberanía popular está imperativamente obligada a analizar la equivocada política de descentralización adelantada por el gobierno, contrariando preceptos constitucionales, pues tiene legitimación para ello por el **artículo 187** de la Carta Constitucional del 99, ya antes transcrito, en concordancia con el **158**, que la define y **157**, que la complementa, del tenor siguiente:

Artículo 158. La descentralización, como política nacional, debe profundizar la democracia, acercando el poder a la población y creando las mejores condiciones, tanto para el ejercicio de la democracia como para la prestación eficaz y eficiente de los cometidos estatales.

Artículo 157. La Asamblea Nacional, por mayoría de sus integrantes, podrá atribuir a los Municipios o a los Estados determinadas materias de la competencia nacional, a fin de promover la descentralización.

VIII

LA INFLACIÓN NORMATIVA...
EL ABUSO DE LA POTESTAD LEGISLATIVA...
EVIDENCIAS

No puede dejar de mencionarse que una de las manifestaciones del populismo de la denominada revolución bolivariana, es la de haber ofrecido prebendas destinadas a resolver problemas sociales a diestra y siniestra, pero lejanas de su sincera concesión, que lo caracterizan como fraudulento. Pero lo que no es menos grave es que el ofrecimiento se ha formulado mediante preceptos normativos de la más variada índole, tanto en lo formal, como en lo material, incluyendo los textos constitucionales, leyes habilitantes, orgánicas y ordinarias, decretos leyes y legislativos habilitados, reglamentos y demás actos derivados del ejercicio exagerado de la potestad legislativa y reglamentaria. Se trata de mandatos que en la verborrea que caracteriza a estos gobiernos se asimilan a palabras que el caudillo suele pronuncia a menudo, como *cúmplase, exprópiese, destituido, gas del bueno, se aplicará la ley, se castigará*. Típicos en la verbosidad excesiva producto de la utilización de frases, términos y palabrotas de presuntos liderzuelos pronunciados con la intención de captar o mantener a las masas populares adheridas a sueños irreales.

La manera más usual para los regímenes populistas de *"explotar la esperanza"*.

Es por tanto tarea de la Asamblea Nacional la revisión minuciosa del exagerado número de textos normativos, que durante los lapsos consecutivos derivados de reforma de preceptos constitucionales modificatorios de la no reelección presidencial, dictara el Presidente Hugo R. Chávez Frías y por su parte Nicolás Maduro Moros en los años que lleva como Primer Mandatario.

1. *Evidencias…*

Algunas de las evidencias de ese maléfico proceso que no resuelve dificultad alguna, sino que por el contrario contribuyen, única y exclusivamente, a l meretricio, perdida de respeto, devaluación y pérdida vigencia del mismo concepto de ley como regla de la vida social y en definitiva de la potestad normativa.

Un elenco tentativo es el siguiente:

1. ***En lo concerniente a la propia Asamblea Nacional…*** el Reglamento Interior y de Debates de la Asamblea Nacional de la República Bolivariana de Venezuela,

2. ***Leyes delegatarias de la potestad legislativa de la Asamblea Nacional (denominadas, no sabemos, por qué leyes habilitantes)***

a. *A Hugo R. Chávez Frías:*

Se transcribe lo que ha sostenido la Procuraduría General de la Republica, pero en letras tamaño 10 como protesta ante el atentado a la juridicidad:

"…La Ley Habilitante es una herramienta jurídica de rango constitucional que faculta al Ciudadano Presidente de la República Bolivariana de Venezuela a dictar Decretos con Rango, Valor y Fuerza de Ley sobre las materias que estime pertinentes de acuerdo a las necesidades y/o emergencia del país…. Es una Ley sancionada por la Asamblea Nacional, en las condiciones establecidas por la Constitución de la República Bolivariana de Venezuela de 1999, por lo que debe cumplir con los procesos formales inherentes a la elaboración de una Ley, según reza el artículo 203 de nuestra Carta Magna… **Art. 203.** "Son leyes habilitantes las sancionadas por la Asamblea Nacional por las tres quintas partes de sus integrantes, a fin de establecer las directrices, propósitos y marco de las materias que se delegan al Presidente o Presidenta de la República con rango y valor de ley. Las leyes habilitantes deben fijar plazo para su ejercicio"... Pasos a seguir para aprobación de Ley Habilitante... La Ley Habilitante debe cumplir una serie de pasos previos a su promulgación, por parte del Jefe de Estado, y su posterior entrada en vigencia: 1.1.- Presentación del Proyecto de Ley habilitante... El proyecto de Ley Habilitante debe ser presentado a la Asamblea Nacional por iniciativa del Ejecutivo Nacional, según lo previsto en el artículo 204 de la Constitución de la República Bolivariana de Venezuela (CRBV)... 1.2.-Primera discusión en plenaria... La junta directiva de la Asamblea Nacional determinará si el proyecto cumple o no con los requisitos exigidos para la presentación de los proyectos de ley, según el artículo 145 del Reglamento Interno de la Asamblea Nacional (RIDAN). De cumplir con los requisitos, el Proyecto es distribuido por la Secretaría a los asambleístas dentro de los cinco días siguientes a su presentación, para su primera discusión en Plenaria....En esta instancia debe considerarse la exposición de motivos, los objetivos, alcance y viabilidad del proyecto de ley. También se discute en forma general el articulado presentado, a fin de determinar su pertinencia o no (artículos 208 CRBV y 146 RIDAN).... 1.3.- Revisión por Comisión Especial...Si dicho proyecto es aprobado en primera discusión, se remite a la Comisión Especial que trata esta materia para su análisis (artículos 208 CRBV y 146 RIDAN) y presentación del informe sobre cualquier recomendación u objeción que tenga a bien formular....1.4.- Segunda discusión en plenaria... Una vez recibido el informe de dicha comisión, la Junta Directiva ordenará su distribución entre los asambleístas y fijará, dentro de los diez días hábiles siguientes, la segunda discusión del proyecto, salvo que por razones de urgencia, la Asamblea decida un lapso menor... La segunda discusión del proyecto de ley se realizará artículo por artículo, y versará sobre el informe que tuvo a bien presentar la Comisión Especial (artículo 149 RIDAN). En esta instancia el proyecto puede ser aprobado, rechazado o diferido... 1.5.- Sanción y remisión de la Ley... Una vez sancionada la ley por la Asamblea Nacional, se remite al Ejecutivo para su promulgación y publicación en la Gaceta Oficial de la República Bolivariana de Venezuela, con el correspondiente "Cúmplase" y, con ello, su entrada en vigencia (artículo 215 CRBV)... Cuatro Leyes Habilitantes en 13 años...Durante los primeros trece (13) años del gobierno Revolucionario, la Asamblea Nacional de la República Bolivariana de Venezuela, otorgó poderes especiales al ciudadano Presidente, Hugo Rafael Chávez , en cuatro (4) oportunidades, para dictar decretos- leyes sobre una diversidad de temas que ha impactado positivamente en el desarrollo del país... **Año 1999...** La primera Ley Habilitante fue solicitada en el año 1999 y otorgada por un lapso de seis meses. Se aprobaron 53 Decretos-ley... **Años 2000 - 2001...** La segunda Ley Habilitante fue requerida al Parlamento en el año 2000 y concedida por un lapso de un año. Se dictaron 49 textos legales... **Años 2007-2008...** La tercera Ley Habilitante fue solicitada en el 2007 y otorgada para un período de 18 meses. Se crearon 59 normativas... **Años 2010-2012...**La cuarta Ley Habilitante fue formulada por el presidente Chávez el 17 de diciembre de 2010, otorgándole la Asamblea Nacional poderes especiales por 18 meses, ante la necesidad de atender las emergencias suscitadas en casi todo el país por las fuertes lluvias que dejaron pérdidas millonarias y miles de damnificados. Fueron aprobados 54 Decretos-Ley...[1].

b. *A Nicolás Maduro Moros:*

Las leyes 2 autorizadoras para legislar aprobadas por la Asamblea Nacional Socialistoide, si no constituyen un adefesio o figurín son por lo menos de una manifiesta ridiculez, extravagancia y peculiaridad. Con además caprichosas, pues pareciera que están destinadas a regular situaciones inexistentes. Lo contrario es la ratio de la potestad normativa, estos es, regular las manifestaciones, dificultades y vicisitudes de la vida social.

Es más que suficiente para confirmar esta apreciación la mera lectura del título y el primer artículo de textos legales permisorios, los cuales en atención a la más elemental sindéresis se transcriben en letra tamaño 10:

---

1   Web Procuraduría General de la República, Caracas.

1. *Ley que Autoriza al Presidente de la Republica para dictar decretos con rango, valor y fuerza de ley en las materias que se delegan para la garantía reforzada de los derechos de soberanía y protección del pueblo venezolano y el orden constitucional de la república,*

2. *Título propiamente dicho...* **"Ley Habilitante Antiimperialista para la Paz"**

Artículo 1. Se autoriza al Presidente de la República Bolivariana de Venezuela para que, en Consejo de Ministros, dicte Decretos con Rango, Valor y Fuerza de Ley, de conformidad con el último aparte del artículo 203 y el numeral 8 del artículo 236 de la Constitución de la República Bolivariana de Venezuela. y en consecuencia, dicte o reforme leyes en el ámbito de la libertad, la igualdad, Justicia y paz internacional, la independencia, la soberanía, la inmunidad, la integridad territorial y la autodeterminación nacional, en las siguientes materias:

1. Reforzar la garantía del ejercicio de los principios constitucionales de soberanía y autodeterminación de los pueblos; protección contra la injerencia de otros estados en asuntos internos de la República, acciones belicistas, o cualquier actividad externa o interna, que pretenda violentar la paz, la tranquilidad pública y el funcionamiento de las instituciones democráticas, por un mundo más seguro.

2. Protección del Pueblo y de todo el Estado frente a actuaciones de otros países o entes económicos o financieros transnacionales, o de factores internos, dirigidas a perturbar o distorsionar la producción, el comercio el sistema socioeconómico financiero, así como los derechos y garantías asociados.

3. Eficacia del principio democrático de participación protagónica y el valor de la solidaridad colectiva en la defensa y prevención del orden constitucional, contra tales amenazas, acciones y sus posibles consecuencias, en garantid de los derechos de todos los habitantes de la República.

4. Fortalecer las alianzas estratégicas de la república Bolivariana de Venezuela con los países hermanos de la América Latina y

el Caribe, estableciendo coaliciones que consoliden la soberanía regional, en resguardo a la dignidad de todos los pueblos del continente americano.

5. Normar 435 directrices dirigidas al Fortalecimiento del sistema de responsabilidades civiles, administrativas y penales a que hubiere lugar en resguardo de los principios, valores y reglas constitucionales enunciados en esta ley.

c. *La otra Ley merece igual tratamiento:*

Titulo... **Ley que Autoriza al Presidente de la República para Dictar Decretos con Rango, Valor y Fuerza de Ley en las Materias que se Delegan...**

Artículo 1. Se autoriza al Presidente de la República para que, en Consejo de Ministros, dicte Decretos con Rango. Valor y Fuerza de Ley, de acuerdo con las directrices, propósitos y marco de las materias que se delegan en esta Ley, de conformidad con el último aparte del artículo 203 y el numeral 8 del artículo 236 de la Constitución de la República Bolivariana de Venezuela y, en consecuencia:

1. En el ámbito de la lucha contra la corrupción:

   a) Dictar y/o reformar normas e instrumentos destinados a fortalecer los valores esenciales del ejercicio de la función pública, tales como la solidaridad, honestidad, responsabilidad, vocación de trabajo, amor al prójimo, voluntad de superación, lucha por la emancipación y el proceso de liberación nacional, inspirado en la ética y la moral socialista, la disciplina consciente, la conciencia del deber social y la lucha contra la corrupción y el burocratismo; todo ello, en aras de garantizar y proteger los intereses del Estado en sus diferentes niveles de gobierno.

   b) Dictar y/o informar normas destinadas a profundizar y fortalecer los mecanismos de sanción penal, administrativa, civil y disciplinaria para evitar lesiones o el manejo inadecuado del patrimonio público y prevenir hechos de corrupción.

c) Dictar normas contra la legitimación de capitales.

d) Establecer mecanismos estratégicos de lucha contra aquellas potencias extranjeras que pretendan destruir la Patria en lo económico, político y mediana; y dictar normas que sancionen las acciones que atentan contra la seguridad y defensa de la Nación, las instituciones del Estado, los Poderes Públicos y la prestación de los servicios públicos indispensables pan el desarrollo y la calidad de vida del pueblo.

e) Combatir el financiamiento ilegal de los partidos políticos.

f) Establecer normas que eviten y sancionen la fuga de divisas

g) Emitir disposiciones en defensa de la moneda nacional a fin de contrarrestar el ataque a la misma.

h) Fortalecer el sistema financiero nacional.

2. En el ámbito de la defensa de la economía:

a) Dictar y/o retamar leyes que consoliden los principios de justicia social, eficiencia, equidad productividad, solidaridad, a los fina de asegurar el desarrollo amago integral, una existencia digna y provechosa para el pueblo venezolano y lograr de esta modo la mayor suma de felicidad y el buen vivir.

b) Dictar y/o reformar las normas que establezcan los lineamientos y estrategias para la planificación, articulación, organización y coordinación de los procedimientos especialmente en materia de producción, importación, distribución y comercialización de los alimentos, materia prima y artículos de primera necesidad, que deben seguir los órganos y entes del Estado involucrados, garantizando la seguridad y soberanía alimentaria.

c) Dictar y/o reformar las normas y/o medidas destinadas a planificar, racionalizar y regular la economía como medio para propulsar la transformación del sistema económico y defender la estabilidad económica para evitar la vulnerabilidad de la economía: ad como, velar por la estabilidad monetaria y de precios, y el desarrollo armónico de la economía nacional coa el fin de gestor fueras de trabajo, alto valor agregado nacional, elevar el nivel de vida de nuestro pueblo y fortalecer la soberanía económica del país, pera de ene modo, garantizar la seguridad jurídica, la solidez, el dinamismo, la sustentabilidad, la permanencia y la equidad del crecimiento económico, en aras de lograr una justa distribución de la riqueza pan atender los requerimientos y las necesidades mía sentidas del pueblo venezolano.

d) Fortalecer la lucha contra el acaparamiento y la especulación que afectan la economía nacional

e) Regular lo concerniente a las solicitudes de divisas a objeto de evitar el uso contrario para el fin solicitado.

f) Garantizar el derecho del pueblo a tener bienes y servicios seguros, de calidad y a precios justos.

2. *Otros textos normativos en el cartapacio, carpeta grande para guardar papeles, folder o dossier:*

Textos legales:

1. *El ejercicio arbitrario del poder público*…Ley Especial sobre la Organización y Régimen del Distrito Capital *(despoja de potestad, atribuciones y competencias al Alcalde Mayor electo constitucional, legal y popularmente)*,

2. *El control político, la compra de conciencia y particularidades de una obsolescencia comunistoide*…Ley Orgánica de las Comunas, Decreto con Rango, Valor y Fuerza de Ley Orgánica de Misiones, Grandes Misiones y Micro-misiones,

3. *La descarada intervención en la libertad de empresa*…Ley Orgánica de Precios Justos, Ley de Uso Racional y Eficiente de la Energía, Ley para la Regularización y Control de los Arrendamientos de Vivienda, Ley de Regulación de Arrendamiento Inmobiliario para Uso Comercial, Ley que Regula la Compra y Venta de Vehículos Automotores Nuevos o Usados, Nacionales o importados,

4. *El protectorado socialista...*Ley del Plan de Patria 2013-2019, Ley Orgánica del Trabajo, los Trabajadores y las Trabajadoras, Ley de Protección Social integral al Artista y Cultor Nacional, Ley Contra la Discriminación Racial, Ley Orgánica de Emolumentos, Pensiones y Jubilaciones de los Altos Funcionarios y Altas Funcionarias del Poder Público,

5. *Una presunta ética... donde nunca ha estado...en los 17 años revolucionarios...* Código de Ética del Juez Venezolano y la Jueza Venezolana,

6. *El contradictorio...Ley de protección en concurrencia con una descarada transgresión...* Ley Orgánica de Amparo sobre Derechos y Garantías Constitucionales, Ley de Reforma Parcial de la Ley Orgánica para la Protección de *Niños, Niñas y Adolescentes,*

7. *Una anunciada pero irreal administración clara del erario público... acompañada de soberanía...* Decreto con Rango, Valor y Fuerza de Ley de Contrataciones Públicas, Decreto con Rango, Valor y Fuerza de Ley sobre Inmunidad Soberana de los Activos de los Bancos Centrales u otras Autoridades Monetarias Extranjeras, Ley Especial de Endeudamiento 2015,

8. *Una utopía en la lucha contra la corrupción...* Decreto con Rango, Valor y Fuerza de Ley contra la Corrupción, Decreto con Rango, Valor y Fuerza de Ley del Régimen Cambiario y sus Ilícitos,

9. *Ante la inseguridad... para combatirla sufragó la mayoría de los venezolanos el 6 D...* Decreto con Rango, Valor y Fuerza de Ley de la Revolución Policial,

10. *El sector castrense y los civiles... ¿cuál ha estado bajo el poder de cuál?...* Decreto con Rango, Valor y Fuerza de Ley Orgánica de la Fuerza Armada Nacional Bolivariana,

11. *Descaro en la nomenclatura... desconocimiento en la realidad...* Ley Orgánica de la Jurisdicción Contencioso Administrativa, Ley Orgánica de Procesos Electorales, Ley de Partidos

Políticos, Reuniones Públicas y Manifestaciones, Ley de Reforma de la Ley Orgánica de Telecomunicaciones, Ley Orgánica de la Contralo-ría General de la República y del Sistema Nacional de Control Fiscal, Ley Orgánica del Tribunal Supremo de Justicia, Ley Orgánica de Educación, Ley Orgánica de Hidrocarburos.

Petra Dolores considera que muchas otras manifestaciones de *la detestable inflación normativa* abundan en la agenta de los 17 años Chavistas, a la cual califica también como *la metodología del engaño*.

Pues, en su criterio, haya su razón de ser en tipificar supuestos y conductas a sabiendas de que no se le observaran.

Pero crean expectativas a la usanza de los regímenes populistas, justificándoles ante la incultura popular, acompañada con una alta dosis de miseria, propia del empobrecimiento continental.

IX

LA TEORÍA ENTRE PERSONAJES...
ALGUNOS VERDADEROS... OTROS IMAGINADOS...

El fenómeno de la desconstitucionalización que se ha experimentado en Venezuela por tan largo tiempo, pues para el 2016 faltan apenas 9 años para un cuarto de Siglo y 10 para que el régimen haya mandado, puesto que es eso lo que ha hecho, durante las casi 3 décadas de Juan Vicente Gómez, el dictador de 1908 a 1935 y cuyos detalles es útil conocer, aunque por vía de resumen, a saber:

"El gobierno del general Juan Vicente Gómez tuvo una duración de 27 años y comprende 3 etapas definidas (Monografias.com, Historia, Omar Gómez Castañeda):

1) El período de su consolidación en el poder, pues hubo de enfrentarse a las aspiraciones de Cipriano Castro y políticos liberales amarillos y nacionalistas adversarios a su reelección en los comicios de 1914 (1908-1913),

2) El segundo período con Victorino Márquez Bustillos, presidente provisional que despacha en Miraflores y Gómez que como presidente constitucional electo y comandante en jefe del Ejército (2 cargos), en Maracay (1914-1922), y

3. En el tercer período, 1922-1935, Gómez se hace reelegir, por tercera vez, presidente constitucional y comandante en jefe del Ejército y desempeña estas "funciones" hasta la finalización del Septenio en 1929,

4. Ese año cuando el Benemérito separa los cargos de presidente y de comandante en jefe del Ejército mediante una reforma constitucional, reservándose el segundo, pero con un mandato al Congreso Nacional para la escogencia del jurista Juan Bautista Pérez presidente de la República. El último de acuerdo con el texto constitucional reformado habría de compartir sus funciones con el comandante en jefe del Ejército, o sea, con Gómez,

5) En 1931 el Congreso Nacional solicita la renuncia al presidente Juan Bautista Pérez aprobando una nueva reforma constitucional, conforme a la cual se unen nuevamente los cargos de presidente de la República y de comandante en jefe del Ejército, reeligiéndose al hombre de La Mulera en ambas posiciones por cuarta y última vez.

No es, por tanto, osado pensar que no son muchas las distinciones entre Gómez como mandamás y aquellos de éste último casi un cuarto de siglo, pues en ambas etapas ha estado presentes hasta en el vocabulario a alguien con un garrote, aquel que manda, que no es lo mismo gobernar, al mandadero, etimológica y realmente distinto a ciudadano. La diferencia ha sido cuestión de estilo. Paolo Montanari Tigri no los dice y de manera sucinta al afirmar que no es lo mismo "mandar" que "gobernar", dos formas de ejercer el poder que esconde una clara diferencia:

1. *"Gobernar"* significa dirigir, administrar con criterio y con pulcritud a la "cosa pública" por el bien el país, someter las decisiones al criterio de los demás, cultivar la participación y el dialogo del Gobierno y la oposición, *"* tomar acuerdos que sean fruto del consenso,

2. *"Mandar"*, en cambio, es ejercer el poder por la imposición y la bota, ignorando a los demás y haciendo caso omiso de las providencias del soberano. *"ordeno, mando y hago saber"*,

3. Es un *"mandatario"* que, después que sus propuestas han sido rechazadas por el pueblo (Referéndum), pretenda imponerlas,

4. Para el político español Miguel Aguado *"mandar"* es gobernar mal, por mucha mayoría que se tenga,

5. Perón decía que *"gobernar"* es persuadir al pueblo tratando de convencerlo de la bondad de las decisiones a tomar, pero una cosa es hablar y otra cosa es cumplir y en eso somos expertos en la Venezuela revolucionaria[1].

Algunos pasajes históricos son asimismo importantes para una comparación entre los 17 años de desastre y la época gomecista y que pudieran revelar aunque parezca mentira que allá hubo más aciertos, por lo menos en lo relacionado con la culpa ineligendo tanto de gobernantes como de providencias con respecto a las décadas que sus mentores calificaron de revolucionarias y socialistas. En efecto, Carlos Siso nos narra la particular anécdota reveladora de que varias veces le oímos repetir al General Gómez la fórmula con que resumió su hábil y sagaz política[2]:

"… Cuando se fue Don Cipriano, decía, mi hermana Indalecia me (lijo: Gracias a Dios Juan Vicente que ahora es usted el que va a mandar, que ya no va a recibir más patadas de Don Cipriano, pues ahora va a ser usted el Presidente. --No, Indalecia, te equivocas, es verdad que yo no voy a recibir más patadas de Don Cipriano, yo soy el Presidente, pero yo no soy el que va a mandar, los que van a mandar son los caudillos, porque ellos son los que tienen prestigio; yo les voy a servir únicamente de centro para repartir el gobierno entre todos, tú sabes que yo no soy político, yo no soy sino un hombre de trabajo, eme lo que me gusta es el trabajo y que a mí me han metido en estas cosas… No, Juan Vicente, cómo va a ser, usted debe mandar, Ud. tiene hombres de mucho valor que lo defienden, como el General Emilio Fernández y el General Bartolo Yépez, que son muy guapos y que lo defienden si viene Don Cipriano. Sí los tengo, y tengo a otros, pero yo no tengo prestigio para mandar al país. Y así lo hice, los dejé mandar, los caudillos recomendaban a quienes querían emplear en la administración. Ellos eligieron los presidentes de Estado que me pidieron, cometiendo el error de nombrar a sus hermanos y familiares; yo

---

1 Paolo Montanari Tigri, *El Universal*, jueves 13 de diciembre de 2012, 12:00 am.

2 Carlos Siso, Caracas, 1985, Editorial Arte p. 287.

entonces me atraje a los amigos que se les disgustaban porque estos aspiraban a ser ellos los designados. Me fui a Maracay, organicé un ejército; por cierto, qué les parece, en la vanguardia iba el General Maximiano Durán, amigo íntimo de Baptista, de Jefe de la División, y cuando ya estaba asegurado les dije a los caudillos y a don Cipriano: ahora vengan ustedes, cuando les dé la gana, que yo estoy acomodado para pelearlos…[3]".

1. *La turbulencia criolla…*

El gendarme necesario, el garrote ante la indisciplina…

Las fuentes ilustran también con respeto acontecimientos como los siguientes:

1. El dictador muere y en febrero del 36 el pueblo caraqueño demanda que los afectos al gomecismo abandonen las posiciones públicas que ocupan, las cuales, si acudimos a la ironía, han debido ser todas,

2. Exigía, asimismo, sanciones en lo concerniente a los sucesos del 14 de febrero en la Plaza Bolívar y a la manifestación de la Federación de Estudiantes a Miraflores,

3. La alegría por algo terrible que concluía retumbó en todas las capitales de Venezuela, pues en ellas por lógica se habían sufrido, por parte de aquellos que la contrariaban, las abusivas providencias dictatoriales,

4. La libertad de prensa, entre otras, percibió que había nacido la oportunidad para exigir que se le respetara, ante lo cual Eleazar López Contreras, ya Presidente, estableció la censura, bajo el argumento de Jean-Jacques Rousseau que cita el Libertador por Bolívar y está contenido en el Mensaje al Congreso de Angostura:

---

3 Castro y Gómez, *Importancia de la Hegemonía Andina*, Editorial Arte, Caracas, 1985, p. 287.

"... La libertad es un alimento muy suculento que ingerido sin control se corre el riesgo de la intoxicación...",

5. No podían faltar las dificultades con respecto a la transición a la democracia:

   a) Los estudiantes universitarios no se entienden,

   b) Se genera entre ellos un conflicto de cómo adelantarla,

   c) El resultado es la división de la Federación de Estudiantes de Venezuela, presidida por Jóvito Villalba,

   d) Se separa de la Federación Rafael Caldera, quien crea un movimiento denominado Unión Nacional Estudiantil (UNE)[4].

2. La conversión de dictadura en república... Algunas vicisitudes...

El país, por consiguiente, de la montonera exitosa de Juan Vicente Gómez en cuanto a *"mandar"*, mas no a *"gobernar"* respecta, inicia en 1936, el largo proceso que conocemos para consolidarse como república, plan impregnado de retoricismo, inspirado en otros países, de objetivos contrapuestos y con todo tipo de ondulaciones en las cuales se han ocultado, por lo menos por unos cuantos, el fin de la tendencia. La sucesión de Juan Vicente Gómez, en este contexto, en una dura contienda para escoger a quien habría de ocupar la Presidencia de la Republica, vacante por su fallecimiento. Herederos por razones de consanguinidad y afinidad, así por razones políticas son prueba de motín, confusión y alboroto[5]. Un elenco de los capítulos revela[6] A momentos históricos ha de hacerse referencia, acudiendo a fuentes utilizadas en liceos y colegios de educación media en Venezuela, cuando pareciera impostergable repetir la enseñanza en todos los niveles, incluyendo la educación primaria y superior, en procura de

---

4   Américo Fernández, WEB.

5   Tumulto, *Diccionario de la Lengua Española*, Real Academia Española, Madrid, 1970, p. 1306.

6   Presidentes de Venezuela, Américo Fernández, Daniel Terán-Solano, Franklin Varela, WEB.

aprendérnoslas como nuestros propios nombres y que no se olviden jamás y las tengamos en cuenta ante esta especie de tsunami que durante ya más de 17 años ha destruido lo poco que se había construido en esta carrera impregnada de incógnitas para convertir a Venezuela de algarabía, bullicio y algazara a sociedad en formación. Estos son los capítulos que impregnan una larga pero ondulante historia y por qué no afirmarlo preñada de infortunios:

1. Isaías Medina Angarita, Presidente (1941-1945): Se propuso proseguir con la política de Eleazar López Contreras, fundó el Partido Democrático de Venezuela (PDN). Calificado por algunos como liberal, pero según otros, conservador. Se le sustituye por la Revolución de Octubre en 1945, fecha en la cual el país pasa a ser presidido por una Junta Cívico Militar que integran los civiles Rómulo Betancourt, quien la preside, Gonzalo Barrios, Raúl Leoni, Luis Beltrán Prieto Figueroa, civiles y por el sector castrense mayor Carlos Delgado Chalbaud, capitán Mario Ricardo Vargas y Edmundo Fernández, quien había servido de enlace entre militares y civiles,

2. Rómulo Gallegos. Presidente democráticamente electo. De 9 meses, en 1948, fue su periodo presidencial. Lo sustituye una Junta de Gobierno resultado de un golpe de Estado que comandan el coronel Marcos Pérez Jiménez, quien preside la Junta que se crea y toma el poder, Luis F. Llovera Páez y Carlos Delgado Chalbaud, con el mismo grado castrense. Pérez Jiménez, es de destacar, había sido designado por la Junta Revolucionaria de 1945 que preside Rómulo Betancourt y da nacimiento a la Presidencia constitucional del novelista Rómulo Gallegos, a quien se depone del gobierno, Jefe del Estado Mayor del Ejército,

3. Carlos Delgado Chalbaud es el líder de una Junta de oficiales, conjuntamente con Marcos Pérez Jiménez y Luis Felipe Llovera Páez, que depone mediante un golpe de Estado la presidencia constitucional de Rómulo Gallegos. Los presos, perseguidos políticos y exiliados con tanto civiles como oficiales a ellos unidos en la pretensión de establecer un gobierno de naturaleza civil que pusiera fin a las consecuencias aún vivas de

la dictadura de Juan Vicente Gómez. Fue asesinado, ascendiendo a la Presidencia Marcos Pérez Jiménez y con él la dictadura sangrienta de 10 años que mandara al país durante 10 años,

4. Germán Suárez Flamerich Presidente por 2 años de la Junta de Gobierno después del asesinato de Carlos Delgado Chalbaud. Profesor en la Facultad de Derecho de UCV, de la cual Decano hasta 1947, diplomático y político. Proviene también de los venezolanos que protestaron al gobierno de Gómez habiéndosele detenido. Se le censurado como títere de Pérez Jiménez y Llovera Páez, jugando un mediocre papel y,

5. Wolfgang Larrazábal Ugueto, Presidente a raíz del derrocamiento de la dictadura de 10 años dirigida por Marcos Pérez Jiménez, por un movimiento popular que hasta la fecha no se ha generado, por lo menos, con éxito en el país ante la autocracia bolivariana, proceso que a larga condujo a elecciones democráticas en las cuales con el grado de Contraalmirante Larrazábal compitió como candidato, resultando triunfador Rómulo Betancourt, calificado como el Padre de la Democracia que disfruta Venezuela durante cuatro décadas, en procura de convertirse en sociedad en vías de formación. Sin duda se llegó cerca, pero una nueva disidencia que a la larga termina autodenominándose el Socialismo del Siglo XXI, pretende refundar a Venezuela, destruyéndola con una hegemonía electorera sostenida con falsas promesas, compra de sufragios, canonjías y prebendas, durante casi dos décadas y cuyas consecuencias desastrosas golpean a los venezolanos, salvo a aquellos enriquecidos a mansalva con los dineros públicos, administrándolos o en negocios por parte de tercero con el erario público. Un botín tirado a la calle y repartido, donde picaros al cubo, al cuadrado y al cero han abultado sus fortunas o las han hecho. Pérez Jiménez, depuesto por la Junta presidida por el Contraalmirante solía manifestar dudas con respecto a las cualidades del marino,

3. La teoría en la democracia Constitucional...
40 años fructíferos... pero también despreciados...
Hoy anhelados...

El ser humano es patológicamente asociativo y de esa vocación innata surge la necesidad de la convivencia, pero también del liderazgo para conducir al pueblo al alcance de una organización social disciplinada bajo reglas que se suponen convencionales elaboradas usualmente bajo la metodología de la representación política, en el entendido de que ésta última puede adoptar diversas modalidades, inclusive, contrapuestas, entre ellas, la democracia y las autocracias, incluyendo, las denominadas dictaduras. Estas son las apreciaciones que llevan a afirmar que el orden social es el resultado de la concurrencia del mundo natural y de la voluntad humana[7]. Aquel suele ser perfecto bajo la presunción casi iure et de iure de haber sido su creador un ser superior, pero la segunda, en cambio, depende del comportamiento del ser, tal vez creado de la misma manera, pero con vocación, la cual puede ejercerse con acierto o errando, en el último supuesto:

a) Dedicarse a cosa para la cual no tiene disposición, y

b) Teniéndola no se ejercita.

Entre otros, en la filosofía política resumida por William L. Reese, del Departament of Philosophy of the State University at Albany[8], se hace referencia en este contexto a una dualidad de fenómenos que han de tenerse presente:

1. La naturaleza de la sociedad, y

2. La del Estado,

3. Pero destacándose que no ha de considerarse únicamente cómo tales conceptos son, sino también a la manera como han de entenderse, para lo cual ha de hacerse un largo peregrinaje

---

7   Walter L. Wallace, "Toward a Disciplinary Matrix in Sociology", en *Handbook of Sociology*, Edited by Neil J. Smelser, SAGE Publications, Newbury Park, London, New Delhi, 1988, pp. 23-76.

8   Humanities Press, New Jersey – London, 1980, pp. 447-448.

a través de la historia de la propia humanidad, revelador de una multiplicad de criterios, entre ellos:

a. Platón, la educación es determinan en el rol de la sociedad, que de ser justa en la medida en que lo sea el alma (the just soul[9]) humana[10],

b. El estoicismo, a cada individuo se le considera un ciudadano responsable de ley universal de la razón[11],

c. St. Agustín, una lucha entre la ciudad del hombre, demoniaca y transitoria y la de Dios, eterna y trascendental[12],

d. En la Edad Media, el Estado es el poder superior, pero el pueblo en medio de un balance del primero y a la iglesia[13],

e. Macchiavello, el Estado ha de preservar el poder para alcanzar su propósito[14],

f. Grotius, el basamento del Estado es la ley natural por ser principios de la razón[15],

g. Hobbes, avanza conforme a la concepción aristotélica (monarquía, aristocracias y democracias) entendiendo que el poder soberano es absoluto[16],

---

9 The soul in many religions, philosophical and mythological traditions, is the incorporeal and immortal essence of a living being. According to Abrahamic religions, only human beings have immortal souls. Web, Abril 30, 2016.

10 Reese, *Ibídem*, p. 447.

11 *Ibídem*.

12 *Ibídem*.

13 *Ibídem*.

14 *Ibídem*.

15 *Ibídem*.

16 *Ibídem*.

h. Locke, la racionalidad humana, camino para comprender un contrato social y el reconocimiento de derechos individuales[17],

i. Rousseau, el desarrollo de la teoría del contrato social (Hobbes), derivación del deseo general de reglamentar una apropiada y organizada sociedad[18],

j. Kant, la concepción de Rousseau pero bajo una apreciación ética[19],

k. Hegel, el Estado como consecuencia de la voluntad, de la familia y de la sociedad[20],

l. Marx, el Estado instrumento de opresión que ha de propender más bien a la supresión del conflicto de clases[21], y

m. Maritain, la propiedad de la democracia para ordenar al Estado[22].

En el Diccionario de Reese el filósofo estadunidense y PHD de la Universidad de Chicago (1947) describe a la política para Aristóteles como una forma de gobierno, cuya concepción has alimentado considerablemente a la democracia constitucional, la cual en la actualidad se define a la luz de las características que más abajo se delinean, pero que antes de hacerlo parece prudente en aras de salirnos en algo de lo estrictamente formal que acotemos lo que para el Diccionario de la Lengua Española qué es la Constitución:

"Forma o sistema de gobierno que tiene cada Estado... Ley fundamental de la organización de un Estado[23]"

---

17 *Ibídem.*
18 *Ibídem*, p. 448.
19 *Ibídem.*
20 *Ibídem.*
21 *Ibídem.*
22 *Ibídem.*
23 *Ibídem*, Edición 1970, p. 348.

Pero por lógica también lo qué es el Estado:

"Cuerpo político de una Nación... en el régimen federativo, porción de territorio cuyos habitantes se rigen por leyes propias, aunque sometidos en ciertos asuntos a las decisiones del gobierno general...[24]".

Al pretender delinear las características de la democracia, como antes expresado, se observa[25]:

1. Es el resultado del constitucionalismo más el garantismo,

2. Predominio del pueblo en el gobierno,

3. Una constitución que rige a una sociedad y que reconoce y garantiza derechos de la misma,

4. Supremacía constitucional, que determina que la Carta Magna subordina, pero a su vez es subordinada. Sirve de límite y de vinculo para el legislador,

5. La democracia liberal, aquella que surge Luego de que el fascismo y el nazismo caen, se da por un cambio cultural para lograr paz y justicia positivizada, se conforma con:

   a) Ideología de la mayoría. El principio mayoritario no es un valor en sí, sino un procedimiento técnico, que se legitima mediante los límites indicados. La mayoría puede ser simple o relativa, cuando en la pluralidad de votos es aquella que tiene la cifra más alta.

   b) Tutela de las libertades individuales,

   c) Respeto al disenso,

   d) Defensa del Estado de Derecho,

   e) División de poderes,

---

24 *Ibídem*, p. 578.

25 David Silva, *Democracia Constitucional*, Derecho Político, WEB, on 24 Septiembre 2013.

f) Ausencia de límites y con ello el absolutismo de política y mercado,

g) Sin límites en la libertad del ámbito empresarial,

h) Conjunto de límites impuestos por la constitución que también propone una idea de democracia,

i) Frágil y sin mucho control,

j) La regla de la mayoría,

k) Respeto a la soberanía popular,

l)   División de poderes,

m) Validez de las leyes,

n) El pluralismo es el resultado natural de la libertad del hombre, ya que, en virtud de ella, este puede pensar o expresar su pensamiento por cualquier medio, y actuar como estime conveniente para su perfeccionamiento y pleno desarrollo, no yendo contra la ley o el derecho de terceros,

o) Derechos fundamentales,

p) Separación orgánica de funciones,

q) Representación política,

r) Participación política. Para que un régimen sea democrático. debe asegurar cuantitativa y cualitativamente la participación en los asuntos públicos del mayor número posible de personas, y

s) La Democracia también implica la existencia de libertades e igualdades. Por ello se hace necesario reconocer, regular y garantizar un conjunto de derechos fundamentales o esenciales e inherentes en la persona humana.

Estas consideraciones revelan que la humanidad entera, desde su propia creación, se ha debatido entre una diversidad de ideas definiciones, conceptos y teorías en conjunción con acciones pragmáticas, más heterogeneidad que armonía en el liderazgo y sin estrategia única para conducir a a los pueblos, hasta el extremo que ya en medio del

Siglo XXI no existe una sociedad perfecta. Esto lleva a sostener el dinamismo del proceso social y en las sociedades democráticas edificadas bajo la orientación de una Teoría Constituyente devienen, en definitiva, en una tendencia, aspecto de particular importancia para este ensayo, por lo que conviene saber:

4. ¿Qué es tendencia?...

La respuesta está integrada a lo siguiente[26]:

1. La palabra "tendencia" tiene su origen en el latín, a) Proviene del participio tendens, tendentis del verbo tendo, tendere, tetendi, tentum cuyo significado es extender, estirar, tender, tensar, dirigirse a., b) Este verbo se asocia a la raíz indoeuropea *ten- (extender, estirar) y c) A la raíz verbal se le añade el sufijo -nt-ia que significa cualidad de un agente,

2. Podríamos considerar entonces consecuencialmente como el concepto original de la palabra *"tendencia"* la cualidad de lo que tiende a.,

3. La primera definición que consecuencialmente se desprende de la etimología del vocablo es la predisposición tanto en las cosas como en los hombres hacia un determinado fin,

4. También es la fuerza que permite que un objeto o cuerpo se incline hacia otro. Asimismo, la manera de entender por parte de una persona a la sociedad, a la democracia, a la política y a la justicia, en sus diferentes manifestaciones, pero en lo que interesa en este trabajo a la de estrados y la social. Para la Psicología es la reacción que hace que el sujeto actúe para llegar a un fin,

5. En los sinónimos de "tendencia" se incluyen las palabras disposición, orientación, predilección, predisposición e interés y

---

26 Definición de Tendencias, Concepto en Definición ABC. WEB, Mayo 1, 2016.

como antónimos animadversión, antipatía, aversión, incompatibilidad y repugnancia.

No es extraño, sino que por el contrario, no hay página escrita, conversación, programa radial o de televisión, prensa, libro ni tratado en el cual no deje de afirmarse, que a los países de América Latina y entre ellos, por supuesto, Venezuela que tal vez ocupe el primer lugar para el 2016, llevado a ello por la alucinación revolucionaria, que aquí afirmemos que la Teoría Constituyente, entendida en cualesquiera de sus formas, ha servido de todo y para todo. La crisis que la afectado ha sido, por lo menos, dual, esto es, en la escritura y en la realidad. Algunas veces lo escriturado no ha sido bueno y otras cuando se ha escrito bien lo anotado se ha aplicado mal o no se ha observado. La anarquía ha sacudido, pues, a la Teoría a lo largo de todo el continente. Pero lo más grave, continúa galopando en la mayoría de los casos bajo la conducción de potros descarriados. Octavio Paz con ocasión de analizar el libro de Carlos Rangel "Del Buen Salvaje al Buen Revolucionario", cuyo título ilustra bastante con respecto al fenómeno, escribió:

"La mentira se instaló en nuestros pueblos casi constitucionalmente. El daño ha sido incalculable y alcanza zonas muy profundas de nuestro ser. Nos movemos en la mentira con naturalidad... De ahí que la lucha contra la mentira oficial y constitucional sea el primer paso de toda tentativa seria de reforma".

5. *Particularidades más recientes del acontecer constitucional venezolano…*

Es en este escenario en el cual resalta como más pertinente puntualizar los rasgos venezolanos más recientes de la Teoría Constituyente como tendencia, a saber:

1. 1958, después de una dictadura de 10 años el país pretende convertirse en una sociedad democrática, pera además moderna a la usanza de la época, dudándose si el reto valoró:

a) Que la dictadura perezjimenista, como a menudo suele denominársele, para iniciarse, engañar, establecerse y consolidarse acudió a:

  * A una mixtura de gendarmería,

  * Plan de obras públicas y a la sucedánea generación de empleos,

  * Inmigración de países europeos aprovechando que pasaban hambre y no había ocupación como resultado de las guerras,

  * A la inserción en la política estimulada por el Departamento de Estado de USA bajo el convencimiento de que a estos pueblos han de gobernárseles bajo una sola y única voluntad, la del caudillo y que para la época debía ser un castrense,

b) Algunos se preguntan si la Nación habrá entendido lo que es ser tal y evaluado las dificultades para transformarse en una sociedad democrática,

c) Pero, además, se habrá considerado acaso que la conversión era además en república democrática.

Las circunstancias, hechos y ejecutorias han de mencionarse:

1. La Revolución de Octubre, determinante en el fin del gomecismo y definitivo en la transición a la democracia, interrumpido por la dictadura de 10 años que preside Marcos Pérez Jiménez,

2. Rómulo Betancourt, quien había presidido la Junta Cívico Militar de 1945, depuesta la mencionada dictadura, es electo democráticamente como Primer Magistrado,

3. Puede sostener que con esas elecciones se inicia en Venezuela un proceso de transformación de "una Nación mandada a una gobernada", en ejercicio de la soberanía popular expresada en un procedimiento electoral ajustado a los preceptos legales,

4. Es así como se gesta un régimen político que comienza a admirarse en toda América Latina, Estados Unidos y Europa, y

5. Venezuela había dado un paso histórico tipificado por:

   a) La toma de posesión del gobierno por caudillos pueblerinos de alpargatas y en mula, con machete y chopos,

   b) Dictaduras personalistas, caracterizadas porque las lagunas intelectuales, por no decir, la ignorancia de quienes la presidían, encontraban apoyo en la intelectualidad de una godarria con el interés de figurar y de enriquecerse, y

   c) Sin duda constituía un ascenso casi abismal, pero la meta terminó alcanzándose y duro cuarenta años, que tipificaron una democracia representativa propiciadora de una economía social de mercado, camino para el logro de estadios aceptables de justicia social.

El país se dio el lujo de elegir democráticamente, mediante el sufragio universal y secreto y conforme a un Contrato o Pacto Social adecuado a la época y a las circunstancias, pero además estatuido de manera formal en la Constitución de 1961, como Presidentes de la República a:

1. Raúl Leoni Otero, desde 1964 hasta 1969, electo como los restantes que se mencionan mediante el sufragio popular,

2. Rafael Caldera, Presidente desde 1969 hasta 1974 y nuevamente desde 1994 hasta 1999. Esta segunda presidencia constituyó una típica manifestación de una democracia que nació pujante y comenzaba a construir su propio calvario,

3. Carlos Andrés Pérez, Presidente de dos veces, la primera 1974-1979, calificada como "la Venezuela Saudita" y la segunda 1989-1993, propiciando un programa económico antepuesto al de su primera magistratura, en sentido crítico, el de "los Chicago Boys", de corte liberal, con resultados favorables en Chile, pero contrastante con el anterior, absolutamente intervencionista y keynesiano,

4. Luis Herrera Campins, Primer Magistrado (1979-1984), electo democráticamente, con modelo económico cuestionado,

5. Jaime Lusinchi. Su mandato ha sido injustamente criticado: a) Crecimiento de la deuda externa, b) Políticas populistas, c. Depreciación de la moneda, inflación y la corrupción. Inclusive le imputan injustamente haber exacerbado la crisis del sistema político establecido en 1958,

6. Octavio Lepage, Secretario general de Acción Democrática en la clandestinidad y bajo la dictadura de una década que dirigiere Marcos Pérez Jiménez y encarcelado en San Juan de los Morros, y

7. Ramón J. Velásquez. Se desempeñó como presidente interino de Venezuela (1993-1994). Sustituye a Carlos Andrés Pérez, despojado del gobierno en una extraña combinación de los poderes constitucionales establecidos, que aun criticamos. Pero como buenos venezolanos proseguimos sin comprender, particularmente, con el advenimiento de la denominada V República, cuyo primer propósito, entre otros, afortunadamente, irrealizables, está el de refundar la república. Más que eso, la destruyeron hasta el extremo que costará reedificarla. Es más se impone fundarla, como desde 1810, cuando le manifestamos a Emparan que no podía seguir mandándonos. Una larga guerra nos llevó a independizarnos de España, la denominada Madre Patria. No creemos que piensa volverse a ella, no obstante, nuestros errores, pues los españoles parecieran estar en peores condiciones. Sin gobierno y la monarquía enredada. No sabe a quién llamar, ni con quien hablar. Nos preguntamos, habremos heredado también esa dificultad de la colonia. Las respuestas tal vez surjan en páginas de este ensayo.

8. Acudamos nuevamente a algunos lineamientos que se acotan en el Dilema Venezolano[27] en lo relaciones a posibles causas que han podido contribuir al subdesarrollo suramericano, descartando de antemano el supuesto de que «la ratio del

---

27 *Ibídem*, Pp. 271-272.

fenómeno» pueda estar en la existencia de una especie de homo sui géneris, expresión utilizada para hacer referencia a las pautas de comportamiento del latinoamericano, entre otras:

a) El mínimo esfuerzo,

b) La evasión del sacrificio,

c) La vida vista transcurrir en un clima de conformidad,

d) Acentuada creencia religiosa, cercana a la mitología,

e) Innata inclinación hacia lo romántico.

9. Estos factores, en la hipótesis planteada, inciden para que tenga poca vocación hacia el trabajo, baja educación, inducción exagerada hacia el disfrute e inclinación a la fortuna fácil. No puede manifestarse que haya señalamientos concretos en relación con las investigaciones realizadas con respecto a América Latina. En su ambiente, en interpretaciones históricas, en algunas frases, en chistes, el supuesto, a pesar de todo, no ha dejado de plantearse'''. La literatura, tal vez, sea la fuente con mayor incidencia en la derivación de la hipótesis, pues su esencia, particularmente la novela, narra, de manera indirecta, la realidad de los pueblos. En este contexto, es útil tener presente elogiados libros escritos por tres eminentes latinoamericanos, quienes, con toda seguridad, no han querido patentizar en ellos la existencia del horno, supuesto, tal vez, que desde cierto ángulo le cuesta negar al lector, a saber, al colombiano Gabriel García Márquez, al peruano Mario Vargas Liosa y al venezolano Francisco Herrera Luque. Las publicaciones a que se hace referencia, en el orden autoral señalado, son: El General en su Laberinto, El Pez en el Agua y, del último de los mencionados, En la Casa del Pez que escupe el Agua y Los Cuatro Reyes de la Baraja". Pareciera innegable que la característica común de la narrativa señalada es poner en evidencia:

a) La reafirmación de la complejidad de América Latina,

b) La permanencia caudillista,

c) La tendencia al desacuerdo,

d) La destrucción de los valores del ser humano,

e) La conversión, por la vía del ejercicio exagerado, de los derechos en privilegios.

6. De la democracia a la inmolación...
Hugo Chávez y la quimera socialista...

En un largo periodo de un poco más de 17 años el episodio de retrocesión en Venezuela después de la muerte del dictador Juan Vicente Gómez ha sido analizado, ponderado, criticado y hasta justificado desde diferentes ángulos. Pudiera, por consiguiente, estimarse como suficiente lo que de ese tan articular capítulo se conoce desde por aquí hasta la tierra del fuego conocemos, en Estados Unidos, Europa y hasta en Rusia, Irán, Libia, Siria y por supuesto Cuba donde *"THE CREOLE NAPOLEON"* creyó que aceitaba bien su revolución para establecerla a fuerza de una anormal, extraña y demente verborrea, pero no a caballo, ni con armas, como Bonaparte, sino en aviones modernos y con dólares derivados del petróleo de los venezolanos, que malbarató a diestra y siniestra y sin rendir cuentas, salvo que se le esté exigiendo en el Purgatorio.

En la mitad del 2016, pensamos que no hay habitante en el planeta que desconozca que asciende al poder a través de un golpe de estado sangriento, en el cual se presume que estaba involucrado un porcentaje determinante de las Fuerzas Armadas, tanto aquellos de la máxima jerarquía castrense como por debajo del grado de coronel que Hugo Chávez ostentaba. Engañó no solamente a los hombres de armas a quienes, estimada de cultura democrática, sino también a civiles en posiciones de gobierno en la segunda Administración del Presidente Carlos Andrés Pérez que termino en defenestramiento y sustituido por el historiador Ramón J. Velásquez, como el primero del Estado Táchira. Además de los rasgos que en este apretado resumen se asoma, acudamos a algunas de las fuentes[28]:

1. Hugo Rafael Chávez Frías, nacido el 28 de julio de 1954,

---

28 La Transición a la Democracia, Web, Mayo 2, 2017.

2. Se alzó militarmente contra el gobierno electo democráticamente y presidido por Carlos Andrés Pérez,

3. Es líder del Movimiento Quinta República, partido político desde su fundación en 1997 hasta 2007, cuando se convirtió en el líder del Partido Socialista Unido de Venezuela (PSUV),

4. Propiciador de reformas socialistas como parte de un proyecto conocido como la Revolución Bolivariana,

5. Promulga una nueva constitución, en la cual a su juicio se escrituró el proyecto político de lo que solía calificar como la democracia participativa, en criterio de muchos sin saber por qué y en qué consistía,

6. Antes de su *"muerte anunciada"* escogió a quién le sustituiría con una orden a sus seguidores de sufragar por él, lo cual cumplieron, y

7. Nicolás Maduro, *¡el preferido, seleccionado y ungido"* manda actualmente en Venezuela y probablemente hasta el 2019.

7. *La pseudo Revolución Bolivariana in a nutshell…*

La aguda, insufrible y tediosa crisis generada por la acuñada Revolución socialista es tan profunda como la de la misma revolución, pero sus consecuencias desastrosas han minado la tranquilidad de un pueblo cuya pasividad pareciera no tener límites. Estas son apenas algunas de las calamidades que afectan día a día a la Nación entera:

1. Colas de hombres, mujeres y hasta ancianos y niños frente a los mercados, abastos, bodegas, farmacias, droguerías, boticas para remediar necesidades básicas,

2. Hambre extrema por escasez de alimentos básicos que causan carestía y miseria generalizada, mendingando remedio ella,

3. Racionamiento severo de agua, electricidad y otros servicios públicos,

4. Madres que padecen la ausencia de sus hijos que han emigrado en procura de trabajo y de sustento familiar a Estados Uni-

dos, Inglaterra, Europa, Los Países Árabes, Australia, África, Colombia, Perú, Bolivia y Argentina,

5. Familias que sollozan aun vestidas de luto las muerte de sus familiares y amigos de manos del hampa política y común y en muchos casos por actuación indebida de la fuerza pública, y

6. La desesperanza de las familias con presos políticos en mazmorras de la policía del régimen y de aquellos que por discrepancia con el gobierno han abandonado el país.

Pero a esta situación calamitosa contraria a los más elementales principios humanitarios habría que agregar:

1. El conflicto entre la Asamblea Nacional y el gobierno,

2. El rechazo a las providencias de la Asamblea Nacional por el Presidente de la República,

3. El desconocimiento por parte del Tribunal Supremo de Justicia, particularmente, de la Sala Constitucional, a las potestades del Parlamento,

4. La resistencia del Primer Magistrado, el gobierno y organismos constitucionales a él afectos, a la utilización de vías constitucionales para consultar al pueblo, en lo concerniente a alternativas ante la crisis institucional sin precedentes en la historia venezolana, y

5. La ineficiencia de los mecanismos de control en el manejo de los fondos públicos y castigo a la corrupción.

8. La Teoría Constituyente...

Algunas consideraciones político sociales...
Otros personajes...

Pudiera afirmarse que en las consideraciones anteriores VIII anteriores se ha hecho referencia a quienes nos han mandado y gobernado en ejercicio del poder presidencial y en medio de un prolegómeno propio del análisis de las condiciones de existencia y desenvolvimiento de las sociedades humanas[29] en concurrencia con el arte, doctrina y opinión referente al gobierno de los Estados[30]. El carácter problemático que se quiere resaltar se alimenta de uno y de otro, pero mucho más del segundo, como pareciera inferirse de párrafo siguiente del Diccionario de Filosofía de Nicola Abbagnano[31]:

> "Política. Bajo este nombre se han entendido varias cosas: a) La doctrina del derecho y de la moral, b) La Teoría del Estado, c) El arte y la ciencia e gobernar y d) El estudio de los comportamientos...".

El filósofo italiano con este introito acerca de la política asoma que se trata de un arte lleno de reveses y contra reveses, pero es a Nicolás Macchiavello, quien más la vincula con el comportamiento humano, pero muy particularmente, con las virtudes, contrariedades, defectos, éxitos y desengaños de las personas. Los miramientos en esta lectura del profesor mexicano Jorge Flores Vizcarra[32] son significativos:

1. Para Maquiavelo lo que en último análisis importa es la meditación minuciosa de la política estimándola como actividad, por lo que en varia medida es uno de los más brillantes teóricos de la política en la realidad,

2. Para Raymond Aron que según Maquiavelo es un imperativo ver la realidad como es y no como se quiere que sea,

3. Los temas que el italiano analiza para atenuar la ociosidad a lo que lleva la caída del gobierno de Severino y al retiro del filósofo de la política se refieren a la manera para conquistar el poder político y, cómo mantenerse en él,

4. Con justa razón ha escrito Georges Mounin que "si Maquiavelo con su vida y su obra y todos los debates alrededor de su personalidad no continuara planteando el viejo problema entre

---

29 DRAE, 1992, Tomo II, p. 1849
30 *Ibídem*, p. 1634.
31 Fondo de Cultura Económica, México, 2008, p. 827.
32 Jorge Flores Vizcarra WEB, Mayo 2, 2016.

el fin y los medios y aquel que se relaciona con la moral y la política, ni siquiera valdría la pena mencionarlo",

5. En rigor para Macchiavello la política es "el arte de lo posible", es decir, se trata de una concepción que supone una relación de medios y fines inmersos en una coyuntura determinada,

6. De ahí que a Maquiavelo le interese ante todo "la venta effettuale delle cose",

7. Por tanto, si bien es cierto que el análisis político descansa sobre la realidad, es menester comprender acerca de ¿cuáles son las motivaciones que impulsan a los hombres a la acción política?,

8. En otros términos ¿cómo racionalizar "las conductas políticas"?,

9. La naturaleza humana es esencialmente egoísta, así como lo son los motivos reales en los que tiene que apoyarse un estadista, tales como el deseo de seguridad de las masas y el de poder de los gobernantes,

10. Por tanto por ser entonces la naturaleza humana profundamente "egoísta", la lucha política se explica en virtud de los apetitos de poder consustanciales al hombre,

11. Lo cual equivale a que el "egoísmo universal" del cual parte Maquiavelo, no es sino la vieja idea de los teólogos del medioevo conocida como "la Conscupiscentia dominandi",

12. No obstante, una vez que el "egoísmo universal" se proyecta hacia la praxis, es necesario que el príncipe ostente dos características: la fuerza y la astucia,

13. Con su prosa limpia y agradable, Maquiavelo se sirve de una metáfora a fin de subrayar las cualidades que el jefe de Estado debe poseer.

En un interesante párrafo del profesor Vizcarra se afirma como parte sustancial del pensamiento del florentino:

"Demos al florentino la oportunidad de plasmar su agradable metáfora: "Sépase que hay dos maneras de combatir, una con las leyes y otra con la fuerza. La primera es propia de los hombres, y la segunda de los animales; pero como muchas veces no basta la primera, es indispensable acudir a la segunda. De aquí que a los príncipes convenga saber aprovechar estas dos especies de armas[33]".

Pero asimismo adiciona:

"Los antiguos escritores enseñaban esta condición de modo alegórico, diciendo que Aquiles y muchos otros príncipes de remotos tiempos fueron dados a criar al centauro de Quirón, quien los tenía en su guarida. El darles un preceptor medio hombre, medio bestia, significa la necesidad para el príncipe de saber usar ambas naturalezas; porque una sin otra no es duradera. Obligado el príncipe a saber emplear los procedimientos de los animales, debe preferir los que son propios del león y del zorro, porque el primero no sabe defenderse de las trampas, y el segundo no puede defenderse de los lobos. Se necesita, pues, ser zorro para conocer las trampas, y león para asustar a los lobos. Los que sólo imitan al león, no comprenden bien sus intereses[34]".Claro está que se trata de una concepción individualista de la política. Por ello un hombre que aspira al poder político y que sea titular de la "virtud", puede cumplir con las dos etapas del "quehacer político", Se dirá: ¿es moderna esta concepción del combate político?

Jorge Flores Vizcarra como para dar a entender que no se debe actuar a lo Macchiavello acota finalmente:

"De ninguna forma, puesto que hoy sabemos perfectamente bien que "la lucha política se desarrolla en dos planos: de un lado entre los hombres, los grupos y las clases que luchan por conquistar el poder y del otro entre el poder que "comanda" y los ciudadanos que lo resisten[35].

Si pudiera hablarse de apreciaciones entre aquellos que estiman la racionalidad de la metodología política de Macchiavello y quienes la

---

33 *Ibídem.*

34 *Ibídem.*

35 *Ibídem.*

cuestionan, resultaría aun difícil negar que la Teoría Constituyente ha sido pendular en Venezuela alrededor de la viveza, ruindad, engaño, bellaquería, astucia y disimulo en la mayoría de los tiempos y solo en algunos de ellos como el arte y ciencia de gobernar y con vocación social. No ha estado, pues, del todo ausente la temática del florentino, así como tampoco la de José Fouché, para STEFAN ZWEIG el GENIO TENEBROSO y de quien dice:

"Fue uno de los hombres más poderosos de su época... A Napoleón en Santa Elena, a Robespierre entre los jacobinos, a Carnot, Barras y Talleyrand en sus respectivas Memorias y a todos los historiadores franceses -realistas, republicanos o bonapartistas-, la pluma le rezuma hiel cuando escriben su nombre. Traidor de nacimiento, miserable, intrigante, de naturaleza escurridiza de reptil, tránsfuga profesional, alma baja de esbirro, abyecto, amoral... No se le escatiman las injurias. Y ni Lamartime, ni Michelet, ni Luis Blanc intentan seriamente estudiar su carácter, o, por mejor decir, su admirable y persistente falta de carácter... la Historia arrinconó silenciosamente en la última fila de las comparsas sin importancia a un hombre que, en un momento en que se transformaba el mundo, dirigió todos los partidos y fue el único en sobrevivirles, y que en la lucha psicológica venció a un Napoleón y a un Robespierre. De vez en cuando ronda aún su figura por algún drama u opereta napoleónicos; pero entonces, casi siempre reducido al papel gastado y esquemático de un astuto ministro de la Policía, de un precursor de Sherlock Holmes... Si verdaderamente es la política, como dijo Napoleón hace ya cien años, la fatalite moderne, la nueva fatalidad, vamos a intentar conocer los hombres que alientan tras esas potencias, y con ello, el secreto de su poder peligroso. Sea la historia de la vida de José Fouché una aportación a la tipología del hombre político[36]".

Este pasaje de Stefan Zweig podría ilustrar:

"... El temible José Fouché, después de 100 del intermezzo napoleónico, es el nuevo ministro de Policía del rey Luis XVIII, habiéndolo arreglado todo a las mil maravillas para su nuevo

---

36 WEB, mayo 2, 2016.

Soberano. En las Tullerías donde un mes atrás se mostraba respe-
tuoso ante su Emperador Napoleón como el más fiel vasallo, es-
pera el Duque de Otranto al «tirano» a quien veintidós años antes
condenó a muerte aquí en esta misma casa. Ahora se inclina pro-
fundamente, con gran respeto, ante el vástago de San Luis. Mien-
tras que el Rey se siente inseguro en el trono, no desdeña el aga-
rrarse al señor Fouché. Y Además, todavía necesita a este Fígaro,
que sabe hacer también de malabarista para las elecciones, pues
la Corte desea una mayoría segura en el Parlamento, y para esto
es único el republicano «probado», el hombre del pueblo, como
organizador insuperable. Y también hay que arreglar aún algunos
asuntos desagradables y sangrientos... El Rey prometió una am-
nistía y no perseguir a los que hubieran servido durante los Cien
Días al usurpador. Y al ministro de Policía le toca llevar a cabo
la labor desagradable de componer la lista de proscripción... Al
Duque de Otranto no le place este cargo. ¿Será necesario, verda-
deramente, imponer castigos por haber hecho lo más razonable,
por pasarse al más fuerte, al vencedor? Además, no olvida... co-
mo primer nombre en la lista de proscripción, debería figurar el
Duque de Otranto, ministro de policía bajo Napoleón...Fouché
pretendiendo librarse del encargo antipático, en lugar de una lis-
ta con los nombres de treinta o cuarenta de los principales culpa-
bles, presenta varias hojas de a folio con trescientos o cuatrocien-
tos y pide que se castigue a todos o a ninguno. El Ministro Talley-
rand, un zorro de su mismo calibre manda borrar nombres hasta
que no quedan más que cuatro docenas, endosando a Fouché fir-
mar las sentencias de muerte y destierro, quien acude su vanidad
que conoce todas las habilidades, menos la de renunciar a tiem-
po, prefiriendo sobrellevar la envidia, el odio y la ira antes que
abandonar voluntariamente un sillón ministerial. Así aparece, an-
te la indignación general, un listado que contiene los nombres
más famosos de Francia, refrendada con la firma del antiguo ja-
cobino. Todos los nombres que dieron gloria a Francia con sus
hazañas en los últimos decenios. Un solo nombre falta en ella, el
de José Fouché, Duque de Otranto, pero en rigor su figura, pero
no en el texto, como uno de los acusados y proscritos ministros
napoleónicos, sino como el ministro del Rey que envía a todos sus

compañeros a la muerte o al destierro, esto es, como el del verdugo. Viudo ha decidido casarse con una rancia aristócrata, miembro de aquella banda criminal que ha de caer bajo la espada de la justicia. El 1 de agosto de 1815, penetra en la iglesia, no lo hace, como en 1793, para destrozar con el martillo «los emblemas vergonzosos del fanatismo», los crucifijos y los altares, sino para recibir devotamente, junto a su novia aristócrata, las bendiciones de un hombre tocado con aquella mitra, que, como se recordará, encasquetó sobre las orejas de un burro. Según antigua costumbre noble -un Duque de Otranto sabe lo que le corresponde cuando se casa con una condesa. Y como primer testigo firma manu propia Luis XVIII como testigo más digno... y más indigno del asesino de su hermano. Esta osadía inconcebible de invitar como testigo al hermano del Rey guillotinado, provoca la aristocracia enorme indignación. Ese miserable -murmuran- se conduce como si verdaderamente perteneciera a la Corte y a la nobleza[37]

La Teoría Constituyente como tendencia no ha estado tampoco ajena a la politiquería, para Andrés Serra Rojas maniobras sin principios para lograr algún objetivo, generalmente encubierto. Demagogia e intriga[38] por lo que uno de sus sujetos más activo, dinámico y hasta triunfante es aquel que se dedica a politiquear, es decir, a la actividad como dice el propio Profesor Serra Rojas realizada con el fin de alcanzar propósitos políticos personales, sin reparar en la naturaleza en la naturaleza superficial o dudosa de lo que hacen. Quien realiza la acción trata de servirse de la política para fines oscuros. El término es por tanto despectivo[39]. Numerosa la presencia de personajes de esta estirpe a lo largo de toda América Latina.

---

37 Stefan Zweig, Fouché, *El Genio Tenebroso*, Editorial Juventud, S.A., Barcelona, España, 1977.

38 Diccionario de Ciencia Política, Facultad de Derecho UNAM, 2001, M-Z, p. 902.

39 *Ibídem.*

9. *La relación amigo y enemigo...*
Carl Smith...

Es en esta tonalidad que escribe Norberto Bobbio al referirse a la política como relación amigo-enemigo. Entre las más conocidas y discutidas definiciones de la política debe considerarse la de Carl Schmitt (retomada y desarrollada por Julien Freund), según la cual la esfera de aquella coincide con la esfera de la relación amigo-enemigo. De acuerdo con esta definición el campo de origen y de aplicación de la política sería el antagonismo y su función consistiría en la actividad de asociar y defender a los amigos y de dividir y combatir a los enemigos. Para fortalecer su definición basada en una contraposición fundamental (amigo-enemigo), Schmitt la parangona a las definiciones de moral, de arte, etc., también basadas en contraposiciones fundamentales como bueno-malo, bello-feo, etc. "La específica distinción a la cual es posible reconducir las acciones y los motivos políticos, es la distinción de amigo y enemigo . . . En la medida en que no se puede hacer derivar de otros criterios, ésta corresponde, para la política, a los criterios relativamente autónomos de las demás contraposiciones: bueno y malo para la moral, bello y feo para la estética, y así por el estilo" (p. Freund se expresa drásticamente en estos términos: "Mientras haya política, ésta dividirá a la colectividad en amigos y enemigos" (p. 448). Y comenta: "Cuanto más se desarrolla una oposición en la dirección de la distinción amigo-enemigo, tanto más ésta se convierte en política. La característica del estado es la de suprimir en el interior de su ámbito de competencia la división de sus miembros o grupos interiores en amigos y enemigos, con el fin de no tolerar más que las simples rivalidades agonistas y las luchas de los partidos, y de reservar al gobierno el derecho de designar el enemigo exterior... Es claro por lo tanto que la oposición amigo-enemigo políticamente es fundamental" (p. 445).

10. *La Teoría Constituyente...*

El fracaso por la carencia de una textura social real...

Unas cuantas cuartillas se han escrito, muchos discursos pronunciados y no muy pocas arengas se han adelantado en aras de definir al personaje que mora en esa extensa geografía conocida como América

Latina, también Sud América y América del Sur, poniéndose énfasis en las razones de su subdesarrollo. Una conclusión simplista suele integrarse en torno a las mismas causas, errores similares, conductas equivocadas y apreciaciones algunas veces obsoletas, otras modernas y en ocasiones ultra novedosas en lo concerniente a los motivos que han incidido en tan antipática apreciación. En aras de ponerlo sencillo, para algunos ha sido el método y para otros lo que realmente somos.

En décadas aun cercanas el periodista Carlos Rangel escribió el libro "Del buen salvaje al buen revolucionario", referido ya en este ensayo, acotando que "... no estamos satisfechos con lo que somos, pero a la vez no hemos podido ponernos de acuerdo sobre qué somos, ni sobre lo que queremos ser...". En la elogiable escritura de Rangel encontramos la particularidad de Brasil, país que el autor estima, por lo que a la idiosincrasia respecta, muy distinto al resto de la América Española, que a juicio de Marcel Niedergan, periodista del diario francés Le Monde y estudioso, entre otros, de los temas latinoamericanos[40], no es una sola, pues hay veinte y cada una distinta de la otra. Un asomo aparentemente son estos reparos de que la falta de homogeneización afecta determinantemente la solidez de la textura social que demanda el Pacto Constituyente, el cual no es más que una tendencia hacia la consolidación de una determinada sociedad plasmado en una

---

40 Nacido en Evian el 14 de septiembre de 1922, Niedergang, diplomado en estudios superiores de alemán, se inició en el periodismo en *Reforme* de 1949 a 1952. Ese año entró en el servicio internacional de *Le Monde*. En 1956 y hasta 1964, se incorporó a *France Soir* como gran reportero. Después volvió a *Le Monde* como colaborador responsable de las cuestiones españolas e iberoamericanas y más tarde fue nombrado director adjunto del servicio de política internacional, puesto que ejerció de 1975 a 1996. Durante esos años cubrió los grandes acontecimientos en Hispanoamérica como el golpe de Estado de Chile que costó la vida al presidente Salvador Allende. Autor de numerosos libros, obtuvo el Premio Albert Londres en 1961 por *Tempestad sobre el Congo,* un reportaje sobre la descolonización. Una de sus obras más importantes fue *Las veinte América latinas,* publicada en 1962 y actualizada en 1969. Con este título quería resaltar que, frente a lo que podía pensarse en el exterior, la América latina no constituía un conjunto homogéneo, sino un espacio político, social, económico y cultural muy diversificado. WEB, 2002.

Carta Magna, Texto Constitucional, Ley de Leyes o Constitución. Es en ese sentido, quisiera reiterarse, que adquiere justificación el título de este trabajo y por ello el sucinto esfuerzo por pretender identificar causas y realidades en una Venezuela hoy sacudida por algo impensable, pero terrible. La admiración por este país de parte de los otros de la América Española esta considerablemente atenuada. Nos miran más bien con tristeza, lástima y desconsuelo.

Pero volviendo a Rangel nos encontramos adicionalmente con apreciaciones que pudieran llevarnos, como a algunos cuantos, a la conformidad, la resignación y hasta el abatimiento. El autor al puntualizar cómo el continente ha sucumbido durante quinientos años "del fracaso a la mitología compensatoria", afirmación que según él mismo acota que pudiera parecer escandalosa, pero que es una verdad que llevamos con nosotros mismos y que sale a la luz cuando somos sinceros[41]. También nos lleva el distinguido venezolano a las acotaciones de Simón Bolívar, quien escribió en 1830 que había mandado veinte años y que de ellos había concluido[42]:

1. La América (Latina) es ingobernable para nosotros,

2. El que sirve una revolución ara en el mar,

3. La única cosa que se puede hacer en América (Latina) es emigrar,

4. Este país (la Gran Colombia luego fragmentada entre Colombia, Venezuela y Ecuador), caerá infaliblemente en manos de la multitud desenfrenada para después pasar a tiranuelos, casi imperceptibles de todos los colores y razas,

5. Devorados por todos los crímenes y extinguidos por la ferocidad, los europeos no se dignarán conquistarnos,

6. Si fuera posible que una parte del mundo volviera al caos primitivo, éste sería el último período de la América Latina.

---

41 *Ibídem*. Introducción.

42 *Ibídem*

El Libertador para Rangel está condensado en su forma extrema el pesimismo latinoamericano, esto es, el extremo juicio adverso de los latinoamericanos sobre nuestra propia sociedad[43].

Es conocido el enfoque de analistas conforme al cual el motivo principal del fracaso de los países de América Latina en conformarse a una tendencia constituyente con carácter de permanencia y no sometida a la mutabilidad de cada quien que nos gobierna, ha consistido en la guerra como metodología para poner fin a la conquista, separarnos de España y convertirnos en repúblicas. El carácter guerrero de la gesta independentista nos condujo a alejarnos no solamente de la corona conquistadora, sino también de las instituciones. Pretendimos construir un mundo nuevo, por lo que todavía andamos en ello. La premisa encuentra asidero en las palabras de Rangel cuando afirma:

> "Hay controversia sobre el número exacto de los "Viajeros de Indias, pero, en todo caso fueron apenas un punado de hombres, entre marinos, guerreros y frailes. Y esos pocos hombres, en menos de sesenta años, antes de 1550, habían explorado el territorio, habían vencido dos imperios, habían fundado casi todos los sitios urbanos que hoy todavía existen (mas otros que luego desaparecieron), habían propagado la fe católica y la lengua y la cultura de Castilla en forma no solo perdurable sino, para bien o para mal indeleble...[44]".

Pudiéramos concluir por tanto, con Rangel, que los conquistadores bastante dejaron. Preguntándonos ¿lo habremos entonces destruido? Tal vez, sería más oportuno admitir paralizamos la historia para comenzar otra. Esta que aun prosigue.

El mismo Rangel se refiere a Brasil, colonia de Portugal distinta a la América Española, como en rigor deberíamos llamarnos, pero además, de rigen lusitano y metrópoli del imperio portugués durante largos años, en lugar de sufrir una ruptura traumática con Lisboa, se independiza no por la guerra, sino a través de un acto de gobierno conservando intactas las estructuras políticas y administrativas del

---

43 *Ibídem.*
44 *Ibídem.*

imperio[45]. Decimos en este ensayo que no obstante esa disconformidad en lo que a la independencia respeta con el resto de los países latinoamericanos, los cariocas han experimentado como en las últimas dislocaciones severas en la tendencia constituyente a consolidarse como sociedad democrática y progresista y por ende como sociedad consolidada. Hoy después de gigante Brasil es un desastre, en el cual por fortuna hay respeto por la Constitución vigente, por lo menos, en lo concerniente a los poderes públicos, a sus funciones y separación. Prueba de ello es el proceso de impeachmente de la Presidenta Dilma Rouseff que adelanta el Congreso bajo el amparo de la juridicidad de la Corte Suprema de Justicia. Por cierto algo inimaginable para los venezolanos.

11. *Venezuela… ¿Habrá fracasado la Teoría Constituyente?...*

En las páginas de nuestro libro El Dilema Venezolano se formularon algunos comentarios en lo relativo y la gerencia de los intereses públicos y la teoría del desarrollo social en el régimen constitucional, formulándonos esa pregunta con respecto al proyecto político, el cual por lógica supone la existencia de una Teoría Constituyente y que como ya se ha anotado es científicamente una tendencia social, pero que lamentablemente en el caso de Venezuela sujeta a variadas y dañinas ondulaciones. Veamos lo que en el 2002 afirmábamos[46]:

"La Interrogante de final de siglo se dirige a indagar con respecto a cuál fue la suerte del proyecto. Las consideraciones ya formuladas se inclinan por sostener que América Latina se encuentra frente a una situación que la obliga «a comenzar de nuevo»". Tácitamente se admite una respuesta afirmativa a la interrogante formulada. Es ésta, además, la interpretación derivada del trabajo de Peter y Susan Calvert, América Latina en el Siglo XX, cuyo contenido refleja la difícil problemática de sus países. Ésta, a juicio de los autores, incide para que muchos latinoamericanos piensen: «es necesario depositar las esperanzas en el siglo XXI». En el referido trabajo, con el propósito de poner de relieve el con-

---

45 *Ibídem.*
46 Comala.com, Caracas, abril 2002, pp. 227-228.

traste entre potencialidad de desarrollo y dificultad para alcanzarlo, se puntualiza: a) el territorio de Latinoamérica es dos veces más grande que el de la Europa del oeste, pero con una población menor, b) la fábula de la existencia de El Dorado, pareciera haber resultado cierta, pues estos países están provistos de recursos naturales de valor inconmensurable, c) la fortuna de la monarquía española en Europa estuvo basada en la riqueza de los indios, d) la plata mexicana consolidó las guerras de Napoleón. La incomprensible contradicción con el grado de desarrollo confrontado se pone de relieve con estas acotaciones: d. 1) un alto porcentaje de habitantes vive en condición de exagerada pobreza, supuesto no visible en Europa, d.2) la sociedad está dividida entre sectores muy ricos, los menos, y los desprovistos de fortuna, los más.

La historia de «América Latina continúa siendo la del Tercer Mundo, mirando al primero y al segundo, el sur versus el norte» 8. Otras afirmaciones de Peter y Susan Cávea parecieran estar des-tinadas, también, a la confirmación del supuesto fracaso del proyecto, cuando, con base en el diagnóstico anterior, se preguntan:

a) ¿Cuál es la razón, si la hay, para estos rasgos de diferencia en América Latina?

b) ¿Han logrado estos países los objetivos planteados por sus fundadores, y cuál es la medida de su fracaso?

c) ¿Cuál es el motivo para la pobreza, subdesarrollo y sufrimiento de los latinoamericanos, circunstancias prácticamente desconocidas en Europa?

d) ¿Por qué la ratio de la frecuencia insurreccional, de manera extraña, no constituye verdaderas revoluciones?

e) ¿Cuál es su futuro?

12. La Tendencia Constituyente…
En medio del neoliberalismo, la teoría de la dependencia y la economía social de mercado…

Un complejo de circunstancias acostumbra señalarse en lo tocante a las dificultades de los latinoamericanos en general para conformarse en sociedades estables mediante la observancia de una tendencia constituyente, en los términos como se ha tratado de describir a esta última en los párrafos de esta investigación. En ellas no ha estado presente, a pesar de que en la mayoría de las hipótesis se calla por ser, en principio, ofensiva, lo referente a las particulares características del homo de nuestro continente, tanto en lo que Rangel califica como la América Española y la portuguesa, representada por Brasil. Percibimos en rigor que es un poco lo que pretende explicar Rangel destacando que algunas de las profecías desesperadas de Bolívar[47] se cumplieron al pie de la letra, por lo cual no se las puede atribuir al estado depresivo de un hombre envejecido, decepcionado y amargado, sino que son apreciaciones en las cuales están presentes toda la agudeza sociológica y toda la visión política del Libertador. El periodista con el propósito de dibujar las diferencias entre las sociedades avanzadas y la América de habla española acude a estas acotaciones:

1. El éxito desmesurado de los EE.UU., en el mismo "Nuevo Mundo" y en el mismo tiempo histórico,

2. La incapacidad de la América Latina para la integración de su población en nacionalidades razonablemente coherentes y cohesivas, de donde esté, si no ausente, por lo menos mitigada la marginalidad social y económica,

3. La impotencia de la América Latina para la acción externa, bélica, económica, política, cultural, etc.; y su correspondiente vulnerabilidad a acciones o influencias extranjeras en cada una de esas áreas,

4. La notoria falta de estabilidad de las formas de gobierno latinoamericanas, salvo las fundadas en el caudillismo y la represión,

5. La ausencia de contribuciones latinoamericanas notables en las ciencias, las letras o las artes (por más que se pueden citar excepciones, que no son sino eso),

6. El crecimiento demográfico desenfrenado, mayor que el de cualquier otra área del planeta,

7. El no sentirse Latinoamérica indispensable, o ni siquiera demasiado necesaria, de manera que en momentos de depresión (o de since-

---

47 *Ibídem.*

ridad) llegamos a creer que si se llegara a hundir en el océano sin dejar rastro, el resto del mundo no sería más que marginalmente afectado.

Permítasenos regresar a páginas del libro El Dilema Venezolano dedicadas a pensar en dificultades y consecuencias en el pasado, presente y futuro de esta bella república caribeña:

Pero la final acotación hemos de atribuirla al destacado politólogo Carlos Alberto Montaner quien nos lleva de la mano para ubicar a lo que hemos denominado la Tendencia Constituyente en medio de las diversas tipologías de desarrollo[48]:

1. Nos hemos dedicado a un ataque brutal imperialismo yanqui, al colonialismo implacable, a las voraces multinacionales y a la engañosa democracia formal,

2. Esos eran el lenguaje, los adjetivos y el enfoque al uso en esos tiempos post Vietnam, en los que la URSS parecía ser el destino glorioso e inevitable del planeta, y en los que Fidel Castro y la revolución cubana se habían convertido en la referencia venerada de la izquierda continental latinoamericana

3. Sencillamente, en aquella época los comunistas y sus aliados estaban venciendo en la Guerra fría declarada en el mundo tras la derrota de nazis y fascistas en 1945,

4. El libro de Rangel está dirigido contra la perniciosa tradición victimista latinoamericana,

5. El reconocimiento a los Estados Unidos por parte de Rangel como potencia democrática, guardián del Hemisferio, sin lo cual Latinoamérica hubiera sido víctima en el siglo XIX del colonialismo europeo de Asia y África, así como, de los imperialismos todavía peores que ha conocido el siglo XX,

6. Se plantea dejar de lado la postura siempre de moda de atribuir el atraso latinoamericano a la influencia política, económica y cultural norteamericana, reiterándose una vez más que ella ha sido nuestro subdesarrollo,

---

48 APÉNDICE del libro de Carlos Rangel, Epílogo a la edición de 2006.

7. El libo de Rangel se produce después de la muerte de Franco en España se estaba en medio de la transición a la democracia,

8. La confusión en torno a la realidad latinoamericana era casi absoluta, manteniéndose vigentes los peores estereotipos y prejuicios políticos sobre esa región del mundo, y

9. El pernicioso tercermundismo afortunadamente encuentra en Fernando Henrique Cardoso, uno de sus más fervientes apóstoles de la teoría de la dependencia cuando dejó de ser un sociólogo marxista para convertirse en el presidente serio y moderado de Brasil. Montaner dice con respecto a la postura del destacado brasilero:

   a) El fracaso latinoamericano habría de imputarse a nosotros mismos,

   b) A las contradicciones doctrinales de los seguidores de Marx,

   c) A la versión infantil de una historia de buenos y malos, y

   d) Se atrevió a defender los modos de vida occidentales, incluidas la democracia y la economía de mercado que habían transformado a ciertas naciones en los rincones más ricos del planeta, y

   e) Una dura crítica la barbarie totalitaria de izquierda, sin ignorar, por supuesto, al autoritarismo de derecha, que también le repugnaba al ensayista venezolano.

13. *La sorpresa, entre otros, de Carlos Montaner con respecto…:*

1 *…. El Golpe de Estado de Hugo Chávez… y*

2. *La Presidencia de Chávez por vía eleccionaria…*

El prestigioso politólogo no puede dejar de manifestar el asombro de unos cuantos demócratas, entre ellos, por supuesto, él en lo concerniente a que tres décadas de haber escrito el prólogo del "Buen salvaje al buen revolucionario" y de estarse adelantando una transición a la democracia en la Madre Patria, un régimen de libertades de cuatro décadas que estaba disfrutando Venezuela, a pesar de sus dificultades, y además gobernada por el séptimo Primer Magistrado electo popularmente conforme a una Constitución admirada por el resto de los países latinoamericanos y un gabinete que había entendido como Fernando Enrique Cardozo en Brasil, se hayan producido los dos lamentables eventos a que se hace arriba mención, a saber:

1. El Golpe de Estado de Hugo Chávez, y

2. La Presidencia de Chávez por vía eleccionaria.

La incertidumbre de Montaner deambula entre preguntas y respuestas, ambas como la revela su narrativa, difíciles y hasta incomprensibles:

1. Por qué Venezuela, el país en el que toda la clase dirigente leyó o tuvo noticia de la obra de Carlos Rangel, cayó voluntariamente (por lo menos en sus inicios) en las redes del chavismo, quintaesencia del tercermundismo denunciado en este libro,

2. Las razones para Montaner son:

    a) Al ensayo se percibió como una argumentación ideológica sin conexión con la realidad nacional,

    b) Muy poca gente lo vio como una severa advertencia contra el aventurerismo político de la izquierda colectivista antioccidental,

    c) En la Venezuela de mediados de los setenta, cuando se le concebía la meta y el sueño no sólo de media América Latina, sino también de bastantes españoles, italianos y portugueses, casi nadie se daba cuenta de que una sociedad que mayoritariamente abriga ideas equivocadas o juicios absurdos, acaba por cometer serios errores,

    d) *Como expresan los gringos: "si uno no sabe adónde va, acaba por llegar al lugar equivocado",*

    e) Los dirigentes y con ellos los partidos con una visión populista del poder y de la sociedad,

    f) Por tanto, postulábamos que la función del gobierno era planificar y mandar, no obedecer las leyes y las instituciones,

g) En ese contexto el objetivo del gobierno era distribuir la riqueza existente, sin potenciar las condiciones para que la sociedad creara riquezas, por lo que:

* Fomentábamos la dependencia y no la responsabilidad individual,

* Cultivábamos el clientelismo político de una ciudadanía que esperaba dádivas y privilegios del partido de gobierno,

* Le ratificábamos a la muchedumbre que era víctima del despojo de unos bienes que le pertenecían por derecho propio, y de los que era inicuamente privada,

* Creamos la sensación que los pobres eran los "desposeídos",

* Pero agregábamos que el capitalismo, las clases medias y "los gringos" le había quitado lo que era suyo a los venezolanos sin recursos,

El párrafo que transcribimos de Montaner recoge de manera diáfana lo que sucedió en aquella Venezuela pretérita que hoy económicamente arruinada y sin los partidos políticos con el liderazgo, la organización, fortaleza y madurez de entonces sufre las consecuencias de sus errores:

"En esa enrarecida atmósfera ideológica, cuando por un periodo prolongado cayó el precio del petróleo, a lo que se sumó la pésima gestión de un sector público legendariamente ineficiente, una parte sustancial de la población se sintió frustrada y estafada por la etapa democrática surgida tras la caída de Marcos Pérez Jiménez en 1958. Muy poca gente se detuvo a pensar que, con todos sus defectos y lacras, aquella criticada Venezuela, víctima de la corrupción, la improvisación y la mala gestión pública, sin embargo, exhibía la historia más larga de paz, prosperidad y desarrollo que había conocido el país desde el establecimiento de la república. No hay duda de que era una nación que padecía ciertos problemas, pero no había uno solo que no se hubiera podido subsanar dentro de las normas democráticas y la racionalidad

política. Fue entonces cuando de una forma borrosa comenzó a desintegrarse el consenso llamado puntofijismo[49]*... ".*

El analista concluye con los claros, comedidos y sinceros comentarios a la meritoria obra de Carlos Rangel, la cual habría de ser un Manual tanto para viejas, presentes y futuras generaciones de venezolanos y suramericanos, con estas consideraciones[50]:

1. Fue en esa época cuando la ciudadanía, de manera creciente (e inconsciente), empezó a soñar con la solución revolucionaria,

2. Preguntándose ¿Qué era eso?

3. Con la racional respuesta

"Era confiar en la inveterada superstición de que un caudillo lleno de buenas intenciones, rodeado de arcangélicos y dedicados compañeros de lucha, ajenos a las corrompidas cúpulas políticas convencionales, llegarían al poder para corregir los yerros, castigar a los culpables y traer la riqueza y la felicidad colectivas. De ahí que en 1992, cuando el teniente coronel Hugo Chávez y otros militares golpistas intentan derrocar por la fuerza al presidente Carlos Andrés Pérez y dejan tendidos en las calles a varios centenares de muertos, la reacción popular, en lugar de ser de indignación, es de complaciente aquiescencia: según las encuestas de la época, el 65 por ciento de los venezolanos dijo simpatizar con el cuartelazo. El mensaje era transparente: en ese punto de la historia, un número importante de los venezolanos ignoraba que la esencia de la democracia y del Estado de Derecho no es el periódico rito electoral, sino el humilde acatamiento a la ley, incluso cuando nos sentimos profundamente insatisfechos con la labor del gobierno...[51]*".*

Palabras a pensar que nos pone en las manos Montaner. Hoy en Venezuela moramos en los desaciertos que nos comenta.

---

49 *Ibídem.*

50 *Ibídem.*

51 *Ibídem.*

14. *Aclaratoria… Tal vez oportuna…*

Por cuanto una de las dificultades de los ensayos está relacionada con el tema que pretende desarrollarse, con la consecuencia de que resulta menos arduo elaborarlo cuando se analiza un tema cuyo tratamiento por la ciencia a la cual corresponde estudiarlo es uniforme, razón por la que por argumento a contrario cuando aquel amerita acudir a una diversidad de fuentes, tanto el análisis y el desarrollo para el autor y quizás mucho más la comprensión para el leyente termina siendo por demás engorroso.

En este sentido consideramos oportuno que indaguemos en atención a las consideraciones hasta ahora expuestas en qué medida la *"Teoría Constituyente"* es sinónimo de la *"Tendencia Constituyente"*. La apreciación ha de ser que en la rigurosidad conceptual no son sinónimos, pero tristemente concebidos como mecanismos de desarrollo político y social en la vida real pueden llegar a ser antónimos y en extremo en la mixtura que ha de acompañarles en la misión a que están llamadas a cumplir comportarse de manera contradictoria, una opuesta a la otra. Pueden, pues, llegar a conformarse absolutamente contrapuestas. En párrafos más adelante el jurista Ponciano Valladares sostiene que *"teoría y tendencia"* dependen irremediablemente de las virtudes y vicios de los humanos y como la sociedad está integrada por ellos determinan la suerte de las dos primeras[52]:

> *"… Prisca Lucila plantea lo de las sentencias no conformes a la interpretación jurídica de la ley, ni a los principios generales del Derecho, preguntando si cuando se viola esa regla el fallo es amañado. El docente contesta que tales fallos se dictan en defensa de lo que no es bueno para el bien común, pero sí para el individual. En la Alemania fascista, jueces y juristas se acordaron para encontrar en la interpretación de la norma una atípica hermenéutica favorable a Hitler. Prosiguen en monarquías, califatos y gobiernos africanos y en Suramérica. La "hermenéutica", herramienta para la aplicación de la ley, pasa por las virtudes, vicios, fortalezas, debilidades, sapiencia y mediocridad humanos.*

---

52 Luis Beltrán Guerra G., "Hermenéutica y Ley", *El Universal Digital*, Caracas, Mayo 8, 2016.

*La conformación social algunas veces cae en mentes descarrila-
das por fuerzas atávicas más allá de nuestro control. La novela "La condición humana" recuerda que bajo cualquier chapa
está la bestia que llevamos dentro. El juececito consigue allí su
fuente. Pero lo más grave, usualmente. El profesor Valladares
afirma que, sosteniendo falsos supuestos, preceptos y jurisprudencias mal interpretados, la revocatoria del mandato presidencial habrá de afrontar dificultades...".*

En conclusión, pues, la Teoría Constituyente que se ha dado una
determinada sociedad para consolidarse como tal, pero organizada,
apuntalada, progresista, democrática y apegada al principio de la legalidad, puede ser optima y con todos los sinónimos de esa virtud, si así
puede calificarse, o sea, incomparable, inmejorable y además insuperable, pero en su puesta en práctica, esto es, en la realidad humana
desastroso, fatal, horrible, frustrante y dañino.

Dios quiera que las consideraciones tan particulares del punto 15
siguiente de este ensayo sirvan de ilustración en lo relacionado con el
antagonismo entre una Carta Magna cuyo contenido es sin duda la
"Teoría Constituyente, la tendencia y su puesta en ejecución". Lamentablemente un capítulo de la Venezuela de hoy.

Veamos. Pero pacientes, preparados y dispuestos a meditar, pues el
tema está relacionado con las sectas, el ocultismo y el paganismo, la
ouija, el Libro de las Sombras, hechizos y rituales, esto es, a las ciencias ocultas[53].

15. *La Teoría y la Tendencia Constituyentes...*

Entre brujería y babalawos...

En fecha reciente el periodista de la Universidad Central de Venezuela David Placer y con Master en la Pompeu Fabra, Barcelona, en
España y Columbia, en New York publica el libro de 259 páginas
"Los Brujos de Chávez[54]", en cuyas páginas se refiere a lo que muchos venezolanos presumían, pero que se había limitado a conversa-

---

53 Ciencias Ocultas.Com., WEB, mayo 2016.
54 Sarrapia Ediciones, Caracas, 2015.

ciones de bares, restaurantes y hogares. El autor se apalanca para la publicación en la editorial del destacado venezolano, también comunicador Social Juan Carlos Zapata[55].

Pretendiendo ser acucioso cabría preguntarse si el género literario de Placer es una novela o una fábula, para lo cual conviene observar:

1. Es un género muy completo cuya importancia comenzó en la mitad del siglo XIX. Consta de presentación, desarrollo y conclusión y fundamentalmente se narran los hechos de personajes estudiados con detenimiento,

2. Se distinguen tres tipos de novela: pastoril, caballeresca y picaresca, por lo que cabría preguntarle al autor en cual categoría ha de incluirse *"Los Brujos de Chávez"*,

3. Será una mentira la que Placer y Zapata nos plantean en las referidas 259 páginas, teniendo presente que como suele expresarse que "… el narrador que es un emisor imaginario que presenta unos hechos…[56]", razón por la cual la novela se define como:

"… una obra narrativa en donde se relatan múltiples acciones… presenta una variedad de personajes… se desarrolla en distintos ambientes y puede tener varios narradores, cada uno, con diferentes estilos…[57]".

Es asimismo determinante constatar en qué medida Juan Carlos Zapata y David Placer nos conducen a *"la fábula"* para impresionarnos o ilustrarnos a través de moralejas con respecto a lo cual veamos:

1. Una fábula es una composición literaria sencilla y breve, en verso o prosa, con personajes que generalmente son animales o seres inanimados,

---

55 *Ibídem.*
56 Información WEB.
57 *Ibídem.*

2. Estas composiciones literarias pueden ir enmarcadas en la didáctica, ya que buscan enseñar verdades morales que se resume en la moraleja, al final del relato,

3. La **finalidad de la moraleja** es aportar conocimiento sobre lo que se considera moral y bueno. Procura enseñar valores, instruir sobre la toma de decisiones y hacernos reflexionar sobre nuestra conducta, comportamiento o actitud en determinadas circunstancias de la vida. De allí que la moraleja sea fundamentalmente ejemplificadora[58],

A la luz de esta introducción veamos lo que es *"brujería"*, maestría, técnica y destreza que autor y editor atribuyen al Presidente Chávez y que pareciera haberse consolidado como acápite doctrinal importante de la denominada Revolución Bolivariana y, por tanto, en el capítulo de la Tendencia Constituyente de los largos 17 años que la han jamaqueado sin que la última, ni la propia Teoría Constituyente, de la cual aquella nace, lo entiendan.

Estas son algunos de los lineamientos con respecto al sentido de la brujería[59]:

1. Fenómenos extra naturales producidos con la ayuda del diablo... o todo pura mentira, también obra del diablo, que es "el padre de la mentira" (Jn. 8:44, 2 Tes. 2:9, 2 Cor. 11:14),

2. Un cristiano nunca jamás debe ir a un brujo, porque eso es de Satanás, es algo que Dios abomina: Deut. 18:10,

3. Quítese del cuello todo amuleto, azabache, monicongo, collares de santería, lázaros, elefanticos, la patazola, el duende... porque todo eso es de Satanás, contra Dios...,

4. Tire los libros de brujería, no siga en radio o televisión nada de brujería, ni de astrología,

5. Haga los que los de Éfeso en Hechos 19:19 que quemaron libros por un precio de 50.000 monedas de plata,

---

58 Información WEB.

59 http://www.wikicristiano.org/diccionario-biblico/significado/brujeria/.

6. No le tengas miedo a ninguna brujería, ni encantamiento, ni a ningún trabajito de brujos, porque Cristo que está en usted es más poderoso que todos los demonios juntos: 1 Jn. 4:4.,

7. ¡Un niño cristiano de tres años tiene más poder que todos los demonios juntos!

El Diccionario Bíblico[60] del cual se han tomado las notas anteriores finalmente acota:

"... La ayuda que ofrece la brujería se busca por diferentes razones. Las principales son: Para hacer daño a quien se odia; para atraer la pasión amorosa de alguien; para invocar a los muertos; para suscitar calamidades o impotencia contra enemigos, rivales u opresores reales o imaginarios; para resolver un problema se ha convertido en obsesión y ya no importa porqué medio se resuelve...".

En consideraciones anteriores de este ensayo se ha afirmado, como observará el leyente, que una de las determinantes para la Teoría Constituyente, su sana concepción y su lógica puesta en práctica, es el nivel cultural de los pueblos, lo cual induce a expresar con preocupación que a la historia corresponderá definir en qué medida *"un régimen de brujos"* haya podido entender el significado de lo que es una Constitución y la Teoría en ella establecida, para lo cual las acotaciones siguientes del libro del periodista David Placer servirán sin duda alguna de ilustración, a saber:

1. *El lunar de Hugo*... Cristina, la bruja, pero además, hermana de la amante de Chávez por más de 10 años,.. le dijo allí estas retratado, así como en el otro lunar que te hemos encontrado. Estás destinado a presidente,

2. *El amuleto,* que lo protegió en los interrogatorios a que fue sometido por delaciones como conspirador. Cristina manifestó *"Debes sostenerlo siempre con tu mano izquierda, Sujetándolo con fuerza y no lo sueltes mientras estés respondiendo las preguntas"*. Chávez Salió airoso de la investiga-

---

60 *Ibídem.*

ción y dijo con respeto al amuleto: *"Estaba envuelto en una bolsa de fieltro rojo"*,

3. *Los malos espíritus... Me atormentaban, me perseguían, estaban destrozando mi tranquilidad. Sabía que no era uno, sino un grupo de ánimas que vagaban por los salones o por los jardines de la casa. Parecía que necesitaban mi aire y hasta mi descanso y mi energía,*

4. Bolívar Vs Maisanta... Hugo no solo hablaba con el espíritu de Maisanta, sino que creía que lo protegía y lo acompañaba. Una vez tuvimos una pelea de pareja, dice Cristina. Al reconciliarnos, comenzó a soplar el viento muy fuerte y Hugo me dijo: *¿Te das cuenta?, hasta Maisanta está contento si nosotros seguimos juntos"...*,

5. Según Herma Marksman, amante del Comandante Eterno, en la cárcel, Chávez se la pasaba jugando a la oult, luego las sesiones de espiritismo, con el propósito de convocar a los espíritus libertadores y revolucionarios del pasado para que los guiarán, y quienes hablaban a través de Hugo,

6. María Lionza... Habla Hugo... Cuando la sacerdotisa me leyó el tabaco, también me auguró que cumpliría todos los objetivos que me estaba trazando. No me dijo que iba a ser presidente, pero no hacía falta que lo oyera. *Las cartas, los chamanes, los santeros, los marialionceros,* todos guardaban la misma convicción y pensaba que tanta gente con creencias diferentes no podía estar equivocada...,

7. Fe y miedo... Vuelve a discursear Hugo dirigiéndose a José Vicente Rangel... Señor ministro Rangel *"Dios me da una palabra para usted"*. El Señor me dice que usted maneja mucha presión, mucho estrés, que tiene mucha responsabilidad sobre sus hombros... *Permítanos por favor orar por usted, señor ministro,*

8. El brujo adeco... los adecos tenían un poco de brujos. Querían embrujarme. Una adeca por ahí casi me embrujó, pero no me dejé...,

9. Fiesta Changó… Germán Ramírez, el santero que organizó durante décadas la fiesta de Santa Bárbara-Changó en el Círculo Militar, me confiesa (al periodista) que el Palacio de Miraflores es un centro de poder sobrenatural…,

10. El Presidente no necesitaba elevar sus plegarias porque sentía a Cristo como a un ser cercano. Si él había recibido ese don innato de liderar los pueblos de su país y de guiar las naciones latinoamericanas, era porque Dios lo consideraba excepcional,…

11. *Chávez, encarnado en un pajarito, voló sobre la cabeza de su heredero político y pió sin parar hasta lograr que el presidente entendiera su mensaje,*

12. El color rojo… El color de la sangre y la pasión fue el elegido por Chávez para algunas de sus cartas pero años más tarde lo convertiría también en su color político, en el símbolo de la revolución. Era el color de la adhesión, de la uniformidad…,

13. A pesar de ser considerada una pseudociencia, los estudiosos de la grafología coinciden en que los autores que usan el bolígrafo o la tinta roja suelen tener gran energía, determinación y capacidad de liderazgo.

En este ensayo no queda otra posibilidad que preguntarse:

Qué les parece.

Y a continuación,

Habrá respuesta

Se escucha una lejana, pero triste voz, ¡Quién lo sabrá!

Pero el eco también permite que escuchemos un grito como que viniese de montaña en montaña, de espacio en espacio y de tiempo en tiempo. Un ruido que nos alegra:

¡Libertad, Libertad, Libertad!

X.
ALGUNAS VERDADES DE PERSONAJES IMAGINADOS...

A esta altura del ensayo no es un descomedimiento sostener que todo pareciera haber pasado, pero que muy poco se ha comprendido, circunstancias que justificarían la ausencia de criterios uniformes con respecto al pasado, al presente y al futuro de un país cuyas calamidades son cada día menos tolerables. Una atmósfera tan extraña que a medida que pasan los días se torna más dilemática, por lo que coadyuva a describirnos como una sociedad equivocada y a que con esos errores hemos entendido la Teoría Constituyente y los Textos en las cuales la hemos plasmado y a lo largo de unos cuantos intentos.

Esa crítica experiencia nos ha llevado a una especie de danza de personajes con el propósito de comprender, por lo menos, lo que acontece, dejando al leyente el deber de indagar lo que podrá sobrevenir, convencidos de que la Divina Providencia esta vez sí nos ayudaría con la definición de las bases de un Pacto Social Constitucional posible y realizable.

A saber:

El deceso[1]

El fallecimiento del Presidente Hugo Chávez da origen a un sinfín de condolencias, pero además es el motivo de una contienda electoral en la que se enfrentan Nicolás Maduro y Henrique Ca-

---

1   Luis Beltrán Guerra G., *El Universal Digital*, 12 de marzo de 2013. Disponible en: http://www.eluniversal.com/opinion/130312/el-deceso.

priles Radonski, candidato de la Unidad Democrática. El fallecido presidente fue un soñador, explotador de la esperanza de los desposeídos. Lideró un golpe de Estado contra un gobierno constitucional y siendo Primer Magistrado manejó la Constitución a su conveniencia.

Ha fallecido Hugo Chávez. Las condolencias, multitudinarias en Caracas y profusas por personalidades del mundo.

Un soñador pragmático. Se refirió al liberalismo para cuestionarlo, cambiando al comunismo por socialismo. Se mofó de Adam Smith, de Emeterio Gómez y de la mano invisible. No tuvo interés por Keynes. Al que había que leer era a Bolívar. Fue directo a la explotación de la esperanza de los desprotegidos, convirtiéndose en su redentor, ofreciéndoles casas, escuelas y comida con el petróleo propiedad del pueblo. Sin importarle, de haberlo escuchado, que convertía al país en un Estado benefactor. Lo contrario del soñador teórico.

Lideró un golpe militar contra un gobierno constitucional, probando que el arbitraje castrense de madrugada persiste. Jerarquía y otras cosas y la milicia a su merced.

A los destinatarios de sus palabras los identificó para alejarse del discurso formal, asintiendo en lugar del per cápita y el PNB que ¡dentro de unos años no habrá pobres en Venezuela! Y en el 2012 ¡los pobres comen hoy más y mejor!, razón del desabastecimiento. Para los adversarios destruyó la economía, consintiendo la maldición del dinero abundante, ¡la corrupción!

Sin ambages aplicó a su conveniencia una Constitución, ¡la bicha!, liderando un proyecto rechazado por el 50% de los venezolanos, por haber percibido, un poco tarde, que era malo y bueno para el otro 50. No fritó a los adecos y copeyanos, dejándolos salcochados. Y a un Capriles con la consigna ¡voy a pelear por Venezuela! conminado a ganar una elección en 30 días. Murió sin saber si lo sepultarían como presidente electo o en ejercicio y dejando a los constitucionalistas un joropo a bailar en el TSJ al son de los artículos 231 al 235 de la Constitución.

José Vicente[2]

El periodista José Vicente Rangel plantea la necesidad de un diálogo entre las dos mitades que componen la Nación a raíz del estrecho resultado del proceso electoral del 14 de abril de 2013, ante la falta absoluta del Jefe de Estado, Hugo Chávez Frías. Una Asamblea Constituyente es el escenario propicio para llevar a cabo el diálogo que propone Rangel.

El aquilatado político José Vicente Rangel ha planteado, a raíz de las elecciones del 14.3.13, la necesidad de un diálogo entre las 2 mitades de Venezuela para reconciliar a la nación.

La moción ha de entenderse a la luz de las probabilidades: un pacto como el de Punto Fijo, el Acuerdo de Ancha Base y uno a ingeniar. En los 2 primeros las diferencias entre los partidos eran de logística, pues todas, exceptuando a los comunistas, estaban consustanciados con hacer posible la democracia. Ahora una mitad propicia el socialismo del siglo XXI, aun por descifrar, que la otra adversa patológicamente.

Las divergencias pasan, inclusive, por términos como los de oligarcas, burgueses y fascistas, sin saberse si quienes los pronuncian persiguen que no se los endilguen. Hasta se ha acudido al mundo animal (pajarito), a la vieja TV (Prof. Jirafales) y a la distinción entre mentirosos (Mentira Fresca). Un lenguaje que revela la crispación de un pueblo.

Rangel habla de una hoja de ruta, preguntándonos si la 3ª probabilidad sería la Mesa de Unidad Democrática presidida por el presidente Gaviria, un camino si hay conformidad en propiciar la integración democrática de la directiva de la AN, del Consejo Federal de Gobierno, un CNE con integración plural, el TSJ, la Fiscalía y Contraloría General apolíticos, respeto a la disidencia, libertad de los presos políticos y mecanismos de justicia transicional con temas a tratar. ¿Será posible JotaV?

---

2   Luis Beltrán Guerra G., *El Universal Digital*,, 24 de abril de 2013. Disponible en: http://www.eluniversal.com/opinion/130424/jose-vicente.

Los países, cuando estas instancias no son probables, acuden al pueblo para la recomposición social. Es esta la opción de la Asamblea Constituyente que prevén los artículos 347/349 constitucionales. ¿Tendremos Rangel coraje para propiciarla?

Suerte estimado amigo y a su disposición para ayudar.

Recado a Capriles[3]

La descomposición de Venezuela para ser superada requiere un liderazgo que potencie alternativas, como la de la Asamblea Constituyente, para que el pueblo a través de su soberanía se dé un nuevo pacto social. Existe un divorcio entre la realidad social y la Constitución, una crisis de gobernabilidad y dificultades económicas, por lo que ya no basta la esperanza de un diálogo, ni esperar una implosión ante el desgaste. Debería convertirse en el recomponedor de la Nación convocando una Constituyente con el 15% de las firmas.

¡Venezuela está descompuesta, quién la descompondría, aquel que la compusiera, que buen recomponedor sería!

Usted pudiera proveer a la nación de una recomposición pactada establecida por el pueblo en ejercicio de la soberanía que le es propia, mediante una asamblea constituyente. De lo contrario, pudiera establecerse una autoritaria, no ajena al acontecer venezolano.

Estaría amparándose en el divorcio de la constitución formal, y la realidad social, política, cultural y económica (constitución real o material), lo cual produce, como aceptado, crisis de gobernabilidad y legitimidad, no superable, como pareciere estar ocurriendo, mediante un diálogo entre sordos, del cual, inclusive, ya se habla poco.

Los juristas Sánchez Falcón y Jesús María Casal, con la facilidad de expresión de Aveledo, le ayudarán leyéndole la Exposición de Motivos del Texto del 99. Por supuesto, un brain storming sostendrá con el estamento político, con la ayuda del médico Marino González, a

---

3   Luis Beltrán Guerra G., *El Universal Digital*, 20 de junio de 2013. Disponible en: http://www.eluniversal.com/opinion/130620/reca-do-a-capriles.

efectos de que el estremezón que las constituyentes en él producen sea, también, recompuesto. Usted ha aprendido para comprenderlo.

Una tertulia con Carrera Damas sería ilustradora, pues le resumiría los beneficios de la Asamblea Constituyente del 47 para la república liberal democrática instituida por Betancourt. Acudir a la historia es, también, de políticos jóvenes.

Denunciar al régimen y esperar su implosión es una manera de hacer política, que atenúa el fervor y el espíritu de lucha de los venezolanos. Liderazgos han disminuido en la estrategia. Por último, decídase, que solo necesita un 15% de los electores inscritos en el Registro Electoral para requerir del CNE la convocatoria. ¿Por qué no se convierte en el recomponedor?

Misiva a Nicolás[4]

Maduro ha de seguir el ejemplo de Dilma Rousseff en Brasil, quien plantea un gran acuerdo nacional con el objeto de avanzar en unidad en la resolución de los problemas del país. Al pueblo ha de acudirse como árbitro democrático y una Asamblea Constituyente es escenario propicio para la reconciliación nacional.

Las reacciones populares se producen por la ruptura de la cohesión social

La epístola es de Dilma Rousseff.

Venezuela, escribe, confronta como Brasil un trance en el que el pueblo mira a un dirigente que no le explica la incógnita para qué sirve la libertad, si no tengo un par de botas; denuncia de que los derechos políticos no bastan, inclusive, donde se trabaja por su maximización. La misiva hace pensar que la insatisfacción de los derechos sociales y la transgresión a los políticos potencian las revoluciones terribles.

Dilma plantea un acuerdo nacional en procura de estabilidad económica, combate a la corrupción, inversiones en salud y eficiencia en el transporte público.

---

4   Luis Beltrán Guerra G., *El Universal Digital*, 1 de julio de 2013. Disponible en: http://www.eluniversal.com/opinion/130701/mi-siva-a-nicolas

Al pueblo como árbitro en las democracias acude, consecuencial-mente, cuando plantea un plebiscito para adelantar un proceso consti-tuyente y el rescate del pacto social de la democracia brasileña, a través de una reconciliación popular.

Las reacciones populares se producen por la ruptura de la cohesión social, resolviéndose por el pueblo o mediante el ejercicio autoritario del poder. La reconciliación antidemocrática.

Dilma no lo ayuda mucho con el tímido llamado a la quietud de los brasileños indignados a observar la ley y el orden, rechazado por un pueblo caliente. Recordemos el 23 de enero, el 27 de febrero y el 11 de abril.

¿Constituyente?

Por qué no convoca una constituyente. Oswaldo Álvarez, Américo Martín y Enrique Colmenares manosean el tema; el maestro José Vicente, aconsejaría; Eduardo Fernández, Henry Ramos, Ledezma y Aveledo halarán con Capriles o éste con aquellos, y Arria no la ve como el QEPD del chavismo. Están interesados en la reconciliación popular.

Finalmente, consúltele a Cilia, a quien el Papa ha debido expresarle Il tuo dovere e aiutare a Nicolás nella reconciliazione della Patria. Dopo la vida intima.

La lección chilena[5]

En un email imaginario, los expresidentes de Chile Aylwin, La-gos y Frei plantean a dirigentes de la oposición democrática vene-zolana la reconstrucción de la Nación a través de un nuevo Pacto Social, toda vez que observan el debilitamiento de la democracia en el país de Bolívar por las constantes transgresiones a la Carta Magna.

---

5   Luis Beltrán Guerra G., *El Universal Digital*, 8 de julio de 2013. Dispo-nible en: http://www.eluniversal.com/noticias/opinion/leccion-chile-na_236324.

Es un email de Patricio Aylwin, Eduardo Frei, Ricardo Lagos y Michele Bachelet a Eduardo Fernández y Henry Ramos. Insinuado por Andrés Bello:

El pueblo decidió ocupar la calle sin fecha de abandono para reclamar un pacto social que posibilite lo que la democracia postula. Sabe que ya no interesa que el hombre es un fin en sí mismo y no un medio para el uso de los demás.

Se ha convencido de que la respuesta a sus demandas no la haya en los palacios de gobierno, ni en las casas de los partidos.

Ante esas dificultades, en nuestro país celebramos elecciones primarias para la escogencia de los candidatos presidenciales, constituyéndose dos alianzas de partidos y con una votación que superó los pronósticos, creemos que la democracia salió fortalecida. La presidenta Bachelet es partidaria de que el pacto social requiere ajustes, por lo que no descartamos una constituyente. Todo en procura de un Chile mejor.

No tenemos dudas de que el acuerdo social de vuestra democracia ha sufrido alteraciones substanciales. El problema en Caracas no se limita a la gerencia pública. Es un tema estructural del modelo político democrático. Han tenido aproximaciones constitucionales, pero la única Carta Magna sustentada en un proceso político estructurado fue la de 1947, lo cual justifica que, no obstante su reemplazo dictatorial, renació para perdurar durante más de cuarenta años.

Estimamos, por lo expuesto, que han de proponer a sus compatriotas un nuevo contrato social, pues entendemos que hay limitaciones para opciones distintas. Fíjense que la presidenta Roussef ha solicitado ajustes al pacto constitucional como lo demanda la voz de las calles".

El email es más extenso, lo que imposibilita su completa transcripción.

¿Qué pasará?[6]

En Venezuela no hay estricta división entre los poderes Ejecutivo, Legislativo y Judicial, por lo que, de acuerdo con Carl Smith

---

6   Luis Beltrán Guerra G., *El Universal Digital*, 22 de octubre de 2013. Disponible en: http://www.eluniversal.com/opi-nion/131022/que-pasara

"se carece de constitución". Recomponer a Venezuela resulta inexorable. ¿Escriturar una Constitución Real será la vía para salvar a la patria frente a las enormes dificultades que padece? Denunciar al régimen y esperar por una implosión es una manera de hacer política, pero sólo con la opción de una Asamblea Constituyente para que el pueblo se reencuentre es un acertado método para recomponer el país.

The Wall Street Journal: Ejecutivos de Berkshire se preguntan qué pasará sin Buffet. Paradójicamente los venezolanos nos interrogarnos qué sucederá con el país. Los contrastes; Berkshire y Buffet no han alcanzado sino éxitos, Venezuela con la brújula perdida.

Nuestras cuestiones pasan por quién gobernará, legislará y administrará justicia. Pero hay otras importantes: ¿La democracia, usufructuáremos del anhelado sistema? ¿Serán posibles niveles de igualdad resultado de un equilibrio entre derechos y deberes sin el maná del Estado? ¿La Constitución, qué suerte correría? ¿El pragmatismo sensato contrario a los discursos, soflamas y peroraciones, nos conducirá a que lo que escribamos en la Carta Magna lo observemos? ¿Escrituraremos lo que realmente es viable ejecutar? ¿Cuál alternativa para evitar el frecuente divorcio entre la Constitución escrita y la manera contraria como se aplica; la que los juristas denominan la material? ¿Las terribles dificultades que padecemos nos llevarán a una Constitución Real?

Para Carl Schmitt sigue teniendo validez el principio de que un Estado sin división efectiva entre legislación, ejecución (Gobierno y Administración) y Justicia "carece de Constitución" en el sentido del Estado Cívico de Derecho. Significativo para un constitucionalista que manoseó el chapter de la Alemania mandada por lo que Hitler anotó en Mi Lucha. Las muchísimas interrogantes pudieran surgir quedan contenidas en una sola: ¿Cómo y quién recompondrá a Venezuela?

Definitivamente, diferenciadas, disimiles y contrapuestas las preguntas de los venezolanos al comparárseles con las de los ejecutivos en el exitoso mundo de inversiones de Warren Buffet. Allí la interrogante es cómo ganar más; en el país, cómo perder menos.

Dolores Blanco[7]

Dolores Blanco, personaje imaginario, conversa con Carlos Blanco sobre el escenario nacional y observa que hay dos mitades que se odian, pero también un grupo importante de venezolanos a quienes no convence ni el gobierno, ni la MUD. No está de acuerdo con esperar una implosión popular producto del desgaste, decadencia y desastre (las 3D) sino que sugiere a Blanco, más bien, una recomposición dialogada entre las dos mitades.

Dolores reclama a Carlos Blanco su dubitativa posición con respecto a la constituyente para reconciliar a una república que intentó convertirse en tal con la de 1811, logrando estabilidad con la del 47 y con el Congreso del 1961.

No me digas que participas de de las 3 D (desgaste, decadencia y desastre) del gobierno o tienes esperanzas en la implosión, olvidando que bastante pueblo aún coquetea con los programas del misionero Hugo. El otro espejismo es una reconciliación dialogada de la cual ya ni se habla.

En el socialismo mis compañeros confían en que el apoyo popular y castrense que generó Hugo es eterno. No entienden, como ustedes, la necesidad de rejuntarnos en sociedad. No me explico por qué no comprendes que el país requiere una recomposición estructural y no una gerencia para arreglar los servicios públicos. Es la redefinición de lo que la patria ha de ser. Dolores reponiendo scotch mira a Carlos quien contempla el champán y le recalca que la República Liberal Democrática derivó de la Constituyente del 47, regalándole el libro Rómulo Histórico, de Germán Carrera. No sé cómo la destruimos, lo que aprovechó Hugo para pretender refundarla en la Asamblea del 99.

Acaso dudas de que ante los intentos en 1811, 1947 y 1999 un tercero sea impostergable para ingeniar un futuro decidiendo que ha de ser la República. Es ese el camino constitucional.

---

7   Luis Beltrán Guerra G., *El Universal Digital*, 2 de noviembre de 2013. Disponible en: http://www.eluniversal.com/noticias/opi-nion/dolores-blanco_206887

Hoy nos odiamos en 2 mitades y un pedacito que no quiere nada con el gobierno, ni con la oposición, ubicado en el medio para un zarpazo, no se sabe cómo y por quiénes. Hágame caso. De lo contrario estas visitas para alimentar el alma no se justifican. Menos mal que "por ahora" los encuentros corporales han estado ausentes. Carlos sale del Country cabizbajo.

La Habilitante[8]

La Asamblea Nacional controlada por el oficialismo le entrega a Nicolás Maduro una Ley Habilitante, en la que delega su potestad legislativa en no pocas materias al Jefe del Estado. Como gobernar es asunto serio, Maduro ha de morigerar la habilitación que ostenta para no deteriorar la metodología de la legislación presidencial.

Las leyes habilitantes se distinguen de las delegatarias. Las últimas inconstitucionales, pues la legislación no se delega.

En 1984 el Congreso aprobó la Ley Orgánica que Autoriza al Presidente de la República para adoptar Medidas Económicas Requeridas por el Interés Público. En la Universidad Central de Venezuela (UCV), la Universidad Católica Andrés Bello (UCAB) y la Procuraduría General de la República ya se hablaba de Ley Habilitante y de decretos legislativos.

La racionalidad de la ley era expandir la actividad productiva dentro del esquema postulado por la economía global. Los decretos legislativos presidenciales, por tanto, encausados a racionalizar los niveles y el destino del gasto público, sanear la deuda pública interna, proteger el ingreso de la población de menores recursos, fortalecer el sector agrícola y la protección de los ahorristas. El Congreso aprobó, pues, una ley autorizatoria, no delegataria. Así fue entendida y ejecutada, bautizándosele como Habilitante.

---

8   Luis Beltrán Guerra G., *El Universal Digital*, 9 de diciembre de 2013. Disponible en: http://www.eluniversal.com/noticias/opinion/habilitante_201674.

Deteriorar

Se critica que la Asamblea Nacional transgrediendo la Constitución le ha cedido en el 2013 la potestad legislativa. Amigo Nicolás, como gobernar es cosa seria, por qué no evita que esa delegación coadyuve a deteriorar la útil metodología de la habilitación legislativa presidencial. No le será difícil si constata cómo observaron la ley del 84 Jaime Lusinchi, presidente de una República democrática; Reinaldo Leandro Mora, de un Congreso plural; Benito Raúl Losada, de un Banco Central de Venezuela (BCV) autónomo, y en un consejo de ministros nacionalmente equilibrado. Piense que una manera de hacerle un favor a la patria, sí la AN le otorgó una delegación, es morigerándola.

Por favor, evite que los venezolanos afectados por la pasividad, al analizar la Habilitante del 84 y la delegataria del 13, afirmemos ¡It is a matter of comparison!

Antonio Ledezma[9]

El Expresidente Carlos Andrés Pérez tiene un encuentro imaginario con su discípulo, el Alcalde de Caracas, Antonio Ledezma, en el que le sugiere liderar la convocatoria a una Asamblea constituyente, método para una reconciliación impuesta entre los venezolanos. También camino para reestructurar la nación, revivir la democracia, afianzar la descentralización y limitar el poder revisando el régimen presidencialista con fórmulas del parlamentarismo y a través de la elección del Presidente en dupla con el vicepresidente.

En un encuentro imaginario Carlos Andrés Pérez censura a Ledezma no haber liderado la moción a una constituyente para que los venezolanos: reestructuremos a una nación de intereses contrapuestos, terminar con la polarización, dañina para las democracias débiles y alimento anarquizante, dar cabida a un sector alternativo arrinconado por el borrón y cuentas nuevas, propiciando entre jóvenes y viejos un

---

9   Luis Beltrán Guerra G., *El Universal Digital*, 26 de diciembre de 2013. Disponible en: http://www.eluniversal.com/noticias/opi-nion/antonio-ledezma_200952.

pacto para la democracia, revivir el estamento político y su fuerza popular.

Además, abandonar el dirigismo, el populismo y el nepotismo atenuantes de la voluntad popular, materializar la descentralización a fin de que los entes locales atiendan sus propios intereses y no el Leviatán criollo, revisar el régimen presidencialista y adminicular útiles instituciones del parlamentarismo, establecer la fórmula presidente /vicepresidente, elegida por el pueblo, diseñar un marco regulatorio que garantice la libertad de mercado, en coordinación con una política favorable a la igualdad social, poner fin a las dudas con respecto al CNE, ante el cual se formularía la moción por un 15% de los inscritos en el REP, hecho que contribuiría a activar la voluntad popular,

Someter al Gobierno y a la oposición a una reconciliación impuesta por el pueblo, ante la utopía de la dialogada, como lo impone la Constitución. Mírese usted Antonio en la constituyente democrática de 1947, la cual rompió la pasividad de un pueblo tolerante, circunstancia que hoy nos arropa. Y no olvide que en la vecindad de mi criminal defenestramiento, convinimos en el error de no haber convocado a una asamblea y la democracia casi murió conmigo. Manos a la obra, que es un alcalde mayor y reelecto. Ledezma perplejo se pregunta ¿Perderemos el tiempo al imaginar lo sensato?

El dirigismo[10]

Una conversación imaginaria entre el Expresidente Chávez y Nicolás Maduro, en la que el primero plantea que ha tenido un encuentro con John Keynes y Milton Friedman en el purgatorio, quienes, en términos generales, le formularon algunas críticas, como la política de dádivas que más que desarrollo, origina escoria. Le sugiere el fallecido presidente a Maduro Moros rectificar colocando al país por encima de la revolución.

---

10 Luis Beltrán Guerra G., *El Universal Digital*, 8 de febrero de 2014 Disponible   en: http://www.eluniversal.com/noticias/opinion/dirigismo_178468.

Nicolás la conducción de las actividades económicas por el Estado potencia que nos desplacen del poder. Te lo manifiesto después de una reunión con John Keynes y Milton Friedman.

El primero sostuvo que la recesión de los años 30 justificó que el Gobierno interviniera en la economía de la posguerra, pero sin llegar a un capitalismo de Estado marxista, ni al corporativismo fascista. Milton, buen amigo, aceptó las críticas que formulé a la mano invisible de Adam Smith, con lo cual concordó John. Hombre comedido.

Me felicitó al defender nuestras buenas intenciones. No obstante, Milton advirtió que creíamos hacerlo bien, sin darnos cuenta que estatificábamos la economía, deambulando entre el marxismo y el corporativismo. Más, para ambos, ¡así deje a Venezuela! Pero, nobles al fin concluyeron en que podemos rectificar.

Friedman sugiere el establecimiento de un marco regulatorio para la producción y distribución de los bienes económicos, camino para inversiones públicas y privadas que dinamizarían la economía. No pueden seguir con el endeudamiento de la nación por el Gobierno. A los pobres hay que exigirles trabajo. Una política social dadivosa requiere un realero y no genera desarrollo, sino escoria.

El dilema, Nicolás, es ¿qué es prioritario, el país o la revolución? Te aconsejaría que el primero, pero encaminado a un desarrollo armónico. Los 40 años de democracia mejorándolos no dejan de ser una guía. Debemos mirarnos los unos a los otros y entendernos. No sé si en una Asamblea Constituyente como en el 99. Pero lo cierto es que ¡por ahora! nos pueden desplazar, dejando a la nación con serias dificultades. El encuentro fue en el Purgatorio. Nicolás se alisa el bigote manifestando: ¡esta lección es del Comandante!

Caro Ramón Guillermo[11]

Un descendiente de Macchiavelo increpa al constitucionalista Jesús María Casal para sugerir, entre otras cosas, que el Gobierno y la oposición deberían admitir la reacción popular y que una

---

11 Luis Beltrán Guerra G., *El Universal Digital*, jueves 6 de marzo de 2014. Disponible en: http://www.eluniversal.com/noticias/opinion/caro-ramon-guillermo_135056.

reconciliación dialogada ya no es posible, pues el pueblo se encuentra molesto y quiere destruir lo malo y construir lo bueno. Se ha puesto de lado a la Constitución y se pretende imponer el modelo cubano a un pueblo acostumbrado a la democracia y la libertad.

Un descendiente de Nicolás Macchiavello en el Centro de Estudios Constitucionales increpó a Jesús María Casal:

En Venezuela se ha producido un divorcio de la Constitución y la realidad social, política, cultural y económica. La nación se ha resistido a un modelo extraño porque se acostumbró a la democracia, a la autonomía de las instituciones, a la libertad y al no adueñamiento del poder por un gobierno.

Ese modelo en Cuba fracasó. Lo que opera es el espionaje, el control a la protesta, la criminalización de la disidencia y la libreta de la escasez alimentaria. Venezuela se ha resistido a ello porque se acostumbró a la democracia, a la autonomía de las instituciones, a la libertad y al no adueñamiento del poder por un gobierno.

El pueblo se puso bravo para destruir lo malo y construir lo bueno. Está en la calle y proseguirá, pues está *molesto*. No teme a la represión. Los gerentes del Gobierno y de la oposición deberían admitir la reacción popular y que una reconciliación dialogada ya no es posible, pues más que división confrontamos una disgregación, no superable por la aquiescencia voluntaria. No descarto que puede suceder lo de Savonarola, pues los estados bien gobernados han tenido cuidado de no reducir el pueblo al descontento.

La Constitución contempla una Asamblea Constituyente.

¿Será posible?[12]

En un encuentro de Claudio Fermín, Asdrúbal Aguiar y Luis Beltrán Guerra se barajan las opciones constitucionales frente a la crisis de Venezuela. No hay dudas de que el reencuentro entre

---

12 Luis Beltrán Guerra G., *El Universal Digital*, jueves 13 de marzo de 2014. Disponible en: http://www.eluniversal.com/noticias/opi-nion/sera-posible_112938.

venezolanos es necesario, pero también valorar la posible renuncia presidencial, las elecciones parlamentarias para una AN, TSJ y CNE plurales y autónomos. Se dibuja, asimismo, la alternativa de la Asamblea Constituyente como un mecanismo de recomposición nacional en el marco de os preceptos contenidos en el Texto Fundamental.

En un encuentro con Claudio Fermín y Asdrúbal Aguiar conversamos con respecto a las banderas del pueblo que hoy está en la calle. La renuncia del Presidente, elecciones parlamentarias anticipadas y TSJ y CNE plurales. También, de la emergencia y estados de excepción por parte del Gobierno, como alguien ha planteado. Asimismo, de la reconciliación dialogada, remoto por el desprendimiento que haría el régimen del modelo que adelanta.

Planteamos la necesidad de un reencuentro de los venezolanos, ilustrándonos con el juez (CSJ) Stephen Breyer para quien la Constitución de Estados Unidos es un documento grandioso, breve y fabuloso, pero sin dejar de lado que los americanos para Tocqueville saben lo que quieren y prácticos para alcanzarlo. Nosotros en procura aún del ser que somos, por lo que la Carta Magna es cosa distinta. Se auscultó que la sociedad está disgregada. Igual la dirigencia. Por lo menos los setentones y cuarentones se excluyen. Hace falta un proyecto de país. El arbitraje militar, variable mencionada ante la anarquía para morar en democracia.

Ante lo pretérito de un acuerdo con el Gobierno, puesto que supone cambiar de 0 a 10 grados, la 3ª copa dibujó un entendimiento establecido electoralmente por el pueblo, no por el capricho de elaborar una Constitución más que pareciera no gustar, sino para escriturar un pacto social redefiniendo a la nación. Desde 1811 lo ensayamos, con un intento serio en 1830, el de 1961 lo destruimos y el del 99 también. Sabremos por quienes. Hoy tenemos solo lo contrario ¡el antipacto! Los 2 genios plantearon un foro nacional para discutir el pacto con la conclusión ¡estaríamos así convocando a la Preconstituyente! El cruce de manos, un compromiso para adelantarlo.

La realidad[13]

El pueblo salió a la calle a manifestar en procura de un viraje político ante un escenario inaguantable. La altísima inflación es uno de los principales motivos. El gobierno acude a la represión que no es buena consejera, en lugar de procurar una consulta electoral cuyo árbitro sea un CNE plural y autónomo para que no quepan dudas de un resultado confiable. Un milagro que salve al régimen ya no es posible.

Presidente aun de la mano de Nicolás de Bari Dios le afirmaría que la inflación (predictible al 100 % Hausmann), aunada a la insostenibilidad fiscal es hiperinflación (Felipe Pérez) y que providencias cercanas a una mas no democracia condujeron a un alzamiento popular. El santo le susurrará por lógica que un milagro ya no es posible.

La gente salió a la calle hasta que esto termine sin importarle la forma. Se ha acudido a la represión mala consejera. No sirvió en la plaza de la Liberación / Tahrir, ni en la de la Independencia /Kiev, donde ni las bajas temperaturas obstaculizaron que egipcios y ucranianos mantuvieran en alto las banderas de la libertad. Las reacciones populares en Caracas en defensa de los derechos democráticos han dado un tinte similar a la plaza Altamira, hoy militarmente tomada, pero no el espíritu de lucha por el rescate de la democracia. Allí el pueblo proseguirá porque el ser humano sin libertad prefiere morir.

Un venezolano con méritos escribió ¡gobernar es cosa seria!, lo cual lleva incito la posibilidad de dejar de serlo cuando el pueblo lo plantea. En estos casos como lo exhibe la historia, el gobierno sucumbe ante fuerzas extrañas o los sensatos consultan al soberano. ¿Por qué no lo hace con un árbitro electoral integrado pluralmente para que el resultado no deje dudas? La oposición lo ha planteado.

San Nicolás se despediría manifestándole que aun cuando el cediera con destino a los necesitados la riqueza heredada de su pudiente familia, no podríamos salir del desastre, salvo que usted gire hacia el

---

13 Luis Beltrán Guerra G., *El Universal Digital*, lunes 24 de marzo de 2014. Disponible en: http://www.eluniversal.com/noticias/opi-nion/realidad_121871

lado opuesto o haga como Emparan, reafirmándole que el pueblo está demandando que hay que reconstruir al país con un pacto social soberanamente aprobado. Lo demás es no admitir la realidad.

Rebelión popular[14]

El pueblo ha salido indignado a la calle para ejercer su derecho natural a la protesta ante un gobierno ineficiente y transgresor constante de la Carta Magna. Los venezolanos saben que una reconciliación dialogada no es posible con un gobierno que no es democrático y, en consecuencia, el pueblo nos da otra lección, como la del 23 de enero de 1958 y el 11 de abril del 2002. Se impone un nuevo pacto social que sustituya a la vigente Constitución, cuya legitimidad se ha perdido por la inobservancia y desuso de sus normas.

En Venezuela con una Constitución escrita y otra que la viola tejida diariamente en los rincones del poder, se ha generado la rebelión de un pueblo que salió con indignación a la trinchera de la calle, el lugar históricamente indicado para rescatar la libertad. Lo hizo al darse cuenta que las reconciliaciones políticas dialogadas son solo posibles con los regímenes democráticos o sensatos.

En rigor no deja de ser un proceso atípico, pues lo conduce el propio pueblo. A él se ha sumado la dirigencia, pues la gente la ha colocado, como al Gobierno, en una situación embarazosa.

Un episodio de desmoronamiento social nos condujo a una presunta democracia protagónica, sin prever que escogíamos mecenas para la negación democrática. Manifestaciones anarquizantes del segmento político y su arrinconamiento fueron determinantes en el error, por lo que deberíamos aprender una vez rescatada la patria de la debacle sufrida.

La rebelión es un derecho natural para el desconocimiento de regímenes que teniendo origen democrático pasan a ser ilegítimos durante su ejercicio (Bix, Natural Law Theory). Conlleva incita la bandera de

---

14 *Ibídem, El Universal Digital*, jueves 3 de abril de 2014. Disponible en: http://www.eluniversal.com/opinion/140403/rebelion-popular.

que más se justifican días de sacrificio que vivir bajo el totalitarismo y el oprobio. Ningún gobernante puede desconocerlo.

El pueblo nos enseña otra lección, como la del 23 de enero de 1958 y el 11 de abril del 2002. Parece estar cerca en el 2014 el momento de que ejerzamos la soberanía que nos es inherente para restablecer la democracia. Stephane Hessel inspira a los estudiantes, quienes han levantado su voz contra el totalitarismo y sin marcha atrás. Un nuevo pacto social se impone. El de 1999 ya no existe, siendo imposible rescatarlo, pues el propio régimen lo convirtió en una Constitución inexistente y en desuso.

El sentenciado[15]

El Tribunal Supremo de Justicia ha emitido una sentencia que limita el derecho a la protesta del pueblo. Se pretende dar apariencia de legalidad a decisiones arbitrarias del gobierno frente al cual se manifiesta el pueblo. El fallo es grave pues su objeto es hacer nugatorio el reclamo al cumplimiento del Texto Constitucional que el pueblo votó. El fin por el cual se proveyó es invalidar el ejercicio de una situación subjetiva de índole constitucional.

El TSJ no sólo ha sentenciado el artículo 68 Constitucional sino a todos los venezolanos, a quienes se garantiza el derecho a manifestar ante los gobiernos transgresores de la Carta Magna. Debería hablarse, más bien, de los sentenciados.

Las providencias judiciales no escapan de la regla conforme a la cual vulneran el régimen constitucional, las que difieren de un poder público a otro la potestad que le es propia con el fin de darle apariencia de legalidad a decisiones arbitrarias. Mucho más cuando el interés es hacer nugatorio el reclamo al cumplimiento del Texto Constitucional que el pueblo votó. La ilegalidad de tales providencias, conocida como exceso de poder, no desaparece a pesar de que la apariencia sea la satisfacción de un interés distinto.

---

15 *Ibídem, El Universal Digital*, viernes 2 de mayo de 2014. Disponible en: http://www.eluniversal.com/opinion/140502/el-sentenciado

La interpretación de la Carta Magna ha de hacerse como un todo, pues es el régimen normativo primario, por lo que el derecho a manifestar es concomitante con la legitimación a desconocer a la autoridad que viole los derechos humanos, incita en la voluntad extraordinaria, originaria y soberana de una comunidad política que se da una Constitución (Serra Rojas). En rigor, constituye una limitación al poder de Estados (Waldron).

Es asimismo pauta interpretativa el sostenimiento de la libertad, la vida, la ética y el pluralismo político, principios inherentes al sistema político que constitucionalmente se postula. Por lo que son cuestionables decisiones que los desconozcan, sin importar la autoridad proveedora.

Por vía de resumen, el fallo (Tribunal Supremo de Justicia) limitando el derecho a manifestar difiere su ejercicio a providencias de autoridades civiles, incurriendo en exceso de poder, pues el fin por el cual se proveyó es invalidar el ejercicio de una situación subjetiva de índole constitucional.

AD wants[16]

Acción Democrática, partido político que arriba sus 73 años, fundado por Rómulo Betancourt para gobernar bajo los preceptos socialdemócratas, por medio de los cuales se consolidó en Venezuela el Estado de derecho conforme a las constituciones de 1947 y 1961. Escogencia por parte del pueblo de sus representantes, institucionalidad, división de los poderes y justicia social. En 2014 nos preguntamos qué habrá pasado para que hayamos acabado tal democracia. Un escenario que ha de aprovecharse es la elección parlamentaria del 2015, de modo de escoger parlamentarios que estatuyan un nuevo pacto social que reivindique la democracia.

Así pareciera revelarlo el 73 aniversario del partido que fundara Rómulo Betancourt en procura de establecer un pacto social para gobernarnos conforme a las pautas de la socialdemocracia y que nos condujo a estadios de avanzada en un clima propio de las democracias pactadas.

---

16 *Ibídem, El Universal Digital*, jueves 9 de octubre de 2014. http://www.eluniversal.com/opinion/141009/ad-wants.

Un proceso que se inició en 1945 con un gobierno provisorio para convocar a elecciones y elegir a nuestros representantes, darnos una constitución real y escoger al presidente de la República. La cantata democrática prosiguió con la Asamblea Constituyente y la Constitución de 1947 definiéndose la democracia prometida. Al mirarse la lista de los asambleístas del 47 se palpa el deseo patriótico de la gesta. Estas banderas alimentaron el espíritu de lucha durante una década de oprobio dictatorial para que la República rescatara mediante la Carta Constitucional de 1961 la soberanía, la división de los poderes y la procuración de niveles aceptables de justicia social.

Finalizando el 2014 nos miramos los unos a los otros para preguntarnos qué habrá ocurrido para que la hayamos acabado. Con respecto al déficit de la democracia se denuncia que las economías que más rápido han crecido son las de países antidemocráticos, aludiéndose también a la "theaterocracy" como la obtención de sufragios a favor de políticos profesionales por discursos bonitos y promesas de justicia social. Para Fukuyama la "vetrocracy", derivación de los controles de los parlamentos integrados más por individualidades que por partidos carentes de plataforma doctrinaria uniforme. Se señala, asimismo, que la economía de mercado se alimenta de fuerzas poderosas que convergen al desarrollo, pero también de fuertes divergencias amenazantes de las sociedades democráticas y los valores de justicia social en los cuales éstas se fundamentan. También, que una gran democracia es aquella abierta al reconocimiento de sus errores y de sus logros.

A pesar de ello, más de 100 países en el World Forum on Democracy en Varsovia en el 2000, proclamaron que la voluntad del pueblo es la base de la autoridad de los gobiernos, lo cual no deja de alimentar la idea de que AD tiene la primera opción para volver a ser la plataforma socialdemócrata idónea para la reconstrucción nacional, que es aconsejable adherirse al precepto de Varsovia y mantenerse alejado de las desviaciones que afectan a los partidos nacionales y foráneos. Una amplia apertura suena como indispensable con el perdón colectivo de unos con otros a semejanza de los mecanismos de la denominada justicia transicional y tomando en cuenta que hay que perdonar 70 veces 7. Es aconsejable que la práctica de la conciliación hacia afuera se produzca además desde adentro puesto que hay dirigentes y militantes adecos en el PSUV, Un Nuevo Tiempo, Alianza al Bravo

Pueblo, Copei, Podemos y hasta en Primero Justicia deseosos de regresar y cuyas ejecutorias coadyuvarían a convertir al partido en la estructura democrática para rescatar a la nación de las equivocaciones en la que la hemos metido. No puede negarse el sentimiento nacional por la reconstrucción del país y el partido del pueblo en reconocimiento a sus ejecutorias está llamado a liderar la alianza en la conquista de la democracia. Hay suficiente historia que demanda, como también se ha escrito, un proyecto como el que AD encarnó en 1940, diseñado con base en la historia y las aspiraciones mayoritarias.

Un escenario a aprovechar se avecina con las elecciones del 2015 para seleccionar a los diputados a la asamblea parlamentaria, la cual ha de desempeñar el rol histórico nada más y nada menos que estatuir para Venezuela un pacto social por el cual hemos de regirnos para vivir en democracia, en paz, en justicia y con niveles de igualdad social como lo merecemos.

Estamos aún más compelidos a lograrlo en un mundo caracterizado por dificultades. El partido Alternativa para Alemania de extrema derecha ha obtenido resultados electorales que preocupan, así como la derrota del gobierno de Suecia, el referéndum por la independencia de Escocia que mantiene contra la pared a David Cameron, el antisemitismo y las acciones militares en la Franja de Gaza calificado como genocidio, el Estado islámico y la reacción de EEUU y más de 40 países para combatirlo, la crisis financiera mundial, la invasión de Ucrania por Rusia y las sanciones contra la última que producirá un encareciendo de la vida y una inflación considerable, la separación de Cataluña de España y de los flamencos de Bélgica y finalmente Venezuela en octubre pagaría una cantidad (casi 7 mil millones de dólares) por deuda equivalente a un tercio de sus reservas, corriéndose el riesgo de caer en default. Pero también por ventajas en las que debemos mirarnos. La economía mundial seguirá creciendo, EEUU un 2 % y la china un 7 y Colombia creció un 5 disminuyendo en igual proporción la pobreza extrema.

Manos a la obra.

Isabel Carmona y Henry Ramos tienen la palabra.

El asambleísta[17]

Está planteada la elección parlamentaria para el año 2015 y la meta ha de ser ganar la mayoría de diputados para desde el parlamento iniciar el cambio que reclaman los venezolanos. La Asamblea Nacional a escogerse tiene una enorme responsabilidad que pasa por devolver la institucionalidad democrática al Estado, limitar el poder presidencial, potenciar la descentralización, controlar el gasto público e investigar los innumerables casos de corrupción en la administración pública. Hay que limpiar de impurezas a la República, por lo que más que sansones, han de escogerse parlamentarios con formación.

La Providencia ofrece a Venezuela una posibilidad en el 2015 cuando habrá de elegir una asamblea parlamentaria. Es un desafío para redefinir a la República.

La meta ha de ser elegir a una mayoría con diputados como los que demandan las circunstancias, cuya selección se haga no con los mecanismos tradicionales. Así lo hizo Chávez en sus elecciones. Las consecuencias, generadoras de una innegable apatía a la participación en los procesos electorales.

La Asamblea del 2015 ha de dilucidar a un país sacudido por equivocaciones que han puesto de lado el Acuerdo Societario y Constitucional, mediante el cual los gobiernos civiles se propusieron establecer la democracia y una sociedad moderna. Una República que desarticulamos de aquellos preceptos, es incuestionable que conviene delinear a través de pautas distintas a las que se han manejado. El rediseño de un presidencialismo institucional, mas no personalista, remedios ante la crisis de la representación popular, mecanismos que hagan posible la coordinación entre el poder elegido y quienes lo eligen, la descentralización idónea para el desarrollo armónico que tanto se demanda y el respeto a la alternancia en el ejercicio del poder. Además, alejarnos de la terrible reelección presidencial, castigo a la corrupción y a atender el déficit de la democracia en aras de la dignidad de la

---

17 *Ibídem*, *El Universal Digital*, jueves 4 de diciembre de 2014. Disponible en: http://www.eluniversal.com/opinion/141204/el-asam-bleista

persona. Por supuesto, al restablecimiento de la separación de los poderes, cuya vulneración es la ruta para la desnaturalización democrática. Combatir las democracias de origen, electas mediante la adhesión por dádivas de los votos y que se convierten en dictaduras en el ejercicio arbitrario del poder. La literatura política no sabe si son una vertiente del nacionalsocialismo, el neodesarrollismo, el dirigismo, el caudillismo o una mixtura de tales variables.

La misión es limpiar de impurezas a la República que tanto ha costado construir, la cual comenzó por propiciar algo bien importante que los asambleístas de 1811 dejaron históricamente escriturado, de que la declaración de los derechos contiene las obligaciones de los legisladores, pero advirtiendo que la conservación de la sociedad pide que los que la componen, conozcan y llenen igualmente las suyas. Qué mandato tan claro para la asamblea parlamentaria del 2015, por lo que deberíamos entender que proseguimos en deuda con la historia y que reclama que la cumplamos.

No son sansones a elegir para imponer las reglas de los más fuertes, pues el compromiso no es corporal. Es más bien de reconsideración de la historia, camino para purgar a la patria de impurezas y el construir la civilidad democrática. En el fondo es un esfuerzo por reconocernos, seguros de que comprenderemos que donde ha de estar el bien hemos colocado el mal, pero que a éste no lo ha sustituido ningún bien, ecuación pendular que ha de corregirse por la reconciliación que la nación exige. No lo pospongamos, pues la anarquía nos bordea, aproximándose cada día más y pareciera que no ponderamos sus consecuencias. A estas alturas identificar al culpable es tarde, resultando preferible acudir a quienes hemos sido, somos y deberíamos ser para alejarnos de la ruta de las sociedades terribles. A los responsables que se les juzgue por el pueblo y la justicia.

No perdamos de vista que un enredo entre la escogencia de candidatos, un gobierno debilitado al máximo, una utopía democrática, una sociedad civil en crisis, partidos políticos que representan a pocos, una corrupción inocultable, entre otras constantes, alimentan esa anarquía potenciando el arbitraje militar ante la pérdida de fe en las instituciones. Unos cuantos, inclusive, civiles, en desesperación lo vislumbran como el camino para poner término a algo que a estas alturas ya gusta poco y a pocos.

Las alternativas ante la crisis pueden ser el rescate de la democracia, la subsecuente sublevación popular ante la anarquía social, o frente a la anomia el privilegio castrense. Ese capítulo que Rómulo Betancourt consideró la pretensión de militares que reclaman como legitima su intervención en la conducción del Estado. La suerte está echada y nos corresponde actuar con prudencia. No parece haber dudas de que esa conducta que potencia las decisiones pavorosas la alimentaríamos, si nos proponemos aplastar al contrario que es innegable que aun cuenta con apoyo popular. El propósito ha de ser más bien el apaciguamiento y no la exclusión.

La Providencia nos ha señalado el camino. El seguirlo nos corresponde. Pareciera no haber dudas de que a ello estamos obligados.

Si éste es el escenario y las expectativas, gente dispuesta a cooperar, con preparación y consustanciada con la democracia se pregunta, ¿pudiéramos ser asambleístas?

La Asamblea Nacional[18]

Se plantea el escenario en el que la oposición democrática al gobierno de Nicolás Maduro obtiene la mayoría de los parlamentarios que ocuparán las curules en la Asamblea Nacional. Imaginariamente, durante la instalación del nuevo parlamento, el Diputado Ramón Guillermo Aveledo propone a Isabel Carmona para ocupar la presidencia de la Asamblea Nacional y a Felipe Mujica y Aristóbulo Istúriz como vicepresidentes.

Se plantea un acuerdo de la cámara para rescatar la vigencia del Texto Constitucional, en el que se deje establecido, entre otras cosas, el régimen de gobierno democrático y alternativo, la separación de los poderes, una FAN institucional y apolítica y la transparencia en la administración de los recursos públicos.

---

18 *Ibídem, El Universal Digital*, 04 de marzo de 2015. Disponible en: http://www.eluniversal.com/noticias/opinion/asamblea-nacional_63760

A las 3 p.m. el escrutinio oficial revela que el 68% ha votado por 19 de los 24 de la docena parlamentaria para el rescate de la decencia democrática de Manuela Seijas, entre ellos, Isabel Carmona, Eduardo Fernández, Carlos Canache, Henry Ramos, Oswaldo Álvarez, Claudio Fermín, Américo Martín, Ramón G. Aveledo, Antonio Ledezma, Luis E. Rondón, Felipe Mujica, Henrique Capriles, María C. Machado, Leopoldo López, Gustavo Tarre, Carlos Blanco, Carolina Abrusci, Pedro Benítez y Asdrúbal Aguiar. El gobierno logra 37 diputados, contrastante con los 139 de la oposición.

Al instalarse, el diputado Ramón Guillermo Aveledo propone como Presidenta a Isabel Carmona y primero y segundo vicepresidentes a Felipe Mujica y a Aristóbulo Istúriz. Expresa que ha llegado el momento de la reconciliación nacional establecida por el propio pueblo mediante el sufragio democrático. La moción es aprobada por mayoría de votos.

El diputado Carlos Blanco plantea un acuerdo parlamentario para el rescate de la vigencia de la Carta Magna, pues la ha perdido, consecuencia de un modelo político que el propio texto constitucional prohíbe. La histórica providencia involucra a los actores políticos y a la ciudadanía para reedificar el Estado de Derecho. Asdrúbal Aguiar eufórico agrega que ha de prevalecer el gobierno de las leyes sobre el arbitrio de los hombres, invitando a quienes ahora pasan a ser oposición a incorporarse al nuevo Pacto Social, pues la democracia supone pluralismo, tolerancia y cambio. Es una conquista civilizatoria del pensamiento. El diputado Blanco da por finalizada su intervención.

La Presidenta concede la palabra al diputado Luis E. Rondón quien plantea que el pueblo representado en esta Asamblea deje establecido: 1. La definición de Venezuela como un Estado democrático sustentado en la soberanía popular, 2. La separación de poderes, 3. La fórmula Presidente Vicepresidente electa popularmente, 4. Las Fuerzas Armadas al servicio de la patria, 5. El respeto a los derechos ciudadanos, 6. Una sincera descentralización para que las entidades locales velen por los intereses que le son propios, 7. La transparencia en la administración de los recursos públicos, 8. La proscripción del nepotismo político, 9. Un poder electoral sin militancia partidista, 10. La selección de los cargos constitucionales en el marco de la independencia de los poderes públicos y 11. La libertad de comercio, de empresa y propiedad. Es solo así como se iniciará un proceso de rescate a la institucionalidad democrática. Reedifiquemos pues el Pacto Social.

La palabra es ejercida por el diputado Jorge Rodríguez advirtiendo que el enemigo político no necesita ser moralmente malo, simplemente es el otro, pudiéndose producir conflictos que no se resuelven desde una normativa general ni en virtud de un tercero. Gobernamos electos popularmente y hemos de proseguir hasta el final del mandato constitucional. Ahora la mayoría popular es aquella de quienes nos adversaron y describen el acuerdo planteado como la panacea para la definición de los males. Bienvenido sea puesto que nuestras actuaciones siempre estuvieron inspiradas en el concepto de patria y así proseguiremos. Aristóbulo Istúriz expone que Democracia y Parlamento van inevitablemente unidos y que el Estado desde Kant es una multiplicidad de individuos reunidos de conformidad con leyes jurídicas. Pero tengamos presente que el capitalismo conduce a la negación de la igualdad social y que ello combatió la revolución socialista. En hora buena el acuerdo y nosotros con ustedes unidos en una sola nación para materializar estadios aceptables de igualdad política y progreso social, en procura de que la democracia no sea fraudulenta. Leopoldo López observa en las escribanías de los parlamentarios los libros Hans Kelsen, Il Primato del Parlamento, Albert O. Hirschman, The Passions and the Interests, Del Espíritu de las Leyes, de Montesquieu y Derecho Parlamentario de Ramón Guillermo Aveledo. Darío Vivas con el de Axel Capriles, Las Fantasías de Juan Bimba.

La doctora Carmona a requerimiento de la diputada Carolina Abrusci somete a votación El Acuerdo para el Rescate de la Democracia, resultando aprobado con el 98 por ciento de los votos. Carlos Raúl Hernández, suplente incorporado por Carlos Canache comenta a Henry Ramos que comenzó la Constituyente. En la próxima sesión se crearán las Comisiones Permanentes conforme al artículo 193 de la Constitución, incluyendo una Especial para sancionar el enriquecimiento ilícito y la justicia transicional. El diputado Claudio Fermín expresa que un buen gobierno será el que se mantenga a merced de las leyes positivas en los límites exigidos por las legalidades natural, moral, las costumbres, usos y las circunstancias. A las 10 a.m. es la próxima sesión.

Manuela Seijas al despertar se convence de que la imaginería es cosa seria.

Ramón Alberto González[19]

Ramón Alberto González, personaje imaginario, fallece durante el régimen socialista en Venezuela y, a pesar de ir al cielo, considera que ha de bajar al infierno pues desea sufrir como sus coterráneos en el mundo terreno. Por mediación de San Expedito ante San José se le envía a la primera paila del infierno, destinada a quienes han tenido una vida no demasiado pecaminosa, lugar donde conversa con Rómulo, Betancourt y otros dirigentes y expresidentes adecos. Betancourt reflexiona sobre el desastre en el que se encuentra Venezuela y el rol que ha de jugar el partido que fundó, Acción Democrática. Rómulo pide que los adecos, incluso aquéllos de mayor edad, no se le enchinchorren.

Es un profesional destacado con pasión por la política y las transformaciones sociales. No obstante, ante el deterioro del arte y la ciencia de gobernar hace esfuerzos para no caer en la aflicción.

Muere en el 2 sexenio de un régimen atípico instaurado por un alzamiento militar que sorprende a políticos, poco a militares y casi nada al pueblo. Se le envía al Paraíso pero aduce que debe ir al Infierno para compartir un sufrimiento similar al que sus coterráneos padecen en el mundo terreno. San Expedito media ante San José para que vaya no a la V paila, sino a la 1 , destinada a los afectados por una mínima actividad pecaminosa. Mucho menos dura que aquella. Para su alegría se le incorpora a una tertulia con Rómulo Betancourt, Andrés Eloy Blanco, Gonzalo Barrios, Carlos Andrés Pérez y Jaime Lusinchi. González es el secretario.

No lo apresa que Betancourt proponga una misiva a la oposición requiriéndole un acuerdo unitario para poner término al régimen que destruye a una nación, que costó liberar de dictadorzuelos madrugados por el poder en su beneficio y sus adláteres. Y que para el 92 abrazaba

---

19 *Ibídem*, *El Universal Digital*, 05 de junio de 2015. Disponible en: http://www.eluniversal.com/noticias/opinion/ramon-alberto-gonzalez_32157

a una democracia constitucional y estadios de desarrollo. En ese Pacto Nacional ha de escriturarse que ante los gobiernos antidemocráticos se lucha con banderas que tengan respaldo popular y que permitan, como en 1958, interpretar la voluntad de un pueblo al que no le cabían en el alma transgresiones de sus derechos. Hastiado salió a la calle derrocando a una dictadura que interrumpió el intento constitucional de 1945. Gritó: ¡Gloria al bravo pueblo! Ello debe inspirar la lucha democrática sin perder más tiempo y poniendo de lado la desunión que logramos superar Villalba, Caldera y yo. Entendimos que la patria era la meta a alcanzar. Y lo logramos. Manifiestan al unísono los últimos.

El partido que fundé a la luz de los principios de mentes lúcidas actuó con decisión y ha de hacerlo en este aciago momento de la nación. La Revolución de 1945 se produjo por la coincidencia de factores nacionales e internacionales, ya que el enfrentamiento armado de magnitud planetaria entre totalitarismos y democracia perseguía acabar con los primeros hasta en el último rincón del planeta. Se equivocan aquellos disertadores de oficio cuando dicen que fue un acuerdo de carácter conspirativo entre militares y AD (Arráiz Lucca, 2009). Nunca he acudido a emular a héroes, sobre todo porque no me he creído tal, pero permítanme que acuda al Libertador en sus años de desencanto para reiterarles que si el partido logra entenderme yo bajaría tranquilo al sepulcro, no obstante que vaya a la V paila. Caldera adiciona que hay que luchar codo a codo y tolete a tolete por la recuperación democrática y Villalba que él y su partido y su partido y él respaldarían la presión popular, y que la MUD no ha de tener miedo a la consulta electoral a las bases para seleccionar a los diputados a la AN. Se entusiasmará al pueblo a sufragar. Así es la democracia que deseamos rescatar (C. Fermín).

La República cobrará la falta de sentido de oportunidad, esgrime Ramón Alberto González, rogando a los destinatarios de la misiva que no incurran en ese pecado, pues es cierto que en las pailas las conductas inapropiadas se pagan. En un postigo en la V donde moran 5 dictadores latinoamericanos se lee que se espera 1 peruano y 1 caribeño para los 7. A las 8 pm, H. Goring riega a los 5 con 12 baldes de sustancias putrefactas provenientes del infierno. Goring ha de echarse los 60 vaciados y que ha de surtir de los que ha desocupado. 120 escalones baja y sube el alemán para recoger los pipotes que ha de echar a los dictadores y luego para vaciarse los 60 que a él incumben.

En junio del año electoral parlamentario (2015) una masiva presencia del pueblo en la calle de Caracas y de otras ciudades requiere fijación de fecha para las elecciones a la AN, sustitución del modelo económico, libertad de los presos políticos, pluralidad en los poderes públicos, medidas ante la inseguridad personal y castigo a la corrupción. La manifestación en la capital la preside un cordón de dirigentes, entre ellos, Pompeyo Márquez, Isabel Carmona, Teodoro Petkoff, Luis Miquilena, Eduardo Fernández, Oswaldo Álvarez, Henry Ramos, Claudio Fermín, Felipe Mujica, Luis E. Rondón, Henrique Capriles, Julio Borges, María Corina Machado, Américo Martín, Héctor Pérez Marcano y Jesús Carmona. A las 6 pm se ha acordado la liberación de Leopoldo López, Antonio Ledezma, Daniel Ceballos y de estudiantes. Los jóvenes que abandonaron el país en procura del destino que no pudo ofrecerle se entusiasman con los planes de desarrollo que se adelantarán. Rómulo, Jóvito y Caldera celebran en el Paraíso. Por supuesto les acompaña Ramón Alberto González, con respecto a quien aquellos de la V Paila presagian que ha de portar el libro Las Desgracias de la Reelección Presidencial. Betancourt grita que los adecos, incluyendo a Lepage, Canache y Brunicelli, no se les enchinchorren.

Tobías Bolívar Parra[20]

Tobías Bolívar Parra es un parlamentario que considera que ha de plantearse un documento denominado Consenso Político Institucional (CIP) una vez ganada la Asamblea Nacional en las elecciones de diciembre del 2015. Se asesora con los expertos en temas constitucionales y parlamentarios, Ramón Guillermo Aveledo y Jesús M. Casal, quienes ponderan como muy importantes las elecciones parlamentarias para encaminar el diálogo y poner en funcionamiento la AN plenamente, para de tal manera reinstitucionalizar el Estado y que se produzcan los cambios democráticos.

---

20 *Ibídem, El Universal Digital*, 29 de julio de 2015. Disponible en: http://www.eluniversal.com/?url=/opinion/150729/tobias-bolivar-parra.

Es un parlamentario que piensa proponer en la AN un Consenso Político Institucional (CPI), fundamentado en un vínculo de solidaridad para resolver las contrariedades que ha generado un proceso con serias dificultades tanto para definirse como ejecutarse. En rigor un acontecimiento contrario a lo que ha debido ser, fuente de una aflicción profunda y consecuencias inimaginables. Una desgracia nacional.

A Ramón Guillermo Aveledo y Jesús M. Casal, expertos en temas parlamentarios, le consulta, recibiendo al día contiguo un Parecer que califica a la iniciativa un hecho eventual condicionado a precisar con quién se concierta la solidaridad, sí con el gobierno, los diputados y el liderazgo opositor. Consideran claves las elecciones de diciembre y un probable camino para un diálogo que confrontaría lo manoseado del régimen y de la renovación en los partidos (Naim). Al parlamentario preocupa la afirmación de que el Consenso esté además supeditado a la concurrencia de las atribuciones constitucionales del Presidente, la AN y el TSJ y a cómo éstas se ejerzan. El Dictamen puntualiza que la Asamblea legisla, enmienda y reforma la Carta Magna, controla al gobierno, decreta amnistías, califica a sus integrantes, aprueba el presupuesto, autoriza créditos adicionales, faculta la celebración de contratos, censura al Vicepresidente y a los Ministros, designa al Fiscal General, autoriza el nombramiento del Procurador, permite la salida del Primer Magistrado del territorio y aprueba tratados internacionales. El Parlamento atestiguan los consultados, si no actúa con coherencia, podría generar una crisis de gobernabilidad que desfavorecería al PCI, potenciando más bien que un pueblo al que falta poco por explotar del enardecimiento con el cual cohabita reclame la renuncia del Primer Magistrado, que éste se vea compelido a abandonar el cargo o porque cambie el escenario y el TSJ acuerde la destitución o se plantee revocarle el mandato. La consecuencia es que habría de elegirse a un Jefe de Estado. A la soberanía popular quedaría consecuencialmente delegada la posibilidad del PCI. Esta crisis puede producirse asimismo por la censura al Vicepresidente, que acordada 3 veces en el período legitima al Presidente para disolver la AN, por lo que se realizarán elecciones para una distinta, rescatándose, también, por parte del pueblo, como en la hipótesis anterior el ejercicio de la soberanía. No deberíamos descartar un caos que derive en poderes presidenciales absolutos, quedando la democracia pospuesta, pero sin saber hasta cuándo. El diputado percibe sarcasmo en este aserto de La Opinión de los consultados.

Las potestades constitucionales para el Dictamen son consecuencia de la separación de los poderes, conviniendo especificar que al TSJ pertenece la jurisdicción constitucional, el enjuiciamiento presidencial, pero asimismo el del Vicepresidente y diputados. Pero también para anular las providencias ejecutivas y determinar el alcance de decretos legislativos. La eventualidad de un CPI estaría, por lógica, condicionado a la autonomía del TSJ ante el Primer Magistrado y la AN. Una enredadera puede ocasionarse por falencia de acuerdos institucionales de solidaridad. Expresión también entre comillas en el Dictamen.

A petición de Tobías Bolívar Parra se reúne la MUD con la presencia de Isabel Carmona, Eduardo Fernández, Oswaldo Álvarez, Carlos Canache, Américo Martín, Felipe Mujica, Claudio Fermín, Antonio Ledezma, María Corina Machado y un representante de Leopoldo López. Doña Isabel afirma que los CPI derivan de acontecimientos estremecedores de los pueblos, el saboteo de las pautas de convivencia de las constituciones, la ruptura del equilibrio entre los poderes públicos, la guerra, el hambre y el escamoteo del erario público. También por la necesidad de pueblos equivocados de acudir a países desarrollados (Cuba y tal vez Venezuela a EEUU. Shannon) para atenuar crisis estructurales. La desgracia nacional nos hará reaccionar alcanzando un CPI con mayoría de diputados opositores como lo rezan las encuestas (Félix Seijas IVAD / LV León). Eso sí una exigencia hemos de hacer a Tibisay Lucena a de que se admita como lo han requerido 27 exjefes de Estado iberoamericanos que las elecciones sean libres, justas e imparciales, designándoseles observadores para que se realicen bajo un clima de confianza y total transparencia (El Nacional). Hay asentimiento total.

El optimismo es evidente, contagioso y esperanzador. Pero Ledezma acota que nuestro liderazgo ha perdido la representación del pueblo, el cual ya no nos no mira para poner fin al desastre, tolerando penurias con la angustia del hasta cuándo. Por eso lo que se impone es calle, calle y más calle. La reunión concluye en que habría que analizar la apreciación pero después de diciembre.

Renaceremos en democracia se escucha por las emisoras radiales.

Genaro Ramírez[21]

Genaro Ramírez es un politólogo graduado en Oxford. No tiene dudas de que la oposición obtendrá mayoría en la Asamblea Nacional y considera acertada la candidatura de Henry Ramos Allup, quien por su veteranía ha de ser el Presidente de la AN decembrina. Genaro piensa que en 2016 el país tendría una "copresidencia" que presidirían Nicolás Maduro, como Presidente electo en 2013, y Henry Ramos, como Presidente de la Asamblea Nacional. Ramírez aspira que en la nueva A se apruebe un "Consenso Político de Solidaridad", destinado a amalgamar las potestades presidenciales y parlamentarias, adelantando así la fórmula copresidencial.

Es politólogo nacido en Pampatar, pero graduado magna cum laude en Oxford. Decide dejar de lado la desazón con respecto a Venezuela. Por tanto, a 2 meses de las elecciones parlamentarias juzga a la situación como favorable. No tiene dudas de que los candidatos opositores saldrán electos mayoritariamente.

La otra circunstancia es la coherencia de la oposición con la elección como diputado de Henry Ramos Allup, secretario de AD. La veteranía, el espíritu crítico y una dosis de estalinismo catapultan a este árabe carabobeño como presidente de la AN. Aprendió bien a Nicolás Macchiavello, Joseph Fouché y José Martínez Ruiz (Azorín), ejercitándose para ponerlos en práctica.

Es así como Genaro piensa que el país será gobernado en el 2016 por Nicolás Maduro, ya electo y por Henry Ramos, en diciembre. Se adentra con esa inquietud en una consulta con el departamento de lingüística de la UCV, convenciéndose que el próximo régimen político será "la copresidencia", palabra que integra el prefijo "co" a la función de gobernar para así materializar "compañía, participación conjunta, coautoría y cooperación". El politólogo estima que ha creado una tipología constitucional criolla, pero para bien de la patria.

---

21 *Ibídem*, *El Universal Digital*, 09 de octubre de 2015. Disponible en: http://www.eluniversal.com/noticias/opinion/genaro-ramirez_ 26686.

Ello lo lleva a un contertulio con José Vicente Rangel, Ramos y Julio Borges, convenciéndoles que se apruebe en la AN decembrina un consenso político de solidaridad, para que las potestades presidenciales y parlamentarias se adelanten por órgano de la formula copresidencial. En una consulta con Román José Duque, Asdrúbal Aguiar y Luis Beltrán Guerra, queda ratificada para el politólogo Ramírez la conveniencia de esa manera de gobernar, pues de acuerdo con preceptos del texto fundamental las potestades presidenciales y parlamentarias están referidas a legislar, reformar la carta magna, controlar al gobierno, decretar amnistías, aprobar presupuesto, autorizar créditos adicionales, permitir contratos, censurar al vicepresidente y ministros, designar al fiscal general y aprobar tratados internacionales y seleccionar a los integrantes del TSJ. En esos dos encuentros se confirma que dadas las atribuciones que al jefe de Estado confiere el artículo 236 de la Constitución, en concurrencia con las señaladas en lo relativo al Parlamento, para el supuesto de que ambos poderes no actúen con coherencia, podrían generar serias dificultades, incluyendo una crisis más aguda que la que se confronta. De allí la impostergable necesidad del acuerdo de solidaridad, fuente para una "copresidencia" democrática y eficiente.

A este acuerdo de solidaridad, piensa Genaro Ramírez, han de sumarse, para hacer causa común con la fórmula copresidencial, dirigentes como Antonio Ledezma, Leopoldo López, María Corina Machado, en libertad y habilitados políticamente por la amnistía aprobada en la AN. También organizaciones políticas y gremios existentes, entre ellos el partido Puente y sus 20 Puntos para reencarnar a la nación, de Hiram Gaviria. No duda que líderes de prestigio como Eduardo Fernández, Oswaldo Álvarez, Claudio Fermín y Luis Emilio Rondón, entre otros, así como los integrantes de la MUD y oficiales de las Fuerzas Armadas sumarían, también, sus esfuerzos en apoyo a "la copresidencia criolla". Está, adicionalmente, convencido de que Nicolás Maduro tendrá así una gran oportunidad de terminar su periodo en beneficio de Venezuela y de los venezolanos, coronando la gesta que el pueblo y Chávez le encomendaron.

El politólogo después de reuniones, encuentros, tertulias y conversaciones analiza, 2 semanas antes de las elecciones decembrinas, la opción de "la copresidencia y la reconciliación nacional", con su esposa Rosa María Arismendi, dama apegada tanto a los preceptos del catolicismo que la tienen molesta apreciaciones del Vaticano, con respecto a temas tratados con un modernismo bastante aggiornato que ella no comparte. La despierta, dirigente y atractiva cónyuge, morando aun en el pesimismo, le muestra el libro A flor de piel, expresándole que lo que se ha propuesto es una misión más difícil que la campaña de vacunación contra la viruela adelantada por el médico Balmis, protagonista de la novela de Javier Moros (Seix Barral, 2015). Pero allí no finaliza, pues pasa párrafos del compendio La fe explicada, de Leo J. Trese (Patmos, 2013), enfatizando al marido, ya estupefacto, que aun orando como enseña el autor, es mucha el agua que ha de correr para alcanzar el acuerdo de solidaridad que ha imaginado. No obstante, finaliza Rosa María prometiendo que por él elevará la mente y el corazón a Dios.

A Genaro la melancolía quiere abatirlo, pero no se deja. Duerme tranquilo persuadido de que ha de proseguir con la tarea. A las 5 am ya está engalanado con terno azul de delicada gabardina, camisa blanca, corbata amarilla, zapatos y cinturón marrones, para proseguir ganando adeptos a la solidaridad que la nación demanda. Mira cercana a la patria recuperada.

Doña Rosa lo despide con un beso irónico.

Luis Alberto Yánez Miranda[22]

Luis Alberto Yánez Miranda es sacerdote y doctor en temas constitucionales. Pide a Dios que los venezolanos nos entendamos luego del resultado de diciembre de 2015, considerando que la oposición puede alcanzar mayoría en la AN. Yánez aspira que el nuevo parlamento sea un escenario de control al gobierno y que escoja titulares idóneos para los órganos constitucionales. Considera que Venezuela está en presencia de una desconstitucionalización, generada por prácticas *contra constitutionem,* es decir, vías de hecho e interpretaciones manipuladas. Ante esto, el religioso

---

22 *Ibídem, El Universal Digital*, 18 de noviembre de 2015. Disponible en: http://www.eluniversal.com/noticias/opinion/luis-alberto-yanez-miranda_16854.

propone reinstitucionalizar el Estado democráticamente y no obviar la teoría constituyente. Decide rezar diariamente dos Rosario y cuatro Credos.

Es desde temprana edad un empecinado de los textos sagrados, razón para que a los 18 años haya leído la Biblia con detenimiento y mucho más para cuando es sacerdote a los 24, pero además doctor en temas constitucionales.

Está convencido de que su encuentro con Jesús es definitivo y que no tendrá como el escritor socialista de Israel, Amos Oz, ningún desencuentro con Aquél. Venezolano a carta cabal pide a Dios que nos entendamos ante el resultado electoral de diciembre, particularmente, si se toma en cuenta que la oposición puede alcanzar mayoría en la AN. No cree que el Gerrymandering y la Malapportionment, contrarios a la personalización del sufragio, ya que permite que una tendencia obtenga más sufragios pero menos curules, altere el resultado. Pues un 83 % desea un cambio en la conducción del país, esperándose una votación masiva.

La AN puede convertirse, por tanto, en un escenario para ejercer un control a la gestión gubernativa y a la escogencia de los titulares de órganos constitucionales, incluyendo magistrados del TSJ. La previsión lógica es, también, que la Presidencia del poder Legislativo sea ejercida por un opositor. El control del Gobierno y la Administración Pública Nacional se haría de manera más rigurosa, la amnistía de los presos políticos pudiera acordarse, enmendarse o reformarse la Constitución, censurar al Vicepresidente con la destitución como pena consecuencial y aprobar y derogar leyes. Yánez Miranda jura rezar por la paz.

Al preguntarse cuál pudiera ser la reacción del Gobierno responde que la cordura habrá de reinar tanto de su parte como de la oposición, reconociendo el deber de observar un orden constitucional adaptado a la nueva realidad política. No es desacertado que en la AN se plantee el vaciamiento de principios presentes en el Texto de 1999 como, por ejemplo, que Venezuela se constituye como un Estado democrático y social de derecho y de justicia (art. 2), por lo que si se ha obviado, la referida Carta Magna se ha desconstitucionalizado, tanto ideológica como ilegítimamente. La desconstitucionalización se genera mediante prácticas contra constitutionem, vías de hecho, interpretaciones manipulativas y sanción de normas subconstitucionales no declaradas inconstitucionales por los custodios de la supremacía constitucional (Néstor Pedro Sagüés, Universidad Católica del Perú, 2007). El religioso y constitucionalista argumenta que si prudencia ha de tener el régimen, también ha de suceder lo propio por parte de la oposición.

La dirigencia nacional, sin excepciones, ha de trabajar por una cohabitación, que incluya también a las fuerzas armadas, dándose por descontado que las 4 décadas de democracia borraron al militarismo y a la monocracia vigente en los 60, durante los cuales los hombres de uniforme sustituían gobiernos calificados como incompetentes. Una alternativa pudiera ser un cogobierno democrático para un modelo económico que permita a los factores de producción generar riqueza, dejándose de lado el Estado Leviathan propietario de todo, concepción esta última que sin dudas no ha beneficiado a la nación, sin distingo de clases. Un esfuerzo mancomunado ha de acometerse en aras de la democratización de los partidos políticos ante la situación de falta de representatividad de los electores, circunstancia que conjuntamente con las deficiencias sociales, conspiran contra las democracias, debilitándolas o haciéndolas desaparecer.

Los partidos en el acuerdo de cohabitación deben darse seguridades entre sí contra el monopartidismo y realizar un gobierno de unidad nacional y el mantenimiento de solidaridad entre el gobierno y el compromiso patriótico de observar la separación de poderes, autonomía de la justicia, control de los recursos públicos, respeto a la disidencia y, en fin, a una real democracia (Bernardino Bravo Lira, Constitución y Desconstitución, Chile, 2010).

No podemos permitir que las circunstancias con las que convive el venezolano lo induzcan a más decepción, preguntándose para qué sirve la libertad y por qué sufragar si los delegatarios de nuestra soberanía no nos representan.

Le viene a la mente que Jesús M. Casal ha escrito "¿De la Constitución Nominal a la Constitución Fachada?" (UNAM, 2011). Ante esto, el religioso considera menester acudir a fórmulas democráticas para reconstitucionalizar al país. Acudir a la teoría constituyente que no significa una Asamblea y una nueva Carta Magna. Más bien a una recomposición nacional concertada con la comprensión mutua para que recompongamos a la nación.

Esperanzado Luis Alberto Yánez Miranda decide rezar dos veces diarias el Rosario y cuatro más el Credo. También gestionar que la Iglesia lidere el proceso de recomposición, planteamiento que formulará a la Conferencia Episcopal. Anhela que el nuevo Pacto Político se suscriba el primer día de sesiones en la AN.

Rigoberto del Carmen Salaverría[23]

Rigoberto del Carmen Salaverría sabe que el equilibrio entre poderes reclama que cada uno ejerza autónomamente sus facultades, máxima que cada uno debe respetar. Considera necesario ajustar la Constitución del 99 al proceso de reconstrucción de la democracia que el país demanda. Teme el surgimiento de un conflicto popular, ante una sociedad notablemente disgustada. Es por ello que observa imperioso que el Ejecutivo y la AN se entiendan sea cual fuere el resultado del 6D. Se propone cooperar con la elaboración de una agenda legislativa, contentiva de mociones que ha de aprobar la nueva AN. Les comunica esta intención a diputados del gobierno y oposición que estima serán electos en diciembre.

Es contrario al gendarme necesario como metodología para gobernar a las sociedades prolijas para adecuarse a pactos sociales constitucionales. No obstante cree que la nación solo alcanzaría sus metas bajo regímenes democráticos.

No duda de que sufragará en diciembre, pues el equilibrio entre poderes reclama que cada uno ejerza autónomamente sus facultades, máxima que entre ellos ha de respetarse (Guerra, El Dilema, 2002). Es una máxima a cargo de los órganos que ejercen la supremacía de la constitucionalidad. Es necesario que ajustemos al Pacto Constitucional del 99 al proceso de reconstrucción de la democracia que la nación demanda y que a él nos acojamos. Lo contrario nos conduciría a una anarquía y a conflictos, inclusive, populares, contraproducente en una

---

23 *Ibídem*, *El Universal Digital*, 25 de noviembre de 2015. Disponible en: http://www.eluniversal.com/noticias/opinion/rigoberto-del-carmen-salaverria_90791.

sociedad afligida, pero también disgustada. Se impone, por tanto, actuar con sensatez desde el Ejecutivo y la AN cualquiera que fuese el resultado electoral, el cual para unos cuantos dirigentes de la oposición, le favorecería, por lo menos, por mayoría absoluta definida por el Reglamento de Interior y de Debates como la mitad más uno de los diputados.

Es un deber atenuar los ánimos en un país con una mayoría que arguye que al gobierno hay que cambiarlo frente a otra que lo defiende, pero en verdad no tan sólida como antes. No abusemos que podríamos pasar a morar con mucho menos democracia o con algo distinta a ella, pues la del Pacto del 61 y que pretendió reformular el del 99 adolece de la dualidad entre democracia formal y real, con el lamento de no haberse consolidado la verdadera participación del pueblo en el sistema político. Igualmente los niveles de justicia social no guardan relación con los postulados estatuidos. Asimismo, el rol del Estado como rector de la economía ha divagado entre más de una metodología, por lo que se duda de la eficiencia (Ibídem). Es esa la percepción que Rigoberto del Carmen Salaverría deriva del amor a la patria, su acuciosidad y ser un gran conversador.

Asiduo leyente de historia y de la influencia de España analiza con dirigentes del gobierno y de la oposición el Pacto de la Moncloa, suscrito en el Senado español en 1977. Les propone adecuar a la realidad nacional el Programa que en ese Acuerdo contempla las reformas parciales y urgentes para la adaptación del ordenamiento jurídico a las exigencias propias de la nueva realidad democrática, entre ellas, libertad de expresión y prensa, medios de comunicación social, derecho de reunión y de asociación política, código penal, enjuiciamiento criminal, justicia militar y reorganización de los cuerpos y fuerzas de orden público. A Salaverría le sorprende gratamente que los problemas a atender en una agenda legislativa por la AN electa en diciembre, en lo que su identificación respecta, tengan coincidencia con los de la Madre Patria. Por ello estima, como lo plantea en las diversas reuniones, que aquella experiencia deberíamos aprovecharla.

A su juicio a la referida agenda ha de agregarse que las fuerzas armadas sujetas al gobierno civil electo popularmente están al servicio de la nación, garantizando la independencia, la soberanía y la integridad del territorio. No tiene dudas de que la pauta se ilegítima cuando a los oficiales se les involucra sin límites a posiciones en la Administración Pública, establecen con partidos vinculaciones inadecuadas, incurren en prácticas contrarias a la moral en el manejo del erario nacional, no se hace el orden de los ascensos por méritos y ejecutan ordenes contrarias a la Ley. No pueden convertirse, además, en árbitros en los conflictos políticos. La historia revela que ello se ha escrito, pero Rigoberto del Carmen cree que ha de repetirse, por lo menos, 70 veces 7.

Esto lo lleva a preparar una misiva que enviaría al Presidente Electo de la Asamblea, contentiva de una moción para una agenda legislativa que sometería a la consideración de los parlamentarios.

Consulta con el psiquiatra que le trata las desviaciones emocionales propias de aquellos a quienes no importa que se sea o se haga de una u otra forma (Indiferencia, DRAE), si considera que su inclinación a soñar se ha incrementado o por el contrario actuaría adecuada, proporcionada y patrióticamente. El galeno termina regalándole el libro Integración y Orientación en la Obra Filosófica de Dworkin, Putnam y Hart, de Julio Rodríguez (2015), afirmándole que el planteamiento es más bien de filosofía. Pues los filósofos, como advierte el jurista Rodríguez, tienen la doble tarea de integrar nuestras concepciones del mundo y de nosotros mismos y ayudar a encontrar una orientación en la vida (Putnam).

Rigoberto del Carmen Salaverría reafirma la decisión de formular el análisis de la agenda legislativa cuando se constituya la AN.

Nadie, ni siquiera su bella esposa logra disuadirlo.

Así se lo comunica y por escrito a los diputados del gobierno y la oposición que a su juicio serían electos el 6 de diciembre.

Nicolás, el Emergente[24]

Nicolás Maduro decreta una Emergencia Económica, ante una crisis resultado del denominado Socialismo del Siglo XXI, sustentado en billones de dólares despilfarrados. La providencia presi-

---

24 *Ibídem*, *El Universal Digital*, 22 de enero de 2016. Disponible en: http://www.eluniversal.com/noticias/opinion/nicolas-emergente_5166

dencial es confusa y afectada por galimatías, razón por la que ha de ser anulada por inconstitucionalidad. Se trata de exceso o desviación del poder, fundada en el falso supuesto de presuntas causas extrañas, cuando en realidad son responsabilidad de quien dicta el decreto. Los preceptos de excepcionalidad no han sido interpretados estricta y rigurosamente, y el Presidente se ha extralimitado en sus funciones. Por esta, y otras razones, se trata de un decreto inconstitucional.

Maduro ha sido emergente más de una vez; cuando Hugo Chávez lo escogiera para sustituirlo y el 14.1.16 con el Decreto de Emergencia Económica.

En él se escribe de todo y para todo, pero al tratar de comprendérsele el 1ro. se convierte en nada y lo 2do. en ninguno, evidencia de un gobierno que metió al país en un enredo y al Presidente en uno peor. Resultado de un denominado Socialismo del Siglo XXI de creación criolla sustentado en \$1 billón 500 mil millones, sustancialmente despilfarrados. Y ante la caída de los precios del petróleo, fuente de (70 %) los ingresos.

La providencia presidencial viene plena de confusión: 1. Suprema garantía de los derechos humanos en el ideario del libertador; 2. Definición del bienestar del pueblo; 3. Eficaz desarrollo social; 4. Estado democrático y social de Derecho y de Justicia; 5. Desestabilización económica y ruptura del hilo constitucional; 6. Ausencia de bienes por guerra económica; 7. Actuaciones de la burguesía para evitar la voluntad popular. Adiciona, además, que beneficiará al pueblo mediante el Plan de la Patria. Palabras que no hilvanan y que se han repetido durante 17 años de destrucción económica, de crisis política y de problemática social.

Está afectada, por tanto, de galimatías y éstas suelen castigarse por los profesores con un regaño y por los jueces con la nulidad por inconstitucionalidad. Pues configuran hipótesis de exceso o desviación de poder fundadas en el falso supuesto de presuntas causas extrañas, cuando son en la responsabilidad única y exclusiva de aquel que dicta la providencia. La tergiversación de los hechos correspondientes a una Administración Pública antes presidida por Chávez y desde hace 3 años menos 4 meses por Maduro, está presente en la integralidad del texto en cuestión. Adolece, por consiguiente, de los vicios de inconstitucionalidad a que se hace referencia.

La tergiversación de los hechos del Decreto consiste en dar una interpretación intencionalmente trastocada y hasta trabucada y, por ende, inexacta a las oraciones y hechos en los cuales se fundamenta. Pero, además, lo cual es grave, en ampararse en la presunta necesidad de medidas económicas excepcionales para dificultades no sobrevenidas, sino causadas por el propio gobierno y que pueden atenderse con las atribuciones ordinarias que el ordenamiento jurídico otorga al Presidente. Lo cual significa que la providencia incurre también en la inconstitucionalidad calificada como extralimitación de funciones.

Los preceptos de la excepcionalidad han de ser interpretados de manera juiciosa, estricta y rigurosa, ya que la autoridad se desprovee del ordenamiento constitucional, legal y reglamentario vigente conforme al cual ha de desempeñar las atribuciones que le son propias. En efecto, el artículo 337 constitucional condiciona el Estado de Excepción a que las facultades de las cuales dispone el gobierno sean insuficientes para hacer frente a los hechos que lo fundamentan. Y basta examinar las medidas en ciernes para concluir que han de ser atendidas sin excepcionalidad alguna, entre ellas, la normalidad cambiaria, el control de precios, abatir la inflación, la escasez y desabastecimiento, revisar el precio de la gasolina, crear confianza, reducir el déficit fiscal, sortear el desequilibrio de la balanza de pagos, obtener divisas a través de financiamiento externo y reprogramar la deuda pública (C. Canache, Un Nuevo País, enero 19). Se trata, sin dudas, de previsiones inherentes al manejo de la hacienda pública para lo cual el gobierno está autorizado por el régimen jurídico ordinario. No tiene, pues, necesidad de una excepción, por lo que de acordársele se contravendría el Texto Fundamental. El Decreto se inscribe, por tanto, en la vieja usanza de América Latina de desnaturalizar el estado de excepción no empleándose para la defensa de la colectividad, sino para proteger los intereses de los gobernantes y los sectores por ella representados (D. Zovatto, Los Estados de Excepción, Caracas/San José, 1990).

La providencia presidencial se aparta, asimismo, de las reglas atinentes a la vigencia temporal de las leyes, pues el Presidente pretendió promulgarla en la AN (Memoria y Cuenta), publicándosele en la Gaceta Oficial. Serían írritas las decisiones dictadas hasta tanto el Legislativo no apruebe la excepción. En efecto, el artículo 339 constitucional somete el Decreto a la aprobación parlamentaria, a cuyo efecto ha de someterse a la Cámara Legislativa dentro de los 8 días. Puede sostenerse, por tanto, a la luz de la referida disposición de la Carta Magna que ha sido solamente dictado, mas no ha entrado en vigencia, por lo que de ejecutarse invalidaría los actos aprobados bajo el amparo del mismo.

Maduro pretende ser, por tanto, emergente por una 3ra. vez, pero con mayoría opositora en la AN. "Las cosas cambiaron y la Asamblea va a legislar y a controlar", suele decir Henry Ramos, reclamando respeto al principio de la separación de poderes.

Hilaria Isidora Herrera[25]

Hilaria Isidora Herrera no cree en la posibilidad de diálogo ni reconciliación con el gobierno, pues este último no tiene lo que antes podía ofrecer. Imputa al Gobierno la responsabilidad del caos posterior a las elecciones parlamentarias y concibe a la nueva AN como un poder originario, por ser el pueblo reunido a través de sus diputados. Considera necesaria una transición constitucional, para lo cual estima importantes las potestades parlamentarias. Le preocupa el conflicto entre poderes y la posible implosión popular.

Está convencida de que la mixtura de socialismo y populismo conducen al desengaño. No cree que habrá diálogo con el gobierno y mucho menos reconciliación, ya que éste no tiene lo que hubiera podido ofrecer. Asimismo, los venezolanos, incluyéndose, no obstante haberse esperanzado con la revolución, le imputaron la responsabilidad del caos en las elecciones decembrinas. Piensa que es lo que el régimen posee y que la oposición se cuida para no ser corresponsable.

---

25 *Ibídem, El Universal Digital*, 29 de enero de 2016. Disponible en: http://www.eluniversal.com/noticias/opinion/hilaria-isidora-herrera_4115.

Sabe asimismo que las reconciliaciones pasan por el cálculo de probabilidades, metodología a la cual el destino la ha sometido, pues Hilaria a los 50 es aún señorita.

A la AN la concibe constitucionalmente como un poder originario. En rigor es el pueblo reunido en el hemiciclo a través de los diputados electos. Sus providencias son, pues, derivación de la soberanía popular y a aquél atribuibles. Así lo estatuye el Texto Fundamental (Art. 5) haciendo suya una pauta universal. Pero no se quiere aceptar. El Primer Magistrado pareciera entender que el único poder es el que él representa y así no puede producirse reconciliación alguna.

Percibe más bien una transición a cuyos efectos no descarta ninguna de las vías constitucionales (destitución, renuncia, revocatoria del mandato y abandono del cargo. Art. 233), con respecto a las cuales las potestades de la AN son determinantes. La severidad de la crisis avivada por la derrota electoral decembrina y las dificultades económicas que potencian calamidades humanitarias, es poco probable que la resista régimen alguno. Inclusive el que lo sustituya tendrá que ingeniárselas.

Por supuesto, la transición sería hacia una mayor democracia. Es necesario tomar en cuenta que hay mayores posibilidades en países con elecciones recientes, crisis económica y restricciones a libertades civiles y derechos políticos. Estas suelen ser circunstancias determinantes en la falta de cohesión de los gobiernos (O. Barriga, Modelando Transiciones Democráticas..., Universidad de Chile, Santiago).

En ocasiones está temerosa por lo que pretendiendo subsumirse en la realidad acude a la genética ancestral heredada de la Madre Patria. Consecuencialmente recuerda que la España contemporánea (muerte de Franco y la Constitución del 78), constituye una transición pacífica del régimen dictatorial a uno parlamentario (Arias Navarro) y luego democrático (Adolfo Suárez), aprobándose mediante referéndum popular (1976) la legalización de los partidos, para celebrar las primeras elecciones en el 77. El mayor problema para la democracia era la crisis económica, pero para solucionarlo se firmaron los pactos de la Moncloa y adicionalmente se decretó la amnistía general de los presos políticos y los regímenes preautonómicos. Fue promulgada la Constitución elaborada por consenso de las fuerzas democráticas (Serra Rojas, Diccionario de Ciencia Política, México, 2001). Allá, pues, hubo transición. Y por qué no habrá de haberla en Venezuela. Es la inquietud que levanta la espiritualidad de quien se equivocó y ahora es una demócrata practicante.

Entrada en años sin hijos, marido ni suegros, pero además ajena a las relaciones de afecto novedosas del Siglo XXI, tipología que en la totalidad de los casos definen a la persona como embrollada, desea aportar luces con respecto a quién podría ser el hombre de la transición. Pero no encuentra respuesta, pues se subsume en la filosofía política y con ella pretende analizar la razón de ser de las pasadas y existentes organizaciones sociales a la luz de la economía, la política, la antropología, la biología y la sociología, pero sin dejar de lado la ética (Popkin, Philosophy, NY). Será Capriles, Ledezma, Maria Corina Machado, López, Cabello o en el cenáculo de los setentones Ramos Allup, Eduardo Fernández, Oswaldo Álvarez, C. Fermín o Aristóbulo Istúriz. Eso sí, descarta a un castrense considerando que la usanza del arbitraje militar (Luttwak, Coup d' Etat, Cambridge) ha perdido vigencia y con un escenario internacional adverso.

Hilaria después de tan compendioso análisis sueña que se ha encontrado con el expresidente de Checoslovaquia, Václav Havel, quien le propone matrimonio pero siempre y cuando decida indignarse como Concepción Martín Picciotto que sin haber conocido el Socialismo del Siglo XXI protestó contra el imperio por años frente a la Casa Blanca. Pero ello no pone término a su angustia por lo que planea residenciarse en Cuba animada por el proceso de transición que se adelanta después de 50 años de comunismo. Su otra opción es Colombia donde no obstante las críticas de Uribe, se vislumbra como cierta la pacificación con la guerrilla.

Presa de su inquietud termina estas líneas convencida de que el Presidente entenderá su mensaje, puesto que ambos son víctimas del cálculo de las probabilidades.

Pero prosigue el conflicto entre los poderes públicos (Gobierno, AN, TSJ) y se habla de implosión popular y del revocatorio de la Carta Magna.

Para mayor nerviosismo de Hilaria Isidora.

Magaly Humpiérrez[26]

Magaly Humpiérrez es abogado, conoce bien la pirámide de Kelsen, conforme a la cual la Constitución es la norma más importante del ordenamiento jurídico. No le disgusta que se le califique de "Constitución Revolucionaria", pero le desagrada que se le llame "la bicha". Humpiérrez, como juez, observa la desaplicación de la Carta Magna y la instauración de un régimen constitucional ad hoc, contrariando los principios democráticos. Magaly siente que sostiene un símil con la manera de juzgar en los regímenes de Hitler, Mussolini y Franco, conforme a la cual la voluntad de un solo individuo fue la Ley Suprema. Sabe que ha aplicado la Ley apartándose de su espíritu. Envejece convencida de que ha debido portarse mejor, aplicando objetivamente la Ley.

La inclinación por conocer la justicia la convierte en profesional de la abogacía, informándose que el Derecho se aprende estudiando, pero se ejerce pensando (E. Couture). En su ejercicio profesional no le convence alegar que un precepto normativo regula una determinada conducta, por lo que se inclina por aplicarlo, proponiéndose a tal fin ubicarse en el status para ejercer la rectoría en la observancia de la norma. Lo cual supone pensar bastante, convencida de que mientras más jerárquico el cargo le seria mayormente posible.

Entiende que en tan importante función ha de observar la pirámide concerniente a la jerarquía de las fuentes del ordenamiento jurídico y que la Constitución ocupa en ella el 1er lugar (Kelsen). Es propicio por ello que se le denomine Carta Magna, Ley de Leyes, Texto Constitucional y Norma Suprema. Deja a un lado reglas gramaticales asumiendo que en cada oportunidad que se le mencione la 1ra letra ha de ser mayúscula. Una manera sencilla de ilustrar que el Texto Constitucional ocupa un puesto preferente en el bloque de la legalidad, conforme al cual es inválido todo acto de los poderes públicos que no sea conforme a la Ley.

---

26 *Ibídem*, *El Universal*, 05 de febrero de 2016. Disponible en: http://www.eluniversal.com/noticias/opinion/magaly-humpierrez_7433.

La máxima de sus actuaciones en la judicatura estará en consonancia con esta apreciación, escriturada como precepto formal en el artículo 7 de la Carta Magna (La C. es la norma suprema y el fundamento del ordenamiento jurídico) que jura cumplir fielmente. Sabe asimismo que habría de tener como norte el principio universal de la separación de los poderes y que igualmente estatuye la Constitución (cada una de las ramas del Poder Público tiene sus funciones propias). Además que se toma en cuenta el concepto de potestad, atribuciones y competencia, entendida la última como el orden para el ejercicio del poder público (la Constitución y la Ley definirán las atribuciones de los órganos que ejercen el Poder Público y a ellas ha de sujetarse su ejercicio). A la abogada no le disgusta que al texto se le califique como la Constitución revolucionaria, creyendo que tal vez la haga más fácil aplicarla. Aunque no es de su agrado que se le llame "la bicha".

Pero no imagina Magaly que la referida Carta Magna comienza a desaplicarse desde su misma vigencia tanto en lo formal como en lo sustancial. Y que consecuencialmente, prevaliéndose de un poder autocrático que se gesta con un aceptable respaldo popular, se crea un régimen constitucional ad hoc, pero contrariando los principios que ilustran a la democracia que estipula el constituyente (Venezuela se constituye como un Estado democrático).

En la labor que a solas experimentan los jueces de aplicar con profunda atención el pensamiento a la consideración de una tarea (DRAE), no olvida el episodio de la Alemania nazi, de la Italia de Mussolini, de la España de Franco y atípicas autocracias latinoamericanas, que colocaron a su lado la justicia para aplicar los preceptos escritos acomodados a las pretensiones del régimen, creándose todo un ordenamiento jurisprudencial favorable a las pretensiones del caudillismo. Carl Smith entre ellos, no obstante divulgar que un Estado de Derecho sin división de poderes no es tal. Pero esta máxima es vulnerada como lo reconoce la historia a lo largo de la estadía de tales regímenes. En esos acontecimientos la voluntad de un solo individuo (un símil del Emperador en Rusia) fue la suprema ley y el orden jurídico tuvo únicamente valor nominal (Serra Rojas). El real era el ideado por juristas y jueces con vocación para el juego. Magaly se siente sosteniendo un símil.

Sabe que ha aplicado la Ley apartándose de su espíritu, propósito y razón, alimento de un proceso tan extraño que el propio pueblo que lo apoyara sufraga (Dic. 6) para que finalice. No duda que la justicia constitucional demanda aprender y pensar, entendiendo que el Parlamento elegido ha de aceptarse como un faro que se eleva sobre la cúspide de la sociedad para irradiar sobre ella los tinos de la razón política (J.M. Matheus), debiendo evitarse el predominio del Poder Ejecutivo, pues ello conduce irremediablemente a la tiranía (R.G. Aveledo). Particularmente, si el Juez no aplica el Texto Fundamental. El largo tiempo para edificar lo que la Constitución no dispone ha sido negativo y ello no deja de alterar la conciencia de la juez Humpiérrez.

A ratos se refugia en la lectura encontrándose con la pregunta, ¿si alguna vez quiere ver retorcerse a un Magistrado, demándele cuál es el porcentaje de pleitos en lo que se rinde tributo a la justicia? (MH McCormack, Toda la verdad sobre los abogados). Pero se inquieta mucho más al constatar que D. M. Kelley después de sus conversaciones con Herrmann Goring, el mariscal del Reich, concluye que el mal tiene sus encantos (Jack El - Hay, El Nazi y el Psiquiatra).

Magaly sabe que no se verá envuelta en un juicio como los de Núremberg, pero envejece convencida que ha debido portarse mejor. Le hubiese bastado con aplicar objetivamente la Ley. La República fuera otra.

La sentencia colorá[27]

La sentencia emitida por la Sala Constitucional que, luego de la desaprobación parlamentaria, da vigencia a la Emergencia Económica lleva a recordar la cumbia "La pollera colorá", por la cordialidad de los magistrados con el camisón rojo de Misia Soledad. El fallo transgrede la Constitución y la pauta conforme a la cual los actos privativos del parlamento no pueden ser revisados judicialmente. La Carta Magna estatuye un doble control de los Estados de Excepción: el de la AN y el TSJ. El control político es exclusiva potestad de la Asamblea Nacional y no admite revisión

---

27 *Ibídem*, *El Universal*, 20 de febrero de 2016. Disponible en: http://www.eluniversal.com/noticias/opinion/sentencia-colora_9222.

alguna. La decisión de los diputados, adicionalmente, es racional, pues la ejecución del decreto contribuye agravando el colapso.

La sentencia con respecto a la emergencia conduce a recordar a Wilson Choperena, de la cumbia La pollera colorá, por la cordialidad de los magistrados con el camisón rojo de Misia Soledad a quien el autor escribe.

El fallo es incongruente con el propósito de la constitución, de un lado por no tomar en cuenta la naturaleza del control parlamentario, que aunque implícito (B. Schwartz, constitucional Law), de la AN, el propio texto escritura (El decreto de excepción será sometido a la aprobación de la AN). De otro ángulo transgrede la pauta de que los actos privativos del Parlamento no son revisables judicialmente, por ser inherentes a la exclusiva potestad de aquel, esto es, del pueblo en él representado y por tanto soberanos. La sentencia tampoco toma en cuenta la naturaleza política del proveimiento (palabra usual de H.R. Sansó) desaprobatorio por la Asamblea, tipología de actos definidos como aquellos en los cuales están representados los altos y supremos intereses nacionales. La Carta Magna, no hay dudas, a la luz de una adecuada racionalidad interpretativa, estatuye un doble control de los Estados de Excepción: a) A los diputados para que previo análisis de la conveniencia y oportunidad a los intereses políticos, económicos y sociales lo apruebe o desapruebe, lo cual cumplieron a cabalidad los representantes del pueblo creando una comisión Ad hoc que les rindió minucioso informe (diputado José Guerra, presidente/coordinador), resaltando lo negativo ante la crisis humanitaria que afecta a los venezolanos, tanto del decreto, como de las medidas presidenciales para ejecutarlo. Y b) La revisión formal de la Sala Constitucional (TSJ) referida al juicio comparativo que ha de hacer el juez en lo concerniente a la providencia del jefe de Estado a la luz del bloque de legalidad, metodología para el dictamen relacionado con la transgresión o no con normas constitucionales y legales.

El juez desconoce la fuerza constituyente cuando se limita al tradicionalismo de la clásica distinción entre legislación, ejecución y jurisdicción, una especie de tríada clásica (funciones jurídicas), frente a la cual analistas actualizados distinguen las de gobierno, control y responsabilidad política (Sánchez Agesta / N.P. Sagúes, ONJ-line ISSN

718-002), inspirada acertadamente en la máxima de que la democracia postula que el poder contenga al poder (Montesquieu). Por lo que, consecuencialmente, mientras el acto de gobierno significa impulsión y decisión, el de control importa un poder de influir (persuadir o disuadir), o de impedir (ibídem). Es este último el control político implícito, pero además, estatuido en la letra de la Carta Magna, el que ejerció la AN al no aprobar la emergencia. Es de su exclusiva potestad y por ende no sometido a revisión judicial alguna.

Es un error argumentar que los ordinales 1 y 4 . del Art. 336 Constitucional (Son atribuciones del TSJ: 1. Declarar la nulidad de las leyes... y 4. Actos en ejecución directa e inmediata de la Constitución) otorgan potestad al TSJ para abordar el análisis del dictamen político de los diputados. Por una parte, en virtud de que el último no contiene consideraciones formales referidas a inconstitucionalidad alguna, pues de haberlo hecho se hubiera incurrido en extralimitación de atribuciones (exceso de poder, él Guerra, acto administrativo). Y desde otro punto la decisión desaprobatoria está sustentada en la defensa, recuperación y mejora de la economía nacional, afectada seriamente durante los últimos 17 años por la responsabilidad única del gobierno. Pero además, que la ejecución de la emergencia hubiese contribuido a un colapso mayor. La motivación pues de los diputados se inserta esencialmente en la ratio política, inherente a la actividad contralora de los intereses del país que se le encomienda constitucionalmente. Se trata de un acto de los que la ciencia jurídica califica como complejo, por integrarse con la voluntad del Ejecutivo y del control parlamentario, cada uno en sus adecuadas potestades y revisables conforme al carácter del dictamen.

Es lamentable que esta sentencia, auxiliada en la autocracia reinante, se produzca cercana a la muerte del magistrado Scalia de la CSJ (EEUU), tribunal que con 9 magistrados ha interpretado la Ley creando un cuerpo normativo para que se haya desarrollado una de las sociedades más avanzadas. Por cierto, el Presidente ha de postular al sustituto y el Senado aprobar su designación. Acto de esencia política no revisable judicialmente, como lo es la resolución de la AN. Nuevamente, la máxima de que el policy control existe.

Finalmente, la sentencia recuerda también a la cumbia colombiana, ya que por ser un canto a Misia Soledad, al hacerse referencia a los ritmos de sus caderas se le demanda como en la política criolla moverse para acá y para allá (ibídem).

¿Estaremos los venezolanos bailando una cumbia menos simpática y más riesgosa que la de Wilson Choperena?|

Muchos dicen que sí.

La AN y sus opciones[28]

La Asamblea Nacional electa el 6 de diciembre de 2015 es casi constituyente. En ella está reunido el pueblo, bajo la representación de los diputados, quienes han sido legitimados para desconocer cualquier régimen o autoridad al tenor del 350 constitucional. Asimismo, la AN puede declarar el abandono del cargo por parte del presidente, por no cumplir sus responsabilidades (Art. 233), así como remover al Vicepresidente y ministros (Art. 240). También puede potenciarse desde el parlamento la revocatoria del mandato presidencial (Art. 72) y presionar la renuncia del Jefe de Estado. Han de tomarse en cuenta, igualmente, la enmienda, la reforma y Asamblea Constituyente. Estamos seguros que la AN no se quedará con las banderas en las manos.

Es indudable que la Asamblea de Diputados es casi constituyente por dejarlo así determinado la soberanía popular en las elecciones decembrinas. Ella reúne al pueblo y así ha de entenderse en cada precepto constitucional que a aquél se refiera y, por tanto, al artículo 350 que lo legitima y, por ende, a los parlamentarios para desconocer a todo régimen, legislación y autoridad que contraríe los valores, principios y garantías democráticas o menoscabe los derechos humanos. Esto es, lo que ha sucedido en el país en los últimos 17 años. 1 . Opción del menú.

Pero la minuta de la Asamblea Popular es mucho más esperanzadora. Efectivamente, el artículo 233 tipifica entre las faltas absolutas del

---

28　*Ibídem, El Universal Digital*, 27 de febrero de 2016. Disponible en: http://www.eluniversal.com/noticias/opinion/sus-opciones_10763

presidente de la República, supuesto en el cual, como ha de entenderse, cesa en el mandato, el abandono del cargo declarado por la mayoría absoluta de la mitad más uno de los diputados, o en el supuesto de la maximización de la rigurosidad las 3/5as partes requerida (Art. 240) para la censura y remoción del Vicepresidente. La opción (2) beneficiaría (entre) a Aristóbulo Istúriz, quien no obstante su equivocada inserción al fabulado socialismo del siglo XXI tendrá presente su pasada convivencia democrática.

El mismo Art. 233 adiciona como 3 opción la revocatoria popular del mandato, calificado por los enseñantes modernos de derecho constitucional (Bravo Lira/Matheus) como mecanismo de control social. Los asambleístas del 99 ante la crítica a la democracia representativa sujetaron la alternativa a exigencias en aras de complacer a (H. Chávez) autor de la convocatoria a la Constituyente y de una pretendida democracia participativa que los venezolanos todavía hacemos esfuerzos por entender. Por lo que la revocatoria está condicionada a un referéndum popular a instancias de un 25 % o más de electores, a que la mitad del periodo hubiese trascurrido y a que sea votada favorablemente por una cantidad de sufragantes igual o mayor que la alcanzada por el jefe de Estado electo (Art. 72). Si entendemos que la victoria de los parlamentarios democráticos el 6D fue para rechazar al Gobierno, tal vez concluyamos en que Capriles tenga razón al garantizar la viabilidad de la moción. Pero el hervidero popular es intenso y el pesimismo no deja de reinar ante la tardanza y los vericuetos interpretativos de las autoridades electorales y judiciales, a través de providencias que conjuntamente con las del Gobierno tipifican un proceso de desconstitucionalización cuya fuente consiste en aplicar preceptos que la Carta Magna no escritura (Bravo Lira). En razón de lo cual el entusiasmo es mayor con respecto a posibilidades con resultados más inmediatos. Se demanda actuar ya y sobre seguro.

La 4 opción es la renuncia presidencial, sujeta en principio a la voluntad de aquél que ejerce la Primera Magistratura, por lo que conlleva un complicado proceso intimo que influye en nuestro comportamiento, de tal modo que seamos menos fáciles presas de la pura fuerza bruta de los impulsos (G. Murphy, en N. Abbagnano, D/ de Filosofía), razón tal vez para que se distingan la pura, la buena, la general y la de creer. La posibilidad se vislumbra como remota si asumimos que la tipología aplicable a la crisis sería la segunda, concebida para Kant como aquella que induce a obrar solo de conformidad con el deber, por lo que para el filósofo es lo óptimo en el mundo y fuera de él (Ibídem). La crisis potencia sin lugar a dudas la renuncia, pero por supuesto que es más posible si el pueblo en la calle la demanda estimulada por la Asamblea Decembrina. La renuncia en la historia de América Latina ha sido de otro lado algunas veces impuesta por los soldados. Para Nicolás, si es político a largo plazo, renunciar sería lo más fácil y sensato y para el país lo menos traumático. La Patria agradecería su gesto.

Son posibles, asimismo, la enmienda, la reforma constitucionales y una Asamblea Constituyente (Arts. 340/342/ 347). Las ventajas de éstas, principalmente, de la última, es llenar el vació de un orden constitucional, pues moramos sin alguno. Casi en la Ley del Talión.

Seriamos ilusos si aceptáramos que aquí finaliza el escenario y las mociones. Es una realidad que la AN realiza esfuerzos para deshacerse del cinturón del Gobierno, por lo que cabría preguntarse si el citado artículo 350 la legítima a reconstruir a los poderes que a aquel sustentan. El pueblo se lo pregunta, pues sufragó masivamente en diciembre en procura de un régimen integralmente democrático. Se imponen actuaciones heroicas de los diputados democráticos, pues la implosión social anárquica pareciera estar a la vuelta de la esquina. Como que vale la pena recordar la apreciación de R. Betancourt ¡Venezuela no está perdida!, así como la que nuestro amigo Henry Ramos tanto escuchó de Carlos Andrés Pérez ¡Manos a la obra!

La Asamblea Decembrina casi Constituyente, estamos seguros, no se quedará con las banderas en las manos. Última opción del Menú.

Mensaje a Henry Ramos[29]

El rector de la UCAB, José Virtuoso s.j, ha advertido en un reciente artículo que las víctimas del hambre están solas en su drama y que la dirigencia política no les acompaña más allá del dis-

---

29 *Ibídem, El Universal Digital*, 05 de marzo de 2016. Disponible en: http://www.eluniversal.com/noticias/opinion/mensaje-henry-ramos_190186

curso. Reclama, además, que ha de generarse un movimiento que rescate la dignidad de los venezolanos. Quizás la propuesta del clérigo es que la AN lidere protestas en la calle hacia una transición democrática. La crisis y los últimos fallos del TSJ conducen a examinar las fórmulas constitucionales para el cambio de gobierno, a pesar de que éste se rehúse a la transición demandada por el pueblo el 6D.

La militancia en AD, experiencia parlamentaria, Jefatura de la Fracción de su Partido, hábito por la lectura, sobrevivir al arrinconamiento de políticos jóvenes y dosis elevada de coraje dificultan dar el mensaje.

El sacerdote José Virtuoso eleva su voz: 1) Las víctimas del hambre están solos en el drama, 2) La dinámica política no los acompaña más allá de las intenciones discursivas, 3) Los diputados compelidos a emplear su tiempo en confrontaciones agónicas con sus adversarios, 4) El gobierno reticente a soluciones racionales, negociadas y democráticas y 5) Frente a ello ha de generarse un gran movimiento en rescate de la dignidad de la gente. Plantea, por tanto, que se demandan liderazgos con claridad de objetivos y capacidad de convocatoria, pues llegó el momento para atreverse y tomar la iniciativa (El Universal. 2.3.16).

¿Propondrá Virtuoso que la AN lidere al pueblo en la calle, a ejecutar una transición democrática para resolver la emergencia?

En el libro Juan Rivas; El Repitiente (Cyngular. 2015) el protagonista estima que Venezuela ha vivido los últimos 17 años un nacional-socialismo criollo, en el cual los encargados de la aplicación de la Ley han adornado de una juridicidad formal providencias de diversa gama y sin sustento en la Constitución, con el único fin de sostener al gobierno. Se ha emulado, consecuencialmente, lo que hicieron juristas y magistrados bajo el régimen de Hitler, quien sin modificar la Constitución de Weimar encontró en aquellos pareceres y sentencias justificación para los años del nacionalsocialismo alemán. Los últimos fallos de la SC.TSJ relacionados con la emergencia económica y la designación de magistrados, parecieran inscribirse en la metodología: 1) Los jueces aplican pautas que el Texto Fundamental no escritura, 2) Mediante interpretaciones interesadas se transgreden preceptos constitucionales, 3) El TSJ, poder derivado pasa a ser el principal y árbitro de los restantes, 4) Se desconoce la separación de poderes y la soberanía popular y 5) En el último fallo se restringe abusivamente la potestad de la soberanía popular representada en la Asamblea casi Constituyente electa el 6D. La tarea pareciera pasar, por tanto, ante la inexistencia de instancias serias, formales y objetivas de revisión, en estimular la reacción del propio electorado bajo la conducción del Parlamento para sustituir al régimen.

Ha de tomarse en cuenta, asimismo, la apreciación de Isabel Carmona de que Betancourt no le falló a Venezuela y Ramos Allup tampoco le fallará y que derrotaremos los misiles con la Constitución hasta imponer el diálogo y la libertad (Ultimas Noticias.1.3.16). ¿Descartará Doña Isabel la conjunción de pueblo y soldados para una transición democrática, como la requerida, de lo cual fue resultado el fin de la dictadura de la década de los 50 y el revivir de los 40 años democráticos, incluyendo al gobierno de Betancourt? Se hace referencia al arbitraje militar ejercido en favor de la Patria ante regímenes que se apoyan en segmentos cupulares de uniforme, como otro bastión, al lado del judicial, para sostenerse en el poder. Fuente de la crisis a que se refiere Virtuoso. Durante más de 17 años Chávez y sus seguidores han vendido el madrugonazo del 4F como el cumplimiento del deber castrense, cuestionando la acción conjunta y democrática de civiles y militares y cuya opción en la realidad actual, dado el conflicto institucional y el desastre, no se descarta como posible. Pues, la anomia y la anarquía van de la mano en la turbulencia nacional.

Las fórmulas constitucionales (revocatorio, abandono, ausencia de nacionalidad, destitución, enmienda, reforma, asamblea constituyente y el desconocimiento del régimen) encontrarán, como hasta ahora, en cualquiera de las Salas del TSJ, una decisión contraria. Nadie lo duda. Ni en el gobierno, ni en la oposición.

Un debate nacional serio en la AN con la participación de no pocos destacados venezolanos para analizar el conflicto de poderes y una transición democrática es recomendable y necesario. Al gobierno hay que seguir confrontándolo y ese análisis ilustraría por qué y para qué. Los dolientes de la crisis, recuperarían la esperanza de no sentirse solos (Virtuoso).

Pareciera imponerse, por vía de conclusión, que al liderazgo se reclama conducir la reacción popular, aun cuando se produjese, como Ramos lo ha dicho, una implosión social símil al 27 de febrero, en aras del rescate de la institucionalidad, la legalidad y la democracia. Es lo que la gente aspira.

Está claro que el régimen se resiste a la transición que el pueblo demandó en diciembre, escogiendo a una mayoría de parlamentarios democráticos. Sus atribuciones no hay dudas que proseguirán limitándose. El pueblo puede tomar la calle sin conducción y pudiera ser desastroso. Llegó el momento, como dice Virtuoso, para tomar la iniciativa (Ibídem).

El mensaje se inserta en la estrategia y anhelo popular de despedir al gobierno.

Saludo a la MUD[30]

Exigir popularmente la renuncia del Presidente, la aprobación de una enmienda para reducir su mandato y revocarlo, son una buena combinación de opciones adoptadas por la MUD. Sin embargo, ha de tenerse en cuenta que cualquier providencia será obstaculizada por la Sala Constitucional, pues el Poder Judicial es especialista hilvanando argumentos contrarios a la Constitución. La Carta Magna ofrece un abanico de opciones y las escogidas por la MUD son legítimas, pero el gobierno se propone abortarlas. El artículo 350 de la Constitución nos legitima para hacer posibles las opciones que la Unidad ha propuesto para revocar a un régimen que ha violado integralmente el Texto Fundamental.

Esa instancia democrática convencida que Tío Conejo es saltarín le ha armado a "good combination" con 3 lazos: 1) La exigencia popular a la renuncia, 2) La enmienda reduciendo el periodo y 3) Revocar el mandato. Salidas de la Carta Magna de una Constituyente escogida a dedo por Chávez y cuyos asambleístas aún desconocen los preceptos por los cuales votaron. Se trata de la Constitución que exhibían en un

---

30 *Ibídem, El Universal Digital*, 12 de marzo de 2016. Disponible en: http://www.eluniversal.com/noticias/opinion/saludo-mud_193233

librito azul y de bolsillo, antes Hugo y luego Maduro, sin pensar que le destituirían conforme a ese texto fundamental.

Es de tener presente, sin embargo, en el contexto de la logística diseñada, que los juristas del terror (Ingo Müller, Alfredo Morles, cit. por J. Araujo, 03.03.16), hoy en Venezuela como ayer en Alemania, instados por recurrentes profesionales al servicio del socialismo requerirán del TSJ/SC fallos como los de la emergencia económica y las potestades de la AN. Y consecuencialmente tipificarán la nulidad y cuasi delito, con la detención de los integrantes de la MUD, a la decisión de la última. No ha de olvidarse que el Poder Judicial es especialista en hilvanar argumentos en una combinación contraria a la Constitución, pero que produce efectos. No se descarte, por tanto, que suceda con vuestro plan.

Se trata de jueces distintos a René de Sola, Luis H. Farías Mata, Román Duque Sánchez y Hugo Trejo Padilla, de la Esquina de San Francisco nominados en las décadas democráticas por preparación, honestidad, responsabilidad y pluralidad. No puede desconocerse que el Poder Judicial de esa época presentaba serias deficiencias (Comisión designada por CAP II y que coordináramos), pero también que el socialismo de pacotillas que planteó convertirnos en el imperio latinoamericano, más que mejorarlo, lo desvalijó que se impone rehacerlo. El desbarajuste no comparable tampoco con los jueces de la penúltima dictadura en la cual bajo el Ministerio del Profesor Luis Felipe Urbaneja la jurisdicción de la capital contó con magistrados como Gonzalo Parra Aranguren, Aníbal Aldazoro Delepiani y Gonzalo Pérez Luciani para el prestigio del Foro.

La estrategia de la MUD es legítima, pero el Gobierno se propondrá abortarla, por lo que es necesaria la movilización popular que la sustente liderada por la Asamblea Nacional. Es imperativo protestar ante el adueñamiento que ha hecho el gobierno de los poderes públicos, entre ellos, el árbitro electoral que como ordena la Constitución ha de ser plural y ajeno al proselitismo político y al cual incumben providencias que permitan las acciones de la MUD. La renuncia, la enmienda y la revocatoria han de entenderse, por otra parte, en sentido plural, por lo que no han de limitarse al Jefe de Estado, debiendo abarcar a la totalidad de los poderes establecidos antes del 6D. Ese es el clamor popular que se escucha sin necesidad de mayores esfuerzos. El pueblo está pidiendo a la AN Democrática ¡Bárrelos! y como el 23 de enero del 58.

La Carta Magna ofrece un abanico de opciones que pasan como es normado en el Derecho Constitucional por la AN decembrina: 1) El abandono del cargo, 2) La renuncia, 3) La enmienda, 4) La ilegitimidad por ausencia de venezolanidad y 5) La revocatoria del mandato. La soberanía en los diputados les conmina a su ejercicio como el poder supremo de la Venezuela de hoy. Así lo afirmarían si viviesen Bodino, Montesquieu y Rousseau corroborando la máxima de que "todo poder público dimana del pueblo y se instituye para su beneficio (Serra Rojas)". Potestad que cuando no se ejerce, como en los indignos 17 años transcurridos bajo el garrote de las cúpulas gubernativas y castrenses, nos doblegan hasta que reaccionemos como en diciembre y debemos hacer ahora para derrocar a aquellos que desconocen la libertad, los derechos humanos y el contrato social. Allan Brewer Carías, Ricardo Combellas y Claudio Fermín, constituyentes en el 99, han debido tener injerencia en la redacción del bien conocido artículo 350 Constitucional el cual, en el fondo, es el fundamento de la estrategia de la MUD y del imperativo acompañamiento del pueblo bravo en la calle para hacer posibles las opciones que se han anunciado a los venezolanos, en quienes ha nacido otra esperanza después del 6D. El conocido precepto nos legitima para revocar al actual régimen por haber violado integralmente la Carta Magna.

No ha de haber discriminaciones por aspiraciones políticas y que el levantamiento popular, acompañado por el escenario internacional lo conduzcan Henry Ramos al lado de Eduardo Fernández y Oswaldo Álvarez Paz, Isabel Carmona y María Corina Machado, Julio Borges, Luis E. Rondón, Henrique Capriles y Andrés Velásquez y con los sentimientos patrióticos de Antonio Ledezma y Leopoldo López, presos por fallos de tribunales de la híbrida especulación socialista que nos mantiene bajo las condiciones actuales.

Es tiempo de cuaresma que invita a sacrificios. Ante la debacle la protesta popular es una buena opción para cumplir con Jesús.

La crisis de la República[31]

Las constituciones al antojo y adecuadas a los intereses del caudillo caracterizan a la Venezuela de la primera mitad del siglo XX. Los uniformados se profesionalizaron para gobernar a los civiles. Se conquista la democracia, perdurando 4 décadas, hasta la insurrección de un Teniente Coronel que luego de alzarse en armas, conquista el voto popular, pero genera una crisis humanitaria, se apropia de los poderes públicos y reparte el botín. Está planteado en los actuales momentos un conflicto entre la AN y Gobierno. Después del 6D, un menú de opciones se ofrece, pero la esperanza se desvanece.

El proceso político no debería ser igual al de las primeras décadas del siglo XX, caracterizado por constituciones al antojo de caudillos, quienes adecuaban el pacto social a sus intereses y al de quienes le asistían. Las dictaduras, idóneas para gobernar a pueblos surgidos del error de la independencia de España, por lo menos, inoportuna por su momento y la forma de adelantarla.

Venezuela no escapa de las coincidencias ni incongruencias: 1) El caudillismo del chopo para mandar, 2) El provincialismo, a tomar el poder, 3) Más que integración social anarquía, 4) La hegemonía de sabiondos gobernando y 5) Bolívar, adorno para el complot. La característica común pasaría por las preseas castrenses concedidas no por la academia. Más bien por el éxito en la travesía.

El escenario propende a una República constitucional que postula que a la gente de uniforme debía profesionalizársele para que gobernaran los civiles. A la muerte de Gómez el anhelo por la civilidad prosiguió con los generales Medina y López, ambos jefes de Estado, con quienes prosiguió el predominio castrense. A los últimos se reconoce una tendencia a la civilidad constitucional por censores de que en octubre una junta cívico militar propusiera un régimen civil y democrático. El fervor que se produce en los caídos y quienes no participan en las resultas de la gesta, unido a matices populistas cooperan para que

---

31 *Ibídem*, *El Universal Digital*, 19 de marzo de 2016. Disponible en: http://www.eluniversal.com/noticias/opinion/crisis-republica_202046

la República civil sucumba. Una dictadura militar de 10 años nos gobierna.

Ante estas manifestaciones para convertirse en República se agregan 4 décadas democráticas que un liderazgo hegemónico y la subsecuente antipolítica cooperaron para sustituirla por 17 años que a pesar la racionalidad cuesta entender. Un coronel sin preseas se alza en armas (Coup d' Etat) y conquista el sufragio popular terminando electo primer magistrado con nueva Constitución de una Asamblea Constituyente que convoca. Se produce una apropiación de los poderes públicos y una mayoría se reparten un botín, generándose ricos más ricos y nuevos adinerados. Venezuela es un país empobrecido con profesionales lejos del lugar natural por la expatriación (Exilio.https://es.wikipedia.org). Pero víctima, además, de una debacle humanitaria (hambre y sin electricidad y agua) nunca antes experimentada.

La crisis republicana hoy gira en un conflicto de potestades entre la AN y el gobierno que la desconoce amparado en fallos de los poderes restantes. Un capítulo más en "la repetición de la historia" en el desarrollo venezolano. Se norma constitucionalmente, pero hay que acudir a instancias ajenas a las cartas magnas y en la mayoría de los casos mediante el uso de la fuerza popular conjuntamente con la castrense o solo a esta última. Un repaso de las escribanías revela: 1) El texto del 31 prohíbe el ejercicio simultáneo de la autoridad militar y civil, 2) Con Gómez no solamente prevaleció la simultaneidad, sino que fue un mandamás, 3) Califica a los soldados no deliberantes, pasivos y obedientes y 4) Iguales prohibiciones quedan pautadas en el del 36 con la misma ambivalencia con la realidad, aunque menos visible, pues López y Medina ya oían los gritos democráticos de la generación del 28. Estas consideraciones obligan a concluir que la patria muy pocas veces ha resuelto sus dificultades conforme al pacto constitucional, acudiendo siempre a otras instancias con resultados divergentes. La República, la democracia y los venezolanos parecieran haberse habituado a ello.

Una presunción racional y contraria pudiera ser la Constitución del 47. Sin embargo, bastaron solo 3 años para que se depusiera por el arbitraje al presidente electo. Prueba adicional pero contundente de la metodología de las sociedades en procura de ser tales mediante repúblicas de papel. El desfenestramiento de Gallegos constituyó esa alternativa suprema de los uniformados en transgresión a garantías constitucionales. Un Texto de anhelos: 1) Las FAN son profesionales, obedientes y no deliberantes, 2) Existen para la defensa nacional, la estabilidad interna y el cumplimiento de la Constitución, no pudiendo ejercer el sufragio, pertenecer a agrupaciones políticas ni tomar parte en sus actividades y 3) El Consejo Supremo de la Defensa Nacional jefaturado por el presidente de la República y compuesto por los ministros y los oficiales que se determinen es su máximo organismo. Todo lo opuesto sucedió, como en el 83 cuando los tanques sangrientos de Hugo Chávez le pasaron por encima a la democracia constitucional del 61.

El fin de la nueva historia que se escribe en la segunda década del Siglo XXI, obliga a preguntar ¿Qué ocurrió, qué sucede y qué pasará? Después de la gesta del 6D, se voltea la cara cuando se oye que las salidas serán constitucionales, pacíficas y democráticas. Un menú de opciones se ha ofrecido, pero la esperanza se desvanece. Y no muy pocos miran al arbitraje de pueblo y soldados para establecer el orden.

Dios proveerá.

Gisela Velázquez[32]

Gisela Velásquez reflexiona sobre las alternativas para la transición. Observa dos tendencias: la que aspira un resultado sin importar el método y, la respaldada por la dirigencia política que sugiere las fórmulas constitucionales. Le preocupa que día a día se limitan más las potestades de la AN, pero reconoce los esfuerzos de Henry Ramos Allup y los demás diputados. Considera que debe hacerse más bulla frente a la autocracia y recuerda las palabras de Juan Pablo II: "Por más poderoso que sea un dictador, solo es un hombre. No tengáis miedo."

---

32 *Ibídem, El Universal Digital*, 26 de marzo de 2016. Disponible en: http://www.eluniversal.com/noticias/opinion/gisela-velazquez_228465

Es una compatriota de Caracas cuyo nombre resulta de la admiración de su madre por la viuda de San Esteban de Hungría y que muerto su esposo se interna en la Abadía Venedictina donde pasó el resto de su vida en oración y sacrificio.

Está consciente de que a los venezolanos se les ha hecho todo lo cercano a la indignidad, no pudiéndose esperar más para demandar que se nos respete.

En lo relativo a la manera de hacerlo quedan pocas opciones, pues unas cuantas se han intentado como el 11 de abril y La Salida de febrero, con un significativo costo pero sin haberse logrado una transición. No se ha corrido con la buena suerte de las manifestaciones populares y políticas (La Primavera Árabe) que pusieron fin a las dictaduras de Ben Ali (Túnez) y Mubarak (Egipto) (S. Amin). En Caracas las gestas han debilitado al gobierno. Se ha convivido con 2 tendencias:

1a) La del que no le importa el método, sino el resultado y 2a) La de la dirigencia que plantea la necesidad de hacerlo conforme a las pautas constitucionales. Alternativa respaldada popularmente en las elecciones de la AN, pero cuyas potestades cada día se perciben limitadas por fallos jurídicamente cuestionables, pero que no obstante tienen efectos. Han de reconocerse esfuerzos de Henry Ramos, Presidente y de los diputados democráticos por la lucha que mantienen para que se respete la soberanía popular.

No es una falacia que el pueblo sometido a penurias para su subsistencia ha comenzado a dar muestras de descontento. Descripciones en las redes sociales preocupan: 1) Mientras tanto se va el primer trimestre y nada ha pasado. Una AN diciendo NO y el Gobierno en campaña (L. V. León, 20.4.16)", 2). Capriles manifiesta que si el CNE no atiende la moción refrendaria requerirá al pueblo en la calle (20.4.16) y 3) L. López desde la prisión insta a tener fe y a no perder la esperanza. Estas con las características que tipifican el análisis diario.

En escenarios académicos (Leo Strauss) se puntualiza que la tiranía consiste en hacer uso del poder no para el beneficio del pueblo, sino para la propia ventaja de quien lo ostenta y que el tirano no se guía por la Ley, sino por su propia voluntad (Locke), concluyéndose que la autoridad que excede el poder queda al margen de la Ley y hace uso de la fuerza para imponer lo que aquella no permite. Cesa de ser magistrado para convertirse en tirano. Tertulia frecuente en un análisis ya largo y hasta tedioso.

El pragmatismo a su vez reclama acción. Requiere romper el silencio y que haya mucha más bulla. Pareciera demandar que si estás razonablemente indignado como cualquier venezolano exijas el respeto a la voluntad popular expresada mediante el sufragio al 6 D: 1) Al gobierno, 2) Al TSJ, al árbitro electoral y demás poderes públicos y 3) A las Fuerzas Armadas, particularmente, en lo concerniente al deber que pesa sobre sus hombros de hacer respetar la Constitución. Muchos piensan que el régimen guarda una cercana similitud con las denominadas autocracias personalizadas (Fernando Rospigliosi).

Ellas, al contrario de aquellas que se califican como militares institucionalizadas, no se conforman ni actúan como expresión del sector castrense, sino que recurren a elecciones usualmente amañadas para legitimarse. No les importa la institucionalización de los hombres de uniforme, más bien introducen mecanismos políticos en la manera de designación de mandos y ascensos para controlarlos. La corrupción es otro factor disolvente de la institucionalidad, por lo que es desarrollada por ser justamente una manera de dominar a las Fuerzas Armadas. La justificación de las segundas está en la necesidad de impedir que triunfe una revolución o adelantar transformaciones que los uniformados creen que solo ellos pueden efectuar. El juicio para calificar al régimen venezolano para algunos estudiosos está cercano a estos parámetros. Y ello ha de tomarse en cuenta en la logística para una transición a la democracia.

Mario Vargas Llosa (El País, 21.3.16) al referirse al libro ¡Preso pero Libre!, de Leopoldo López, alienta cuando escribe que el pueblo venezolano no se ha dejado sobornar por la demagogia chavista. Pero indirectamente también que moramos, tal como lo atestigua Felipe González en el prólogo, en el país con más alta inflación y criminalidad en el mundo. Un Estado fallido, para el expresidente de España. El culto a la religión católica bajo la cual se le educa induce a Gisela Velásquez a no dudar que los venezolanos han vivido en estos días la entrega de Jesús por nuestros pecados, su martirio y su muerte, requiriendo al Señor en sus plegarias por el fin de esta larga tormenta de 17 años. Peticiones que han de acompañarse con la máxima "A Dios rogando, pero con el mazo dando" que pareciera reflejarse en el pensamiento de Juan Pablo II. "Por más poderoso que sea un dictador, sólo es un hombre. No tengáis miedo" y con la frase del Papa Francisco, ¡Indignante!

La conversión de Aristóbulo[33]

Imaginariamente conversan Aristóbulo Istúriz y Henry Ramos, preocupados por la crisis y coincidiendo en la necesidad de reconciliar la Nación. Ante esto, Istúriz acude a la lectura de "La Vida de los Santos" y regala un ejemplar a Maduro. Conversan Presidente y Vicepresidente sobre la conversión de San Pablo, aprovechando el segundo para entregarle al Primer Magistrado un documento en el que propone: fin al intervencionismo, apertura a la inversión extranjera, fin al conflicto institucional y acatamiento de las providencias de la AN, entre ellas, la Ley de Amnistía. Maduro reflexiona pero concluye que no puede aplicarlo, pues Chávez no se lo perdonaría.

San José de Arimatea buscó el Reino de Dios. Al cuerpo de Jesús lo envolvió en vendajes con aceites ubicándolo en un sepulcro nuevo. Se le conoce como Patrono de los Directores de Funerarias.

Para un número de venezolanos el país se parece a una funeraria, por la tristeza que ambos escenarios ofrecen. El vicepresidente Aristóbulo, y H. Ramos, presidente de la AN, viejos amigos del Parlamento democrático (Constitución del 61) tertulian acerca de la comparación jocosa de los pueblos ante sus dificultades. Por supuesto, les preocupa la crisis, planteándose que mucho ha de hacerle para conciliar intereses ante la anomia. La nación; expuesta a un alto riesgo que potencia alternativas impredecibles.

La preocupación de Istúriz lo lleva a leer "La Vida de los Santos" (edición a San José, 1977), por lo que le conversa a San Martin de Porres por atraerle el color de la piel y configurar de alguna manera al

---

33 *Ibídem*, 2 de abril de 2016. Disponible en: http://www.eluniversal.com/noticias/opinion/conversion-aristobulo_247446

venezolano del socialismo del siglo XXI; barbero, limosnero o trabajador del campo. La interesante compilación lo alivia, por lo que le regala un ejemplar al presidente Maduro. Profundizar acerca de San Pablo exigió como favor especial a Nicolás.

El domingo de resurrección, para los católicos día no comparable con ningún otro (Ed. Prendegast, 2016), Presidente y Vice comparten la admiración a Pablo, quien de enemigo de los seguidores de Cristo se convirtió en creyente de su doctrina en su largo viaje a Damasco convencido de ser el hijo de Dios. Nicolás le comenta la Visión de Pablo sobre Macedonia, oportunidad para que Aristóbulo le entregue lo que ha titulado "La Redemocratización de Venezuela": 1. Poner fin al intervencionismo del Estado, hoy convertido en leviatán, 2. Ley de apertura a la inversión extranjera, con reglas claras y estímulo a la concurrencia del capital extranjero en petróleo, minas y recursos naturales, 3. Plan de Obras Públicas con recursos nacionales y foráneos, 4. Política tributaria coherente y 5. Libertad cambiaria. A la pregunta del Primer Magistrado acerca de la persona que pudiera coordinar el área, Aristóbulo responde que José Guerra, sostenedor de la economía social de mercado. El documento contempla además poner término al conflicto institucional mediante la separación de poderes y el acatamiento a las providencias de la AN, entre ellas la Ley de Amnistía y la selección de nuevos magistrados del TSJ, CNE y titulares de los restantes poderes públicos constitucionales. Finalmente, crear como en el 58 una Comisión para castigar el enriquecimiento ilícito, la cual presentará al Primer Magistrado y a la AN un listado de servidores públicos y terceros enriquecidos, concediéndoles recurso de revisión ante el TSJ conforme al debido proceso. En educación menos doctores y más técnicos. El documento termina expresando que "conforme a la Constitución todo, fuera de ella nada".

Nicolás advierte que no ha contemplado ninguna acción con respecto al desabastecimiento, la inseguridad y los servicios públicos. Tampoco a las relaciones con EEUU, llamando la atención de que Cuba lo ha hecho, habiéndose generado en la Isla una esperanza, no para nosotros, sino para los cubanos. Los Castro ya nos miran como los rusos a Allende en su visita al conclave soviético ante la hecatombe de la economía chilena resultado de las políticas del galeno (M. Amorous, 2013). A Aristóbulo le apena el reclamo presidencial, pero le satisface el encuentro. Mucho más cuando el Presidente confirma la gravedad de la situación.

En un último encuentro Maduro manifiesta que ha leído todas las Vidas de los Santos afirmando que "en hombría de carácter le ha impactado San José, el esposo de María (Ibídem, p. 112)", para de seguidas adicionar que el Comandante dejó un legado para sus seguidores, algunos más fieles que otros, última frase que Aristóbulo asume pronunciada con sarcasmo. Por lo que a lo largo de la lectura de tu documento, parecido por cierto al "New Ideal" del gringo FD Roosevelt (American Presidents, 2016), me he preguntado acerca de la posibilidad de poner de lado al socialismo del siglo XXI y muy particularmente a su mentor. En rigor a un héroe nacional.

Chávez no me perdonaría que abandonara el proyecto de desarrollo que concibió. Veníamos bien, pero circunstancias adversas nos han debilitado. Soy de los que mueren con las botas puestas y jamás abandonaré lo que nos enseñó. La oposición aprobará una enmienda para reducir el período y el TSJ la anulará por inconstitucional y con respecto a la renuncia se quedará con los crespos hechos. La partida de nacimiento la tengo bien guardada ante la alharaca de P. Medina y Aristeguieta. A los opositores les queda, por tanto, solo el revocatorio y a él iré aun cuando me derroten. No traicionaré a Chávez. Siéndole fiel bajaré tranquilo al sepulcro.

Istúriz ruega a Nicolás rezar a San Luis Beltrán evangelizador en Colombia, Panamá y las Antillas. Piedad que la calamidad es enorme.

Aquél se lo agradece.

La Teoría Constituyente[34]

En países con constituciones serias, la Teoría Constituyente tiende a ser estable, mientras que en otros con Textos imaginarios, la Teoría es irracional y volátil. Se trata de una tendencia que pretende estabilidad y progreso, por lo que no ha de ser retórica. En lo que respecta a Venezuela, la Teoría ha sido desarticulada y so-

---

34 *Ibídem, El Universal Digital*, 9 de abril de 2016. Disponible en: http://www.eluniversal.com/noticias/opinion/teoria-constituyente_248648

metida a un Gobierno con origen golpista que no observa la Constitución. Las alternativas de la Teoría se encuentran supeditadas a los poderes constituidos, obstaculizando éstos, su ejecución. No hay dudas de que la Teoría Constituyente atraviesa su peor momento en Venezuela.

El dilema de los países latinoamericanos es su transformación a sociedades estables con pactos constitucionales. Se han escrito conforme al modelo de naciones que lo han logrado, por lo que en el continente la tendencia prosigue pero sin eficacia.

En repúblicas con pactos constitucionales plausibles la Teoría Constituyente es racional y los preceptos con vocación a permanencia. La volatilidad de la Ley Fundamental es por lo contrario la pauta en aquellas bajo una constitucionalidad imaginaria y transitoria.

La Teoría es en rigor una tendencia a fin de alcanzar estabilidad y progreso, por lo que no puede ser retórica. La seriedad, prudencia y sabiduría determinan propósitos claros, reglas y vocación a cumplirlas por ciudadanos y autoridades legítimas. Un esquema así de claro, no obstante, genera contradicciones en el subdesarrollo (Venezuela, una crisis, Piñera, Tw.21mar. Rousseff confrontará impeachment, El País, mar 31).

No es que la Teoría deje de ser tendencia en las estables. Más bien es dinámica para estimular la maximización nacional. Por supuesto, sin apartarse de ideales con respecto a los cuales la ciudadanía se acordó. Una mixtura de objetividad se requiere tanto en lo convenido, como en lo formalmente pautado y lógicamente con la sensatez de lo qué se pensó como saludable. Lo paradójico en las cleptocracias populistas formalmente legitimadas más para el engaño electorero que el progreso de los desposeídos. Se imponen ante las clases medias y bajas con promesas irrealizables. Para Montaner, demagogos, proteccionistas, intervencionistas, burócratas, clientelistas, inflacionarios, devaluacioncitas, perpetradores del poder, corruptos, debilitadores de la justicia, nacionalistas y antiamericanos. Características del populismo (Diario de Cuba. April).

Las últimas décadas evidencian un episodio que además de producir internamente calamidades agrede a EEUU (Ibídem), país con una tendencia racional a la Teoría y de interpretaciones cónsonas para convertirlo en la 1ra. Potencia. La han precedido jefes de Estado decisivos, articulados y que con clara visión han hecho "The best of my abilities to preserve, protect and defend the Constitution (American Presidents; The Greatest... and the Worst!, B. Harris, 2016)". Allí no hay dudas que la tendencia a la constitucionalidad sustancial prosigue con éxitos.

Los venezolanos experimentamos un uso desarticulado de la Teoría acompañado de diversos acontecimientos, uno opuesto al otro, pero con sujeción al proyecto de turno y de aquel que lo lidere con una terrible experiencia: 1) Gobierno con origen en un golpe de Estado, 2) Socialismo como el definido por Montaner (Ibídem), 3) Constitución del caudillo a quien poco importó que el texto prohibía (Art. 2) como nos mandó, 4) Destruye al país y se le honra en mausoleo, 5) Lo sustituye a quien escoge, no dispuesto a rectificar por el compromiso con el legado y 6) Se le derrota eligiéndose un Parlamento de oposición. Pero, adicionalmente a la crisis humanitaria el Gobierno desconoce las providencias de la AN. Por lo que las leyes y acuerdos no producen sus efectos, quedando en el vacío y los votantes inquietos.

A una amnistía (olvido de penas como medida excepcional para presos políticos) el Primer Magistrado niega el Ejecútese constitucional (Art. 214), excluyéndose un mecanismo exitoso como lo fue con Reagan la ley que permitió a millones de indocumentados hacerle residentes (ZGS, 2016), en la transición democrática española que suprimió efectos jurídicos que pudieran peligrarla y hasta en Colombia con el proceso de paz y el acercamiento EEUU/Cuba. El régimen no admite ni humanitariamente la aquiescencia al convivir democrático. La Teoría Constituyente pasa, por tanto, por su peor momento. Y a Venezuela no queda otra opción que cambiar al Gobierno.

Las alternativas que la Teoría ofrece están supeditadas a la voluntad de los poderes delegados que han hecho nugatorias las que se han intentado, a pesar de su pertinencia constitucional. Pensando en lo impensable, ¿será posible rechazar la consulta al pueblo para la revocatoria (Art. 72) del mandato presidencial? Claudio Fermín, testigo de excepción como asambleísta del 99, la percibe como oferta engañosa, entre otras razones por estar supeditada a la providencia del árbitro electoral, cuya pluralidad democrática dada sus ejecutorias cuesta admitir (www.notiminuto.com).

Largos años de incertidumbre han pasado y al horizonte no se le ve cercano, circunstancia que ha llevado a meditar con respecto a la genética de los pueblos. En El País (España. Abril 2016) Nuño Domínguez comenta que la investigación publicada por Science Advances apunta a que hubo una extinción de linajes tras la conquista de América. Por lo que tal vez cabría plantearse la racionalidad de la Huella Perenne de Herrera Luque. Atrevida aproximación que justifica la angustia.

Tema complejo, por lo que preguntas y respuestas en el vacío, pero prosiguen.

Truco, política y moral[35]

Luis García es pampatarense y jugador del popular juego de barajas, el Truco. Compara al país con el "truco y retruco", pues cada providencia de la AN, o propuesta de la MUD, es negada y obstaculizada por el Gobierno y el Tribunal Supremo de Justicia. Estima que el "truco y retruco" caracterizan el devenir de los acontecimientos en su país. Pero argumenta que la AN legisla y tanto los ciudadanos como el gobierno han de obedecer. Está convencido de que en la política, la moral debe observarse en procura de la prosperidad social. Sabe García que la conciliación está lejana ante el escenario de conflicto institucional que está planteado.

Luis García es de Pampatar. Le cuesta desarraigarse de la angustia, no obstante meditar con respecto a la fe en Dios en el pasaje de discípulos de Jesús ante las aguas encrespadas que vapulean la barca a Cafarnaúm. Tal vez se aquietaría asistiendo a un juego tradicional de naipes con baraja española al que se le invita (El truco).

Lo comparte con Félix Álamo, Teódulo Ituriza y Juan Zabala, cuyos perfiles constan en el libro Juan Rivas; el repitiente, de quien estas líneas escribe. Más bien se ensoberbece convencido de que en el país

---

35 *Ibídem*, *El Universal Digital*, 16 de abril de 2016. Disponible en: http://www.eluniversal.com/noticias/opinion/truco-politica-moral_288299

se actúa con truco y retruco: 1) La AN dice No a la emergencia económica y el Gobierno Sí, 2) Aprueba la amnistía, pero el Presidente niega el Ejecútese, 3) Reforma la Ley del BCV y el TSJ califica inconstitucional, 4) Igual sucederá con la Ley de Referendos (Art. 72 Constitucional), 5) Al Primer Magistrado se requiere prueba de su nacionalidad (Art. 227) y se niega, 6) A la enmienda de Ramos para reducir el período presidencial (Art. 340), el Gobierno responde con la reducción a solo 60 días del de diputados, 7) Para Lucena la iniciativa refrendaria incumbe al CNE y no a la AN y 8) Las firmas para el referéndum (Art. 72) del Menú Opositor de Opciones son inválidas y afectos al Gobierno aporrean a diputados por el SÍ con banderas del NO. Sucederá lo mismo con la convocatoria a una Asamblea Constituyente a la que tal vez se acuda por los obstáculos de las planteadas. El truco y el retruco tipificarán el devenir con las 24 atribuciones de la potestad parlamentaria (Art. 187). El tocayo no duda.

En el juego cada dupla gana 4 partidas, por lo que ha de jugarse en las cartas el denominado bonito para el real ganador. García duda si en el azar se favorecerá al gobierno o a la AN. Plantea más bien una tertulia con dosis adecuada de elíxir escocés y agua de coco. A la margariteña.

Argumenta: 1) El poder legítimo (la autoridad), lo estatuye la Ley a obedecer por ciudadanos y quien gobierna, 2) La política forma parte de la moral que ha de observarse por requerirlo la prosperidad social y 3) El orgullo es la estima propia exagerada que pavimenta el camino a la destrucción. Pautas para las reconciliaciones no observables por nosotros. Para Istúriz, en posición oficial importante, no todo puede ser amén a lo que diga la oposición. Formalmente hay un Presidente electo y hay que respetar. Al socialismo no se le ha podido derrocar en elecciones, huelga petrolera, el 11 de abril, ni con la salida (Feb. 2014). No será fácil tampoco desde un cenáculo parlamentario que cree contar con íntegramente con la soberanía popular, cuando, por el contrario, ésta está dividida en porcentajes respetables entre la MUD y la Revolución. Gritaron amnistía y el Gobierno Comisión de la Verdad. La AN confrontará siempre al bloque constituido por el Presidente, TSJ y demás órganos constitucionales. Y más ahora con la asesoría del Dr. Zabala. Por lo que ellos nos gritarán "váyanse" y nosotros "no pasarán". Desde mi posición, no obstante, lucharé por salidas constitucionales, pero con racionalidad política.

Analizará en el Gobierno enmendar el período presidencial, diputados y TSJ. Responde con dudas. Zabala se suma. ¿Cerrarán la AN?; ambos; posible. ¿Proseguirá el contraste de la apoliticidad de las FFAA y a Padrino deliberando con respecto a political issues? La respuesta es que ya el Ministro expresó que esa prohibición al soldado es cosa del pasado.

El paisano entiende que la reconciliación está lejana y que no sucederá como en Italia donde, como dice Humberto Eco, los comunistas rehabilitaron a los fascistas. Aprovecha que es medianoche y aunque queda agua de coco, la bebida escocesa se ha consumido. Se despide.

De regreso al hogar no deja de alarmarle que no todo es imaginería y que Truco, Política y Moral son una realidad. En la sui generis lingua italiana las mujeres al maquillarse dicen que se están trucando para verse más atractivas quienes son bellas y aproximándose a esa virtud las menos agraciadas. El daño que la actitud pueda causar en los varones engañados no es tan determinante como cuando se truca o maquilla la Constitución. En eso piensa al enterarse que el TSJ ha declarado inconstitucional la amnistía, por lo que recuerda que para la filosofía es inmoral realizar actos en contra de la moral conociendo la moralidad. El fallo, uno más en una seguidilla favorable al poder de mandar, que no es precisamente, según Mario Stopino, la capacidad generalizada de asegurar el cumplimiento de las obligaciones vinculadas a un sistema de organización colectiva y por tanto impuestas con sanciones negativas, sea cual fuere el agente social que las aplica. Si se maquilla la Carta Magna no hay democracia. Tampoco, para Rodrigo Borja, equilibrio y controles recíprocos, frenos y contrafrenos en los poderes, una vereda dirigida al despotismo. Eso está ocurriendo.

El tocayo pasa mala noche. En boticas no hay tranquilizantes. Ni siquiera valeriana.

La República y el Gobierno[36]

Pompilio Valderrama se pregunta si la Asamblea Nacional ha sucumbido en exceso de parlamentarismo, producto del talante democrático y la rigurosidad de reglamentaciones. Sabe que la AN se ha jerarquizado frente al mundo por actuar conforme a la legalidad, pero no tiene dudas de que al régimen hay que sustituirlo democráticamente pero pronto. Pompilio sugiere que se apruebe un Acto Parlamentario sin forma de Ley que plantee que el Gobierno actúa contrariando la Carta Magna y adueñado de poderes derivados; que es imposible sustituirlo mediante juridicidad; que hay presos políticos y que se vive una severa crisis humanitaria. Valderrama piensa en reeditar el libro de Platón "República o Estado" cambiando el título original por "República o Gobierno", más adecuado a Venezuela.

Los alumnos de Juan Porras Rengel, discípulo de Juan David García Bacca, fundador de la Escuela de Filosofía, UCV, ponderan que los dedicados al tema desarrollan una burla particular, fina y disimulada para explicar las cosas. Quizás por ser la metodología filosófica el análisis crítico de la humanística para una interpretación de la vida real.

Es el caso de Pompilio Valderrama, enamorado de la fantasía, quien renueva sus emociones y no es afecto a las responsabilidades. También le cuestan las preguntas frecuentes. Es pragmático, pero un amante de la patria.

Por cuanto en Venezuela ha sucedido de todo, pero nada bueno, Pompilio se plantea si el talante irónico es buen consejero para un análisis. Ha sido un largo período, tanto que faltan solo 10 años para alcanzar los 27 durante el cual Gómez nos mandó, realidad esta particular que el resto de los países no comprende, condena y rechaza. Pero que los venezolanos toleramos, hasta el extremo que las encuestas revelan que Maduro, quien como el Benemérito nos capitanea, en lu-

---

36 *Ibídem*, *El Universal Digital*, 23 de abril de 2016. Disponible en: http://www.eluniversal.com/noticias/opinion/republica-gobierno_306181

gar de estar en cero, cuenta aún con 15% de compatriotas que no revocarán su período. El enfoque sería el de la concepción de la filosofía popular que analiza la contemplación abstracta de los problemas de la humanidad, concluyendo en teorías que pueden sonar esplendidas, pero no prácticas (Richard H. Popkin / Avrum Stroll). En criollo pareciera que suele llamárseles pastoreadores de nubes.

La inquietud en Pompilio surge al preguntarse con respecto al parlamentarismo en exceso por parte de la AN, derivado de: 1) El talante democrático de los diputados decembrinos, 2) La rigurosidad de las reglamentaciones del Congreso Nacional, instituido conforme a la Constitución de 1961, a pesar de haber sido modificada para mal en las últimas décadas y 3) Rehuir la Ley del Talión (ojo por ojo y diente por diente), metodología habitual más bien por el Gobierno que no practica la democracia. El resultado ha sido que la Asamblea todo lo ha hecho conforme al principio de la legalidad, esto es, con una rigurosa observancia de la Constitución, las leyes y normativas parlamentarias. Sin duda ello ha jerarquizado a la AN ante las naciones democráticas del mundo. Pero asimismo para un grupo importante de venezolanos a quienes nadie saca de la pauta de que al régimen hay que sustituirlo, pero en democracia y de conformidad con la Carta Magna. No de otra manera.

El Gobierno, apoyado en poderes constitucionales no originarios y bajo la tutela de defensores de un tal proceso calificado con el remoquete de socialismo revolucionario, ha deliberado muy poco y sin importarle los pro y los contra de las providencias. Solo le ha interesado continuar mandándonos. No gobernar, que supone someter las decisiones al criterio de los demás, cultivar la participación y el dialogo y tomar acuerdos que sean fruto del consenso. La metodología oficial es "ordeno, mando y hago saber". Ejerce el poder omitiendo absolutamente los deseos, designios y providencias del soberano.

La dualidad de métodos opuestos y con resultados contrarios lleva a Pompilio a conversar imaginariamente, entre otros, con el diputado Williams Dávila, planteando la conveniencia de un Acto Parlamentario sin Forma de Ley por la Asamblea sustentado en: 1) El Gobierno actúa contrariando la Carta Magna, pues manda con incuestionable apoyo castrense y por haberse adueñado, unilateralmente, de poderes derivados, intérpretes del Texto Constitucional y leyes a conveniencia de aquél, 2) Es imposible cambiarlo mediante la juridicidad, 3) El soberano con sus serias calamidades de insumos básicos, incluyendo no solo comida, sino agua y electricidad, pero a la espera de una gesta milagrosa, 4) Los presos políticos allí seguirán con la condición y sus mismas celdas, no obstante la amnistía y 5) Los consejos y hasta regaños de la comunidad internacional resbalan. El Acto Parlamentario terminaría disponiendo: 1) A Venezuela la gobierna una autocracia, 2) Se sustituye al Presidente de la República y 3) Se reemplazan a los integrantes de los poderes constituidos. La AN proveerá lo conducente para designar a quienes les reemplazarán conforme a la Carta Magna. La providencia se aprobaría conforme a las pautas establecidas en el ordenamiento jurídico.

En el encuentro Pompilio entrega a Dávila el libro "La República o el Estado" (Platón), expresando no saber quiénes serán en el país el irónico de Sócrates, Céfalo, Polermarco y Transimaco. Presagia un símil del diálogo en lo concerniente a lo justo, para Transimaco lo que conviene al más fuerte, cónsono a gobiernos tiránicos. Pregunta al diputado si cree que es así. Este calla. Pompilio editará el libro, cambiando el título original de Platón "República o Estado" por "República o Gobierno", terminología más idónea al cataclismo venezolano.

Se retira Pompilio a la barra del Hotel El Conde con 12 tragos de ron carupanero…

Las sociedades débiles[37]

En Abril de 2016 han transcurrido más de 100 días de haberse instalado la AN, cuya interpretación de la Ley ha sido cónsona, pero no logrando con esto resultados en la vida real. Luis Gonzales, quien había expresado al bolivariano Arévalo Navarro que "se les acabó el jueguito", es visitado por este último, quien propone que el TSJ sincere cuáles son las atribuciones de los diputados y si estos pueden ejercer control sobre el gobierno; además

---

37 *Ibídem, El Universal Digital*, 30 de abril de 2016. Disponible en: http://www.eluniversal.com/noticias/opinion/las-sociedades-debiles_307075

adiciona que "Maduro seguirá gobernando". A Luis le preocupan las interpretaciones de la Sala Constitucional y considera que ha de acudirse a la resistencia conforme a los artículos 333 y 350 de la Constitución.

La votación de diciembre a favor de los diputados opositores fue de tanta alegría para Luis González, que tocó la puerta de Arévalo Navarro, compenetrado con el pasado y el devenir bolivariano, para manifestarle ¡Se les acabó el jueguito!

Pero para abril han transcurrido más de 100 días caracterizados por la interpretación por parte de la AN de la ley, de manera cónsona con el espíritu y propósito del legislador y el fin de los preceptos superiores que conforman el pacto social, esfuerzos que lamentablemente no han descendido a la vida real. Es decir, se han quedado en el retoricismo y allí pernoctan ante un gobierno que como un tsunami ha convertido al país de sociedad en formación a algazara y bullicio.

El domingo 24, es Navarro quien toca la puerta a Luis. Saluda amablemente a los demócratas con él reunidos y plantea poner fin a la ambivalencia entre los revolucionarios y aquellos que no lo son mediante una misiva de los diputados consultándole al TSJ: 1. Cuáles son las atribuciones que pueden ejercer, 2. Podrán controlar el ejercicio del gobierno y 3. Tendrán alguna injerencia en lo concerniente a la remoción de los ministros y titulares de órganos constitucionales. Por cuanto presumimos que en aras de la uniformidad de la jurisprudencia las respuestas serán como hasta ahora contrarias a la AN, requerir, por tanto, que la Sala Constitucional sentencie que los parlamentarios han de limitarse a la lisonja, exaltación y piropo de ser representantes del pueblo electos conforme a las reglas democráticas. Entendamos que la democracia es real o de papel y que la segunda existe más, pero con notable carencia de sustancialidad, como en América Latina y por tanto en Venezuela. Esto es incuestionable. Seamos sinceros.

Una prueba es que las providencias parlamentarias han sido anuladas judicialmente, entre ellas la referida a la enmienda, no obstante que la exposición de motivos es obra de jurista formado, así como el articulado. Ha de censurársele, sin embargo, que los legisladores que la aprueban quedan legitimados for ever para proseguir representando al pueblo, un pellizco a la representación popular sustento de la democracia que por ello precisamente se califica como representativa. Los mandatos restantes, incluyendo al presidencial, por lo contrario, son revocables. Una ofensiva contradicción acota Navarro, haciéndose el sordo a los insultos de las esposas en el salón contiguo criticando criminalidad, bachaqueo y escasez, pero sin detener el juego de canasta. Se despide con sorna diciendo ¡El jueguito no se acabó! Más bien prosigue y Nicolás continuará gobernando.

Luis arguye que no podemos continuar perplejos ante un cuerpo de magistrados que actúa como FLASH por la prontitud de sus fallos, hasta que da la impresión que conocieran anticipadamente lo que proveerán los diputados. Estemos seguros de que la S. Constitucional sentenciará que la Constitución enmendada no se aplicará al periodo presidencial en curso, olvidando que en lo que respeta a las decisiones en las cuales estén representados los altos intereses de la República las previsiones constitucionales son de aplicación inmediata. Periódico en mano acota que para Carlos Canache (Nuevo País) ha de acudirse al derecho de resistencia a la opresión que nos obliga al restablecimiento de la vigencia de la Carta Magna (artículos 333 y 350) desconociendo la autoridad que contraríe los valores democráticos, lo cual demanda presencia del pueblo para la renuncia presidencial y nuevas elecciones (artículo 233). Esto es, que hay que salir del gobierno acota Tobías Matos. Así es, responden los presentes.

La socióloga Marcela Colmenares dice que la disgregación social es enemiga del derecho a la resistencia: 1. La sociedad es producto de la fuerza cultural, el gobierno y la política (Smelser, 1988), 2. El liderazgo cuando no es homogéneo se aferra al status quo, negativo si la capacidad de convocatoria es contrastante con el decaimiento de grupos sociales (asociaciones y sindicatos) y particularmente cuando son más bien fuertes del lado del gobierno por prebendas y 3. La participación social (Tocqueville /Pierson) fue y es determinante en el progreso de EEUU. El capítulo venezolano del 45 la propició por lo que conjuntamente con la dirigencia y los partidos posibilitaron un régimen democrático. Actualmente la convocatoria popular confronta lamentablemente las dificultades anotadas.

Pero el país está incendiado por los 4 costados. La gente está en la calle. Manifiesta Tobías Matos. Y hay de aquel que la desestimule.

Quedamos convocados para mañana a la misma hora se le escucha a González con molestia y enfado.

A Mercedes Colmenares se le oye "8 horas de trabajo para convertir a Venezuela de algazara y bullicio a la sociedad en formación como lo fue antes de la utopía del bolivarianismo".

Así finaliza la reunión cuando son las 11 pm.

Hermenéutica y ley[38]

Ponciano Valladares, profesor de Derecho con 85 años, reflexiona sobre la hermenéutica, que define como el arte de interpretar textos sagrados, pero le preocupa la confusión del término "hermenéutica" con "hermético", pues la interpretación es de estos últimos suelen ser acomodados. Valladares es autor de cuartilla y media titulada "La Hermenéutica y las pautas constitucionales del 99" en la que resalta que el cargo de Presidente de la Republica es revocable, siendo solicitado por 20% de electores a la mitad del periodo y que, habiendo sufragado más del 25% de los inscritos, la revocatoria haya sido apoyada por más de quienes escogieron al funcionario. Ponciano considera que para comprender esto no hace falta mucha hermenéutica, salvo que el revocado se ampara en jueces "herméticos".

En Venezuela hay juristas, doctores en Derecho, abogados posgraduados y especializados, simplemente abogados y estudiantes en procura de. A todos se ha explicado "la hermenéutica" y "el espíritu del legislador" como fuentes relacionadas a la interpretación de la ley, combinándose así maestros y alumnos en la complejidad de la Teoría General del Derecho. Ante la cuestión de si los profesionales de la abogacía conocen esta última, el jurista Alí J. Venturini presagiaría que es una presunción que admite prueba en contrario.

Así piensa Ponciano Valladares de 85 años, quien se dedicó a la enseñanza de las ciencias jurídicas, primero en Salamanca y luego en Mérida, en la Universidad de Los Andes. En la Ciudad de los Caballe-

---

38 *Ibídem, El Universal Digital*, 7 de mayo de 2016. Disponible en: http://www.eluniversal.com/noticias/opinion/hermeneutica-ley_308327

ros permanece jubilado y lo llaman Don Ponciano. En sus clases definía al "hermeneuta" como la persona que profesora la "hermenéutica", a la cual califica el arte de interpretar textos sagrados, práctica que deviene útil en lo relativo a las reglas sociales. Pero mayor énfasis ponía el docente al advertir como erróneo confundir al "hermeneuta" con el "hermético", pues el último se afianza de tal manera en un cometido, usualmente extraño, que no deja penetrar ni siquiera el aire. Por lo que son opuestos el Doctor en Derecho, el simple abogado, el Magistrado de Cortes, Tribunales y de medias y parroquiales instancias, cuando actúa como "hermenéutico" y "hermético". Los fallos del segundo suelen ser interesados y acomodados. Prisca Lucila, su nieta y también profesora de Derecho, pregunta al abuelo en cuál categoría han de ubicarse a los jueces que así actúan, esto es, los "herméticos" recibiendo una mirada molestosa producto de reacción alimentada por estado emotivo indeterminable y alta dosis de animación y brío. El académico, no obstante, extrae de su bulto cuartilla y media titulada "La hermenéutica y las pautas constitucionales del 99", leyendo: 1. La Presidencia de la Republica es revocable, 2) Puede solicitarla un número no menor del 20% de los electores, 3) Ha de ser votada por un número igual o mayor de quienes eligieron al revocado, 4. La consulta refrendaria debe sufragarla un número de votantes igual o superior al 25% de los electores y 5. Se requiere que haya transcurrido la mitad del período. Don Ponciano con clara voz expone el párrafo resaltado en amarillo expresando que "al cumplirse los extremos constitucionales debe aceptarse sin más argumentaciones revocado al Presidente. Pero además sostiene que "la pauta final para el revocado, el Parlamento, el CNE, el TSJ en todas sus salas, el Ministerio Público, el contralor, el procurador y demás organismos constitucionales y ministros, incluyendo a aquellos sufragantes opuestos a la revocatoria, es que el pueblo en ejercicio de la soberanía elegirá a otro jefe de Estado". Asimismo, advierte el profesor Valladares refiriéndose a un pie de página que también resalta, pero con sarcasmo, "Dios quiera sea uno más idóneo, puesto que aquello de que los pueblos no se equivocan es definitivamente una fábula.

En la media cuartilla Don Ponciano, después de haber cruzado su mirada por el grisáceo cielo andino, se dirige a su interlocutora indicándole que la revocatoria popular del mandato constituye una falta absoluta, por lo que no se necesita mucha "hermenéutica", salvo que el revocado y el juez que le ampare sean "herméticos". Durante los 30 días consecutivos siguientes se realizará la elección presidencial y la Primera Magistratura sería ocupada por quien presida la AN.

Prisca Lucila plantea lo de las sentencias no conformes a la interpretación jurídica de la ley, ni a los principios generales del Derecho, preguntando si cuando se viola esa regla el fallo es amañado. El docente contesta que tales fallos se dictan en defensa de lo que no es bueno para el bien común, pero sí para el individual. En la Alemania fascista, jueces y juristas se acordaron para encontrar en la interpretación de la norma una atípica hermenéutica favorable a Hitler. Prosiguen en monarquías, califatos y gobiernos africanos y en Suramérica.

La "hermenéutica", herramienta para la aplicación de la ley, pasa por las virtudes, vicios, fortalezas, debilidades, sapiencia y mediocridad humanos. La conformación social alguna veces cae en mentes descarriladas por fuerzas atávicas más allá de nuestro control. La novela "La condición humana" recuerda que bajo cualquier chapa está la bestia que llevamos dentro. El juececito consigue allí su fuente. Pero lo más grave, usualmente.

El profesor Valladares afirma que sosteniendo falsos supuestos, preceptos y jurisprudencias mal interpretados, la revocatoria del mandato presidencial habrá de afrontar dificultades. Lucha amada nieta, que yo moriré de melancolía.

Es la última palabra que pronuncia Don Ponciano. Sobre sus piernas ya cadáver recoge Prisca Lucila un ensayo manuscrito titulado "La interpretación de la ley. Una pauta para el juez".

Pacto social y las hormigas[39]

Simón del Jesús Ávila, estudiante de filosofía, no considera inútil la Constitución como algunos, pero observa que la ilegitimidad de los Poderes Públicos profundiza la crisis política. Le estremecen los últimos fallos de la Sala Constitucional que anulan

---

39 *Ibídem*, *El Universal Digital*, 14 de mayo de 2016. Disponible en: http://www.eluniversal.com/noticias/opinion/pacto-social-las-hormigas_309556

providencias de la Asamblea Nacional, pues considera que constituyen una negación a la voluntad del pueblo manifestada en el parlamento. Como futuro filósofo, piensa que los jueces han de sujetarse a la ética, la moral y actuar objetivamente. Estima pertinente imitar a las hormigas, pues la cooperación las lleva a alcanzar sus metas y hacer "acuerdos de paz"

Ha de aceptarse que sabemos lo que es la Constitución y para el más especializado, sinónimo de Carta Magna, Texto Fundamental y Ley de Leyes. Pero por cuanto hay más posgraduados que otros, nos dicen también que padecemos las consecuencias de "El Antónimo Constitucional".

Así lo aprecia Simón del Jesús Ávila, estudiante para filósofo, quien en principio no desea compartir la apreciación de que en los pueblos con crisis políticas, la Carta Magna es un mero papel que sirve para todo, pero menos para lo útil. De lo que no duda es que la ilegitimidad de los poderes públicos en lugar de evitar el trance, lo profundiza.

A Simón del Jesús, no obstante, se le estremece el ánimo ante la circunstancia de que la Sala Constitucional ha dictado 10 fallos consecutivos anulando providencias de la AN, a pesar de haber sido dictadas, para destacados juristas, en ejercicio de potestades constitucionales. Piensa que el desconocimiento de las atribuciones del Parlamento constituye una negación de la voluntad popular, que eligió por mayoría a diputados opuestos al gobierno. Por lo que potencia reacciones de consecuencias impredecibles en lo que a la paz respecta.

La Constitución, por tanto, para el futuro filósofo que comienza a perder la fe, pareciera que navega con oleajes en "las cortes", vocablo éste último con diversas acepciones: 1. Conjunto de personas que componen… la comitiva del rey, 2. Escenario y residencia del monarca; 3. Tribunal colegiado llamado Corte Suprema de Justicia si ocupa la cúspide del Poder Judicial; 4. Órgano judicial de la ONU, la Corte Internacional de Justicia, y 5. Junta general en los antiguos reinos para ponderar negocios del Estado con arreglo a privilegios de aquellos. Estima con criterio pragmático que se impone definir en qué medida los jueces han actuado racionalmente en las 10 sentencias, análisis que conlleva a entender que la justicia es una virtud a ponderar por la sociedad conforme al baremo de lo justo o no y, consecuencialmente, al juez como tal y en su condición de persona. Ese fallo final puede concluir en que aquel en el cargo no debería llamarse juez, cuando pretendiendo administrar justicia lo hace con sujeción a pautas de hecho y no de derecho. Y lógicamente se le juzgaría negativamente cuando aplique dispositivos que no constan constitucionalmente o de estarlo los ponga de lado con un interés específico.

En su viejo escaparate de estudiante halla, en lo relacionado con la asignatura "Ética y Valores", la Unidad # 2, "La justicia como virtud". Allí constata que ella es una cualidad permanente en el alma que excluye actuaciones complacientes. Los legisladores y jueces que han hecho historia, de la elogiable, complementan sus actuaciones con virtudes intelectuales que logran a través de la educación, el conocimiento, la verdad y la moral. Considera Simón que los poderes públicos con ocasión del conflicto que nos afecta, han de sujetarse mucho más a la ética, la justa medida impuesta por la razón a los sentimientos, acciones y pasiones. Una alta dosis de moral ha de observar el juez para que sus fallos no se imputen a "una constitucionalidad subjetiva", esto es, la deseada por él, pero ajena a "la constitucionalidad objetiva", la que estableció el Constituyente.

El desengaño de Simón "el Filósofo" no se lo aminora las palabras "fe, esperanza y caridad" que encuentra en la tesis "La justicia como virtud", por constarle que existe una "Rebelión intelectual" ferviente, constante y sonante pero que no afecta al gobierno como quiere el pueblo. Para Simón del Jesús ha de acompañarla la indignación individual y colectiva aupada por la representación popular y los poderes que la ejercen. No otra alternativa vislumbra como viable.

La congoja lo incita a los párrafos finales de la tesis 5, "La Sociedad de las Hormigas" en la asignatura de Sociobiología. Particularmente al "Pacto Social" que conforme a una Constitución por señas y bajo la autoridad de una reina estos animales constituyen un solo cuerpo en el trabajo mancomunado, el consenso y la integración, sin importar si son jardineras, recolectoras, cosechadoras, controladoras y gringas, rusas, alemanas, argentinas, costarricenses o de otras nacionalidades. La cooperación les lleva a "Acuerdos de Paz" para conquistar, dirigir y alcanzar metas en su particular mundo. Podrá acaso ocurrir que los suramericanos, sin importar el grado académico, podamos asistir a un seminario con las hormigas para que nos enseñen cómo ajustarnos a preceptos constitucionales, cuya aplicación no es sincera cuando se ponen de lado las virtudes éticas. Es la pregunta del filósofo.

Las reflexiones de la sociobiología conminan a Simón del Jesús, alterado por una conjunción de sentimientos negativos que genera enojo, indignación y furor a gritar:

¡Dios, por qué no nos hiciste como las hormigas!

XI

LA TEORÍA Y LA TENDENCIA EN MANOS DE JUECES...

La atipicidad que ha caracterizado al ejercicio de la soberanía a raíz de las elecciones de diciembre y la conformación de una Asamblea Nacional dispuesta, como lo ha venido haciendo, a ejercer las potestades que le confiere el Texto Constitucional vigente, ha evidenciado una determinante adhesión de los jueces, entre ellos, los constitucionales, a las pretensiones del régimen, con la consecuente generación de sentencias, fallos y providencias dirigidas a negar la legitimidad propia del parlamento, razón por la cual en este ensayo han de formularse consideraciones:

1. *Interpretación del Artículo 340 Constitucional...*

Sala Constitucional Tribunal Supremo de Justicia. Ponente Magistrado. Arcadio Delgado Rosales. Expediente Nº 2016-0271. Fecha 21 de abril de 2016.

La modificación del período constitucional para los órganos de los poderes públicos es viable a través de la enmienda, cumpliendo con el procedimiento para su sanción, pero no tiene efectos retroactivos ni puede aplicarse de inmediato; lo contrario sería permitir el quebrantamiento al ejercicio de la soberanía previsto en el artículo 5 constitucional, pues se estaría desconociendo la voluntad del pueblo, manifestada en: los resultados de un proceso comicial para la escogencia de una determinada persona para el ejercicio de un cargo de elección por un período determinado; la selección realizada por la Asamblea Nacional de los integrantes del resto de los Poderes Públicos, para el período que la Constitución indique, lapsos estos que permanecerían inalterables frente a cualquier modificación constitucional posterior que de los mismos se haga y, que solo sería aplicable a futuros procesos electorales o de selección, según corresponda

a. *Interpretación...*

La sentencia comienza por indicar en qué consiste la interpretación constitucional y señala.

La interpretación constitucional hace girar el proceso hermenéutico alrededor de las normas y principios básicos previstos en la Constitución, significando que la protección de la Constitución y de la jurisdicción constitucional que la garantiza, demandan que la interpretación de todo el ordenamiento jurídico deba hacerse conforme a la Constitución. Esa conformidad requiere el cumplimiento de condiciones formales (división del poder, reserva legal, no retroactividad, generalidad y permanencia de las normas, soberanía del orden jurídico) y, axiológicas (estado social de derecho y de justicia, pluralismo político y preeminencia de los derechos fundamentales, soberanía y autodeterminación nacional), pues el carácter dominante de la Constitución en el proceso interpretativo no puede servir de pretexto para vulnerar los principio axiológicos en que descansa el Estado constitucional venezolano. **Interpretar el ordenamiento jurídico conforme a la Constitución significa, por tanto, salvaguardar a la Constitución misma de toda desviación de principios y de todo apartamiento del proyecto político que ella encarna por voluntad del pueblo**.

La constitución prevé dos clases de interpretación. El control difuso de la constitucionalidad de las leyes y de los actos realizados en ejecución directa de la Constitución. Artículo 334 constitucional. Obligación de todos los jueces de garantizar la integración de la Constitución. El control concentrado de la constitucionalidad. Artículo 335 eiusdem. Competencia del Tribunal Supremo de Justicia para garantizar la supremacía y efectividad de las normas y principios constitucionales, para lo cual la competencia corresponde a su Sala Constitucional.

En vista a la demanda, enmendar la Constitución de acuerdo al contenido del artículo 340 constitucional, específicamente en lo relacionado con la posibilidad de reducir el periodo presidencial previsto en el artículo 230 eiusdem de 6 años a 4 años, implicaría un menoscabo del ejercicio de la soberanía establecido en el artículo 5 del texto fundamental y, al mismo tiempo un fraude constitucional por solapamiento de la figura del referéndum revocatorio de funcionarios de elección popular previsto en el artículo 72 eiusdem.

Para resolver, la Sala estima pertinente analizar la figura de la enmienda constitucional como uno de los mecanismos idóneos para modificar la Constitución. En tal sentido, el artículo 340 constitucional establece que la enmienda tiene por objeto la adición o modificación de uno o varios artículos de la Constitución, sin alterar su estructura fundamental.

Al respecto, la exposición de motivos de la Carta Magna, señala lo siguiente. "(…) La Constitución ha mantenido la clasificación que distingue entre Enmienda y Reforma, incorporando, a su vez, la facultad de convocar a una Asamblea Nacional Constituyente, para ser consecuente con la idea de que es el pueblo el legítimo depositario del poder constituyente originario. Esto guarda concordancia con lo establecido en la misma Constitución que hace residir la soberanía en el pueblo quien puede ejercerla de manera directa o indirecta.

De allí que la Constitución a pesar de tener la rigidez de las constituciones escritas ha de incluir elementos que permitan esa adaptación a la realidad. Uno de esos elementos lo constituye la existencia de un Alto Tribunal que mediante una interpretación de carácter histórico progresivo, fundamentada en la comprensión del momento histórico, permita la mejor aplicación posible del máximo cuerpo normativo a la realidad que le corresponde regir; tal como se prevé en esta Constitución con la creación de la Sala Constitucional.

Debe entenderse que el ejercicio de la soberanía por parte del pueblo, lejos de afectar el proceso de refundación de la República y de lograr el objetivo de la profundización democrática, se convierte en herramienta indispensable del protagonismo popular, desterrando el sistema de cónclaves que decidían los destinos del país a espaldas de la sociedad.

Al margen de las modalidades, para la modificación del texto fundamental por su condición de Constitución rígida, se requiere, en caso de la enmienda, el cumplimiento de exigencias especiales no solo para la iniciativa y la ratificación "referendaria", sino también para el procedimiento previsto para su sanción, el cual resulta similar al de la formación de leyes, artículo 341.2 constitucional.

Las exigencias requeridas para activar la enmienda como mecanismo de modificación constitucional, resultan lógicas por varias razones, a saber: a) Su discusión y sanción corresponde a la Asamblea Nacional, que es cuerpo legislador, Artículo 202 constitucional; b) La Constitución es un texto normativo, aunque su condición de ley suprema y la necesidad de asegurar su supremacía, imponen una regulación especial -protección de la Constitución-. Erga, cualquier texto que pretenda modificar al constitucional, también debe ser tratado como una ley, aunque su objeto expreso sea el que, de aprobarse, pase a integrar el ordenamiento constitucional; c) La propuesta de enmienda no solo debe respetar la estructura de la Constitución, sino también los principios fundamentales del texto constitucional y del ordenamiento jurídico vigente. Este límite o restricción impuesto al poder constituido por el Constituyente es válido para cualquier modificación parcial (enmienda o reforma), pues solo la Asamblea Nacional Constituyente puede transformar el Estado y crear un nuevo ordenamiento jurídico constitucional, siempre que no se violenten los principios contenidos en el artículo 350 del texto fundamental.

Precisado lo anterior, advierte la Sala, la intención de enmendar la Constitución (intención que se ha concretado parcialmente con la aprobación en primera discusión del proyecto de enmienda constitucional), con el fin de recortar, con vigencia inmediata, el período constitucional del Presidente de la República.

Sin embargo, en cuanto a la vigencia en el tiempo de una enmienda, ésta no puede tener efectos retroactivos o ser de aplicación inmediata; admitir las supuesto constituiría un quebrantamiento incuestionable al ejercicio de la soberanía previsto en el artículo 5 de la Carta Magna, ya que estaría desconociendo la voluntad del pueblo manifestada en cualquiera de los mecanismo previstos para elegir a los representantes de los Órganos Públicos.

El Constituyente de 1999 estableció en el artículo 24 lo que la doctrina llama la "irretroactividad absoluta", es decir, que es aquella norma "que no regula ninguna de las relaciones establecidas durante la legislación anterior, ni las modalidades y efectos posteriores a la innovación legal"

Del precepto antes transcrito se destaca el hecho de que el legislador, en consonancia con la doctrina moderna que trata el problema de la aplicación de la ley en el tiempo, distingue entre retroactividad y efecto inmediato de la ley.

Es de advertir, en consecuencia, que a la luz de dicha disposición y de la doctrina mencionada, se estaría en presencia de una retroactividad inconstitucional, si pretendiera aplicar la nueva norma a hechos consumados "facta praeterita" o, incluso, a situaciones en curso (como los mandatos de los órganos del Poder Público), conocidos como "facta pendentia"

Tomando en consideración las razones expuestas supra, esta Sala Constitucional concluye que tratar de utilizar la figura de la enmienda con el fin de acortar de manera inmediata el ejercicio de un cargo de elección popular, como el Presidente de la República, constituye a todas luces un fraude a la Constitución, la cual prevé un mecanismo político efectivo para tales fines, tal como lo es el ejercicio del referendo revocatorio contemplado en el artículo 72 de la Carta Magna.

En el marco de los anteriores razonamientos, esta Sala Constitucional declara resuelta la interpretación constitucional solicitada en el caso de autos. Así se decide.

2. Inconstitucionalidad de la Ley de Amnistía...

Sala Constitucional Tribunal Supremo de Justicia. Ponencia conjunta. Expediente N° 16-0343. Fecha 11 de abril de 2016.

La amnistía se entiende como "el olvido legal de delitos, que extingue la responsabilidad de sus autores", constituyendo una excepción a la obligación del Estado de investigar y sancionar los hechos punibles y una renuncia expresa al ejercicio del poder punitivo, apoyada en una justificación social específica fundada principalmente en razones de convivencia política. La amnistía deviene inadmisible frente a crímenes de lesa humanidad, violaciones graves a los derechos humanos o crímenes de guerra, pues es inaceptable que queden impunes conductas de tal magnitud, que constituyen una seria y real amenaza para la existencia y desarrollo de toda la Humanidad, tal y como lo establece el artículo 29 del Texto Constitucional.

El Órgano Legislativo -AN- es indudablemente libre, en los extensos límites de la Constitución, para proceder eligiendo entre todas las posibles alternativas y por la vía que considere, en cada caso más conveniente, así como para escoger las razones que mejor puedan justificar su elección, teniendo por norte el marco de las razones que concreta y racionalmente permita la norma que le sirve de fundamento jurídico (v.gr; la Constitución)

No obstante lo indicado, la Sala Constitucional del Tribunal Supremo de Justicia concluye vulnerando las facultades de la Asamblea Nacional y declarando la inconstitucionalidad de la Ley de Amnistía y de Reconciliación Nacional.

Resolviendo la consulta presidencial, en la anotada sentencia, la Sala indicó:

" … De acuerdo con la norma transcrita, la Constitución fija un orden formal, institucional y objetivo de competencias asignadas y distribuidas por Ley entre los diferentes órganos que integran las ramas del Poder Público, de modo que cada uno de estos órganos debe actuar, conforme a un proceso determinado, dentro del estricto ámbito de la competencia que ese orden le define y limita. Admitir lo contrario, esto es, el ejercicio arbitrario de la función pública, conllevaría a la nulidad del acto emitido, dado que la contravención a la Constitución y a las leyes por parte del Poder Público en el ejercicio de su función pública, afecta forzosamente la validez de sus actuaciones.

En este sentido, el numeral 5 del artículo 187 constitucional estableció una facultad general de "*decretar amnistías*", en el marco de las competencias que corresponden a la Asamblea Nacional…

Esta restricción constitucional tiene su origen en virtud de que si bien la gracia en sus distintas manifestaciones, históricamente supuso la atribución de una prerrogativa al monarca no sujeta a mayores restricciones que su propio arbitrio y voluntad, lo cierto es que en el marco de un Estado democrático y social de Derecho y de Justicia, esa facultad se encuentra necesariamente acotada por numerosas limitaciones, sustentadas en principios y derechos que han de ser indefectiblemente garantizados (artículos 1, 2 y 3 constitucionales).

En consecuencia, en el proceso de encuadramiento y adaptación de la institución de la amnistía a nuestro sistema constitucional, apartándole de los márgenes de una decisión arbitraria de su titular, advierte esta Sala que las amnistías en Venezuela no sólo son leyes que deben seguir el proceso de formación legislativa, sino además responder a distintas limitaciones de orden material vinculadas, por ejemplo, con el respeto de los derechos humanos (artículo 29 de la Constitución), el resguardo de la conformidad con el ordenamiento jurídico como expresión de la necesaria juridicidad de la actuación de Estado (*vid.* Sentencia número 570 del 2 de junio de 2014), y la debida correspondencia con la consecución de unos fines determinados, como son "*la construcción de una sociedad justa y amante de la paz, la promoción de la prosperidad y bienestar del pueblo y la garantía del cumplimiento de los principios, derechos y deberes consagrados en esta Constitución*" (artículo 3 constitucional), que constituyen verdaderos principios en orden a solucionar disyuntivas constitucionales cuyo sustrato es evidentemente moral.

Ahora bien, como se ha señalado en reiterada jurisprudencia de esta Sala (*vid.* sentencias números 597 del 26 de abril de 2011, caso: "*Municipio Maracaibo del Estado Zulia*", y 780 del 24 de mayo de 2011, caso: "*Julián Isaías Rodríguez Díaz*"), resulta necesario considerar que la hermenéutica jurídica y el análisis de la constitucionalidad de las normas es una actividad que debe desarrollarse en su totalidad, lo cual comporta que la interpretación normativa debe realizarse enmarcada en el sistema global del derecho positivo, para así esclarecer el significado y alcance de las disposiciones, cuyo conocimiento es necesario para determinar cuál ha sido la voluntad del legislador.

Al respecto, aunque desde una perspectiva general la Sala ha afirmado (*vid.* sentencia número 1.444 del 14 de agosto de 2008, caso: "*CAVEDAL*") que el legislador en algunas materias cuenta con cierto grado de discrecionalidad (*v. gr.* en cuanto al mérito y oportunidad de medidas económicas), incluso en esos casos, dicha discrecionalidad se ejerce bajo la premisa de que "...*el sometimiento pleno a un control jurisdiccional de los diversos actos que emanan de los órganos del Poder Público, ha sido un logro en el desarrollo del Estado, máxima expresión de sujeción colectiva a una autoridad, con miras a la consecución última del interés general, y en definitiva como una garantía del Estado de Derecho* (...)" (*vid.* sentencias de esta Sala números 1.815 del 24 de agosto de 2004, caso: "*Hermann Escarrá*" y 1.117 del 5 de junio de 2006, caso: "*Luis Velázquez Alvaray*"), por lo que sería un despropósito, y así lo entiende esta Sala, que actos como el otorgamiento de amnistías queden excluidos del control, ya que ellos no sólo causan efectos jurídicos, sino que deben responder en su determinación a una conformidad con lo establecido en la Constitución y las leyes.

Por ello, aunque suele señalarse que la naturaleza de la amnistía como "derecho de gracia", en sus manifestaciones más generales, está signada por motivaciones netamente políticas (LINDE PANIAGUA, E. *Amnistía e indulto en España*, Madrid, 1975, p. 16), en la República Bolivariana de Venezuela, respecto a la manifestación de la naturaleza propia de las decisiones políticas la Sala ha señalado que:

"...*en aquel entendido los actos sí son controlables por los órganos jurisdiccionales, pero sólo en sus elementos jurídicos (conformidad a derecho de una actuación específica, no general o abstracta). Los criterios de oportunidad y conveniencia escapan del control del juez (...) lo cual en modo alguno implica reivindicar la tesis de los actos excluidos, teoría superada con argumentos tan contundentes que sería ocioso tratar de reproducirlos en esta sentencia, pues lo que se pretende es recalcar la imposibilidad del juez de entrar a cuestionar la oportunidad y conveniencia de la administración, del gobierno o de la legislación...*" (*cfr.* sentencia de esta Sala Nº 1002 del 26 de mayo de 2004, caso: "Federación Médica Venezolana").*

En este sentido, aunque se sostiene que el control que realiza esta Sala no se basa en el cuestionamiento de los criterios de oportunidad y conveniencia, se reitera la idea de que no existen actos de los órganos que ejercen el Poder Público fuera del control jurisdiccional, y la actividad legislativa no es la excepción, ya que la misma no puede desarrollarse al margen del derecho.

De allí, que esta Sala, al analizar la expresión jurídica legal o sub legal con el Texto Fundamental de acuerdo al principio de supremacía constitucional, debe tener presente que toda manifestación de autoridad del Poder Público debe seguir los imperativos o coordenadas trazadas en la norma fundamental, como un efecto del principio de interpretación conforme a la Constitución y de la funcionalización del Estado a los valores que lo inspiran (*vid.* sentencia número 780 del 24 de mayo de 2011, caso: "*Julián Isaías Rodríguez Díaz*").

"… Los anteriores asertos resultan plenamente aplicables al ordenamiento constitucional, en tanto, que el legislador en el ejercicio de sus funciones deba actuar bajo el principio de racionalidad o de no arbitrariedad, comporta que toda medida adoptada debe responder o ser idónea a los fines y límites que el ordenamiento jurídico establece, lo cual, en el caso del otorgamiento de amnistías, encuentra –como se señaló supra– entre otras restricciones no sólo el cumplimiento del propio proceso de formación legislativa, sino además responde a distintas limitaciones de orden material vinculadas, por ejemplo, con el respeto a los derechos humanos (artículo 29 de la Constitución), el resguardo de la conformidad con el ordenamiento jurídico como expresión de la necesaria juridicidad de la actuación de Estado (vid. Sentencia número 570 del 2 de junio de 2014), el apego a las normas que desarrollan las distintas facultades legislativas y la debida correspondencia con la consecución de unos fines determinados, como son "la construcción de una sociedad justa y amante de la paz, la promoción de la prosperidad y bienestar del pueblo y la garantía del cumplimiento de los principios, derechos y deberes consagrados en esta Constitución" (artículo 3 constitucional*).*

De igual manera, la legislación nacional ha omitido el desarrollo de la institución de la amnistía –a diferencia de lo que ocurre en derecho comparado respecto de las instituciones de gracia–, en cuanto al establecimiento de los parámetros que deben servir de base para su acuerdo y que la excluyan del marco de la completa discrecionalidad y arbitrariedad, por ejemplo, relacionados con la naturaleza de la amnistía, los tipos penales que pueden ser objeto de la misma (*v. gr.* delitos políticos), la expresión de quienes pueden ser destinatarios de la ley y quienes quedan excluidos de la posibilidad de beneficiarse de la amnistía (*v. gr.* bien por rebeldía y la no estadía a derecho, o la reincidencia en la comisión de los mismos delitos, o por pertenecer al órgano concedente, etc.), la participación en el proceso de amnistía de los órganos del Sistema de Justicia que se consideren pertinentes, la determinación de los límites temporales que le aplican a los casos a ser incluidos, el procedimiento relativo a la solicitud que debe plantear quien se considere beneficiado ante el respectivo órgano jurisdiccional penal, y los recursos que se podrán interponer contra la decisión dictada por el tribunal de la causa, entre otros aspectos de orden sustantivo y adjetivo cuyo cumplimiento deba ser requerido –aunado al procedimiento de formación de las leyes– y que sirva de base o marco de medición de la actuación del Poder Legislativo, en cuanto a su apego al ordenamiento constitucional y legal.

En efecto, no se ha dictado tal norma que desarrolle y regule la amnistía a través de una ley, que delimite la facultad de decretar amnistías que le otorga el numeral 5 del artículo 187 de la Constitución de la República Bolivariana de Venezuela, y permita en el marco constitucional su debido ejercicio…"

" …No obstante, la afirmación de que es posible una ley de amnistía dentro del marco constitucional, ejercida dentro de una competencia constitucionalmente atribuida a la Asamblea Nacional, no significa, sin más, la atribución de una facultad ilimitada al legislador sobre este punto (PEREZ DEL VALLE, C. "Amnistía, Constitución y justicia material". Revista Española de Derecho Constitucional, año 21, num. 61, 2001, p. 194); por el contrario, la amnistía debe estar sujeta a ciertas limitaciones propias del orden jurídico constitucional en un Estado de Derecho de modo que su significación se oriente racionalmente al valor de Justicia (GEERDS, F. Gnade, Recht und Kriminalpolitik. JCB, Mohr, Tübingen, 1960, p. 24).

Por ello, la seguridad jurídica tiene como primer elemento constitutivo los principios de legalidad y principio de competencia, como los responsables de la juridización de la actuación del Poder Público, ya que someten a todas las figuras subjetivas del Estado actuar conforme a lo que prescribe el ordenamiento jurídico; y en ese contexto, la juridicidad se presenta como un efecto de la institucionalización del poder y, por ende, como una *"máxima opuesta a la arbitrariedad"* (PECES-BARBA, G. *Curso de teoría del derecho*. Madrid: Marcial Pons, 1999, p. 108)..."

Así las cosas, la potestad consagrada por el constituyente de otorgar amnistías y que corresponde a la Asamblea Nacional, debe ajustarse –en primer término– a la Constitución, en su condición de *norma normarum*, así como a las demás normas del ordenamiento jurídico, en cumplimiento del principio de jerarquía normativa o de sujeción estricta al sistema de fuentes, puesto que el ejercicio de tal facultad, es organizado tanto en sus aspectos formales como materiales, y el acto legislativo posterior de amnistía concreta, es un acto de subsunción de los supuestos pretendidos en los supuestos normativos definidos por la Constitución.

En este sentido, la aprobación de una ley que otorga la amnistía material a un conjunto de ciudadanos por un conjunto de delitos, se podría traducir, en caso de desconocer los principios, derechos y garantías contenidas en el Texto Constitucional, en la práctica de una especie de potestad arbitraria por parte del referido órgano legislativo; cuando, por el contrario, la doctrina ha sostenido que las amnistías son medidas que impiden las actuaciones de la administración de justicia *"...respecto de ilícitos que ocurren en un tiempo determinado, con ocasión de determinados hechos y respecto de ciertos delitos, en ocasiones con excepciones expresas respecto de algunas prohibiciones legales, constitucionales o internacionales..."* (CHAPARRO, N. *Amnistía e indulto en Colombia 1965-2012*. Colombia, p. 6) aludiendo a los límites y parámetros temporales, espaciales, materiales y legales que deben orientar tal potestad (Destacado de este fallo).

En este sentido, si bien la Asamblea Nacional tiene atribuida la competencia de decretar amnistías, y sin perjuicio de que no se han definido a nivel constitucional o legal mayores límites expresos al alcance de esta institución, esto no significa que el parlamento pueda vulnerar los principios que inspiran la Constitución contenidos en los artículos 2 y 3, y que se constituyen en mandatos obligatorios, efectivizados a través del ejercicio de los derechos fundamentales, y del cumplimiento de las funciones de las autoridades estatales (MORTATI, C. "Constituzione dello stato". En *Enciclopedia del Diritto*, volumen XI, Roma, 1962, p. 147).

De allí que, esa facultad legislativa de la Asamblea Nacional no es ilimitada, ya que la soberanía del poder constituido que ejerce, no puede vulnerar los principios y valores en que se funda la obra del poder constituyente (LANDA ARROYO, C. *Límites constitucionales de la ley de amnistía peruana*. Revista IIDH, Doctrina, Perú, 1996, p. 101).

Ello es así, porque la amnistía –como toda actuación de los órganos del Estado– debe tener un sentido o una finalidad particular no ajena a la racionalidad, sino imbricados en ella, en el entendido de que esa facultad de otorgar amnistía no puede ser el resultado de la arbitrariedad en el ejercicio del poder, que pretenda, por ejemplo, beneficiar a una persona o grupo fuera de un contexto particular, ya que dicha institución tiene como presupuesto la existencia de un conflicto social subyacente, pudiendo originar desde persecuciones de orden político por parte del Estado, hasta exclusiones o discriminaciones de orden religioso, género o raza, o conflictos armados como una guerra civil.

De esta manera, en un Estado democrático y social de Derecho y de Justicia, las instituciones de gracia o clemencia como la potestad de decretar amnistías, está reglada por el principio de legalidad y la limitación derivada de la defensa de los derechos humanos, que conduce a que la interpretación y/o control de las leyes que materialmente otorgan amnistía, versen tanto sobre límites constitucionales de contenido –adecuación a los valores y postulados constitucionales–, como de su correspondencia con el propio parámetro normativo que regula cada una de las funciones atribuidas constitucionalmente a la Asamblea Nacional de producción legislativa, dado que el ámbito regular de la amnistía es la corrección o control de un conflicto político de gran magnitud, en función al contexto y a la realidad social del tiempo en cuyo lapso las normas pretenden ser aplicadas y/o controlada.

a. *Principios y Garantías Constitucionales.*

La aplicación de la norma jurídica, es una tarea que está integrada en el proceso de solución de controversias, al punto que algunos autores incluso han llegado a afirmar que la función del juez acaba con la mera aplicación de enunciados jurídicos, y esto sería parcialmente cierto si en todos los casos la norma jurídica a aplicar estuviese dada en sus elementos fundamentales. No obstante, también en estos casos al juez le corresponde interpretar la norma jurídica según su texto y su contexto, no sólo aplicándola o subsumiéndola al caso, sino que contribuye a su concreción (FERREYRA, R. *Notas sobre Derecho Constitucional y Garantías*. Buenos Aires: Edar, p. 54).

Así, resolver un caso supone o la concreción de una norma jurídica por lo que FULLER L. (*Anatomía del Derecho*. Caracas: Monte Ávila Editores, 1968, p. 107) afirma que "*la interpretación normativa, legal, no es, pues, una simple traducción de los elementos formales que el legislador emplea*"; sería, en cambio, "*un proceso que busca ajustar la ley a las necesidades y valores implícitos de la sociedad que ha de regir*"; en tal sentido, "*ninguna norma jurídica promulgada resulta totalmente 'creada'...*".

A esa actividad de interpretación de la norma jurídica se le ha denominado integración del Derecho y, en algunos casos se dice que es el propio ordenamiento jurídico el que manda al juez a integrar el Derecho, por lo que se trataría de una actividad que se explica desde el ordenamiento mismo con arreglo a normas propias (*analogía legis*) o bien con los principios generales del Derecho (*analogía iuris*); mientras que otro camino plantea la posibilidad de que, ante la ausencia de una norma sujeta a aplicación, se apele a prescripciones contenidas en sistemas normativos distintos al Derecho, como lo serían el moral o el convencional.

En esa convivencia y hasta correspondencia entre el orden moral y el jurídico, la labor judicial enmarcada en el objetivo de la justicia (previsto en los artículos 1, 2, 3 de la Constitución de la República Bolivariana de Venezuela) debe hacerse uso de diversos recursos y medios para contribuir al logro de este objetivo; y, a tal efecto, en primer lugar, utilizar los instrumentos asociados naturalmente a ello, como lo serían las propias normas jurídicas puestas por los órganos legislativos en busca de una norma análoga, o hacer uso de su capacidad lógica para construir una regla general o un principio general del Derecho.

Ahora bien, las amnistías siempre han presentado en su consideración diversos problemas teóricos –conceptuales y normativos– en la búsqueda de respuestas jurídicas y morales a la elección entre alternativas que parecen disyuntivas: perdón *vs.* castigo; olvido *vs.* memoria; impunidad *vs.* justicia; y la correspondiente vinculación de ciertos delitos con la posibilidad de punirlos y amnistiarlos (ARENDT, H. *La condición humana.* Buenos Aires: Paidós, 2008); en virtud de las tensiones derivadas de no poder cumplir, al mismo tiempo, dos objetivos que se consideran valiosos: el juzgamiento a los responsables (justicia, preeminencia de los derechos humanos) y el establecimiento de instituciones estables (reconciliación nacional) (ACKERMAN, B. *El futuro de la revolución liberal.* Barcelona: Ariel, 1995, p. 78).

En este sentido, debe siempre tenerse en cuenta que *"una ley además de la estructura con que se constituye y además de las determinaciones que contiene, representa una valoración jurídica"* (COSSIO C. *La Valoración Jurídica y la Ciencia del Derecho*, p. 81), y, por tanto, la *"corrección"* del Derecho *"sólo puede pensarse en términos de valor"* (DELGADO OCANDO J.M. *Una Introducción a la Ética Social Descriptiva*, p. 16).

Así, la amnistía no puede ser el resultado de la arbitrariedad en el ejercicio del poder, que pretenda beneficiar a una persona o grupo fuera de un contexto particular, ya que tiene como presupuesto un conflicto social subyacente, lo que puede ir desde persecuciones de orden político por parte del Estado, exclusiones o discriminaciones de orden religioso, género o raza, a conflictos armados como una guerra civil.

Las amnistías pueden instituirse entonces, como un medio jurídico para un proceso de reconciliación, normalización y equilibrada convivencia, erigiéndose en un "pacto de paz", que sea capaz de establecer un nuevo orden que pretende impedir que se reediten los hechos que se pretenden excluir del *ius puniendi* y someterlos al olvido.

En este sentido, si bien la Constitución confiere al Poder Legislativo la potestad de dictar leyes, y en particular de decretar amnistías, esto no faculta a la mayoría parlamentaria a violentar el espíritu constitucional de rechazo a la injusticia, que supone consagrar la impunidad para los violadores de derechos fundamentales. En especial, si la Constitución busca garantizar la realización de la justicia en todas sus dimensiones, su supresión por vía legislativa se desarrolla en el margen que la propia Constitución otorga a riesgo de ser inconstitucional; y ello es así porque la garantía institucional de la justicia se basa, pues, en el reconocimiento que de ella se hace en la Constitución, y como tal es una institución jurídicamente reconocida y delimitada, al servicio de los fines y valores democrático-constitucionales, que no pueden ser contradichos por el legislador (*vid.* CARL SCHMITT. *Teoría de la Constitución.* Alianza Universidad Textos, Madrid, 1982, pp. 175-177).

Por ello, las leyes de amnistía no pueden examinarse desde una perspectiva limitada del derecho de gracia, sino que deben entenderse como una razón derogatoria retroactiva de unas normas y de los efectos punitivos derivados de las mismas, que deben responder a una razón de justicia, considerando a tal institución como un instrumento de corrección del derecho más que como una manifestación de una potestad de gracia que excepciona el orden legal (LOZANO, B. "El indulto y la amnistía ante la Constitución". En *Estudios sobre la Constitución Española, Homenaje al profesor Eduardo García de Enterría*, tomo II, Madrid: Civitas, 1991, p. 1.038).

En efecto, el texto de la Constitución de la República Bolivariana de Venezuela, tiene presente ambos valores al establecer, por un lado, la justicia, la sanción a la impunidad, la preeminencia de los derechos humanos, la ética, la dignidad de la persona, y la condena de hechos punibles, y, por otro, la coexistencia de instituciones de gracia como las amnistías (en resguardo de valores como la convivencia social), que llevan a la necesidad de una ponderación que considere ambos valores, evitando que uno de ellos colapse respecto del otro.

Es por ello que la Sala, a la luz de todos estos elementos, considera que a partir de un análisis de la situación planteada y ante la ausencia de una regulación expresa, consciente de su cometido, debe recurrir al propio ordenamiento constitucional y los valores que lo inspiran en busca de la solución correcta para el conflicto que le corresponde resolver; toda vez que la función judicial se degradaría si no se actuara de esta forma, poniéndose en contra del progreso y del desarrollo, y quedando deslegitimada ante los que confían en su buen juicio.

En tal virtud, el juez debe ser racional; debe actuar conforme a principios y reglas, pero al mismo tiempo debe ser razonable, esto es, ubicarse en un plano contextual más amplio, en el que tengan cabida consideraciones de orden valorativo que propenden al equilibrio social, tales como las de justicia, la preeminencia de los derechos humanos, la ética y la paz social (artículos 1 y 2 de la Constitución de la República Bolivariana de Venezuela).

Ahora bien, frente al conflicto entre los referidos valores y principios constitucionales, tanto la propia Constitución como la experiencia legislativa y jurisprudencial han optado por tutelar la justicia y la preeminencia de los derechos humanos como valor preponderante.

Así, se debe tener presente que los derechos humanos son parte de la experiencia histórica en la cual personas sometidas o violentadas en su humanidad, *"se han rebelado para luchar por los derechos del ser humano y que de este modo, lo que realmente transmiten como herencia es el compromiso por universalizar la humanidad del hombre"* (FORNET-BETANCOURT, R. *ob. cit.*, p. 291), lo que condiciona la lectura de la amnistía como manifestación del ejercicio del Poder Público, ya que ésta genera un dilema moral (ÁLVAREZ, S. *Dilemas constitucionales, conflictos morales y soluciones jurídicas.* Marcial Pons, Madrid, 2011, pp. 92-99), en la medida que impone el "olvido" de conductas lesivas a los derechos (en muchos casos a esos derechos humanos fundamentales), en aras de lograr un fin que comúnmente se pretende identificar con la "paz social o reconciliación", lo que ha obligado a una restricción de los supuestos de procedencia con fundamento en la vigente Constitución de la República Bolivariana de Venezuela y el Derecho Internacional (*vid.* Sentencias de la Sala Constitucional Nros. 626/04, 315/08 y 875/12, entre otras).

En consecuencia, se aprecia que al ser medidas de carácter general que se conceden por parte de la Asamblea Nacional, las amnistías deben estar consagradas en leyes que deben seguir no sólo el proceso de formación legislativa, sino además responder se insiste, a limitaciones de orden material, vinculadas por ejemplo con el respeto de los derechos humanos (artículo 29 de la Constitución). Pero el que la amnistía sea dictada por el Poder Legislativo, somete igualmente su decisión para unos fines determinados, como son *"la construcción de una sociedad justa y amante de la paz, la promoción de la prosperidad y bienestar del pueblo y la garantía del cumplimiento de los principios, derechos y deberes consagrados en esta Constitución"* (artículo 3 constitucional), que constituyen verdaderos principios en orden a solucionar, se reitera dilemas constitucionales cuyo sustrato es evidentemente moral.

Por ello, los derechos fundamentales delimitan el margen de actuación del Poder Público, al constituirse en una dimensión sustancial del Estado como ámbito vedado a los órganos que lo ejercen, y por ende al legislador, de manera que no le es posible desconocerlos o afectar su contenido esencial.

Así, la atribución que tiene la Asamblea Nacional de decretar amnistías, no significa que el parlamento pueda acordarla respecto a crímenes de lesa humanidad, crímenes de guerra y violaciones graves a los derechos humanos, por cuanto, la legitimidad de su actuación como órgano del poder público, reposa precisamente en la defensa de la persona humana y en el respeto a su dignidad, como fin esencial (artículo 3 constitucional).

En tal sentido, al otorgar la Constitución a los derechos humanos fundamentales una supremacía frente a la ley, se exige una autolimitación y no injerencia o intervención de los poderes públicos en la esfera individual, que es vulnerada por la amnistía cuando ordena al sistema de justicia a que no investigue, ni procese y libere a quienes han sido condenados por cometer delitos graves contra la vida, la integridad física, la libertad y el derecho a la justicia.

Por ello, afirmar que la intervención legislativa deba realizarse en el marco de la Constitución es sostener que la restricción de la defensa de la persona humana debe ser excepcional, como excepcionales son las leyes de amnistía.

Así, "*la colisión de la facultad excepcional del Estado de limitar la defensa de la persona humana, mediante la amnistía, en aras del orden y la seguridad jurídica de los agentes del Estado –indubio pro stato– partiendo de la teoría de los valores no se puede ceder en caso de conflicto a favor del Estado, sino por el contrario, en beneficio del hombre y su dignidad –indubio pro libertatis–. Más no por ello se puede dejar de considerar que la Constitución además de ser un instrumento de garantía de los derechos y libertades del hombre, también es un instrumento que asegura el orden y la seguridad de la sociedad*" (LANDA ARROYO, C. *ob. cit.*, 1996, p. 97)

En tal sentido, se debe retirar que el Constituyente, siguiendo la tradición del constitucionalismo moderno, dejó "*en manos del Máximo Árbitro de la República: El Poder Judicial y, en especial, de esta Sala, la protección y garantía suprema de la Constitución, incluso frente a vulneraciones de la misma que incluso pudieran provenir del propio Poder Legislativo Nacional, tal como se aprecia en el referido Título de la Carta Magna. Tal posición jurídica, política y social tiene fundamento en la propia noción de democracia constitucional que cimienta el Texto Fundamental.*

En ese contexto, una ley de amnistía no puede negar el sustrato histórico -liberador en los términos expuestos *supra*- de los derechos humanos, así como una de las funciones primordiales del Estado como es la de impartir justicia, que propenden en definitiva a la resolución de conflictos que subyacen y emergen por la necesaria interrelación que se producen en una sociedad.

Con respecto a la atribución de otorgar amnistía, como se señaló *supra*, funciona una lógica de limitación recíproca con el principio de justicia, toda vez que suele argumentarse que presentan una relación dialéctica cuando la imposición de alguno termina por anular al otro; lo que conduce a que estos bienes jurídicos concurrentes no se excluyan, sino que, por el contrario se coordinen en un proceso de integración (SMEND R. *Constitución y derecho constitucional*. Madrid: CEC, 1985, p. 133).

En tal sentido, en aplicación del principio de proporcionalidad que permite esa coordinación de bienes jurídicos, sobre la base del entendimiento de los valores como derechos que adquieren su plena eficacia normativa con el principio de justicia (LANDA ARROYO, C. *ob. cit.*, 1996, p. 109), y si se entiende que uno de los criterios de delimitación de la amnistía respecto de la justicia es lograr la paz y la reconciliación nacional bajo los cimientos democráticos y constitucionales sustentados en la justicia, no cabe entender que la paz social se establezca con base en la impunidad por la comisión de actos ilícitos.

En tal virtud, la Constitución propende a una concordancia en el ejercicio de las diversas competencias atribuidas entre los órganos del Poder Ejecutivo, Legislativo, Judicial, Electoral y Ciudadano, que evite un declive o degeneración terminal del sistema de derechos y garantía que se consagran en la Constitución y, por lo tanto, del Estado. Motivo por el cual, la Sala al analizar la expresión jurídica legal o sub legal con el Texto Fundamental, de acuerdo al principio de supremacía constitucional, debe tener presente que toda manifestación de autoridad del Poder Público debe seguir los imperativos o coordenadas trazadas en la norma fundamental, como un efecto del principio de interpretación conforme a la Constitución y de la funcionalización del Estado a los valores que lo inspiran (*vid.* Sentencia de la Sala Constitucional número 794 del 27 de mayo de 2011).

En ese contexto, una ley de amnistía no puede negar el sustrato histórico y liberador de los derechos humanos, así como una de las funciones primordiales del Estado como es la de impartir justicia, que propenden en definitiva a la resolución de conflictos que subyacen y emergen por la necesaria interrelación que se producen en una sociedad.

Conforme a lo expuesto, las amnistías puede instituirse entonces, como un medio jurídico para un proceso de reconciliación, normalización y equilibrada convivencia, erigiéndose en un «pacto de paz», que sea capaz de establecer un nuevo orden que pretende impedir que se reediten los hechos que se pretenden excluir del *ius puniendi* y someterlos al olvido; sin embargo, ello no habilita como se ha resaltado con base en los principios y valores constitucionales, la jurisprudencia y la doctrina, a una contribución de la impunidad ni a la legitimación de atropellos contra el Estado de Derecho.

De manera que, siendo que la Constitución ha elevado la preeminencia de los derechos humanos, la ética y el derecho a la justicia, al rango de normas constitucionales que impactan transversalmente todo el ordenamiento jurídico, el legislador se encuentra privado de introducir supuestos extraños a la institución de la amnistía prevista en sus facultades, que violen dichos derechos fundamentales en ejercicio arbitrario de tal poder. En tal sentido, advierte esta Sala que los derechos fundamentales como límites a la actuación del Poder Público, se constituyen también en límites a la potestad legislativa de otorgar amnistías. Así se declara.

b. *El Estado de Derecho, el Principio Democrático y las Leyes de Amnistía en el marco de la Constitución de la República Bolivariana de Venezuela.*

... no es posible afirmar o concluir que cualquier decisión de la mayoría en ejercicio de la democracia directa o indirecta al ser legítimas, sea necesariamente conformes a derecho, en lo que se refiere a la dimensión sustancial de la democracia (BOBBIO, N. *Estado, gobierno y Sociedad, por una teoría general de la política*. Fondo de Cultura Económica, México 2002, pp. 221-222), ya que las decisiones de cualquiera de los órganos que ejercen el Poder Público o de la sociedad en ejercicio directo de la soberanía, no pueden anular o desconocer la condición o estatus jurídico fundamental del resto de la sociedad, quienes como miembros de la misma gozan de derechos y garantías que no pueden ser ignoradas, por el contrario, imponen en muchos casos, una acción por parte del Estado para resguardar sus derechos e intereses.

La razón de ello se fundamenta, en el concepto de soberanía que la propia Constitución recoge en su artículo 5, al establecer que ésta "*reside intransferiblemente en el pueblo*" y que como señala FERRAJOLI "*no es más que un principio de legitimación negativo de la democracia política*" (*cfr.* FERRAJOLI, L. *Principio Iuris, Teoría del Derecho y la Democracia; 2. Teoría de la Democracia*. Editorial Trotta, Boloña, 2011, p. 13), con lo cual se prohíbe que sea usurpada por una persona o grupo de ellas, sean mayoritarias o no en alguna de las instituciones que como la Asamblea Nacional, le corresponde ejercer sus competencias, en este caso legislar conforme a la Constitución, que entre otros fines postula la "*construcción de una sociedad justa*" (artículo 2), ya que la soberanía no pertenece a ningún hombre o sector de la sociedad distinto al pueblo entero.

Entonces, la Sala reitera que al margen de una pretendida legitimación de la Asamblea Nacional para actuar en representación del "pueblo" (artículo 5 de la Constitución), se debe puntualizar que la "*soberanía popular (...)* [como] *transformación de la dominación política o poder político en la autolegislación*" (*cfr.* HABERMAS, J. *Facticidad y Validez. Sobre el Derecho y el Estado Democrático de Derecho en términos de la Teoría del Discurso.* Editorial Trotta, 2008, p. 623), no puede abordarse como "*una manifestación ilimitada inmanente de grupos sociales sectorizados o entidades particulares dentro de la división político territorial de la República*", ya que tiene como elemento propio su carácter nacional (*cfr.* Sentencia de esta Sala número 597 del 26 de abril de 2011).

Por ello, en el sistema democrático vigente se debe propender a lograr reducir las asimetrías existentes entre los polos de poder, en orden a tutelar efectivamente los derechos fundamentales, los cuales no pueden estar supeditados a una aplicación arbitraria, confidencial, circunstancial que supone la adopción de acuerdos entre los agentes políticos. Es innegable que en la realidad, los órganos y entes se constituyen en espacios para el intercambio o diálogo entre los titulares de los órganos de poder y la sociedad, pero si el producto de tales consensos o acuerdos no tienen como fin garantizar los derechos fundamentales o los fines que asigna claramente el Texto Fundamental, sino beneficios particulares o sectoriales de fuerzas sociales y económicas vinculadas o no al poder, dichos actos se encontrarían viciados de nulidad, en tanto se constituiría en un acto arbitrario, al margen de la concepción del derecho como ordenamiento del orden social.

De allí que, ningún órgano puede pretender que ejerza el Poder Público imponer a la sociedad venezolana, restricciones a los derechos fundamentales o en general a la estructura institucional que sean ajenas al régimen constitucional, y mucho menos justificarlos simplemente en argumentos relacionados con la legitimidad de órgano que los dicta o el supuesto o cierto apoyo popular a tal decisión (*cfr.* ZAGREBELSKY, G. *La Crucifixión y la Democracia*, Ariel. Barcelona 1996, p. 6) sin tener presente las catastróficas experiencias históricas que han llevado al límite esa afirmación, como fue el caso de la Alemania nazi y el establecimiento de una verdadera estrategia de desvalorización interpretativita en el levantamiento del andamiaje jurídico que caracterizó dicho sistema político (RÜTHERS, B. *Teoría del Derecho. Concepto, validez y aplicación del Derecho.* UBIJUS, México 2009, p. 325).

Ello es así, porque la idea de la partición política no tiene carácter fundamental en lo que se refiere a la constitucionalidad de la amnistía, en el sentido que se superponga y domine los principios, derechos y garantías consagrados en la Constitución, ya que someter la validez de las amnistías exclusivamente al grado de legitimidad de las mismas, es abrir un espacio a la arbitrariedad y al desconocimiento de los elementos estructurales del Estado y de la concepción de la Constitución como garantía de los derechos fundamentales, abriendo un espacio para el desarrollo de posiciones de poder e influencia política tanto de las minorías activas como centros de poder para legitimar sus actividades al margen del ordenamiento jurídico, como de las mayorías que circunstancialmente puedan adherirse a tales posiciones en desconocimiento del Estado democrático y social de Derecho y de Justicia.

Por ello, si bien la Sala conoce por constituir hechos públicos comunicacionales las diversas manifestaciones de opinión pública de distintos sectores de la sociedad respecto a la constitucionalidad de la Ley de Amnistía y Reconciliación Nacional, las mismas no constituyen *per se* un fundamentó suficiente para la declaratoria de constitucionalidad o no de la referida regulación, aunque forma parte del necesario contexto social que debe tenerse en cuenta en el análisis de esta Sala, que tiene el deber de decidir conforme a la realidad nacional y no constituirse en la fuente del desequilibrio que se trata de evitar. Así se declara.

c. *La constitucionalidad de la Ley de Amnistía y Reconciliación Nacional sancionada por la Asamblea Nacional en sesión ordinaria del 29 de marzo de 2016.*

La inexistencia de los presupuestos para acordar amnistías...
Bajo tales parámetros conceptuales, no es posible sostener que se pueda atribuir una potestad arbitraria e irracional a ningún órgano que

ejerza el Poder Público, la posibilidad de afirmar una "determinación soberana" ajena al ordenamiento jurídico constitucional, es igual a aseverar la inexistencia del Estado y la Constitución; no hay Estado, ni Constitución, ni ordenamiento si se dogmatiza o consiente un "derecho a la arbitrariedad", por ello la amnistía no puede constituir una institución que niegue o desconozca, fuera de todo parámetro de razonabilidad los elementos cardinales que caracterizan y definen el ordenamiento jurídico venezolano, como un sistema de normas que limitan el ejercicio del poder y que tienen como presupuesto antropológico el respeto de los derechos fundamentales consagrados en el Texto Fundamental.

Así, la amnistía, en sentido general y abstracto, podría constituir un verdadero contrasentido al sistema de garantías que resguarda derechos fundamentales y la obligatoriedad del sometimiento al ordenamiento jurídico, ya que ante la violación de prohibiciones sancionadas penalmente es posible que tales actos sean tolerados y resguardados por el propio ordenamiento jurídico; por ello, como se señaló *supra*, la posibilidad de que el ejercicio de tal potestad por parte de la Asamblea Nacional pueda darse sin violentar la concepción del Estado democrático y social de Derecho y de Justicia, sólo es posible si se ajusta a los límites formales y axiológicos consagrados en normas y principios de rango constitucional.

Por lo tanto, respecto de los derechos humanos y en particular en el caso venezolano, es claro que la Constitución y la jurisprudencia de esta Sala propende a que cualquier vulneración de un derecho de esta clase debe dar lugar a la más rigurosa de las respuestas por parte del Estado, que establece, como se señaló con anterioridad, un vínculo natural entre el derecho penal y la protección de los derechos fundamentales, siendo por tanto la respuesta penal a las violaciones de éstos un verdadero axioma del ordenamiento jurídico, que es, a no dudar, el reflejo de la concepción de la dignidad humana más allá de un reconocimiento del ser humano como individuo sino, además, como un puente dogmático en relación con el resto de la sociedad (HÄBERLE, P. *El Estado Constitucional*. UNAM, México, 2001, pp. 171-172; *vid.*, por ejemplo, sentencias de esta Sala números 626/2007 y 1.673/2011 sobre la imprescriptibilidad de los delitos de lesa humanidad y contra los derechos humanos).

De ello resulta pues, que la amnistía tiene una importancia vital como institución en el ordenamiento jurídico; pero puede desempeñar funciones contradictorias en la sociedad en la que se aplica; por una parte, su correcto uso puede significar un medio para alcanzar valores supremos del ordenamiento jurídico venezolano, como la justicia y la paz social (artículos 2 y 3 de la Constitución). Por la otra, puede representar un hito que arruine la esfera pública, debilite la institucionalidad democrática y destruya el Estado de Derecho y de Justicia consagrado en la Constitución, no siendo un medio para lograr la paz social, sino una razón para imponer la violencia e impunidad en la sociedad, incluso a los fines de lograr un marco jurídico que habilite o propenda a una verdadera anomia, que permita la ejecución de planes de desestabilización o desconocimiento del Estado Democrático.

En este sentido, como se ha expuesto *supra*, las amnistías son manifestaciones de justicia transicional (I, 2), que refieren a verdaderos momentos de ruptura y la necesidad de instaurar una comunidad política, que no se aprecian como presupuesto y contexto de la situación de autos, lo que invalida de conformidad con la Constitución la ley bajo examen, tal como se evidencia del objeto de la misma (artículo 1) y el resto de sus normas. Así se decide.

La inconstitucionalidad con respecto a la calificación de los delitos políticos... De esta manera, debe destacarse que la amnistía, contrariamente a lo señalado por la opinión pública, no es una suerte de impunidad para los transgresores de derechos humanos o sus cómplices sino un mecanismo constitucional que permite –bajo ciertas circunstancias (irrupción del sistema constitucional)– la consolidación de una paz social mediante el reconocimiento de una igualdad material entre los actores en conflicto que reconozca un sustrato material en cuanto a los hechos y al reconocimiento político de la contraparte.

De manera tal que, la determinación de un delito político, en sentido estricto, viene dada principalmente por la consideración objetiva que respecto de éstos hace la normativa penal al clasificarlos dentro de aquellos que atentan contra el Estado y sus instituciones; mientras que, en sentido amplio, se suele incorporar un matiz subjetivo que atiende a la motivación altruista, extraindividual y de interés común del agente que lo comete; no obstante, en ningún extremo este análisis subjetivo, ha llegado a prescindir de la valoración objetiva y de las motivaciones del agente, para considerar como delito político a cualquier hecho punible común por el hecho de que haya sido cometido por una persona que de manera habitual o parcial se dedica a la realización de actividades políticas o partidistas.

Ahora bien, de una revisión exhaustiva del texto de la Ley de Amnistía y Reconciliación Nacional sancionada por la Asamblea Nacional, puede advertirse la pretensión de otorgar amnistía a favor de todas aquellas personas *"investigadas, imputadas, acusadas o condenadas como autores o partícipes"* de delitos claramente comunes y no políticos,

Como puede observarse de las disposiciones parcialmente transcritas, se beneficiarían de esta ley los investigados, imputados o condenados, bien sean autores, determinadores, cooperadores inmediatos o cómplices, hayan estado o no a derecho (ver artículo 20 de la Ley objeto de análisis) por una serie de delitos ordinarios y comunes, varios de ellos con graves efectos sobre el Estado y la sociedad, que en nada conducen o colaboran a una reconciliación nacional sino a una impunidad escandalosa en detrimento de la moral pública, subvirtiendo el orden moral y jurídico del país, en los términos antes expuestos.

En virtud de lo expuesto, habiéndose incluido en la ley en cuestión delitos comunes ajenos a esta figura constitucional, esta Sala no puede impartir su conformidad constitucional; y así se declara.

Por tanto, **un solapamiento de la justicia, en orden a la consecución de una supuesta "reconciliación nacional o paz pública" cuyas bases no se sustentan en un desacuerdo social subyacente -que no puede dirimirse ni se haya dirimido por los medios institucionales establecidos en el ordenamiento jurídico (*v. gr.* elecciones)- sería igual a desconocer no sólo los fines inmediatos del Estado como garante de los derechos humanos fundamentales, sino una invitación que sentaría un terrible precedente, que instiga a la rebelión del particular contra la voluntad de la ley, la cual exige una reparación que vuelva a ratificar la autoridad del Estado mediante la imposición de una pena como resultado del trámite de un debido proceso.**

En virtud de lo expuesto, se advierte que el articulado de la Ley de Amnistía y Reconciliación Nacional (*cfr.* Artículos 2, 5, 8, 11 y 16), desconoce tal mandato y supone una generalización (que no excluye la violencia y el uso de las armas) en cuanto a las manifestaciones de protestas como "*ejercicio de libertades ciudadanas y con fines políticos*", que no es admisible bajo el prisma constitucional porque implicaría desconocer que Venezuela es un Estado democrático y social de Derecho y de Justicia. Así se declara.

De la inconstitucionalidad por violación de los principios de legalidad y tipicidad... El artículo 49, numeral 6, de la Constitución de la República Bolivariana de Venezuela establece que ninguna persona podrá ser sancionada por actos u omisiones que no estuvieren previstos como delitos, faltas o infracciones en leyes preexistentes, en virtud de lo cual, de dicha disposición constitucional nace el principio de tipicidad penal, comprendido dentro del principio de legalidad, que delimita el poder punitivo del Estado y que ha sido configurado por la doctrina como el principio del aforismo latino: *nullum crimen, nulla poena, nulla mensura sine lege praevia, scripta, stricta et certa* (no hay crimen, no hay pena ni medida de seguridad, sin ley previa, escrita, estricta y cierta).

Así, ambos principios –de legalidad y tipicidad– llevan implícita la prohibición al legislador de establecer lo que la doctrina ha calificado como las normas penales en blanco, por cuanto toda conducta que constituya delito, así como las sanciones correspondientes, deben estar claramente previstas en la ley.

Al respecto, advierte esta Sala que el cumplimiento de los principios de legalidad y tipicidad que exige la Constitución para la penalización de ciertas conductas a través de normas que identifiquen con claridad los supuestos de hecho y las consecuencias jurídicas que de ellos se derivan; debe exigirse igualmente que para el establecimiento de normas que prevean una excepción a la penalización de ciertos supuestos de hecho, ésta debe estar especificada y determinada de manera concreta.

En este sentido, la Sala advierte de las normas transcritas que la Ley de Amnistía y Reconciliación Nacional, prevé numerosas normas penales en blanco, que violan el principio de tipicidad de los delitos y de las penas y, por tanto, de las normas de gracia que puedan comprenderlos en virtud de la ausencia de concreción y falta de determinación expresa de que adolecen los textos referidos

En tal virtud, esta Sala Constitucional debe declarar la inconstitucionalidad de los artículos 2, 16 y 17 de la Ley de Amnistía y Reconciliación Nacional, que contrarían y vulneran las garantías contenidas en el artículo 49 de la Constitución de la República Bolivariana de Venezuela; y así se declara.

A continuación la Sala analiza lo que califica como inconstitucionalidad por violación de los principios de legalidad y tipicidad. (ii) inconstitucionalidad por violación de los principios de justicia y responsabilidad. (iii) inconstitucionalidad por la amnistía a las infracciones administrativas. (iv) inconstitucionalidad por violación al principio de soberanía. (v) inconstitucionalidad por violación al derecho a la protección al honor, vida privada, intimidad, propia imagen, confidencialidad y reputación. (vi) inconstitucionalidad por los efectos en la sociedad y el ordenamiento jurídico. (vii), etc. etc, para concluir declarando la inconstitucionalidad de la ley de Amnistía y de Reconciliación Nacional y ordenado publicar en la Gaceta Oficial de la República y en la Gaceta Forense, la sentencia correspondiente.

3. *Interpretación constitucional…*

Artículos 163, 222, 223 y 265 de la Constitución…

Sala Constitucional Tribunal Supremo de Justicia. Ponente Magistrado Arcadio Delgado Rosales. Expediente N° 16-0153. Fecha 01 de marzo de 2016.

En la solicitud de interpretación constitucional de los artículos arriba indicados, la Sala Constitucional del TSJ, reconociendo las facultades del Poder Legislativo (Asamblea Nacional) especialmente las contenida en el numeral 3 del artículo 187 constitucional, dictó una sentencia el 01 de marzo de 2016, blindando al Gobierno, tanto que, prácticamente reduce las facultades de la Asamblea Nacional de "ejercer funciones de control sobre el Gobierno y la Administración Pública Nacional", sólo por lo que atañe al Poder Ejecutivo, excluyendo de tales controles a los de-

más poderes y resaltando tal prohibición de cara al Poder Judicial, al extremo de señalar que la Asamblea Nacional, sólo puede intervenir en la elección de los Magistrados del TSJ, artículo 264 constitucional –Los magistrados del TSJ serán elegidos por un único período de doce años. La ley determinara el procedimiento de elección. En todo caso, podrán postularse candidatos ante el Comité de Postulaciones Judiciales, por iniciativa propia o por agrupaciones vinculadas con la actividad jurídica. El Comité oída la opinión de la comunidad, efectuará una preselección para su presentación al Poder Ciudadano, el cual realizará una segunda preselección que será presentada a la AN, la cual efectuará la selección definitiva- y, en la destitución de los mismos, de conformidad con lo previsto en el artículo 265 eiusdem -Los magistrados del TSJ podrán ser removidos por la AN mediante una mayoría calificada de las dos terceras partes de sus integrantes, previa audiencia concedida al interesado, en caso de falta grave ya calificada por el Poder Ciudadano.

En la sentencia, la Sala Constitucional, entre otras afirmaciones, hizo las siguientes:

"…Con ocasión de la presente solicitud de interpretación de los artículos 136, 222, 223 y 265 del Texto Fundamental, desde la perspectiva que plantean los solicitantes en esta oportunidad, esta Sala, resuelve sistematizar la presente motiva en cuatro temas: 1.- DIVISIÓN POLÍTICA Y PODER PÚBLICO, 2.- CONTROL PARLAMENTARIO, 3.- DE LA DESIGNACIÓN DE UNA COMISIÓN ESPECIAL DE LA ASAMBLEA NACIONAL PARA REVISAR EL NOMBRAMIENTO DE LOS MAGISTRADOS PRINCIPALES Y SUPLENTES POR PARTE DE LA ASAMBLEA NACIONAL, EL DÍA 23 DE DICIEMBRE DE 2015, 4.- DE LA LEY SOBRE EL RÉGIMEN PARA LA COMPARECENCIA DE FUNCIONARIOS Y FUNCIONARIAS PÚBLICOS O LOS Y LAS PARTICULARES ANTE LA ASAMBLEA NACIONAL O SUS COMISIONES, Y DEL REGLAMENTO DE INTERIOR Y DEBATES DE LA ASAMBLEA NACIONAL.

a. *División Política y Poder Público...*

" ... Al respecto, así como el Poder Judicial está sujeto a normas y límites constitucionales, el Poder Ejecutivo Nacional, el Poder Legislativo Nacional y los demás Poderes Públicos también lo están, al igual que todos los ciudadanos y ciudadanas, por imperativo de los principios de supremacía constitucional y de racionalidad; de allí que cualquier intento de ultraje a tales normas constitucionales, constituya una afrenta al propio orden fundamental y a la dignidad de los ciudadanos y ciudadanas; valores que sólo podrán ser defendidos a través del conocimiento directo de la Constitución, única herramienta válida para apreciar la verdad, evitar manipulaciones y contrarrestar acciones ilícitas..."

" ... De tales citas de leyes fundamentales del Derecho comparado se coligen límites esenciales de las actuaciones legislativas, destacando la prohibición de intromisión en asuntos que competen privativamente a otros órganos o autoridades, lo cual garantiza el desarrollo armónico del Poder Público"

b. *Control Parlamentario...*

Como puede apreciarse, y aquí lo reconoce este máximo tribunal de la República, el Poder Legislativo Nacional tiene funciones de control político, a través del cual puede encausar sus pretensiones, eso sí, siempre dentro del orden constitucional y jurídico en general, pues ello no sólo es garantía de estabilidad de la Nación y democracia, sino de respeto a los derechos fundamentales.

Concretamente, los artículos 187.3, 222, 223 y 224 del Texto Fundamental, estrechamente vinculados entre sí, pues el primero prevé una competencia de la Asamblea Nacional (187.3) que luego desarrollan los otros dos (222 y 223),...

Artículo 187. Corresponde a la Asamblea Nacional:

*3. Ejercer **funciones de control** sobre el **Gobierno y la Administración Pública Nacional**, en los términos consagrados en esta Constitución y en la ley. Los elementos comprobatorios ob-*

tenidos en el ejercicio de esta función, tendrán valor probatorio, en las condiciones que la ley establezca.

*Artículo 222. La Asamblea Nacional podrá ejercer su **función de control** mediante los siguientes mecanismos: las interpelaciones, las investigaciones, las preguntas, las autorizaciones y las aprobaciones parlamentarias previstas en esta Constitución y en la ley y mediante cualquier otro mecanismo que establezcan las leyes y su Reglamento. En ejercicio del **control parlamentario**, podrán declarar la **responsabilidad política** de los funcionarios públicos o funcionarias públicas y **solicitar al Poder Ciudadano que intente las acciones a que haya lugar para hacer efectiva tal responsabilidad**.*

*Artículo 223. La Asamblea o sus Comisiones podrán realizar las **investigaciones** que juzguen convenientes **en las materias de su competencia**, de conformidad con el Reglamento.*

Todos los funcionarios públicos o funcionarias públicas están obligados u obligados, bajo las sanciones que establezcan las leyes, a comparecer ante dichas Comisiones y a suministrarles las informaciones y documentos que requieran para el cumplimiento de sus funciones.

Esta obligación comprende también a los y las particulares; a quienes se les respetarán los derechos y garantías que esta Constitución reconoce.

Artículo 224. *El ejercicio de la facultad de investigación no afecta las atribuciones de los demás poderes públicos. Los jueces o juezas estarán obligados u obligados a evacuar las pruebas para las cuales reciban comisión de la Asamblea Nacional o de sus Comisiones.*

Así pues, al interpretar de forma gramatical, lógica, histórica e integral tales disposiciones, se observa que la Constitución le atribuye la competencia de control político a la Asamblea Nacional, "*sobre el Gobierno y la Administración Pública Nacional*"; control sobre funcionarios públicos o funcionarias públicas del Gobierno y Administración Pública Nacional (sujetos de acción política y, por ende, de control político, dentro del marco jurídico), en los términos previstos en la Constitución y el resto del orden jurídico.

En efecto, como puede apreciarse, al delimitar de forma expresa las atribuciones de la Asamblea Nacional, la Constitución dispone que corresponde a ese órgano *"Ejercer funciones de control **sobre el Gobierno y la Administración Pública Nacional**, en los términos consagrados en esta Constitución y en la ley"* –Art. 187.3 Constitucional- (Resaltado añadido).

Así pues, siguiendo la tradición constitucional, el constituyente reconoció que el Poder Legislativo Nacional, además de desplegar su labor principal: la cual es legislar, también podrá ejercer funciones de control **sobre el Gobierno y la Administración Pública Nacional**, es decir, sobre el Poder Ejecutivo Nacional, en los términos consagrados en esta Constitución y en la ley, es decir, en el marco de los principios cardinales de autonomía y colaboración entre órganos del Poder Público, para alcanzar los fines del Estado (ver, p. ej, arts. 3 y 136 Constitucional); apreciación que resulta de una lógica ponderación entre las referidas normas constitucionales.

Ello así, la disposición competencial en cuestión limita el control de la Asamblea Nacional al Poder sobre el cual históricamente ha tenido competencia de control político, es decir, al Ejecutivo Nacional; al cual, a su vez, la Constitución le asigna funciones de control sobre aquella, incluso la medida excepcional prevista en el artículo 236.21, es decir, disolver la Asamblea Nacional, para evitar graves perturbaciones al ejercicio de las competencias constitucionales que a su vez corresponden al Gobierno y a la Administración Pública, en perjuicio del bien común de todos los ciudadanos y ciudadanas, y, en fin, para proteger el funcionamiento constitucional del Estado y la colectividad en general …

Como puede apreciarse, en atención a los principios de división, autonomía y equilibrio a lo interno del Poder Público, esta Sala ha reconocido que el control parlamentario se limita al Ejecutivo Nacional, dentro del marco Constitucional; y que las investigaciones parlamentarias referidas al Poder Judicial se circunscriben, en lo que respecta al Poder Judicial, por una parte, a la verificación de las condiciones para el nombramiento de los Magistrados (artículo 264 Constitucional), para lo cual la Asamblea Nacional podrá *"previamente hacer las investigaciones que crea necesarias"* (control previo). Tal interpretación elemental encuentra pleno sustento en la historia constitucional, en la Ciencia Política y en el Derecho Comparado.

Como se desprende de la jurisprudencia y doctrina citada, el control político- parlamentario previsto en los artículos 187.3, 222, 223 y 224 del Texto Fundamental, se extiende fundamentalmente sobre el Poder Ejecutivo Nacional, y no sobre el resto de los Poderes Públicos (Judicial, Ciudadano y Electoral), tampoco sobre el poder público estadal ni el municipal (con excepción de lo previsto en el artículo 187.9 *eiusdem*), pues el control político de esas dimensiones del Poder lo ejercerán los órganos que la Constitución dispone a tal efecto, tal como se interpreta de los artículos 159 y siguientes de la Constitución.

A su vez, parte fundamental del sistema de controles y equilibrios a lo interno del Poder Público Nacional, puede apreciarse en los artículos 186 y siguientes del Texto Fundamental, respecto de todos los órganos del Poder Público; quedando evidenciado, en síntesis, que las fuentes del derecho han reconocido y esta Sala declara, que el control político-parlamentario previsto en los artículos 187.3, 222, 223 y 224 constitucionales se circunscribe en esencia al Ejecutivo Nacional, dentro del marco Constitucional; base sobre la cual deberán interpretarse las normas infra-constitucionales.

Así, una principal expresión a la cual se circunscribe ese control político-parlamentario en lo que atañe al Jefe del Ejecutivo Nacional (artículo 226 Constitucional), se evidencia en el artículo 237 *eiusdem*, según el cual el Presidente o Presidenta de la República presentará cada año personalmente a la Asamblea Nacional un mensaje en el que dará cuenta de los aspectos políticos, económicos, sociales y administrativos de su gestión durante el año inmediatamente anterior; ámbito al cual se ajusta ese control en lo que respecta al Jefe del Estado y del Ejecutivo Nacional.

A su vez, respecto de los Ministros y Ministras, el control parlamentario encuentra expresión esencial en el artículo 244 Fundamental, cuando dispone que los mismos *"presentarán ante la Asamblea Nacional, dentro de los primeros sesenta días de cada año, una memoria razonada y suficiente sobre la gestión del despacho en el año inme-diatamente anterior, de conformidad con la ley"*.

Así pues, dicho control, en primer término, está referido a la presentación de la memoria y cuenta en las condiciones que ordena el artículo 244 *eiusdem*. Por su parte, el artículo 245 Constitucional, como sistema de contrapeso, le da a los Ministros o Ministras derecho de palabra en la Asamblea Nacional y en sus comisiones; e, inclusive, dispone que podrán tomar parte en los debates de la Asamblea Nacional, sin derecho al voto, también dentro del marco constitucional y, por ende, dentro del marco de los postulados de utilidad, necesidad, racionalidad, proporcionalidad y colaboración a lo interno del Poder Público.

Seguidamente, el artículo 246 prevé la consecuencia del ejercicio del control parlamentario sobre Ministros y Ministras, cuando dispone que *"la aprobación de una moción de censura a un Ministro o Ministra por una votación no menor de las tres quintas partes de los o las integrantes presentes de la Asamblea Nacional, implica su remoción. El funcionario removido o funcionaria removida no podrá optar al cargo de Ministro o Ministra, de Vicepresidente Ejecutivo o Vicepresidenta Ejecutiva por el resto del período presidencial"*. Evidentemente, tal actuación, al igual que las demás, debe ser compatible con el resto de reglas, valores y principios constitucionales.

Fuera de esos casos, respecto de los demás funcionarios del Poder Ejecutivo Nacional, distintos al Presidente o Presidenta de la República, Vicepresidente Ejecutivo o Vicepresidenta Ejecutiva, y Ministros y Ministras, el control político en este contexto, se concreta a través de los mecanismos previstos en los artículos 222 y 223 del Texto Fundamental, conforme a las demás reglas, valores y principios que subyacen al mismo, especialmente, el axioma de colaboración entre poderes, así como los de utilidad, necesidad y proporcionalidad, para que logre su cometido constitucional y, por ende, para impedir que ese control afecte el adecuado funcionamiento del Ejecutivo Nacional, y, en consecuencia, evitar que el mismo termine vulnerando los derechos fundamentales; para lo cual observarse la debida coordinación de la Asamblea Nacional con el Vicepresidente Ejecutivo o Vicepresidenta Ejecutiva, tal como lo impone el artículo 239.5 Constitucional, para encausar la pretensión de ejercicio del referido control (canalización de comunicaciones, elaboración de cronograma de comparecencias, etc.), respecto de cualquier funcionario del Gobierno y la Administración Pública Nacional, a los efectos de que, conforme a la referida previsión constitucional, la Vicepresidencia Ejecutiva de la República centralice y coordine todo lo relacionado con las comunicaciones que emita la Asamblea Nacional con el objeto de desplegar la atribución contenida en el artículo 187.3 Constitucional, desarrolladas en los artículos 222 al 224 *eiusdem*; además de la consideración de las circunstancias políticas, económicas y sociales en general que imperasen en la República para el momento en el que se coordina y ejerce el referido control, tal como ocurre en la actualidad, en la que principalmente el Ejecutivo Nacional, como en todo sistema presidencialista o semipresidencialista de gobierno (cuya característica elemental es que gran parte de las funciones cardinales del Estado recaen sobre el jefe del referido poder), está atendiendo de forma especial la situación de emergencia económica que existe en el país (ver sentencia de esta Sala n° 7 del 11 de febrero de 2016), circunstancia que amerita toda la colaboración posible entre los diversos órganos del Poder Público (ver artículo 136 Constitucional), para superar esa situación excepcional que se ha venido manteniendo y que tiene visos regionales y mundiales; circunstancia que también convoca al Poder Legislativo Nacional, el cual debe sopesar que especialmente en estas circunstancias, la insistencia de peticiones dirigidas hacia el Poder Ejecutivo Nacional e, inclusive, hacia el resto de poderes públicos, pudiera obstaculizar gravemente el funcionamiento del Estado, en detrimento de la garantía cabal de los derechos de las ciudadanas y ciudadanos, así como también de los derechos irrenunciables de la Nación (ver artículo 1 Constitucional).

Así pues, las convocatorias que efectúe el Poder Legislativo Nacional, en ejercicio de las labores de control parlamentario previstas en los artículos 222 y 223, con el objeto de ceñirse a la juridicidad y evitar entorpecer el normal funcionamiento de los Poderes Públicos, deben estar sustentadas en todo caso en el orden constitucional y jurídico en general; por lo que las mismas deben estar dirigidas justamente a los funcionarios y demás personas sometidas a ese control, indicar la calificación y base jurídica que la sustenta, el motivo y alcance preciso y racional de la misma (para garantizar a su vez un proceso con todas las garantías constitucionales), y en fin, orientarse por los principios de utilidad, necesidad, razonabilidad, proporcionalidad y colaboración entre poderes públicos (sin pretender subrogarse en el diseño e implementación de las políticas públicas inherentes al ámbito competencial del Poder Ejecutivo Nacional), permitiendo a los funcionarios que comparecen, solicitar y contestar, de ser posible, por escrito, las inquietudes que formule la Asamblea Nacional o sus comisiones, e inclusive, también si así lo solicitaren, ser oídos en la plenaria de la Asamblea Nacional, en la oportunidad que ella disponga (parte de lo cual se reconoce, por ejemplo, en el referido artículo 245 Constitucional), para que el control en cuestión sea expresión de las mayorías y minorías a lo interno de ese órgano del Poder Público, las cuales han de representar a todas y todos los ciudadanos, y no únicamente a un solo sector; todo ello para dar legitimidad y validez a tales actuaciones; y, además, para cumplir con lo dispuesto en el artículo 224 de la Constitución, según el cual el ejercicio de la facultad de investigación de la Asamblea Nacional no afecta [y, por ende, no ha de afectar] las atribuciones de los demás poderes públicos, pues obviamente la Constitución no avala el abuso ni la desviación de poder, sino que, por el contrario, plantea un uso racional y equilibrado del Poder Público, compatible con la autonomía de cada órgano del mismo, con la debida comprensión de la cardinal reserva de informaciones que pudieran afectar la estabilidad y la seguridad de la República, y, en fin, compatible con los fines del Estado.

Asimismo, respecto a las especificidades y a la forma en que deben desarrollarse las comparecencias ante la Asamblea Nacional, por parte del Ejecutivo Nacional y a la relación coordinada que debe existir entre ambas ramas del Poder Público, el ciudadano Presidente o Presidenta de la República tiene y debe ejercer la atribución contemplada en el artículo 236.10 de la Constitución de la República Bolivariana de Venezuela, referida a *"Reglamentar total o parcialmente las leyes, sin alterar su espíritu, propósito y razón."*; de tal manera que el Poder Ejecutivo estaría legitimado para reglamentar ejecutivamente la Ley sobre el Régimen para la Comparecencia de Funcionarios y Funcionarias Públicos o los o las Particulares ante la Asamblea Nacional o sus Comisiones, con la finalidad de armonizar el normal desarrollo de las actuaciones enmarcadas en ese instrumento legal y demás ámbitos inherentes al mismo, siempre respetando su espíritu, propósito y razón.

En este contexto, debe indicarse que la Fuerza Armada Nacional Bolivariana, es pasible de control a través de su Comandante en Jefe y del control parlamentario mediante el control político que se ejerce sobre su Comandante en Jefe y autoridad jerárquica suprema: El Presidente o Presidenta de la República; el cual, como se advierte del artículo 237 Constitucional, dentro de los diez primeros días siguientes a la instalación de la Asamblea Nacional, en sesiones ordinarias, presentará cada año personalmente a esa Asamblea un mensaje en que dará cuenta de los aspectos políticos, económicos, sociales y administrativos de su gestión durante el año inmediatamente anterior (a ello se limita el control previsto el artículo 187.3 Constitucional – desarrollados en los artículos 222 y 223, en lo que respecta a dicha Fuerza). Por lo demás, la Fuerza Armada Nacional Bolivariana (*cuyo calificativo "Bolivariana" se cimienta en la propia denominación de la Constitución y de la República homónima -Constitución de la República Bolivariana de Venezuela-, y, por ende, en el ideario de Simón Bolívar, El Libertador, que irradia el Texto Fundamental desde su primer artículo-*) está sometida al control constitucional y legal (a través de la ley o leyes respectivas, dentro del marco fundamental), así como de los controles que emanan del Poder Ciudadano y del Poder Judicial; en ejecución del orden jurídico, pues tal como lo dispone el artículo 328 Constitucional, la misma, "*en el cumplimiento de sus funciones, está al servicio exclusivo de la Nación y en ningún caso al de persona o parcialidad política alguna*" y "*sus pilares fundamentales son la disciplina, la obediencia y la subordinación*".

c. *Designación de una Comisión Especial de la Asamblea Nacional para revisar el nombramiento de los magistrados principales y suplentes por parte de la AN, el día 23 de diciembre de 2015 y análisis del artículo 90 del Reglamento Interior y de Debates de la AN y el artículo 83 de la Ley Orgánica de Procedimientos Administrativos...*

Por notoriedad comunicacional, esta Sala tiene conocimiento que el día 7 de enero del presente año, la Asamblea Nacional creó la denominada *"Comisión Especial designada para evaluar el nombramiento de Magistrados"* (la cual, posteriormente y sin expresar razón jurídica o política alguna, fue nuevamente designada por ese mismo órgano, con los mismos integrantes), tal como consta en el siguiente documento contenido en la página *web* de ese órgano del Poder Público:

Al respecto, debe indicarse que la Asamblea Nacional está habilitada por el artículo 193 de la Constitución de la República Bolivariana de Venezuela, para nombrar Comisiones Especiales *"con carácter temporal para investigación y estudio, todo ello de conformidad con su reglamento"*.

Así, el artículo 223 *eiusdem* pauta que las investigaciones que realice la Asamblea Nacional o sus Comisiones deben realizarse *"en las materias de su competencia"*.

El artículo 222 constitucional determina que la Asamblea Nacional, "en ejercicio del control parlamentario, podrá declarar la responsabilidad política de funcionarios públicos o funcionarias públicas y solicitar al Poder Ciudadano que intente las acciones a que haya lugar para hacer efectiva tal responsabilidad" (subrayado añadido).

El artículo 187.3 Constitucional precisa que las funciones de control parlamentario solo pueden ejercerse sobre el Gobierno y la Administración Pública Nacional. En consecuencia, como lo advirtió la Sala Constitucional en la sentencia 2230 del 23 de septiembre de 2002, el *"control parlamentario de la Asamblea no se extiende a ningún otro Poder –distinto al Poder Ejecutivo Nacional-; quedando establecido en la Ley los diversos mecanismos de control de los otros poderes"* (subrayado nuestro).

Así, corresponde a la Asamblea Nacional la selección definitiva, previa intervención del Poder Judicial (ver art. 270) y del Ciudadano (ver art. 264), de los magistrados o magistradas del Tribunal Supremo de Justicia, porque este es el último y definitivo acto –parlamentario- en esta materia, luego del examen de las postulaciones por parte del Comité de Postulaciones Judiciales, el control del Poder Popular y la primera preselección que lleva a cabo el Poder Ciudadano (artículo 264 Constitucional).

En correspondencia con ello, la remoción de cualquier magistrado o magistrada solo podrá hacerse *"por la Asamblea Nacional mediante una mayoría calificada de las dos terceras partes de sus integrantes, previa audiencia concedida al interesado o interesada, en casos de faltas graves ya calificadas por el Poder Ciudadano, en los términos que la ley establezca"* (artículo 265 Constitucional).

La vigente Ley Orgánica del Tribunal Supremo de Justicia, enumera en su artículo 62 las causas graves para la remoción   –siempre de conformidad con el artículo 265 de la Constitución-, en 17 cardinales.

Por su parte, la Ley Orgánica Sobre Estados de Excepción también reconoce el artículo 265 Constitucional, único supuesto de remoción de magistrados o magistradas (aparte del relacionado con lo dispuesto en el artículo 266.3 *eiusdem*), cuando señala en el único aparte del artículo 32 que *"Si la Sala Constitucional no se pronunciare en el lapso establecido en el presente artículo, los magistrados que la componen incurrirán en responsabilidad disciplinaria, pudiendo ser removidos de sus cargos de conformidad con lo establecido en el artículo 265 de la Constitución de la República Bolivariana de Venezuela"*.

Por su parte, el legislador, de manera correcta y pertinente, sancionó en 2010 una Ley Orgánica del Tribunal Supremo de Justicia (cuya iniciativa legislativa corresponde al Poder Judicial de forma exclusiva y excluyente, de conformidad con el artículo 204 numeral 3 de la Constitución), que incluyó un supuesto en el cardinal 15 del artículo 62 de su normativa, supuesto en el cual, si ocurriere la irregularidad allí descrita, se trataría de una falta grave que debe ser calificada previamente por el Poder Ciudadano, para que en aplicación del artículo 265 Constitucional pueda la Asamblea Nacional removerlo con votación calificada de sus integrantes (es decir, actualmente, 112 de 167 diputados).

Por otra parte, ni antes ni ahora puede calificarse la remoción de un magistrado como "un acto administrativo". Se trata, sin duda, de un acto parlamentario en ejecución directa e inmediata de la Constitución, sin forma de ley, cuya nulidad correspondería a la Sala Constitucional (previo cumplimiento del artículo 265 Constitucional), según los artículos 334 único aparte y 336, cardinal 1 *eiusdem*. Así se declara.

Aunque la creación de una comisión especial para investigación y estudio no tienen, en principio, limitaciones materiales (salvo las derivadas, entre otras, de los principios de autonomía de los Poderes Públicos y sujeción del poder al Texto Fundamental); cuando su objetivo es claramente inconstitucional y/o ilegal, al pretender revisar designaciones de altos funcionarios de otro Poder, al margen del control que le asigna la Constitución a la Asamblea Nacional y del régimen previsto para su remoción o destitución, ella y cualquier decisión o recomendación que aquélla o cualquier comisión realice es absolutamente nula y, en consecuencia, inexistente, así como cualquier decisión en la materia por parte de la Asamblea Nacional, todo ello con base en los artículos 7, 137, 138 y 139 de la Carta Magna.

Se ratifica, en consecuencia, tal como pacíficamente lo ha venido sosteniendo esta Sala desde el año 2002, que el control político-parlamentario previsto en los artículos 187.3, 222, 223 y 224 "*...no se extiende a ningún otro Poder; quedando establecido en la Ley los diversos mecanismos de control de los otros poderes*", y en lo que atañe al nombramiento de magistrados y magistradas, "*la Asamblea Nacional, en cuanto a las condiciones para el nombramiento de los Magistrados puede* **previamente** *hacer las investigaciones que crea necesarias*".

Resulta, pues, que la Asamblea Nacional está legitimada para hacer la selección definitiva de los magistrados, tal como lo dispone el artículo 264 Constitucional:

Al respecto, es notoriamente comunicacional que el 23 de diciembre de 2015, luego del control popular y de la intervención del Poder Ciudadano, la Asamblea Nacional, en uso de sus atribuciones constitucionales y jurídicas en general, realizó la selección definitiva de los últimos magistrados y magistradas que han ingresado al Poder Judicial, a pesar de los señalamientos de un sector político-partidista que pretendía que, en razón de las últimas elecciones parlamentarias, prácticamente la Asamblea debía paralizar sus actuaciones hasta que se instalara la nueva Asamblea Nacional (supuesto que lógicamente no está previsto en nuestro orden jurídico), como si el funcionamiento de un órgano del Poder Público debiera paralizarse en razón de un cambio circunstancial en la correlación de fuerzas político-partidistas a lo interno del mismo, en detrimento del funcionamiento constitucional del Estado y de la garantía de los derechos de las personas.

Tal circunstancia no sólo evidencia la trascendencia social de los Tribunales Constitucionales y de las magistradas y magistrados que los conforman, así como la necesidad de sindéresis y ponderación a lo interno del Estado, sino también la necesidad de respetar las decisiones legítimamente tomadas por un órgano y las atribuciones constitucionales que corresponden, en su momento y con sus límites, a cada rama del Poder Público.

En consecuencia, la Asamblea Nacional tiene la atribución de remover a los magistrados o magistradas designados, mediante una mayoría calificada de las dos terceras partes de sus integrantes, previa audiencia concedida al interesado o interesada, en caso de faltas graves ya calificadas por el Poder Ciudadano, en los términos que la ley establezca.

Como puede apreciarse, la Asamblea Nacional participa en los procesos complejos e interinstitucionales de designación y remoción de magistrados y magistradas de este Máximo Tribunal, conforme lo pautan los artículos 264 y 265 Constitucional; en lo que a ello respecta, allí culmina su rol en el equilibrio entre Poderes Públicos para viabilizar la función del Estado. Crear una atribución distinta, como sería la revisión *ad infinitum* y nueva "decisión" sobre "decisiones" asumidas en los procesos anteriores de selección y designación de magistrados y magistradas, incluida la creación de una comisión o cualquier otro artificio para tal efecto, sería evidentemente inconstitucional, por atentar contra la autonomía del Poder Judicial y la supremacía constitucional, constituyendo un fraude hacia el orden fundamental que, siguiendo las más elementales pautas morales, no subordina la composición del Máximo Tribunal de la República al cambio en la correlación de las fuerzas político-partidistas a lo interno del Legislativo Nacional.

Permitir tal desviación jurídica y ética implicaría defraudar la máxima expresión de soberanía popular confiada al Texto Constitucional y a este Máximo Tribunal de la República (ver arts. 5, 7, 335 y 336 de la Constitución de la República Bolivariana de Venezuela); como también lo sería pretender alterar, sin justificación racional y válida alguna y, por tanto, al margen de la Constitución, la conformación de este Tribunal Supremo de Justicia, mediante una creación o reforma legislativa vinculada al mismo, máxima representación de un Poder Público independiente del resto de los poderes, incluyendo al Poder Legislativo Nacional; y cualquier acción en ese sentido sería incurrir en el supuesto de desviación de poder contemplado en el artículo 139 de la Constitución de la República Bolivariana de Venezuela.

En tal sentido, constituye un imperativo de esta Sala declarar, como en efecto lo hace a través de esta sentencia, la nulidad absoluta e irrevocable de los actos mediante los cuales la Asamblea Nacional pretende impulsar la revisión de procesos constitucionalmente precluidos de selección de magistrados y magistradas y, por ende, de las actuaciones mediante las cuales creó la comisión especial designada para evaluar tales nombramientos, así como de todas las actuaciones derivadas de ellas, las cuales son, jurídica y constitucionalmente, inexistentes.

En este mismo orden de ideas, no es inadvertido para esta Sala que una de las probables consecuencias de crear la referida "Comisión Especial de la Asamblea Nacional para revisar el nombramiento de los Magistrados Principales y Suplentes designados en diciembre de 2015", sería la de pretender dejar sin efecto la designación de los Magistrados para los cuales fue creada la mencionada Comisión, en ejercicio de un manifiesto fraude constitucional a la luz del contenido del artículo 265 del Texto Fundamental, ampliamente desarrollado *ut supra*.

Del mismo modo, es nugatoria la revocatoria que en ese sentido pareciera pretenderse por parte de la Asamblea Nacional, no sólo por lo invocado, sino porque la citada normativa administrativa resulta inaplicable en este contexto, por ser manifiestamente contraria a las disposiciones constitucionales contentivas del régimen de estabilidad y retiro de los Magistrados del Tribunal Supremo de Justicia, a la luz del contenido del artículo 265 de la Norma Fundamental, que en forma expresa e inequívoca identifica el proceso exclusivo y excluyente de remoción a los más altos funcionarios del Poder Judicial, lo cual está desarrollado en los postulados de la Ley Orgánica del Poder Ciudadano y de la Ley Orgánica del Tribunal Supremo de Justicia.

Como consecuencia de lo antes expuesto, se determina que la vía prevista en los artículos 83 de la Ley Orgánica de Procedimientos Administrativos y 90 del Reglamento Parlamentario, es inaplicable para el caso pretendido de remover a los Magistrados del Tribunal Supremo de Justicia, sin que se dé inicio al procedimiento correspondiente previsto, como se dijo, en el artículo 265 Constitucional y en la Ley Orgánica del Poder Ciudadano, normas que disponen los supuestos de procedencia de eventuales remociones y el debido procedimiento que debe observarse, en obsequio al derecho a la defensa y la auténtica estabilidad de la República, por vía de la pacífica gestión de las ramas del Poder Público, y así se declara.

Así pues, la Asamblea Nacional no está legitimada para revisar, anular, revocar o de cualquier forma dejar sin efecto el proceso interinstitucional de designación de los magistrados y magistradas del Tribunal Supremo de Justicia, principales y suplentes, en el que también participan el Poder Ciudadano y el Poder Judicial (este último a través del comité de postulaciones judiciales que debe designar –art. 270 Constitucional-), pues además de no estar previsto en la Constitución y atentar contra el equilibrio entre Poderes, ello sería tanto como remover a los magistrados y magistradas sin tener la mayoría calificada de las dos terceras partes de sus integrantes, sin audiencia concedida al interesado o interesada, y en casos de -supuestas- faltas –graves- no calificadas por el Poder Ciudadano, al margen de la ley y de la Constitución (ver art. 265 Constitucional).

Por ello, la remoción de cualquier magistrado o magistrada solo podrá hacerse *"por la Asamblea Nacional mediante una mayoría calificada de las dos terceras partes de sus integrantes, previa audiencia concedida al interesado o interesada, en casos de faltas graves ya calificadas por el Poder Ciudadano, en los términos que la ley esta-blezca"* (artículo 265 CRBV -subrayado nuestro).

d. *Ley sobre el Régimen para la Comparecencia de Funcionarios y Funcionarias Públicos o los y las particulares ante la Asamblea Nacional o sus Comisiones, y del Reglamento de Interior y Debates de la Asamblea Nacional...*

Al respecto, el artículo 1 de la Ley sobre el Régimen para la Comparecencia de Funcionarios y Funcionarias Públicos o los y las particulares ante la Asamblea Nacional o sus Comisiones, dispone lo siguiente:

> *Artículo 1. La presente Ley tiene por objeto establecer las normas que regirán para la comparecencia de funcionarios y funcionarias públicos y los o las particulares ante la Asamblea Nacional o sus Comisiones, así como las sanciones por el incumplimiento a las mismas.*

Ello así, para preservar los principios de autonomía a lo interno del Poder Público, sujeción del poder público a la Constitución, equilibrio de Poderes, estabilidad de la legislación y supremacía constitucional, tal referencia fundamental a funcionarios y funcionarias públicas, contenida en esa y otras normas legales que se encuentren en ese contexto jurídico, deben entenderse referidas a los funcionarios del Gobierno y la Administración Pública Nacional (artículo 187.3, 222, 223 y 224 Constitucional).

Como puede apreciarse, de forma antagónica a la interpretación sistémica de los artículos 187.3, 222 y 223 del Texto Fundamental, así como también a la jurisprudencia reiterada de esta Sala, los artículos 3, 11 y 12 de la Ley sobre el Régimen para la Comparecencia de Funcionarios y Funcionarias Públicos o los y las particulares ante la Asamblea Nacional o sus Comisiones, incluyen de forma expresa a funcionarios distintos a los pertenecientes al Gobierno y Administración Pública Nacional, razón por la que esta Sala se encuentra forzada a desaplicarlos por control difuso de la constitucionalidad, en lo que respecta a funcionarios ajenos al Ejecutivo Nacional, mientras se tramita el procedimiento de nulidad por inconstitucionalidad de aquellas normas legales, que aquí se ordena iniciar en tutela oficiosa del orden público constitucional, en ejercicio de la competencia contenida en el artículo 336, cardinal 1 de la Constitución de la República Bolivariana de Venezuela y en el artículo 25, cardinal 1 de la Ley Orgánica del Tribunal Supremo de Justicia, y de conformidad con lo previsto en el artículo 34 *eiusdem,* en garantía de los postulados fundamentales previstos en los artículo 7 y 137 de la Carta Magna.

Como puede apreciarse, las referidas normas legales que, en todo caso, al igual que las demás, deben interpretarse conforme a la Constitución, establecen un régimen sancionatorio para funcionarios (del Ejecutivo Nacional) o particulares que siendo citados para comparecer ante la Asamblea Nacional o sus Comisiones, no asistan o se excusen sin motivo justificado, entre otros supuestos de desacato que allí se contemplan, revisten ciertas particularidades con evidente trascendencia constitucional.

Así pues, el aludido régimen sancionatorio no hace referencia expresa al debido proceso a seguir y la autoridad que impondrá las sanciones de multa e, incluso, arresto proporcional, sino que en su artículo 25 se refiere, de forma ostensiblemente genérica, a que "*El enjuiciamiento por contumacia ante la Asamblea Nacional o sus Comisiones, a que se refieren los Artículos precedentes, sólo tendrá lugar mediante requerimiento de éstas al representante del Ministerio Público para que promueva lo conducente*".

Tampoco se desprende de las referidas disposiciones la naturaleza jurídica de las sanciones en cuestión (por ejemplo, judiciales, administrativas o penales), pues ni siquiera dejan entrever qué es lo conducente que promoverá el Ministerio Público ni ante qué autoridad que, en lo que respecta a las sanciones restrictivas de la libertad ambulatoria, esta Sala ha sostenido reiteradamente que sólo pueden ser impuestas por una autoridad judicial, en correspondencia con lo previsto en el artículo 44.1 Constitucional, …

En fin, el régimen sancionatorio previsto en la Ley sobre el Régimen para la Comparecencia de Funcionarios y Funcionarias Públicos y los o las particulares ante la Asamblea Nacional, evidencia inconsistencias que probablemente inciden negativamente en su constitucionalidad, razón por la que esta Sala, de forma coherente a sus actuaciones previas, ampliamente registradas en su jurisprudencia, también se encuentra forzada a desaplicar por control difuso de la constitucionalidad las normas contempladas en el mismo (21 al 26 –debe advertirse, además, que este último incluye autoridades ajenas al Poder Ejecutivo Nacional, vid. *supra*-), mientras se tramita el procedimiento de nulidad por inconstitucionalidad de aquellas normas legales, que aquí se ordena iniciar en tutela oficiosa del orden público constitucional, en ejercicio de la competencia contenida en el artículo 336, cardinal 1 de la Constitución de la República Bolivariana de Venezuela y en el artículo 25, cardinal 1 de la Ley Orgánica del Tribunal Supremo de Justicia, y de conformidad con lo previsto en el artículo 34 *eiusdem,* en garantía de los postulados fundamentales previstos en los artículo 7 y 137 de la Carta Magna.

Como puede apreciarse, el Reglamento Interior y de Debates de la Asamblea Nacional, de forma similar a los artículos 3, 11, 12 y 26 de la Ley sobre el Régimen para la Comparecencia de Funcionarios y Funcionarias Públicos y los o las particulares ante la Asamblea Nacional, no circunscribe el control parlamentario allí señalado a los límites previsto en los artículos 187.3, 222 y 223 del Texto Fundamental, y a la jurisprudencia de esta Sala, es decir, no circunscribe tal control de forma exclusiva a los funcionarios y funcionarias del Poder Ejecutivo Nacional, circunstancia que obliga a esta Sala a desaplicar por control difuso de la constitucionalidad el aludido artículo 113 de Reglamento Interior y de Debates de la Asamblea Nacional, en lo que respecta a funcionarios ajenos al Ejecutivo Nacional. Así se declara.

Esta Sala observa que la desaplicación por control difuso de la constitucionalidad de las normas antes referidas, no afectarían las funciones contraloras de la Asamblea Nacional, al estar vigentes el artículo 187 Constitucional (en particular, en la materia, los cardinales 3 y 10); y los artículos 222 al 224 *eiusdem.* Asimismo, también está vigente el Reglamento Interior y de Debates de la Asamblea Nacional, en especial el Título VIII (*De los instrumentos de control e información*), artículos 114 al 125.

Finalmente, esta Sala advierte la necesidad de reiterar algunos criterios elementales sobre los postulados cardinales de soberanía, supremacía constitucional y protección jurisdiccional del Texto Fundamental, para insistir en la necesidad del debido acatamiento y reguardo del orden constitucional.

Entre otros aspectos elementales, el Texto Fundamental que rige al Poder Público y a los ciudadanos y ciudadanos en la República, es decir, la Constitución de la República Bolivariana de Venezuela, dispone de forma expresa, en el único aparte de su artículo 5, que los órganos del Estado, sin distinción alguna, emanan de la soberanía popular y a ella están sometidos:

Ello así, todos los órganos del poder público y el propio Estado, sin distinción, emanan de la soberanía popular, y a ella están sujetos bajo las normas que el Pueblo se ha dado en la Constitución; como parámetro fundamental de orden, justicia, paz y pervivencia social.

Precisamente, tal garantía definitoria y suprema de la Constitución, recae directamente en el Poder Judicial, el cual está llamado, en definitiva, a proteger el Texto Fundamental, inclusive, de acciones contrarias al mismo que provengan de los demás "órganos que ejercen el Poder Público", tal como se puede apreciar de las siguientes Normas Constitucionales:

Así pues, el Constituyente, siguiendo la tradición del constitucionalismo moderno, dejó en manos del Máximo Árbitro de la República: El Poder Judicial y, en especial, de esta Sala, la protección y garantía suprema de la Constitución, incluso frente a vulneraciones de la misma que incluso pudieran provenir del propio Poder Legislativo Nacional, tal como se aprecia en el referido Título de la Carta Magna.

Tal posición jurídica, política y social tiene fundamento en la propia noción de democracia constitucional que cimienta el Texto Fundamental…

Precisamente, una herramienta cardinal para lograr la protección constitucional, es, ante todo, la interpretación judicial de la Carta Magna, es decir, la actividad de desentrañar el sentido y alcance, como premisa fundamental para aplicarla (actuación que requiere, en algunos casos, de la previa integración de la misma, ante sus vacíos normativos negativos o axiológicos).

Queda, en los términos expuestos, resuelto el presente asunto sometido a conocimiento de este Máximo Tribunal de la República. Así, finalmente, se decide.

e. *Decisión...*

Por las razones precedentemente expuestas, esta Sala Constitucional del Tribunal Supremo de Justicia, administrando justicia en nombre de la República por autoridad de la Ley:

1.- Se declara **COMPETENTE** para conocer la presente demanda de interpretación constitucional.

2.- ADMITE la demanda incoada, la resuelve de mero derecho y declara la urgencia del presente asunto.

3.- RESUELVE, de conformidad con las consideraciones vertidas en la parte motiva de este fallo, la interpretación solicitada. En consecuencia se declara:

3.1.- Que así como el Poder Judicial está sujeto a normas y límites constitucionales, el Poder Ejecutivo Nacional, el Poder Legislativo Nacional y los demás Poderes Públicos también lo están, al igual que todos los ciudadanos y ciudadanas, por imperativo de los principios de supremacía constitucional y de racionalidad; de allí que cualquier intento de ultraje a tales normas constitucionales, constituya una afrenta al propio orden fundamental y a la dignidad de los ciudadanos y ciudadanas; valores que sólo podrán ser defendidos a través del conocimiento directo de la Constitución, única herramienta válida para apreciar la verdad, evitar manipulaciones y contrarrestar acciones ilícitas.

3.2.- Que el Poder Legislativo Nacional tiene funciones de control político, a través del cual puede encausar sus pretensiones, siempre dentro del orden constitucional y jurídico en general, pues ello no sólo es garantía de estabilidad de la Nación, sino de respeto a los derechos fundamentales.

3.3.- Que conforme al artículo 187.3 Constitucional corresponde a la Asamblea Nacional: Ejercer funciones de control sobre el Gobierno y la Administración Pública Nacional, en los términos consagrados en la Constitución y en la ley. Atribución desarrollada en los artículos 222, 223 y 224 *eiusdem*.

3.4.- Que al interpretar de forma gramatical, lógica, histórica e integral tales disposiciones constitucionales, se observa que la Constitución le atribuye la competencia de control político a la Asamblea Nacional, *"sobre el Gobierno y la Administración Pública Nacional"*; control sobre todos los funcionarios públicos o funcionarias públicas del Gobierno y Administración Pública Nacional, en los términos previstos en la Constitución y el resto del orden jurídico.

3.5.- Que para impedir que ese control afecte el adecuado funcionamiento del Ejecutivo Nacional, y, en consecuencia, evitar que el mismo termine vulnerando los derechos fundamentales, debe observarse la debida coordinación de la Asamblea Nacional con el Vicepresidente Ejecutivo o Vicepresidenta Ejecutiva, tal como lo impone el artículo 239.5 Constitucional, para encausar la pretensión de ejercicio del referido control (canalización de comunicaciones, elaboración de cronograma de comparecencias, etc.), respecto de cualquier funcionario del Gobierno y la Administración Pública Nacional, a los efectos de que, conforme a la referida previsión constitucional, la Vicepresidencia Ejecutiva de la República centralice y coordine todo lo relacionado con las comunicaciones que emita la Asamblea Nacional con el objeto de desplegar la atribución contenida en el artículo 187.3 Constitucional, desarrolladas en los artículos 222 al 224 *eiusdem*.

3.6.- Que las convocatorias que efectúe el Poder Legislativo Nacional, en ejercicio de las labores de control parlamentario previstas en los artículos 222 y 223, con el objeto de ceñirse a la juridicidad y evitar entorpecer el normal funcionamiento de los Poderes Públicos, deben estar sustentadas en todo caso en el orden constitucional y jurídico en general; por lo que las mismas deben estar dirigidas exclusivamente a los funcionarios sometidos a ese control, indicar la calificación y base jurídica que la sustenta, el motivo y alcance preciso y racional de la misma (para garantizar a su vez un proceso con todas las garantías constitucionales), y en fin, orientarse por los principios de utilidad, necesidad, razonabilidad, proporcionalidad y colaboración entre poderes públicos (sin pretender subrogarse en el diseño e implementación de las políticas públicas inherentes al ámbito competencial del Poder Ejecutivo Nacional), permitiendo a los funcionarios que comparecen, solicitar y contestar, de ser posible, por escrito, las inquietudes que formule la Asamblea Nacional o sus comisiones, e inclusive, también si así lo solicitaren, ser oídos en la plenaria de la Asamblea Nacional, en la oportunidad que ella disponga (parte de lo cual se reconoce, por ejemplo, en el referido artículo 245 Constitucional), para que el control en cuestión sea expresión de las mayorías y minorías a lo interno de ese órgano del Poder Público, las cuales han de representar a todas las ciudadanas y a todos los ciudadanos, y no únicamente a un solo sector; todo ello para dar legitimidad y validez a tales actuaciones; y, además, para cumplir con lo dispuesto en el artículo 224 de la Constitución, según el cual el ejercicio de la facultad de investigación de la Asamblea Nacional no afecta [y, por ende, no ha de afectar] las atribuciones de los demás poderes públicos, pues obviamente la Constitución no avala ni el abuso ni la desviación de poder, sino que, por el contrario, plantea un uso racional y equilibrado del Poder Público, compatible con la autonomía de cada órgano del mismo, con la debida comprensión de la cardinal reserva de informaciones que pudieran afectar la estabilidad y la seguridad de la República y, en fin, compatible con los fines del Estado.

3.7.- Que debe indicarse que la Fuerza Armada Nacional Bolivariana, es pasible de control a través de su Comandante en Jefe y del control parlamentario mediante el control político que se ejerce sobre su Comandante en Jefe y autoridad jerárquica suprema: El Presidente o Presidenta de la República; el cual, como se advierte del artículo 237 Constitucional, dentro de los diez primeros días siguientes a la instalación de la Asamblea Nacional, en sesiones ordinarias, presentará cada año personalmente a la Asamblea un mensaje en que dará cuenta de los aspectos políticos, económicos, sociales y administrativos de su gestión durante el año inmediatamente anterior (a ello se limita el control previsto el artículo 187.3 Constitucional – desarrollados en los artículos 222 y 223, en lo que respecta a dicha Fuerza). Por lo demás, la Fuerza Armada Nacional Bolivariana está sometida al control constitucional y legal (a través de la ley o leyes respectivas, dentro del marco fundamental), así como de los controles que emanan del Poder Ciudadano y del Poder Judicial; en ejecución del orden jurídico, pues tal como lo dispone el artículo 328 Constitucional, la misma, "en el cumplimiento de sus funciones, está al servicio exclusivo de la Nación y en ningún caso al de persona o parcialidad política alguna" y "sus pilares fundamentales son la disciplina, la obediencia y la subordinación".

3.8.- Que tal como lo ha sostenido pacíficamente esta Sala, ese control parlamentario previsto en los artículos 187.3 y 222 al 224 se extiende fundamentalmente sobre el Poder Ejecutivo Nacional, y no sobre el resto de los Poderes Públicos (Judicial, Ciudadano y Electoral), haciendo salvedad del supuesto previsto en el artículo 276 Constitucional; tampoco sobre el poder público estadal ni sobre el poder público municipal, con excepción de lo contemplado en el numeral 9 del artículo 187 constitucional, pues el control político de esas dimensiones del Poder lo ejercerán los órganos que la Constitución dispone a tal efecto, y bajo las formas que ella prevé.

3.9.- Que la Asamblea Nacional participa en los procesos complejos e interinstitucionales de designación y remoción de magistrados y magistradas de este Máximo Tribunal, para selección definitiva y para la remoción, conforme lo pautan los artículos 264 y 265 Constitucional; allí culmina su rol en el equilibrio entre Poderes Públicos para viabilizar la función del Estado. Crear una atribución distinta, como sería la revisión y nueva "decisión o decisiones" sobre los procesos anteriores de selección y designación de magistrados y magistradas, incluida la creación de una comisión o cualquier otro artificio para tal efecto, sería evidentemente inconstitucional, por atentar contra la autonomía del Poder Judicial y la supremacía constitucional, constituyendo un fraude hacia el orden fundamental que, siguiendo las más elementales pautas morales, no subordina la composición del máximo tribunal de la República, al cambio en la correlación de las fuerzas a lo interno del Legislativo Nacional.

3.10.- Que la Asamblea Nacional no está legitimada para revisar, anular, revocar o de cualquier forma dejar sin efecto el proceso interinstitucional de designación de los magistrados y magistradas del Tribunal Supremo de Justicia, principales y suplentes, en el que también participan el Poder Ciudadano y el Poder Judicial (este último a través del comité de postulaciones judiciales que debe designar –art. 270 Constitucional-), pues además de no estar previsto en la Constitución y atentar contra el equilibrio entre Poderes, ello sería tanto como remover a los magistrados y magistradas sin tener la mayoría calificada de las dos terceras partes de sus integrantes, sin audiencia concedida al interesado o interesada, y en casos de -supuestas- faltas –graves- no calificadas por el Poder Ciudadano, al margen de la ley y de la Constitución (ver art. 265 Constitucional).

3.11.- Que ni antes ni ahora puede calificarse la remoción de un magistrado como "un acto administrativo". Se trata, sin duda, de un acto parlamentario en ejecución directa e inmediata de la Constitución, sin forma de ley, cuya nulidad correspondería a la Sala Constitucional (previo cumplimiento del artículo 265 Constitucional), según los artículos 334 único aparte y 336, cardinal 1 *eiusdem*, razón por la cual los artículos 90 del Reglamento de Interior y Debates de la Asamblea Nacional y 83 de la Ley Orgánica de Procedimientos Administrativos, ni ninguna otra norma distinta del artículo 265 del Texto Fundamental, resultan inaplicables para revocar o desconocer la designación de los Magistrados y Magistradas del Tribunal Supremo de Justicia.

3.12.- Que constituye un imperativo de esta Sala declarar, como en efecto lo hace a través de esta sentencia, la nulidad absoluta e irrevocable de los actos mediante los cuales la Asamblea Nacional pretende impulsar la revisión de procesos constitucionalmente precluidos de selección de magistrados y magistradas y, por ende, de las actuaciones mediante las cuales creó las ilegítimas comisiones especiales designadas para evaluar tales nombramientos, así como de todas las actuaciones derivadas de ellas, las cuales son, jurídica y constitucionalmente, inexistentes.

3.13.- Que de forma antagónica a la interpretación sistémica de los artículos 187.3, 222 y 223 del Texto Fundamental, así como también a la jurisprudencia reiterada de esta Sala, los artículos 3, 11 y 12 de la Ley sobre el Régimen para la Comparecencia de Funcionarios y Funcionarias Públicos o los y las particulares ante la Asamblea Nacional o sus Comisiones, incluyen de forma expresa a funcionarios distintos a los pertenecientes al Gobierno y Administración Pública Nacional, razón por la que esta Sala se encuentra forzada a desaplicarlos por control difuso de la constitucionalidad, en lo que respecta a funcionarios ajenos al Ejecutivo Nacional, pudiendo aplicarse de forma directa, en caso de ser necesario, los referidos artículos de la Constitución para no afectar las atribuciones propias del Poder Legislativo Nacional, mientras se tramita el procedimiento de nulidad por inconstitucionalidad de aquellas normas legales, que aquí se ordena iniciar en tutela oficiosa del orden público constitucional, en ejercicio de la competencia contenida en el artículo 336, cardinal 1 de la Constitución de la República Bolivariana de Venezuela y en el artículo 25, cardinal 1 de la Ley Orgánica del Tribunal Supremo de Justicia, y de conformidad con lo previsto en el artículo 34 *eiusdem,* en garantía de los postulados fundamentales previstos en los artículos 7, 137 y 334 de la Carta Magna.

3.14.- Que el régimen sancionatorio previsto en la Ley sobre el Régimen para la Comparecencia de Funcionarios y Funcionarias Públicos y los o las particulares ante la Asamblea Nacional, evidencia inconsistencias que probablemente inciden negativamente en su constitucionalidad, razón por la que esta Sala, de forma coherente a sus actuaciones previas, ampliamente registradas en su jurisprudencia, también se encuentra forzada a desaplicar por control difuso de la constitucionalidad las normas contempladas en el mismo (21 al 26 – debe advertirse, además, que este último incluye autoridades ajenas al Poder Ejecutivo Nacional, vid. *supra*-), mientras se tramita el procedimiento de nulidad por inconstitucionalidad de aquellas normas legales, que aquí se ordena iniciar en tutela oficiosa del orden público constitucional, en ejercicio de la competencia contenida en el artículo 336, cardinal 1 de la Constitución de la República Bolivariana de Venezuela y en el artículo 25, cardinal 1 de la Ley Orgánica del Tribunal Supremo de Justicia, y de conformidad con lo previsto en el artículo 34 *eiusdem,* en garantía de los postulados fundamentales previstos en los artículo 7, 137 y 334 de la Carta Magna.

3.15.- Que el Reglamento Interior y de Debates de la Asamblea Nacional, de forma similar a los artículos 3, 11, 12 y 26 de la Ley sobre el Régimen para la Comparecencia de Funcionarios y Funcionarias Públicos y los o las particulares ante la Asamblea Nacional, no circunscribe el control parlamentario allí señalado a los límites previsto en los artículos 187.3, 222 y 223 del Texto Fundamental, y a la jurisprudencia de esta Sala, es decir, no circunscribe tal control de forma exclusiva a los funcionarios y funcionarias del Poder Ejecutivo Nacional, circunstancia que obliga a esta Sala a desaplicar y suspender la vigencia del aludido artículo 113 del Reglamento Interior y de Debates de la Asamblea Nacional, en lo que respecta a funcionarios ajenos al Ejecutivo Nacional, mientras se tramita el procedimiento de nulidad por inconstitucionalidad de aquellas normas legales, que aquí se ordena iniciar en tutela oficiosa del orden público constitucional, en ejercicio de la competencia contenida en el artículo 336, cardinal 1 de la Constitución de la República Bolivariana de Venezuela y en el artículo 25, cardinal 1 de la Ley Orgánica del Tribunal Supremo de Justicia, y de conformidad con lo previsto en el artículo 34 *eiusdem,* en garantía de los postulados fundamentales previstos en los artículos 7, 137 y 334 de la Carta Magna.

4.- Se **DESAPLICAN**, en ejercicio del control difuso de la Constitucionalidad, conforme a lo previsto en los artículos 334 y 336, cardinal 1 del Texto Fundamental, y en el artículo 25, cardinal 1 de la Ley Orgánica del Tribunal Supremo de Justicia, y de conformidad con lo previsto en el artículo 34 *eiusdem,* en garantía de los postulados fundamentales previstos en los artículos 7, 137 y 334 de la Carta Magna, las disposiciones contenidas en los artículos 3, 11, 12 y 21 al 26 de la Ley sobre el Régimen para la Comparecencia de Funcionarios y Funcionarias Públicos o los y las particulares ante la Asamblea Nacional o sus Comisiones, en lo que respecta a funcionarios ajenos al Ejecutivo Nacional.

5.- Se **DESAPLICAN**, en ejercicio del control difuso de la Constitucionalidad, conforme a lo previsto en los artículos 334 y 336, cardinal 1 del Texto Fundamental, y en el artículo 25, cardinal 1 de la Ley Orgánica del Tribunal Supremo de Justicia, y de conformidad con lo previsto en el artículo 34 *eiusdem,* en garantía de los postulados fundamentales previstos en los artículos 7, 137 y 334 de la Carta Magna, la disposición contenida en el artículo 113 de Reglamento Interior y de Debates de la Asamblea Nacional, en lo que respecta a funcionarios ajenos al Ejecutivo Nacional.

6.- Se **ORDENA** a la Secretaría de la Sala Constitucional la apertura del expediente respectivo, a los fines de que esta instancia jurisdiccional, en ejercicio de la competencia contenida en el artículo 336, cardinal 1 de la Constitución de la República Bolivariana de Venezuela y en el artículo 25, cardinal 1 de la Ley Orgánica del Tribunal Supremo de Justicia, y de conformidad con lo previsto en el artículo 34 *eiusdem* conozca de oficio el proceso de nulidad de los artículos 3, 11, 12 y 21 al 26 de la Ley sobre el Régimen para la Comparecencia de Funcionarios y Funcionarias Públicos o los y las particulares ante la Asamblea Nacional o sus Comisiones, y del artículo 113 de Reglamento Interior y de Debates de la Asamblea Nacional.

7.- Se **ORDENA** citar mediante oficio al ciudadano Presidente de la Asamblea Nacional, y notificar a la Fiscal General de la República, al Procurador General de la República y al Defensor del Pueblo, respectivamente.

8.- Se **ORDENA** el emplazamiento de los interesados mediante cartel, publicado en uno de los diarios de circulación nacional, para que concurran dentro del lapso de diez días de despacho siguientes a que conste en autos su publicación.

9.- Se **ORDENA** la remisión de la presente sentencia al Ministerio del Poder Popular para Relaciones Exteriores, para que, de así estimarlo pertinente, se remita copia de la misma a los países y organismos multilaterales que considere, conforme a lo previsto en el artículo 236.4 del Texto Constitucional.

10.- Se **ORDENA** la publicación íntegra del presente fallo en la Gaceta Judicial, en la Gaceta Oficial de la República Bolivariana de Venezuela y en la página Web de este Máximo Tribunal, en cuyo sumario deberá indicarse lo siguiente:

"Sentencia que interpreta los artículos 136, 222, 223 y 265 de la Constitución de la República Bolivariana de Venezuela, desde la perspectiva de la pretensión planteada el 17 de febrero de 2016, y desaplica por control difuso de la constitucionalidad los artículos 3, 11, 12 y 21 al 26 de la Ley sobre el Régimen para la Comparecencia de Funcionarios y Funcionarias Públicos o los y las particulares ante la Asamblea Nacional o sus Comisiones, en lo que respecta a funcionarios ajenos al Ejecutivo Nacional y del artículo 113 del Reglamento Interior y de Debates de la Asamblea Nacional".

4. Inconstitucionalidad de la ley de reforma parcial de la ley Orgánica del TSJ. Sala Constitucional Tribunal Supremo de Justicia. Ponencia conjunta. Expediente 16.0396. Fecha 05 de mayo de 2016.

Ante la consulta del Presidente de la República sobre la constitucionalidad de la indicada ley, la Sala Constitucional del TSJ, concluyó declarando su inconstitucionalidad, puesto que: (i) compete exclusiva y excluyentemente al TSJ la iniciativa para modificar la ley que rige su funcionamiento, (ii) No se permitió al TSJ participar en los debates legislativos que conllevaron a la aprobación de la ley de reforma, (iii) La reforma, además de haberse iniciado y concluido irregularmente, por lo antes indicado, persigue un fin político al incrementar de siete a trece los Magistrados de la Sala Constitucional.

En la aludida sentencia, la Sala, entre otras cosas, dejó sentado.

"La Sala resuelve sistematizar la motivación en cinco cardinales:

1. *La atribución exclusiva y excluyente del Tribunal Supremo de Justicia para la iniciativa legislativa en materia de organización y procedimientos judiciales…*

En definitiva, la iniciativa legislativa en materia de organización y procedimientos judiciales corresponde de manera exclusiva y excluyente al Tribunal Supremo de Justicia (artículo 204, cardinal 4)

Ahora bien, adicional al obligatorio cumplimiento del artículo 204, cardinal 4, constitucional, es por igual y en todo caso un requisito imprescindible oír la opinión del Tribunal en el proceso de formación de la ley, según el aludido artículo 211 *eiusdem*, como efectivamente ocurrió con la actual ley.

En lo que concierne a la Ley objeto de análisis se observa que, por una parte, no se acató la exigencia contenida en el artículo 204.4, referido a la iniciativa legislativa *"cuando se trate de leyes relativas a la organización y procedimientos judiciales"*. Y por la otra, de forma desconsiderada, se pretendió cumplir con la previsión contenida en el artículo 211 constitucional de manera irregular, irrespetuosa y con evidente fraude a la Constitución.

Respecto de este último supuesto constitucional, se hace preciso señalar que el artículo 211 exige una intervención útil, efectiva y obligatoria durante el *"procedimiento de discusión y aprobación de los proyectos de leyes"*, que incluye el derecho de palabra del *"magistrado o magistrada del Tribunal Supremo de Justicia a quien éste designe en representación del Poder Judicial";* sin embargo, la Presidenta de la Comisión de Política Interior se dirigió mediante oficio, el día 4 de abril de 2016 en horas de la tarde a este Tribunal, para que respondiera un cuestionario exiguo e irrelevante (para saber si, como en una encuesta, se está de acuerdo con el proyecto) a más tardar el día 5 de abril de 2016. En primer lugar, esta Sala precisa que tal proceder no se compadece ni con la letra ni con el espíritu del artículo 211 constitucional y, en todo caso, ha debido solicitarse con la debida antelación que la Sala Plena designara el magistrado (o magistrada) al cual alude la citada disposición a fin de que realizara las observaciones pertinentes, dado que ni la Presidenta ni los demás integrantes de esta Sala Constitucional pueden adelantar opinión alguna sobre la propuesta de ley, por corresponder a la misma el control previo y posterior contemplado en el texto fundamental …

En suma, la ley sometida a la valoración constitucional de esta Sala no cumplió con el presupuesto constitucional de la iniciativa legislativa que corresponde a este máximo Tribunal de la República, ni tampoco fue solicitada su intervención, la cual es imprescindible para el procedimiento de discusión y aprobación; por lo tanto, la misma desde un punto de vista constitucional resulta totalmente írrita. Así se decide."

"2. La votación calificada para modificar una ley orgánica...

La pretensión de modificar una ley orgánica dictada bajo la vigencia de la Constitución de la República Bolivariana de Venezuela requiere, en criterio de esta Sala, de la votación calificada contemplada en el primer aparte del artículo 203 constitucional.

En efecto, este acápite estipula que: *"Todo proyecto de ley orgánica, salvo aquel que esta Constitución califique como tal, será previamente admitido por la Asamblea Nacional, por el voto de las dos terceras partes de los o las integrantes presentes antes*

de iniciarse la discusión del respectivo proyecto de ley. Esta vota-
ción calificada se aplicará también para la modificación de las
leyes orgánicas" (subrayado nuestro).

En consecuencia, esta Sala Constitucional concuerda con el dispositivo del fallo 34/2004 en que no era necesario el voto favorable de las dos terceras partes de los integrantes de la Asamblea Nacional para dar inicio a la discusión del proyecto de la Ley de 2004, pero no con base en que el quórum calificado solo se aplica para la modificación de leyes orgánicas pre-constitucionales (Ley Orgánica de la Corte Suprema de Justicia) o de aquellas designadas así por la Constitución; sino porque la Asamblea Nacional con la Ley de 2004 no pretendió nunca modificar la Ley Orgánica de la Corte Suprema de Justicia sino crear una nueva ley para una nueva institución que, por decisión del Constituyente de 1999, no requería dicha votación calificada.

En conclusión, esta Sala reitera que, tal como lo exige el Constituyente, se requiere la mayoría calificada de las dos terceras partes de los integrantes presentes de la Asamblea Nacional, antes de la discusión del respectivo proyecto de ley, cuando se trate el mismo de una modificación de una ley orgánica, sea cual fuere su tipo o modalidad, según lo contemplado en el artículo 203 constitucional. Así se decide..."

3. *La "razonabilidad" requerida y la ausencia de justificación lógica para el incremento de magistrados del Tribunal Supremo de Justicia.*

El artículo 262 constitucional estableció las salas con las cuales funcionaría el Tribunal Supremo de Justicia, pero no su integración, a pesar de que en el debate constituyente se había aprobado, en la primera discusión, que cada Sala (salvo lógicamente la Plena) estaría integrada por tres (3) magistrados, lo cual se modificó en segunda discusión en cuanto a la Sala Constitucional, que se llevó a cinco (5) magistrados. En todo caso, la Asamblea Nacional Constituyente al hacer las designaciones provisionales de magistrados el 22-12-1999, nombró tres (3) magistrados en cada Sala con excepción de la Sala Constitucional donde designó cinco (5) magistrados.

De tal manera, que la Constitución encomendó a la Ley Orgánica del Tribunal Supremo de Justicia determinar la integración definitiva de las Salas, en el mencionado artículo 262.

El legislador de 2004, sustentado en el criterio del "volumen de trabajo de las Salas", dotó a la Sala Constitucional de siete (7) magistrados y a cada una de las otras Salas de cinco (5) integrantes.

La Ley Orgánica del Tribunal Supremo de Justicia de 2010 ratificó dicha integración, por lo cual el número total de magistrados es de treinta y dos (32).

Ahora bien, la determinación del número de magistrados debe guiarse por principios de racionalidad y de razonabilidad.

Es decir, una cosa es la razón deducida del derecho positivo –la integración de las Salas corresponde al legislador- y otra la racionalidad o razonabilidad de una prescripción normativa, de acuerdo a la lógica, espíritu o tendencia del ordenamiento jurídico.

En consecuencia, en el caso de que el Constituyente no haya estipulado expresamente la integración de las Salas del Tribunal Supremo de Justicia (lo cual ocurre con el texto de 1999), el legislador debe acudir a una "rational basis" para suplirlo o desarrollarlo, lo que es lo mismo, debe realizar "un fundamento razonable. Es decir, un fundamento o motivo que razonablemente cabe atribuir a una ley" (**idem**).

El legislador de 2004 aplicó una solución razonable, conforme con la experiencia vivida entre 2000 y 2004, en cuanto a los requerimientos que la población hacía de los servicios del Tribunal Supremo de Justicia; e incrementó moderadamente y de manera igualitaria entre las Salas, el número de magistrados.

Pero aumentar de una manera desmesurada los magistrados de una Sala en particular, atentaría contra uno de los Poderes que integra la organización jurídico-política adoptada por el pueblo venezolano al votar de manera aprobativa la nueva Constitución.

Por lo tanto, no es pertinente el incremento desmesurado e ilógico del número de magistrados (más del doble), sino también el aumento de gastos en materia de personal profesional calificado, de funcionarios administrativos y demás trabajadores, sin previsión presupuestaria; además de la necesaria y previa adecuación de áreas físicas, dentro del marco de una situación excepcional que ha conducido a un decreto de estado emergencia económica, el cual sigue vigente. De tal manera, que la justificación asomada en la Exposición de Motivos no está debidamente soportada ni económica ni racionalmente, no existiendo una estimación de la incidencia o impacto presupuestario debidamente sustentado, de conformidad con lo dispuesto en el artículo 103 del Reglamento Interior y de Debates de la Asamblea Nacional.

Finalmente, no se evidencia de los recaudos acompañados a la ley, las consultas contempladas en el artículo 101 **eiusdem**, con las exigencias allí contempladas. En resumen, la reforma propuesta debe ser razonable y congruente con el ordenamiento jurídico constitucional. A esos efectos, ninguna Sala debe ser "hipertrofiada" sin fundamento lógico y sin tomar en cuenta las condiciones humanas y materiales para su efectiva implementación. Así se declara"

4. *La inconstitucionalidad del trámite procedimental para sustanciar la solicitud contenida en el tercer aparte del artículo 214 de la Constitución*

En la ley bajo análisis se modifica el artículo 145 de la Ley para excluir de las causas no sujetas a sustanciación, la contemplada en el artículo 25 cardinal 15 **eiusdem**. Es decir, para establecer un trámite procedimental no previsto en el artículo 214 de la Constitución, cuando el Presidente de la República solicite a la Sala Constitucional su pronunciamiento sobre la presunta inconstitucionalidad de una ley sancionada o de alguna de sus disposiciones.

Esta modificación es abiertamente inconstitucional, pues agrega un procedimiento no previsto por el Constituyente de 1999 (ni tampoco por el de 1961 –artículo 173 constitucional, último aparte-), en un asunto de mero derecho.

En el proyecto de Reforma se crea, además, un nuevo artículo, con el número 146, que crea el procedimiento aludido en el ordinal anterior, a todas luces inconstitucional. Pero además, en la misma disposición –in fine-, condiciona el cumplimiento de una sentencia que declare la inconstitucionalidad parcial de la norma cuestionada, al voto favorable de la mayoría absoluta de los diputados o diputadas presentes, con lo cual violenta el carácter vinculante de las decisiones de la Sala Constitucional contenido en los artículos 334 y 335 del texto fundamental.

Las disposiciones finales segunda y tercera de la Ley en estudio, en la medida en que las modificaciones propuestas a los artículos 8 y 145 y la creación del artículo 146 son inconstitucionales; deviene inexistente y sin ninguna aplicabilidad, al igual que el ordinal SEXTO, que alude a la aprobación y publicación de esta propuesta de reforma. Así se decide"

5. *La desviación de poder*

Finalmente, además de las violaciones constitucionales objetivas que la Sala ha analizado en las páginas anteriores; es preciso señalar que del texto de las normas propuestas debe advertirse con claridad un vicio, igualmente inconstitucional: la desviación de poder.

En la Constitución de 1999, este vicio está referido, como se indicó supra, en el artículo 139 y puede manifestarse en el accionar de cualquiera de los órganos del Poder Público. De tal manera, que hay desviación de poder cuando el funcionario u órgano "que tiene competencia para tomar una decisión en una situación de hecho concreta, efectivamente decide, pero no para cumplir los fines previstos en la norma, sino para otros distintos" (Emilio CALVO BACA. **Ibídem;** pág. 272).

Es evidente que el objetivo de la Asamblea Nacional al incrementar el número de magistrados de la Sala Constitucional a quince (15) persigue no el "optimizar" el funcionamiento de la Sala en el ejercicio de sus múltiples atribuciones (lo cual no tiene sustento en la realidad como se advierte de las estadísticas que demuestran el óptimo funcionamiento de la Sala Constitucional, así como su productividad), sino copar de nuevos integrantes esta instancia judicial para entorpecer la labor de la máxima instancia de protección de la Constitución, con fines claramente políticos.

Asimismo, la creación de un trámite procedimental para "sustanciar" la solicitud de declaración de inconstitucionalidad presentada por el Presidente de la República (artículo 214 constitucional), no persigue subsanar una insuficiencia del Texto Fundamental ni de la vigente Ley Orgánica en caso de controversia entre el Poder Ejecutivo y la Asamblea Nacional; sino introducir un trámite inconstitucional dentro de una modalidad de control previo que, por su naturaleza, es de mero derecho…".

5. *Inconstitucionalidad de la Ley de Otorgamiento de Títulos de Propiedad a Beneficiarios de la Gran Misión Vivienda Venezuela y de Otros Programas Habitacionales del Sector Público.*
Sala Constitucional Tribunal Supremo de Justicia.
Ponente Magistrada Lourdes Benicia Suárez Anderson.
Expediente Nº 16-0397. Fecha 06 de mayo de 2016.

Reconociendo los derechos de "propiedad" y de "garantía económica", los cuales, a su entender, no son de carácter prestacional y, comparándolos con el derecho a "una vivienda digna", la Sala concluyó.

No compete a la sociedad sustentar el crecimiento económico de algunos a través de la privatización de bienes construidos con recursos públicos; al contrario, es deber solidario de todos contribuir con las cargas públicas, entre otras, garantizar que progresivamente todos las familias tenga una vivienda digna; por lo que, resulta contrario al espíritu constitucional del Estado Democrático y Social de Derecho y de Justicia, arriesgar ese derecho -vivienda digna-, colocando en el mercado especulativo los inmuebles destinados a esa misión social, beneficiando en definitiva a quienes ejercen el dominio económico en tal mercado.

La ley de Otorgamiento de Títulos … contraviene los fines del Estado Democrático y Social de Derecho y de Justicia al no garantizar que el ejercicio progresivo del derecho de las familias a una vivienda digna prevalezca ante el derecho de propiedad, al proponer que las unidades habitacionales ingresen al mercado especulativo, para favorecer a quienes ejercen el dominio del mismo. Además, para su sanción no se cumplieron las formalidades del procedimiento de formación de leyes y, la AN incurrió en usurpación de funciones del Director de la Hacienda Pública Nacional -Presidente de la República-, al condonar las deudas contraídas por los beneficiarios de tal política en detrimento a principios rectores de la seguridad social y de los deberes ciudadanos de solidaridad y contribución con las cargas públicas.

La Sala, en la indicada sentencia, entre otras razones, señaló:

"En el presente caso, el Presidente de la República plantea la inconstitucionalidad de la Ley de Otorgamiento de Títulos de Propiedad a Beneficiarios de la Gran Misión Vivienda Venezuela y otros Programas Habitacionales del Sector Público, sancionada por la Asamblea Nacional, en virtud de la falta de observancia del procedimiento de formación de la Ley, en particular, por no haberse cumplido con lo establecido en el Reglamento Interior y de Debates de la Asamblea Nacional, de conformidad con lo señalado por esta Sala en la sentencia n° 269 del 21 de abril de 2016, en la que se señaló la obligatoriedad del estudio de impacto económico para determinar la viabilidad de la legislación a ser aprobada, así como el proceso de consulta pública correspondiente, así como en los perjuicios que considera que esta Ley tendría en la población por dársele propiedad al negocio inmobiliario sobre el derecho a la vivienda de las familias, además de que, en su concepto, se elimina la posibilidad de que el pueblo organizado participe en el diseño de los plantes habitacionales.

Para emitir pronunciamiento, esta Sala procederá a hacer (i) un recuento del alcance y términos en los que quedó sancionada la Ley, para luego, (ii) analizar el cumplimiento de los parámetros exigidos en el procedimiento de formación de leyes, especialmente en cuanto a los requisitos previstos en el Reglamento Interior y de Debates de la Asamblea Nacional, a la luz de lo señalado en la sentencia n° 269 dictada por esta Sala el 21 de abril de 2016, para posteriormente, (iii) ponderar la interrelación entre los derechos constitucionales a la vivienda y a la propiedad, el tratamiento que se ha dado en los instrumentos internacionales de derechos humanos al derecho a la vivienda y cómo desarrolla la ley objeto de este estudio el derecho de propiedad en el marco de las unidades habitacionales destinadas por el Estado para satisfacer tal derecho, para concluir con el análisis final en cuanto a la compatibilidad de la Ley con la Constitución.

a. *De la Ley de Otorgamiento de Títulos de Propiedad a Beneficiarios de la Gran Misión Vivienda Venezuela y otros Programas Habitacionales del Sector Público.*

En primer lugar, debe observarse que la ley en cuestión pretende derogar la regulación existente para el otorgamiento de la titularidad del derecho de propiedad a los beneficiarios de unidades de vivienda construidas en el marco de la Gran Misión Vivienda Venezuela y otros programas habitacionales del sector público desarrollados con el fin de garantizar el derecho a la vivienda, previsto en el artículo 82 de la Constitución de la República Bolivariana de Venezuela…"

"**En conclusión**: El objetivo general y abstracto de la ley sancionada por la Asamblea Nacional es transmitir gratuitamente la propiedad de las unidades habitacionales otorgadas por la Gran Misión Vivienda Venezuela y otros planes del Estado para que los adjudicatarios puedan registrar los correspondientes títulos de propiedad y disponer sin limitaciones de tal derecho de propiedad, así como derogar el Decreto con Rango, Valor y Fuerza de Ley para la Determinación del Justiprecio de Bienes Inmuebles en los Casos de Expropiaciones de Emergencia con Fines de Poblamiento y Habitabilidad, para fijar como método de cálculo para el pago a los propietarios de los inmuebles sobre los que se desarrollan las soluciones habitacionales de la Gran Misión Vivienda Venezuela el establecido en la Ley de Expropiación por Causa de Utilidad Pública o Social…",

b. *"De la Falta de estudio de impacto económico y de consulta pública…*

El Presidente de la República indicó que la Ley precedentemente transcrita no consideró para la aprobación en primera y segunda discusión, ninguna medición de impacto socio-económico, a la luz de los cambios legislativos en materia de viviendas adjudicadas por el Estado para satisfacer el derecho constitucional a una vivienda digna, lo cual resulta fundamental para la efectividad y viabilidad de las actuaciones gubernamentales en beneficio del colectivo, materializadas en inversiones en materia social, requiriéndose para ello un estudio minucioso cuando se pretenda modificar legislativamente materias sobre derechos protegidos por la Constitución de la República Bolivariana de Venezuela…

En tal sentido, vista la relevancia económica que una ley como la que, es objeto de análisis tiene en la sociedad, resulta absolutamente necesario el análisis del impacto económico de las leyes que se sancionen para ingresar en el ordenamiento jurídico nacional, según lo previsto en los artículos 208, 311, 312, 313 y 314 de nuestra Carta Magna, relacionados con la obligatoriedad por parte de la Asamblea Nacional, tal como lo reconoció esta Sala recientemente mediante la sentencia N° 269 del 21 de abril de 2016, según la cual la Asamblea Nacional debe consultar con el Ejecutivo nacional -por vía del Vicepresidente Ejecutivo- a los fines de determinar la viabilidad económica de la Ley, en aras de preservar los principios de eficiencia, solvencia, transparencia, responsabilidad y equilibrio fiscal del régimen fiscal de la República, tomando en consideración las limitaciones financieras del país, el nivel prudente del tamaño de la economía y la condición de excepcionalidad económica decretada por el Ejecutivo Nacional…

En virtud de lo anterior, la Ley de Otorgamiento de Títulos de Propiedad a Beneficiarios de la Gran Misión Venezuela y Otros Programas Habitacionales del Sector Público, de no haberse realizado para su aprobación el estudio de impacto socio-económico para la materialización del mismo, ni las consultas correspondientes, esenciales en el marco de la democracia participativa que consagra el Texto Constitucional, tal como lo plantea el Presidente de la República, ello repercutiría negativamente en el presupuesto anual de la Nación, en tanto no hace ninguna consideración en cuanto a las cargas que implican para el Estado la condonación de las deudas, que en ella se prevé o el cambio de sistema de justiprecio para el pago de los inmuebles objeto de expropiación que establece la Ley en general, el impacto que tendría sobre la economía.

Con base en lo anterior, se observa que no existe constancia de que se haya cumplido con las exigencias establecidas en los artículos 208,

311, 312, 313 y 314 de la Constitución y en el Reglamento Interior y de Debates de la Asamblea Nacional. Así se declara...",

c. *"Del Derecho a la vivienda y el Derecho de propiedad en el marco del Estado Democrático y Social de Derecho y de Justicia...*

Además de los requisitos formales indispensables para la formación de leyes, es función esencial de esta Sala analizar si el contenido del instrumento legal sancionado por la Asamblea Nacional se ajusta a los principios establecidos en la Constitución de la República, como norma fundamental del ordenamiento jurídico nacional y máxima ordenadora de la vida social en el Estado venezolano, especialmente porque se encuentra en juego el desarrollo legal de derechos fundamentales.

En vista de lo anterior y dado que uno de los pilares de la Gran Misión Vivienda Venezuela, es *"La planificación y ejecución de entrega a las familias sin vivienda propia de una solución habitacional digna y accesible"*, en virtud de que el texto normativo objeto de análisis desarrolla un mecanismo para el otorgamiento de títulos de propiedad de las viviendas adjudicadas dentro de esta misión social, resulta necesario hacer una ponderación y análisis de los derechos constitucionales regulados por esta ley, cuales son el derecho a la vivienda, establecido en el artículo 82 del Texto Fundamental y el derecho a la propiedad, consagrado en el artículo 115 *eiusdem*, así como la interrelación entre ambos y la afectación de otros derechos de igual rango, como la protección a las familias, previsto en el artículo 75 de la Constitución de la República Bolivariana de Venezuela.

La referida ponderación de derechos, necesariamente debe hacerse a la luz de los cambios significativos que en materia social trajo la aprobación de la Constitución de 1999, que obligaron a una transformación en la cultura jurídica venezolana que exige ver y entender el ordenamiento normativo a partir de la privilegiada posición del rol de los ciudadanos frente a un amplio catálogo de nuevos derechos subjetivos que pueden hacer valer ante los órganos estatales en función de la razón esencial de su existencia.

Ahora bien, ese Estado de derecho liberal que asumía un rol pasivo a objeto de no comprometer la libertad e igualdad formal de sus ciudadanos, no podía responder ante las desigualdades naturales de la dinámica social, mostrándose rígido e injusto, al tener una concepción estrictamente formalista, ordenando la sociedad sin vinculación alguna con otros valores trascendentes de la dignidad humana, constituyendo un instrumento de injusticia al servicio de una clase social.

El Estado de derecho trascendió su concepción liberal hasta el desarrollo del Estado social de derecho, incorporándose, a partir de 1947 en las Constituciones venezolanas la cláusula de Estado social de derecho, propugnando la participación del Estado en condición de protagonista para equilibrar las diferencias sociales, proyectándose en el círculo de los derechos humanos en pos de su eficacia. Así, los derechos humanos, tanto sociales como individuales, llenan de contenido a la actuación del Estado, fungiendo por un lado, como límites y por otro, como prestaciones necesarias.

Sin embargo, a la noción de Estado social de derecho se le sumó el adjetivo democrático y participativo, lo que implicó definirse como un Estado garantista que propende a la materialización de los derechos vitales del ser humano y a crear las condiciones para la vida en paz de toda la sociedad, sin desconocer la pluralidad de la realidad social. Así se reconoce a la sociedad como un sujeto a la cual el Estado sirve.

Esta evolución ha repercutido significativamente en el marco de las instituciones públicas, atribuyéndole un rol garantista, para la interdicción de la arbitrariedad tanto del Estado como de los particulares, poniendo el derecho y la justicia al servicio de los más débiles.

De esta manera, se ven ampliados los campos de protección para el ser humano, bajo el prisma garantista del Estado Democrático y Social de Derecho y de Justicia, donde el derecho se redescubre, estructurándose el Estado con una naturaleza prestacional para lograr el efectivo logro de los derechos sociales que garanticen el acceso a servicios vitales que propendan no solo la igualdad formal sino al acceso igualitario a condiciones dignas de vida, tales como la salud, la educación o la vivienda.

Ahora bien, en Venezuela, el concepto de Estado Democrático y Social de Derecho y de Justicia se encuentra recogido en la Constitución de 1999, en el artículo 2,…

"(...) El Estado Social va a reforzar la protección jurídico-constitucional de personas o grupos que se encuentren ante otras fuerzas sociales o económicas en una posición jurídico-económica o social de debilidad, y va a aminorar la protección de los fuertes. El Estado está obligado a proteger a los débiles, a tutelar sus intereses amparados por la Constitución, sobre todo a través de los Tribunales; y frente a los fuertes, tiene el deber de vigilar que su libertad no sea una carga para todos. Como valor jurídico, no puede existir una protección constitucional a expensas de los derechos fundamentales de otros. Tal como decía Ridder, '...el Estado se habilita para intervenir compensatoriamente, desmontando cualquier posición de poder siempre que lo estime conveniente', pero, agrega la Sala, fundado en la ley y en su interpretación desde el ángulo de los conceptos que informan esta forma de Estado (...)"...

Es en este marco, que debe analizarse la inclusión en la Constitución de la República Bolivariana de Venezuela del derecho a una vivienda digna en su artículo 82, el cual consagra que:*"Toda persona tiene derecho a una vivienda adecuada, segura, cómoda, higiénica, con servicios básicos esenciales que incluyan un hábitat que humanice las relaciones familiares (…)*; para ello, *"El Estado dará prioridad a las familias y garantizará los medios para que éstas, y especialmente las de escasos recursos, puedan acceder a las políticas sociales y al crédito para la construcción, adquisición o ampliación de viviendas"*, incluyendo este artículo en el Capítulo V, denominado "De los Derechos sociales y de las familias", lo cual obliga no sólo a valorarlo en su contenido literal, sino también en el contexto en que lo estableciera el Constituyente.

El derecho a la vivienda, se encuentra entre los llamados derechos prestacionales de interés social, cuya satisfacción progresiva debe ser garantizada por el Estado, tal como lo ha establecido previamente esta Sala al reconocer que la tutela de este derecho es de efectivo e inmediato cumplimiento,…

El Constituyente de 1999, en el diseño del sistema de derechos humanos y en especial de los derechos sociales, no pretendió crear normas programáticas de aspiración a unos posteriores desarrollos legislativos o cuando se encontraren cumplidas ciertas condiciones para su reconocimiento como derecho. Nuestro constitucionalismo social se sitúa en la perspectiva de que las políticas públicas implementadas por el Estado a través del Ejecutivo lo obligan, en aras de superar el asistencialismo, a reconocer que las personas beneficiarias de la misma resultan titulares de derechos, tal como se desarrolla en la Gran Misión Vivienda Venezuela, que en cuanto a política social responde al marco constitucional del derecho a la vivienda como prestación del Estado a sus ciudadanos y no a imperativos políticos o morales, sino a la exigibilidad presente en el artículo 82 de la Constitución de la República Bolivariana de Venezuela.

En este sentido, una ley que desarrolle derechos constitucionales debe circunscribirse a la línea del cumplimiento efectivo de los mismos y en cuanto a los derechos sociales en particular, tiene como finalidad dar protección a sectores vulnerables de la sociedad y por ello el Estado tiene la discrecionalidad de tomar, dentro de un amplio espectro de medidas, las que sean convenientes para hacer efectivos estos derechos en cuanto al diseño, formulación de políticas, planes, programas, proyectos y acciones que permitan, en el caso que nos ocupa, el cumplimiento de un deber constitucional del Estado de garantizar el acceso de las familias a una vivienda digna…

Se concluye, que el derecho de acceso a una vivienda digna está incluido en el elenco de los derechos humanos internacionalmente reconocidos, ligado a su dimensión social y a la protección de la familia como uno de los elementos esenciales para un nivel de vida adecuado, por lo que la inclusión del derecho a la vivienda de las personas y sus familias en el catálogo de derechos constitucionales concreta el cumplimiento de lo establecido en los instrumentos internacionales y el carácter de Estado Democrático y Social de Derecho y Justicia, expresamente reconocido en el artículo 2 Constitucional, teniendo como fines esenciales "(…) *la defensa y el desarrollo de la persona y el respeto a su dignidad* (…) *la promoción de la prosperidad y bienestar del pueblo* (…)", tal como lo prevé el artículo 3 de nuestra Carta magna, lo que implica no solo deponer los obstáculos que impidan o dificulten el ejercicio del derecho a la vivienda a todos los ciudadanos, sino que impone una obligación prestacional al Estado de procurar los medios necesarios para que todos tengan acceso real al mismo"

"Lo precedentemente expuesto, nos lleva a examinar el carácter prestacional del derecho social a la vivienda, frente al derecho de propiedad que atañe a las libertades puramente individuales con todos sus efectos, que implican el uso, goce, disfrute y disposición de un bien por parte del titular del mismo con exclusión del resto de la sociedad, debiendo el Estado abstenerse de perturbar dicho derecho y, además, garantizar que no sea menoscabado por terceros, pero no implica que el Estado deba proveer de bienes a los ciudadanos y ciudadanas, por lo que se trata de un derecho de libertad individual pero no de carácter prestacional.

La Constitución de la República Bolivariana de Venezuela garantiza el derecho de propiedad en el artículo 115, ubicado dentro del catálogo de los derechos económicos, sometiéndolo a las restricciones y obligaciones que establezca la ley con fines de utilidad pública o de interés general, lo que implica que no tiene un carácter absoluto, sino que, como todos los derechos constitucionales, se encuentra limitado por su interacción con otros del mismo rango, siempre y cuando no se altere su núcleo esencial, por lo que las restricciones al derecho a la propiedad en cualquier caso deben estar en consonancia con los fundamentos del Estado Democrático y Social, de Derecho y de Justicia que propugna nuestro Texto Constitucional.

En conclusión, el derecho de propiedad puede verse afectado en aras del interés social, sin que esto signifique vulneración a los principios y garantías previstas en la Constitución de la República Bolivariana de Venezuela.

Por otra parte, el derecho a la vivienda encuentra su punto nodal en la satisfacción de una necesidad básica de todas las familias de tener un lugar donde habitar, que el mercado inmobiliario, al concebirla como una mercancía y su producción como un negocio solo permite su acceso a quienes tienen la capacidad económica para adquirirla y no como el derecho humano que el Estado Democrático y Social de Derecho y de Justicia está obligado a garantizar a todos los ciudadanos; de ahí, la obligación que tiene el Estado de implementar políticas públicas eficaces de protección que permitan que todas las familias, independientemente de su capacidad económica, puedan acceder a una vivienda digna, mientras que el derecho de propiedad resguarda la libertad de los ciudadanos de disponer de bienes materiales sin que se les perturbe en el ejercicio de dicha libertad.

Se observa que la regulación legal que se haga de las unidades habitacionales dentro del marco de las políticas públicas para satisfacer el derecho a una vivienda digna no excluye el derecho a la propiedad, pero debe protegerse el acceso y mantenimiento del ejercicio del derecho social con adecuación a cada situación familiar, para que una vez cumplidas cada una de las fases de las obligaciones adquiridas, por una parte por el Estado y por la otra por los beneficiarios, esta propiedad se transfiera del Estado a la familia adjudicataria, evitando que ésta, en virtud de su vulnerabilidad económica, se vea presionada a ceder su derecho de propiedad para satisfacer otras necesidades materiales en menoscabo del derecho a la vivienda que el bien inmueble adjudicado por el Estado está llamado a cumplir en razón de su función social.

Es así, que la propiedad de un inmueble específicamente destinado dentro de las políticas estatales para garantizar el derecho social de las familias de acceder a una vivienda digna debe tener limitaciones que impidan que la disposición de la misma desnaturalice su función social, impidiendo que se trate como cualquier objeto del comercio que pueda negociarse libremente en el mercado sin una protección reforzada del derecho que está llamada a satisfacer; de lo contrario, el derecho constitucional a una vivienda digna podría ceder ante el ejercicio del derecho a la propiedad si no cuenta con una protección reforzada para la familia a la que se le adjudicó el inmueble, razón por la cual estos dos derechos en principio compatibles resultarían contrapuestos.

Esto no quiere decir, que la Sala no permita la propiedad individual, por el contrario deben coexistir las distintas formas de propiedad (individual, colectiva, familiar, multifamiliar, comunal, agraria y la indígena), respetando los principios y derechos consagrados en nuestra Constitución de la República Bolivariana de Venezuela, ya que el contenido del derecho a la vivienda es un valor superior del Estado de preeminencia de los derechos humanos, enmarcado en la dignidad humana y la justicia social (Ver sentencias números. 1317/2011 y 1771/2011, respectivamente),

d. *" De la regulación del derecho de propiedad en la ley
bajo análisis...*

El artículo 23 de la Ley sancionada establece el alcance del derecho de propiedad de los beneficiarios de unidades habitacionales adjudicadas por el Estado, en los siguientes términos:

"Los beneficiarios en cuyo favor se otorgue el correspondiente documento protocolizado de propiedad, de conformidad con la presente Ley, podrán disponer libremente del bien conforme lo establecido en el artículo 545 del Código Civil. Sin embargo, una vez formalizada la entrega en propiedad de la unidad de vivienda, no podrá ser candidato para otros beneficios habitacionales, a los fines de asegurar la oportunidad de nuevos optantes. "

Del precedente artículo, se desprende con claridad el objetivo de transferir el derecho de propiedad de las unidades habitacionales, con la expresa intención de que los adjudicatarios a quienes se les entrega la propiedad puedan disponer del mismo (enajenarlo o arrendarlo, por ejemplo) de conformidad con lo establecido en el artículo 545 del Código Civil,…

Aunque no existe antinomia entre lo dispuesto en el Código Civil y la Constitución de la República, llama la atención que se haya preferido la referencia a la norma legal preconstitucional para definir el alcance del derecho de propiedad que se pretende transferir a los beneficiarios de los planes sociales del Estado en materia de vivienda, en lugar de hacerlo a la norma constitucional, lo cual –tal como se desprende de la Exposición de Motivos de la ley objeto de este estudio- se hace con la intención de desvincular la propiedad de las unidades habitacionales de las restricciones que tiene por su función social al servicio del interés general, de garantizar el acceso a otro derecho fundamental, como lo es el acceso a la vivienda de las familias con menos recursos económicos.

En el mismo sentido los artículos 2 y 19 de la ley bajo estudio establecen, que el Estado debe otorgar la propiedad plena de la unidad habitacional y protocolizar el título que lo acredite a favor de los beneficiarios de las unidades de vivienda adjudicadas, sin que se imponga algún requisito adicional para el traspaso de un bien público del dominio privado a un particular, ni algún tipo de garantía que permita preservar la función social del mismo para que no ingrese al mercado inmobiliario bajo modalidad de venta o alquiler por parte del adjudicatario o al mercado secundario de hipotecas por parte de alguna entidad financiera en favor de la cual se haya constituido alguna garantía real.

Lo anterior, implicaría una desviación de la función social para la cual fue concebida la unidad de vivienda adjudicada por el Estado (garantizar el derecho de vivienda de un grupo familiar con escasos recursos económicos) significando por una parte un enriquecimiento sin causa de quien comercie con dicho bien, y por otra, que se estaría desvirtuando el esfuerzo que la sociedad en conjunto, a través de los entes públicos, ha realizado para la consecución de los fines del Estado Democrático y Social de Derecho y de Justicia, materializado en la dotación de viviendas dignas a las familias.

Ahora bien, la diferencia que existe entre los derechos de libertad - que incluyen al derecho de propiedad- y los derechos prestacionales - como el derecho a la vivienda-, trae como efecto la forma distinta en que los Poderes Públicos deben garantizarlos. Mientras que para la realización de los clásicos derechos de libertad es suficiente que el Estado se abstenga de intervenir en el ámbito personal del titular de tales libertades, en el caso de los derechos prestacionales estos requieren de los poderes de ejecución del Estado para progresivamente ser satisfechos. Incluso es posible que para cumplir con los derechos prestacionales se requiera intervenir en la esfera de libertad de un tercero…",

e. *"De la Inconstitucionalidad de la Ley…*

Del análisis que se ha hecho de la Ley de Otorgamiento de Títulos de Propiedad a Beneficiarios de la Gran Misión Vivienda Venezuela y Otros Programas Habitacionales del Sector Público se concluye que la finalidad de la misma es otorgar gratuitamente la propiedad de las unidades habitacionales adjudicadas por el Estado a los beneficiarios de las políticas públicas realizadas para satisfacer el derecho de las familias a una vivienda digna, para que en el ejercicio de la propiedad plena de las unidades habitacionales puedan los adjudicatarios de las mismas disponer de ellas con el explícito fin de apalancar el patrimonio familiar y el emprendimiento, es decir, convertir el bien inmueble destinado a garantizar un derecho social en una mercancía susceptible de ingresar al mercado para ser transada.

Lo anterior implica que el gran esfuerzo que ha hecho la sociedad a través de las políticas estatales como la Gran Misión Vivienda Venezuela, en la cual todos los contribuyentes han aportado para que las familias con mayores necesidades materiales accedan al derecho constitucional a una vivienda digna se vea desvirtuado, por cuanto se estarían privatizando los bienes inmuebles destinados a tal fin sin ninguna contraprestación, en beneficio del mercado inmobiliario y el sector financiero que lo sustenta, ya que por las propias necesidades económicas de las personas con menores ingresos y por no prever esta ley ningún mecanismo que las proteja, podrían ceder o hipotecar las propiedades que se les adjudica sin ninguna limitación, engrosando así la apetencia del mercado inmobiliario y del mercado secundario de deuda.

Los derechos de propiedad y libertad económica están garantizados por la Constitución, pero no son de carácter prestacional y no es la colectividad quien debe sustentar el crecimiento económico de algunos a través de la privatización de bienes construidos con recursos públicos, pero sí es un deber solidario de todos contribuir con las cargas públicas, entre ellas, garantizar que progresivamente todas las familias accedan a una vivienda digna, por lo que poner en riesgo la titularidad de este derecho social en función de colocar en el mercado especulativo los inmuebles destinados a un fin social, para en definitiva beneficiar a quienes ejercen el dominio económico de tal mercado, especialmente el sector financiero, resulta contrario al espíritu constitucional del Estado Democrático y Social de Derecho y de Justicia.

En conclusión, la Ley de Otorgamiento de Títulos de Propiedad a Beneficiarios de la Gran Misión Vivienda Venezuela y Otros Programas Habitacionales del Sector Público resulta en su conjunto inconstitucional por cuanto, como se evidenció en las líneas precedentes, contraviene los fines del Estado Democrático y Social de Derecho y de Justicia al no garantizar que el ejercicio progresivo del derecho de las familias a una vivienda digna no ceda ante el derecho de propiedad, al propender que las unidades habitacionales ingresen al mercado especulativo, para favorecer a quienes ejercen el dominio del mismo en detrimento de quienes ameritan de una protección reforzada por parte del Estado, además de que para su sanción no se habría cumplido con las formalidades esenciales del procedimiento de formación de leyes previstas en la Constitución y en el Reglamento Interior y de Debates de la Asamblea Nacional.

Aunado a lo anterior, la Asamblea Nacional incurrió en usurpación de funciones del Director de la Hacienda Pública Nacional -Presidente de la República- al condonar las deudas contraídas por los beneficiarios de esta política pública en menoscabo de los principios rectores de la seguridad social y de los deberes ciudadanos de solidaridad y contribución con las cargas públicas….".

6. *Interpretación constitucional sobre el alcance, particulares y consecuencias del artículo 339 constitucional, en concordancia con el artículo 136 eiusdem, además de los artículos 27 y 34 de la Ley Orgánica de los Estados de Excepción. Sala Constitucional Tribunal Supremo de Justicia. Ponencia conjunta. Expediente 16-0117. Fecha 11 de febrero de 2016.*

En caso de circunstancias de orden social, económico, político, natural o ecológico que afecten gravemente la seguridad de la Nación, de las instituciones y de los ciudadanos, tanto que resulten insuficientes las facultades de las cuales se disponga, por mandato del artículo 337 constitucional, el Presidente de la República en Consejo de Ministros, podrá decretar los estados de excepción. Dentro de ellos, podrá decretar el estado de excepción de "emergencia económica", cuando se susciten circunstancias económicas extraordinarias que afecten gravemente la vida económica de la Nación.

El Decreto que declare el estado de excepción, cualquiera de ellos -alarma-económico y conmoción interior o exterior-, será presentado, dentro de los 8 días siguientes de haberse dictado, a la AN, o a la Comisión Delegada, **para su consideración y aprobación**, y a la Sala Constitucional del TSJ, para que se pronuncie sobre su constitucionalidad …

La Sala entiende que la referencia expresa de remitir el Decreto a la AN para su consideración y aprobación, a pesar de que tales facultades no las tiene la AN conforme al artículo 187 Constitucional, por lógica jurídica la referencia expresa "para su aprobación, artículo 339 iusdem, apareja la posibilidad contraria, es decir, la de la desaprobación.

A pesar de ello, concluyó que la aprobación o desaprobación del estado de excepción por la AN, lo afecta desde la perspectiva del control político y por tanto, lo condiciona políticamente, pero no desde la perspectiva jurídico-constitucional; la anulación en el ámbito de los artículos 339 y 38 de la Ley Orgánica sobre los Estados de Excepción, es un examen de la legitimidad, validez y vigencia jurídico-constitucional que no le corresponde a la AN, la cual si está legitimada para revocar políticamente, antes del término señalado y al cesar las causas que lo motivaron, la prórroga del estado de excepción.

En la sentencia se lee:

…

"En tal sentido, los recurrentes se plantearon las siguientes dudas:

"1) *Si, el Decreto que declara el estado de excepción debe enviarse a la Asamblea Nacional para su consideración y aprobación, y ninguna de las normas referidas al régimen de los estados de excepción tanto constitucionales, como legales, no precisan los efectos de la no aprobación, ¿Cual sería entonces el ámbito de certeza, en cuanto a las consecuencias para el Decreto que declara el estado de excepción?*

2) ¿Si el Decreto es declarado conforme a la Constitución, y en consecuencia no puede ser anulado, suspendido o revocado prima facie, entonces en qué consiste la no aprobación de la Asamblea Nacional?

3) Como señala la doctrina, el control parlamentario político es un juicio de valor sobre el acto de gobierno del Presidente de la República, y es un control a posteriori, si no es así, ¿Quiere decir, que estamos sustituyendo al sistema presidencial mixto por un sistema parlamentario?

4) Más aún, ante una situación supongamos de invasión, de conflicto internacional inminente, de conmoción interior, ¿Podría el Presidente subordinar su acción de defensa de la República, del pueblo de Venezuela a la potestad evaluativa ya discrecional de la Asamblea Nacional, aún cuando se ha declarado su constitucionalidad?

5) *Por otra parte, ¿La no existencia en la Constitución, de las consecuencias jurídicas de la no aprobación del órgano legislativo ante la emergencia económica, supone un tipo de responsabilidad parlamentaria?*

6) *Al no estar afectada la eficacia del Decreto Presidencial y no tener facultades revocatorias la Asamblea Nacional, sino a posteriori, es decir, cuando el Presidente solicita prórroga por un plazo igual, no es ese el control revocatorio?*

7) *¿Si en la prórroga se aprecia que cesaron las causas que lo motivaron, y es la única vez que el constituyente le otorga a la Asamblea Nacional la facultad de revocar el Decreto, no quiere decir esto que claramente la intención del constituyente es que el control parlamentario político no podía tener ningún efecto modificatorio o suspensivo, sino más bien prima facie mantener intangible el Decreto, pese a su apreciación política?*

8) *¿La anulación es siempre un examen de legitimidad, es que acaso el Poder Legislativo lo puede subrogar?*

9) *¿No es acaso el Presidente de la República, de acuerdo a la Constitución, el único Juez de Mérito de su acto de gobierno o Decreto?*

10) *¿La potestad revocatoria de la Asamblea Nacional a posteriori no es acaso una decisión ulterior, relativa a la oportunidad, conveniencia o causas que motivaron el Decreto?*

11) *¿La Asamblea Nacional, en su potestad revocatoria a posteriori, acaso no se refiere a la continuación de los efectos y no al pronunciamiento de legitimidad de las medidas?*

12) *¿No es acaso diferente el control judicial que ejerce la Sala Constitucional distinto al acto político o de Gobierno controlado por el parlamento, mediante la apreciación de la instancia deliberativa y no mediante un control jurisdiccional constitucional?".*

Como puede apreciarse, la pretensión gira en torno al contenido y alcance de varias normas constitucionales y legales vinculadas a los estados de excepción (que inclusive trascienden a las señaladas por los demandantes), a su control a lo interno del Poder Público y a los efectos del mismo, razón por la que, con motivo de la necesaria interpretación integral y conforme al principio de supremacía constitucional, resulta necesario atender al contenido de esas normas, así como del resto de las fuentes del derecho vinculadas a las mismas, de acuerdo a las incertidumbres hermenéuticas planteadas por los justiciables de autos..."

"Así pues, según el referido artículo 236.7 Constitucional, es atribución y obligación del Presidente o Presidenta de la República, en Consejo de Ministros, declarar los estados de excepción y decretar la restricción de garantías en los casos previstos en esta Constitución. Autoridad que se ratifica en el artículo 337 eiusdem, según el cual "se califican expresamente como tales las circunstancias de orden social, económico, político, natural o ecológico, que afecten gravemente la seguridad de la Nación, de las instituciones y de los ciudadanos y ciudadanas, a cuyo respecto resultan insuficientes las facultades de las cuales se disponen para hacer frente a tales hechos". Asimismo, indica la norma en cuestión que "En tal caso, podrán ser restringidas temporalmente las garantías consagradas en esta Constitución, salvo las referidas a los derechos a la vida, prohibición de incomunicación o tortura, el derecho al debido proceso, el derecho a la información y los demás derechos humanos intangibles".

Al respecto, la tendencia predominante del constitucionalismo patrio y del sistema fundamentalmente presidencialista que ha imperado en el mismo, ha optado, históricamente desde el siglo XIX, en asignar esta especial potestad que incide en los derechos fundamentales, al Presidente o Presidenta de la República, quien es Jefe de Estado y Jefe del Ejecutivo Nacional, en cuya condición dirige la acción del Gobierno (artículo 226 Constitucional), y sólo en algunas Constituciones se ha dado intervención, generalmente limitada y referida al control político, al Poder Legislativo Nacional en esta materia, tal como ocurre en las Constituciones de 1961 y de 1999, entre otras tantas.

Como ha podido apreciarse, entre otros aspectos, la Constitución de 1961 otorgaba al Presidente de la República, la potestad de dictar estas medidas de excepción, señalando simplemente que *"El Decreto de Suspensión o Restricción de Garantías será (...) sometido a consideración de las Cámaras en sesión conjunta o de la Comisión Delegada"*, sin que se estableciera posibilidad de aprobar políticamente o no tal decreto, sino únicamente que *"El Decreto de restricción o supresión de garantías será revocado por el Ejecutivo Nacional, o por las Cámaras en sesión conjunta, al cesar las causas que lo motivaron"*, y que *"La cesación del estado de emergencia será declarada por el Presidente de la República en Consejo de Ministros y con la autorización de las Cámaras en sesión conjunta o de la Comisión Delegada"*.

Así pues, ni la Constitución de 1961 ni la de 1999 se refieren de forma expresa a su eventual desaprobación (*probablemente partiendo de la naturaleza propia de los estados de excepción y de los principios de presunción de legitimidad de los actos del Poder Público, de unidad de fines del Estado y colaboración a lo interno del Poder Público*). Por el contrario, no se encuentra dentro de las atribuciones contempladas en el artículo 187 Constitucional vigente, la de desaprobar o improbar el estado de excepción decretado por el Poder Ejecutivo. Sin embargo, por lógica jurídica, la referencia expresa a la aprobación, en la Constitución de 1999, apareja la posibilidad contraria, es decir, la de la desaprobación, tal como lo ha reconocido esta Sala.

Sin embargo, la aprobación o desaprobación del decreto de estado de excepción, por parte de la Asamblea Nacional, lo afecta desde la perspectiva del control político y, por ende, lo condiciona políticamente, pero no desde la perspectiva jurídico-constitucional, pues, de lo contrario, no tendría sentido que el constituyente, en correspondencia con los principios de supremacía constitucional y del Estado Constitucional (no del otrora Estado Legislativo de Derecho), hubiere exigido, además de aquel control, el examen constitucional del mismo, por parte de esta Sala, como máxima protectora de la Constitucionalidad (vid. artículos 335 y 339 del Texto Fundamental); de allí que aquel control, sobre la base de los principios y normas mencionados, además de la autonomía del Poder Público, no invalida la tutela definitoria de la constitucionalidad.

En efecto, la anulación, en el ámbito de los artículos 339 Constitucional y 38 de la Ley Orgánica sobre Estados de Excepción, es un examen de la legitimidad, validez y vigencia jurídico-constitucional, lo que no le corresponde efectuar al Poder Legislativo Nacional, el cual, por disposición del referido artículo 339, podrá revocar políticamente, antes del término señalado y al cesar las causas que lo motivaron, la prórroga del estado de excepción (potestad que ante todo se le asigna al Ejecutivo Nacional).

Como puede apreciarse, el propio legislador reconoció las limitaciones propias del control político que ejerce el Poder Legislativo Nacional, no sólo cuando omitió aludir a la responsabilidad disciplinaria de los diputados en el contexto de la referida ley, sino que previó la convalidación política automática del decreto que declare el estado de excepción: "*Si por caso fortuito o fuerza mayor la Asamblea Nacional no se pronunciare dentro de los ocho días continuos siguientes a la recepción del decreto*", el cual, en este caso, "*se entenderá aprobado*"; no ocurriendo lo propio con el control constitucional que sí resulta insoslayable por su contenido, naturaleza y alcance, que condiciona la legitimidad, validez, vigencia y eficacia jurídica del decreto en cuestión y de su prórroga (siendo posible, ulteriormente, dictar otro u otros decretos de estados de excepción, en razón del posible mantenimiento de las circunstancias o del surgimiento de otras que lo fundamenten), sino que además incide sobre los efectos jurídicos en tiempo del referido decreto, estableciendo, inclusive, que:

> "*La decisión de nulidad que recaiga sobre el decreto tendrá efectos retroactivos, debiendo la Sala Constitucional del Tribunal Supremo de Justicia restablecer inmediatamente la situación jurídica general infringida, mediante la anulación de todos los actos dictados en ejecución del decreto que declare el estado de excepción, su prórroga o aumento del número de garantías constitucionales restringidas, sin perjuicio del derecho de los particulares de solicitar el restablecimiento de su situación jurídica individual y de ejercer todas las acciones a que haya lugar. Esta decisión deberá ser publicada íntegramente en la Gaceta Oficial de la República Bolivariana de Venezuela*" *(artículo 38 eiusdem).*

"De igual forma, esta Sala Constitucional, en cumplimiento al artículo 339 de la Constitución de la República Bolivariana de Venezuela, en concordancia con el artículo 31 de la Ley Orgánica Sobre Estados de Excepción, dictó la sentencia n° 4 del 20 de enero de 2016, en la cual declaró el carácter constitucional del referido Decreto Presidencial, y, por ende, garantizando la legitimidad, validez, vigencia y eficacia jurídica del mismo, dentro del marco constitucional, en los siguientes términos:

"...esta Sala Constitucional debe pronunciarse afirmativamente respecto de la constitucionalidad del Decreto n.° 2.184, mediante el cual se declara el Estado de Emergencia Económica en todo el territorio Nacional, de conformidad con la Constitución de la República Bolivariana de Venezuela y su ordenamiento jurídico, por un lapso de sesenta (60) días, publicado en la Gaceta Oficial de la República Bolivariana de Venezuela n° 6.214 Extraordinario del 14 de enero de 2016, en la medida en que cumple los extremos de utilidad, proporcionalidad, tempestividad, adecuación, estricta necesidad para solventar la situación presentada y de completa sujeción a los requisitos constitucionales, dirigiéndose a adoptar las medidas oportunas que permitan atender eficazmente la situación excepcional; extraordinaria y coyuntural por la cual atraviesa la economía venezolana, e igualmente mitigar los efectos de la inflación inducida, de la especulación, del valor ficticio de la divisa, el sabotaje a los sistemas de distribución de bienes y servicios, así como también contrarrestar las consecuencias de la guerra de los precios petroleros, que ha logrado germinar al calor de la volátil situación 'geopolítica internacional actual,' que 'ha impactado de manera sustantiva el ingreso nacional', por lo cual se circunscribe a una de las diversas clasificaciones contempladas en el artículo 338 de la Constitución de la República Bolivariana de Venezuela.

Ello así, este Tribunal Supremo de Justicia, en Sala Constitucional, declara la constitucionalidad del Decreto n° 2.184, dictado por el Presidente de la República, mediante el cual declara el Estado de Emergencia Económica en todo el territorio Nacional, de conformidad con la Constitución de la República Bolivariana de Venezuela y su ordenamiento jurídico, por un lapso de sesenta

(60) días, publicado en la Gaceta Oficial de la República Boliva-riana de Venezuela n° 6.214 Extraordinario del 14 de enero de 2016, el cual deberá ser acatado y ejecutado por todo el Poder Público y la colectividad, conforme a sus previsiones y al resto del orden constitucional y jurídico en general, para alcanzar ca-balmente sus cometidos. Así se decide.

*En virtud de los razonamientos jurídicos que anteceden, este Tribunal Supremo de Justicia en Sala Constitucional, dictamina la constitucionalidad del Decreto sub examine, **el cual fue dicta-do en cumplimiento de todos los parámetros que prevé la Consti-tución de la República Bolivariana de Venezuela y la Ley Orgá-nica sobre Estados de Excepción y demás normativas aplicables, preservando los Derechos Humanos y en protección del Texto Fundamental, el Estado, sus instituciones y el pueblo, lo cual motiva el respaldo orgánico de este cuerpo sentenciador de máximo nivel de la Jurisdicción Constitucional hacia las medi-das contenidas en el Decreto objeto de examen de constituciona-lidad dictado por el ciudadano Presidente de la República, en Consejo de Ministros, en reconocimiento de su pertinencia, pro-porcionalidad y adecuación, el cual viene a apuntalar con sólido basamento jurídico y con elevada significación popular, la sal-vaguarda del pueblo y su desarrollo armónico ante factores iné-ditos y extraordinarios adversos en nuestro país, de conformidad con la Constitución de la República Bolivariana de Venezuela; sin perjuicio del control posterior que pueda efectuar esta Sala de conformidad con sus atribuciones constitucionales".* Resalta-do añadido.

Por otra parte, el 22 de enero de 2016, en sesión de la Asamblea Nacional, fue presentado acuerdo en el cual, desaprueba políticamente dicho Decreto, en los siguientes términos:

"REPÚBLICA BOLIVARIANA DE VENEZUELA

Acuerdo mediante el cual se desaprueba el Decreto N° 2184, del 14 de enero de 2016, publicado en la Gaceta Oficial N° 6.214

Extraordinario del 14 de enero de 2016, en el que se declaró el Estado de Emergencia Económica en todo el Territorio Nacional.

En uso de la atribución que le confiere la Constitución de la República Bolivariana de Venezuela, en su artículo 339, y la Ley Orgánica sobre Estados de Excepción, en su artículo 26, y con base en el Informe presentado por la Comisión Especial designada para examinar el Decreto Nº 2184, del 14 de enero de 2016, informe que fue discutido y aprobado en sesión plenaria de la Asamblea Nacional del 22 de enero de 2016;

ACUERDA:

Primero. *Desaprobar el Decreto Nº 2184, del 14 de enero de 2016, publicado en la Gaceta Oficial Nº 6.214 Extraordinario del 14 de enero de 2016, mediante el cual se declaró el estado de emergencia económica en todo el territorio nacional;*

Segundo. *Comuníquese y publíquese.*

Frente a ello, como ha podido apreciarse del artículo 339 Constitucional, se desprende que el Decreto será controlado políticamente por la Asamblea Nacional a quien se remitirá para su consideración y aprobación (no para su modificación, al menos según la vigente Ley Orgánica sobre Estados de Excepción publicada en Gaceta Oficial de la República Bolivariana de Venezuela n° 37.261 de fecha 15 de agosto de 2001), referencia comprensible desde la perspectiva de la urgencia de los decretos de estados de excepción en los supuestos en los que procede, así como también desde la óptica de los principios de unidad en cuanto a los fines del Estado, autonomía de los Poderes Públicos y de colaboración a lo interno del Poder Público (artículos 3 y 136 del Texto Fundamental).

En efecto, mientras el control jurídico, en este caso, jurídico-constitucional, conlleva una sanción en caso de verificarse la contradicción con el Texto Fundamental, lo que implicaría la declaratoria de inconstitucionalidad y, por ende, la nulidad del acto contrario al texto fundamental (vid. p. ej. artículo 38 de la Ley Orgánica sobre Estados de Excepción), el control político sólo pudiera conllevar de forma excepcional alguna sanción (ello por la subjetividad, relatividad y discrecionalidad de ese control que, por ende, no está exento de examen jurídico), circunstancia que implica que, por ejemplo, el Texto Constitucional vigente sólo se refiriese al sometimiento del decreto que declara estado de excepción a la Asamblea Nacional para su consideración y aprobación, y sólo alude, en el contexto de la prórroga de ese estado, a la posibilidad de revocatoria *"por el Ejecutivo Nacional o por la Asamblea Nacional o por su Comisión Delegada, antes del término señalado, al cesar las causas que lo motivaron"*, actuación (revocatoria) que, de ser el caso, pudiera ser sometida a conocimiento de la jurisdicción constitucional, por ejemplo, sobre la base de lo previsto en el cardinal 4, o, de ser el caso, en el 9, del artículo 336, dependiendo del supuesto de hecho que se plantee.

Así pues, ese control político, además de ser un control relativo, está sometido al control constitucional, que además de ser un control jurídico y rígido, es absoluto y vinculante, al incidir en la vigencia, validez, legitimidad y efectividad de los actos jurídicos, incluyendo los decretos mediante los cuales se establecen estados de excepción; razón por la cual la Sala Constitucional siempre debe pronunciarse sobre la constitucionalidad o no de tales decretos, circunstancia que, se reitera, explica que dicha omisión apareje sanciones disciplinarias en la Ley Orgánica sobre Estados de Excepción (*que remite al único supuesto de remoción de magistrados o magistrados y, en fin, de alteración de la constitución de este Máximo Tribunal de la República que prevé la Constitución –artículo 265-*) y no se disponga en la misma, la convalidación de la constitucionalidad de tales decretos por la referida inactividad; lo que resulta especialmente claro si se advierte, tal como lo hiciere el jurista Manuel García Pelayo, que en un Estado Constitucional *"Todo deriva de la Constitución y todo ha de legitimarse por su concordancia directa o indirecta con la Constitución"*.

Por tal razón, el artículo 33 de la referida ley, según el cual, "la Sala Constitucional del Tribunal Supremo de Justicia omitirá todo pronunciamiento, si la Asamblea Nacional o la Comisión Delegada desaprobare el decreto de estado de excepción o denegare su prórroga, declarando extinguida la instancia"; no sólo advierte insalvables antinomias frente a otras normas de ese mismo texto legal (vid. artículos 31 y ss.), sino una evidente contradicción con los artículos 339, 335, 334, 253, 137, 138, 136 y 7 Constitucional; en fin, con la norma cardinal según la cual, sin excepción, "El Decreto que declare el estado de excepción, en el cual se regulará el ejercicio del derecho cuya garantía se restringe, será presentado, dentro de los ocho días siguientes de haberse dictado, a la Asamblea Nacional, o a la Comisión Delegada, para su consideración y aprobación, y a la Sala Constitucional del Tribunal Supremo de Justicia, para que se pronuncie sobre su constitucionalidad", así como también con los axiomas de supremacía constitucional, del Estado Constitucional, de jurisdicción constitucional y de autonomía del Poder Judicial.

Así pues, de las referidas normas se desprende que el control constitucional, inherente a esta máxima y última intérprete de la Constitución, constituye el control supremo de los actos del Poder Público, tal como lo evidencia la referida potestad de declarar la nulidad total o parcial de los actos en ejecución directa e inmediata de esta Constitución o dirimir las controversias constitucionales que se susciten entre cualesquiera de los órganos del Poder Público, incluyendo al Poder Ejecutivo y al Poder Legislativo

Al respecto, debe señalarse que la Constitución dicta la organización fundamental de un Estado y de la República, razón por la que sin ella, ninguna de esas instituciones pudieran conformarse como tales, pues el respeto de los derechos y el cumplimiento de las normas que se encuentran dentro de la Constitución es lo que hace posible que una Nación pueda vivir con justicia, bienestar y paz; por ello la importancia de que estas normas sean cumplidas por todos: tanto por los gobernantes como por los gobernados. En fin, sin una Constitución y sin el cabal respeto a la misma, no existirían de los elementos necesarios para la pervivencia de la sociedad; de allí la importancia de la consideración permanente y garantía de los valores de la democracia constitucional, en su dimensión formal y, sobre todo, en su expresión sustancial, pues, como se sabe, la democracia ya no es únicamente el conjunto de reglas que determinan quién y cómo se decide, sino que es, asimismo, las reglas que definen qué es lo que se puede decidir y qué decisiones no pueden tomarse.

Ello así, lo ajustado al orden constitucional es desaplicar por control difuso de la Constitución, conforme a lo ordenado en el artículo 334 del Texto Fundamental, la disposición contenida en el artículo 33 de la Ley Orgánica sobre Estados de Excepción, tal como lo hizo esta Sala, por ejemplo, en sentencia n° 1881 del 8 de diciembre de 2011, en la cual, desaplicó, parcialmente y por control difuso de la Constitucionalidad, algunos artículos del Código Penal. Así se declara.

Finalmente, sintetizando las respuestas a las inquietudes interpretativas presentadas, esta Sala debe señalar que, como ha sido acreditado en diversas fuentes materiales y formales del derecho aquí citadas, comenzando por el Texto Constitucional, el control político de la Asamblea Nacional sobre los decretos que declaran estados de excepción no afecta la legitimidad, validez, vigencia y eficacia jurídica de los mismos; y el Texto Fundamental prevé de forma expresa que la Asamblea Nacional puede revocar la prórroga del decreto de estado de excepción, antes del término señalado, al cesar las causas que lo motivaron, actuación que pudiera ser objeto de control de la constitucionalidad por parte de esta Sala, sea, por ejemplo, como acción en ejecución directa e inmediata de la Constitución o como controversia constitucional entre poderes públicos.

Conforme a lo antes señalado, el Decreto n.° 2.184, publicado en Gaceta Oficial de la República Bolivariana de Venezuela bajo el n° 6.214 Extraordinario el 14 de enero de 2016, mediante el cual el Presidente de la República, Nicolás Maduro, en uso de sus facultades constitucionales, declaró el estado de emergencia económica en todo el territorio nacional, durante un lapso de 60 días, entró en vigencia desde que fue dictado y su legitimidad, validez, vigencia y eficacia jurídico-constitucional se mantiene irrevocablemente incólume, conforme a lo previsto en el Texto Fundamental.

7. Inconstitucionalidad de la ley de Reforma de la Ley del Banco Central de Venezuela. Sala Constitucional Tribunal Supremo de Justicia. Ponente Magistrado Calixto Ortega Ríos. Expediente N° , No aparece en la sentencia. Fecha 31 de marzo de 2016.

El numeral 8 de la Disposición Transitoria Cuarta de la Constitución, en su encabezamiento, enseña: "La ley a la cual se ajustará el Banco Central de Venezuela. Dicha ley fijará, entre otros aspectos, ..., período, forma de elección, remoción, régimen de incompatibili-

dades y requisitos para la designación de su Presidente o Presidenta y Directores o Directoras,…"

El mismo numeral 8 de la indicada Disposición Transitoria, pero en su parte final o último aparte, indica: "La ley establecerá que al Poder Ejecutivo (Presidente de la República) corresponderá, al menos, la designación de la mitad de los Directores o Directoras y del Presidente o Presidenta del Banco Central de Venezuela y establecerá los términos de participación del Poder legislativo Nacional (Asamblea Nacional) en la designación y ratificación de estas autoridades"

*A pesar de ello, la Sala Constitucional del TSJ, al resolver el asunto referido, afirma que la designación del Presidente y de los Directores del Banco Central de Venezuela, compete exclusivamente al Poder Ejecutivo, siendo que, el Poder Legislativo Nacional, en el mismo asunto, solo puede **participar**, como lo determina la misma Disposición Transitoria al indicar: "… establecerá los términos de **participación** del Poder Legislativo Nacional en la designación… de estas autoridades"*

Además, con el mismo fin, resolver sobre la constitucionalidad de la ley de reforma ya señalada, la Sala Constitucional del TSJ, concluye que la AN obró con abuso de poder, pues su intención al sancionar la ley es lograr el control del Banco Central de Venezuela, con lo cual, además atenta en contra de la protección al pueblo y al Estado que el Ejecutivo Nacional adelanta en defensa del ataque económico que se perpetra en contra del País y su población, por lo que la reforma también está dirigida a perturbar y distorsionar el sistema socioeconómico y financiero de la República.

En la sentencia, se lee:

"Establecido lo anterior, la Sala pasa a analizar la constitucionalidad de la Ley de Reforma Parcial del Decreto N° 2.179 con Rango, Valor y Fuerza de Ley de Reforma Parcial de la Ley del Banco Central de Venezuela, sancionada por la Asamblea Nacional en sesión ordinaria del 3 de marzo de 2016.

A tal fin, tenemos que, en primer lugar, se delata que el Órgano Legislativo Nacional actuó con desviación de poder, ya que la finalidad de la reforma es la de asegurar el control del Banco Central de Venezuela por parte del grupo parlamentario de la Asamblea Nacional que actualmente ostenta la mayoría de los diputados que la integran, por encima del resto de los Poderes Públicos y más allá de las competencias que le confiere el Texto Constitucional. Además, que con la reforma que se pretende efectuar, se quiere atentar en contra de la protección al Pueblo y al Estado que el Ejecutivo Nacional adelanta en defensa del ataque económico que se perpetra en contra del País y su población, por lo cual, dicha reforma va dirigida a perturbar y distorsionar el sistema socioeconómico y financiero de la República.

Por otra parte, se argumenta que conferirle a la Asamblea Nacional atribución para designar las autoridades del Banco Central de Venezuela, excede la exigencia establecida en el cardinal octavo de la Disposición Transitoria Cuarta de la Constitución de la República Bolivariana de Venezuela, ya que el referido precepto constitucional no señala que el Órgano Legislativo Nacional deba designar a una parte del Directorio del Instituto Emisor, ni tener la competencia para evaluar los méritos y credenciales de los candidatos, sino que sólo debe participar en dicha designación, la cual debe ser realizada por el Ejecutivo Nacional.

De igual forma, se argumenta en la solicitud realizada por el Presidente de la República, que la reforma sancionada por la Asamblea Nacional menoscaba la autonomía del Banco Central de Venezuela, al pretender limitar sus funciones e impedir el logro de los objetivos de la política macroeconómica diseñada por el Gobierno Nacional para promover el desarrollo y el bienestar del pueblo venezolano, así como la ejecución de los lineamientos generales del Plan de Desarrollo Nacional y el Marco Plurianual del Presupuesto, con la consecuente afectación de la estabilidad del sistema de pagos interno y externo.

Por último, se denuncia que la reforma sancionada por la Asamblea Nacional igualmente quebranta el principio de separación de poderes, previsto en el artículo 136 de la Constitución de la República Bolivariana de Venezuela.

En este estado, pasa la Sala a pronunciarse sobre las dudas planteadas por el Presidente de la República y, en tal sentido, *observa lo siguiente:*

Como en el resto del mundo, en Venezuela primero surgió un Banco de Emisión al cual se le otorgó facultades de redescuento y ciertas potestades de control como una figura de derecho privado. El Banco Central de Venezuela fue creado el 8 de septiembre de 1939. A pesar de su nombre, aún estaba lejos de ser un Banco Central propiamente dicho. En el artículo 1º de su Ley de creación se estableció que éste *"es [era] una persona jurídica pública con la forma de compañía anónima" y el artículo 2 ejusdem señala que tendrá como finalidad esencial "crear y mantener condiciones monetarias, crediticias y cambiarias favorables a la estabilidad de la moneda, al equilibrio económico y al desarrollo ordenado de la economía, así como asegurar la continuidad de pagos internacionales del país".*

La Sala Político Administrativa de la extinta Corte Suprema de Justicia dejó establecido que el Banco Central de Venezuela *"...constituye un establecimiento público asociativo que forma parte de la administración descentralizada...".* (Ver sentencia del 19 de febrero de 1981, en *Revista de Derecho Público.* Editorial Jurídica Venezolana, Nº 24. Octubre – diciembre 1985. pág. 103).

… En Venezuela, la Ley del Banco Central de Venezuela ha experimentado reformas a lo largo de la historia: en 1943, la fallida de 1948, las de 1960, 1974, 1983, 1984,1987, 1992, 2001, 2005, 2009, 2010, 2014 y la de 2015, que es la actualmente vigente. Todas las reformas respondieron a exigencias internas derivadas del acelerado cambio experimentado por la nación y a las nuevas orientaciones que la banca central adoptaba en las economías más desarrolladas, las cuales resultaban de la estructuración de un nuevo orden financiero internacional.

En la ley del 4 de diciembre de 1992, se incorporó el principio de la autonomía en la administración del Banco Central de Venezuela y se le dio el carácter de persona jurídica pública de naturaleza única. Asimismo, se eliminó el carácter corporativo que hasta la fecha mantenía la composición del Directorio, en su lugar, se estableció un cuerpo colegiado de siete miembros, un Presidente y seis directores, designados por el Presidente de la República por un período de seis años, que evita la coincidencia con los períodos constitucionales.

La Constitución de la República Bolivariana de Venezuela, aprobada en 1999, por primera vez reconoce jerarquía constitucional al Banco Central de Venezuela. El régimen jurídico-constitucional del Instituto Emisor está contenido en el Título VI de la Constitución, denominado "Del Sistema Socioeconómico"; dicho Título se subdivide en dos capítulos que tratan, respectivamente, "Del Régimen Socioeconómico y de la Función del Estado en la Economía" (Capítulo I) y "Del Régimen Fiscal y Monetario" (Capítulo II). A su vez, las disposiciones del Capítulo II están agrupadas en cuatro secciones: la Sección Primera "del Régimen Presupuestario" (artículos 311 al 315); la Sección Segunda "Del Sistema Tributario" (artículos 316 y 317); la Sección Tercera "del Régimen Monetario" (artículos 318 y 319) y la Sección Cuarta "De la Coordinación Macroeconómica" (artículos 320 y 321)…"

" … El Constituyente, en la Disposición Transitoria Cuarta, cardinal 8, de la Constitución de 1999, ordenó a la Asamblea Nacional dictar, dentro del primer año siguiente a su instalación, la Ley a la cual se ajustaría el Banco Central de Venezuela a la nueva Constitución de la República en los términos siguientes:

"La Ley a la cual se ajustará el Banco Central de Venezuela. Dicha ley fijará, entre otros aspectos, el alcance de las funciones y forma de organización del instituto; el funcionamiento, período, forma de elección, remoción, régimen de incompatibilidades y requisitos para la designación de su Presidente y Directores; las reglas contables para la constitución de sus reservas y el destino de sus utilidades; la auditoría externa anual de las cuentas y balances, a cargo de firmas especializadas, seleccionadas por el Ejecutivo Nacional; y el control posterior por parte de la Contraloría General de la República en lo que se refiere a la legalidad, sinceridad, oportunidad, eficacia y eficiencia de la gestión administrativa del Banco Central de Venezuela. La ley establecerá que el Presidente y demás miembros del Directorio del Banco Central de Venezuela representarán exclusivamente el interés de la Nación, a cuyo efecto fijará un procedimiento público de evaluación de los méritos y credenciales de los postulados a dichos cargos. La ley establecerá que al Poder Ejecutivo corresponderá al menos la designación de la mitad de los directores y del Presidente del Banco Central de Venezuela y establecerá los términos de participación del poder legislativo en la designación y ratificación de estas autoridades".

El 4 de septiembre de 2001, la Asamblea Nacional, en cumplimiento del mandato del Constituyente de 1999, sancionó la Ley del Banco Central de Venezuela, con lo cual quedó derogada la Ley del 4 de diciembre de 1992; posteriormente fue reformada en 2005, 2009, 2010, 2014 y 2015, y en este proyecto que fuera enviado para el control preventivo de la constitucionalidad que ostenta esta Sala.

Como se observa, si sobre algún aspecto de la institucionalidad surgida en el Siglo XX han habido diferencias y ha sido debatido por la doctrina nacional e internacional y ha hecho que la jurisprudencia anterior a la Constitución haya tenido contradicciones notables, al caracterizarlo con dos notas excluyentes, de ente público y a su vez, de carácter privado, por sus condiciones propias, ha sido el Banco Central de Venezuela. Dicha oscuridad fue resuelta por la Constitución de la República Bolivariana de Venezuela cuando se le da rango constitucional como "...*persona jurídica de derecho público con autonomía para la formulación y el ejercicio de las políticas de su competencia"*. En ese sentido, es un órgano que pertenece a la Administración Pública Nacional con autonomía funcional, integrado a la estructura del Estado, que de manera autónoma, exclusiva y excluyente ejerce la competencia monetaria, con un régimen legal propio y con la finalidad de contribuir armónicamente a los fines del Estado en beneficio del Pueblo. Es un ente único y **la relación que se establece entre el Ejecutivo Nacional y el Banco Central de Venezuela, es una relación de coordinación y colaboración general y especial y no de subordinación...**"

" ... No obstante, la autonomía que le consagra la Constitución, el Banco Central de Venezuela **está obligado a dirigir sus políticas en función del Plan Nacional de Desarrollo y coadyuvar con el Ejecutivo Nacional como organismo técnico en el diseño y ejecución de las políticas macroeconómicas, financieras y fiscales.** De manera que no se trata de un estanco aislado sino de un órgano especializado cuya autonomía debe interpretarse en virtud del cumplimiento de los objetivos del Estado desde el ejercicio de sus propias competencias.

Del criterio sentado por esta Sala, se puede colegir que el ejercicio de las competencias del Banco Central de Venezuela son tan esenciales -tanto las de regulación, ejecución y control- que de ello depende la propia subsistencia del Estado y la promoción del desarrollo integral de la comunidad, el mantenimiento de la paz y la tranquilidad social: por ello es indispensable que entre el Poder Ejecutivo y el Banco Central de Venezuela, se desarrolle un funcionamiento armónico, de coordinación y colaboración sin que exista conflictos de intereses.

En consecuencia, el Banco Central de Venezuela es un ente atípico, y como dice su Ley, una persona jurídica pública de naturaleza única, justificada por la necesidad de incrementar, fomentar y proteger la autonomía del Instituto, la cual ciertamente se vería mermada, ante la existencia de una adscripción y de un vínculo de tutela. Precisamente, la autonomía del Banco Central de Venezuela constituye un elemento fundamental para el cumplimiento de los fines que la ley le asigna, por lo que requiere de un ordenamiento y organización especiales, propio, diferente del común aplicable a las demás entidades públicas o privadas.

En conclusión, el Banco Central de Venezuela es una persona jurídica de derecho público, de rango constitucional, dotado de autonomía para el ejercicio de las políticas de su competencia, que no forma parte ni de la Administración Central ni de la Administración Descentralizada funcionalmente, sino que, atendiendo a las disposiciones de la Constitución de la República Bolivariana de Venezuela que lo regulan y que han sido desarrolladas por la Ley Especial que lo rige, forma parte de la llamada Administración con autonomía funcional. Ello se ha logrado en gran medida, tanto en el orden nacional como el internacional, gracias a los mecanismos que se han establecido para el nombramiento de sus autoridades, como se verá de seguidas".

" ... Como se observó *ut supra*, a partir de la Constitución de 1999, Venezuela se unió al elenco de países que como Chile, Brasil, Colombia, Guatemala, México, Paraguay, Perú, Polonia, Portugal, Finlandia, República Checa y Suecia, entre otros, han conferido rango constitucional a sus Bancos Centrales. Ello ha sido una tendencia durante los últimos cuarenta años. Los Bancos de Emisión se transformaron en Bancos Centrales y pasaron de su condición privada a convertirse en entidades del Estado y, por tanto, de derecho público, encargados principalmente de ejercer en exclusiva y de forma excluyente la competencia de emitir la moneda legal de cada país y, especialmente, de regular y ejecutar las políticas monetarias. Esta transformación institucional, como se observó también en el caso de nuestro país, es explicable porque la regulación monetaria constituye una actividad fundamental que sólo el Estado, a través de un ente público especializado debe ejercer...

Como se observa, de los ejemplos que arrojan el breve estudio de derecho comparado, la Sala constata que a nivel mundial corresponde fundamentalmente al Poder Ejecutivo el nombramiento de las autoridades de los Bancos Centrales y, que en mayor o menor medida, el Poder Legislativo participa de esa designación fundamentalmente controlando que los extremos, condiciones o requisitos legales establecidos en la legislación se cumplan a través de un acuerdo o ratificación de dichos nombramientos. Ello tiene una explicación histórica, como se demostró líneas arriba: la política monetaria es una potestad ejercida ante el surgimiento de los Bancos Centrales por los Poderes Ejecutivos y, de otro lado, una razón práctica, garantizar la continuidad en la política monetarias y evitar que ésta se vea influenciada por los ciclos políticos, lo cual asegura una planeación de más largo plazo y una mayor credibilidad para el público..."

" ... La separación de poderes se evidencia además en la forma como se realiza el proceso de nominación, designación y ratificación de las máximas autoridades de los Poderes Públicos, entendiendo cada paso del proceso de nombramiento, como un estadio perfectamente identificable, donde la participación de la Asamblea Nacional tiene diferentes matices.

En ese sentido, en el caso de la designación del Procurador General de la República el artículo 249 de nuestro Código Político Fundamental, establece:

"**Artículo 249.** El Procurador o Procuradora General de la República reunirá las mismas condiciones exigidas para ser magistrado o magistrada del Tribunal Supremo de Justicia. Será nombrado o nombrada por el Presidente o Presidenta de la República con la autorización de la Asamblea Nacional".

Como se observa, tratándose de un órgano que se encuentra en el Título V, DE LA ORGANIZACIÓN DEL PODER PÚBLICO NACIONAL, Capítulo II, Del Poder Ejecutivo Nacional, Sección Quinta: De la Procuraduría General de la República, la Asamblea Nacional solo autoriza al Presidente a realizar el nombramiento...

De acuerdo a ello, la participación de la Asamblea Nacional en el caso del nombramiento de las máximas autoridades de los poderes públicos, no tiene carácter absoluto e incluso puede ser sustituida por la voluntad del popular; en este sentido, es incoherente con el texto constitucional que la Asamblea Nacional pueda nombrar miembros del directorio del Banco Central de Venezuela sin el concurso de otro Poder Público..."

" ...En relación al factor atinente al proceso de designación y permanencia de las autoridades, resulta aceptable la participación de la Asamblea Nacional en el proceso de nombramientos (por ejemplo, a través de la integración del Comité de Evaluación de Credenciales de los Postulados), pero, una vez designados los altos cargos directivos, estos deben estar protegidos de toda influencia política a través de diversos medios; el primero de ellos, consiste en el establecimiento de un procedimiento complejo para su designación, dentro del cual se destaca la evaluación de credenciales por diferentes actores de la sociedad y poderes públicos; el establecimiento de un estricto régimen de incompatibilidades y la previsión de requisitos especiales técnico-profesionales o de experiencia previa en el campo económico o financiero.

El segundo de dichos medios, se encuentra evidenciado en el carácter de "inamovilidad" que deben detentar los Directores, traducido en un marco regulatorio para la remoción de los mismos; materia ésta que ha sido reconocida por las precitadas Leyes del Banco Central de Venezuela, y que en sustrato se mantiene en la Ley recién sancionada. Tal régimen especial, permite diferenciar claramente a los integrantes del Directorio del Banco Central de otras autoridades del Poder Público, que son libremente designadas y removidas por el Presidente de la República, sin necesidad de que medie justificación o procedimiento alguno dirigido a determinar las causas que originan la cesación de funciones…"

" … El término "participación" del órgano legislativo ha significado en la mayoría de los casos, en el proceso de revisión de las nominaciones que hace el Poder Ejecutivo, generalmente el Presidente de la República, bien preventivamente, en el caso de la conformación de comités de revisión de credenciales, o en la ratificación de las designaciones realizadas. Pero en casi ningún caso, corresponde a los órganos legislativos nacionales el nombramiento de forma única.

Así las cosas, el sistema de separación de poderes, de pesos y contrapesos, determinan que los órganos de control no se inmiscuyan en los procesos de decisión de los órganos controlados. Ello más allá de un principio de sana administración constituye un reforzamiento del principio de responsabilidad y transparencia; en ese sentido, la Asamblea Nacional ostenta la función contralora política del Banco Central de Venezuela, con lo cual, la posibilidad de nombramiento de los miembros del directorio implicaría una intromisión en la administración activa del Banco y un conflicto de interés que no garantiza tales principios…"

" …Ahora bien, la Ley de Reforma Parcial del Decreto N° 2.179 Con Rango, Valor y Fuerza de Ley de Reforma Parcial de la Ley del Banco Central de Venezuela procedió a modificar los artículos 9, 10, 14, 15, 16, 17, 18, 19, 26, 27, 31, 33, 37, 40, 42, 61, 87, 92 y 118. Además, incorporó una nueva disposición derogatoria única.

De la lectura de las normas reformadas se aprecia que su modificación se centró en el otorgamiento a la Asamblea Nacional de competencias para ratificar la designación del Presidente o Presidenta del Ente Emisor realizada por el Presidente de la República (Artículos 9, 14 y 15), así como conferirle facultad para la designación de dos Directores (Artículo 16). Incluir dentro de la funciones del Presidente del Banco Central comparecer ante la Asamblea Nacional para rendir cuentas de su gestión (Artículo 10). Otorgarle al Parlamento Nacional competencia para conformar el Comité de Evaluación de Méritos y Credenciales que verificará la idoneidad de los aspirantes a integrar el Directorio del Banco Central (Artículo 17). Atribuirle a la Asamblea Nacional competencia para remover a cualquiera de los miembros del

Directorio del Instituto Emisor, con el voto favorable de las dos terceras partes de sus integrantes presentes (Artículos 26 y 27). Permitirle a la Asamblea Nacional o a sus Comisiones el acceso a información y documentos calificados como secretos o confidenciales por el Banco Central, así como, solicitar la comparecencia del Presidente del Banco (Artículos 42 y 92).

Establecido lo anterior, esta Sala advierte que, si bien es cierto que el legislador goza de una amplia libertad de configuración normativa para desarrollar los preceptos constitucionales a través de las diversas leyes según los procedimientos y parámetros exigidos, también lo es el que si la Asamblea Nacional decide legislar sobre determinada materia, debe hacerlo de conformidad con los mandatos que la Constitución impone, ya que el Poder Legislativo, como el resto de los poderes públicos, se encuentra sujeto al Texto Fundamental, por lo que corresponde a esta Sala Constitucional velar por que el Parlamento se mantenga sujeto a los preceptos constitucionales, lo cual no es más que la sujeción a la soberanía popular expresada como Poder Constituyente.

Así pues, la opción adoptada por la Asamblea Nacional para la configuración legal de una determinada materia debe, necesariamente, enmarcarse dentro de los límites que la Constitución establece. De allí que el Poder Legislativo no debe operar solamente sobre la base de los criterios de oportunidad y conveniencia características de las decisiones políticas, sino de acuerdo a los cánones impuestos por el Texto Fundamental..."

La Constitución de la República Bolivariana de Venezuela, en sus artículos 318, 319 y 320, estableció el régimen relativo a la naturaleza jurídica, organización, competencias, funcionamiento y control del Banco Central de Venezuela; por su parte, el cardinal Octavo de la Disposición Transitoria Cuarta del Texto Fundamental estableció un mandato al legislador concreto como se dejó sentado líneas arriba.

Es necesario señalar que en el ordenamiento jurídico venezolano, en el cual la Constitución es la norma suprema y su fundamento, tal como lo prevé el artículo 7 del Texto Fundamental, el legislador se encuentra sometido a la Constitución; por ello, las normas legales que se dicten en contravención a sus preceptos se encuentran viciadas de nulidad..."

" … Establecido lo anterior, pasa esta Sala a analizar si la Ley de Reforma Parcial del Decreto N° 2.179 con Rango, Valor y Fuerza de Ley de Reforma Parcial de la Ley del Banco Central de Venezuela, sancionada por la Asamblea Nacional en sesión ordinaria del 3 de marzo de 2016, resulta acorde con la normativa constitucional, en tal sentido, tenemos que, con respecto a la designación del Presidente y los directores del Banco Central de Venezuela, el cardinal octavo de la Disposición Transitoria Cuarta de la Constitución señala de manera clara que su designación corresponderá al Poder Ejecutivo (del Presidente o Presidenta y la mitad, al menos, de sus directores o Directoras) y que la Asamblea Nacional podrá participar en su designación y ratificación.

Ahora bien, el artículo 141 de la Constitución de la República Bolivariana de Venezuela establece como principio general que la Administración Pública está al servicio de los ciudadanos, y su actuación se fundamenta en los principios de honestidad, participación, celeridad, eficacia, eficiencia, transparencia, rendición de cuentas y responsabilidad en el ejercicio de la función pública, con sometimiento pleno a la ley y al Derecho; de allí que se presuma que la actuación de la Administración Pública está informada por dichos elementos.

En el caso del Banco Central de Venezuela el principio de responsabilidad pública se expresa en el artículo 319 de la Constitución, que establece que: "[e]l *Banco Central de Venezuela se regirá por el principio de responsabilidad pública, a cuyo efecto rendirá cuenta de las actuaciones, metas y resultados de sus políticas ante la Asamblea Nacional, de acuerdo con la ley. También rendirá informes periódicos sobre el comportamiento de las variables macroeconómicas del país y sobre los demás asuntos que le soliciten e incluirá los análisis que permitan su evaluación. El incumplimiento sin causa justificada del objetivo y de las metas dará lugar a la remoción del directorio y a sanciones administrativas de acuerdo con la ley. (...)"*.

Como puede observarse, nuestra norma suprema prevé un alto grado de estabilidad para los Directores, cónsono con la necesaria autonomía que deben tener sus miembros en el ejercicio de sus funciones, que imposibilita la libre remoción por Poder alguno, y supedita la sanción que separe de tal investidura a la necesaria verificación de un procedimiento en el que se determine, de manera fehaciente, el incumplimiento, sin causa justificada, del objetivo y metas del Instituto. Esto es, debe garantizarse el debido proceso para que ocurra la remoción de algún Director de este Instituto...

Precisado lo anterior, pasa la Sala a pronunciarse sobre la conformidad constitucional de la reforma sancionada por la Asamblea Nacional que es objeto del presente control preventivo, para lo cual advierte que el Constituyente, en el cardinal octavo de la Disposición Transitoria Cuarta, distinguió claramente los ámbitos de competencia del Poder Ejecutivo y del Legislativo. Así, al primero corresponde la designación, es decir, el instituir a las personas que ejercerán los cargos mencionados, mientras que al segundo, sólo participa en ello, es decir, colabora, coopera, ayuda, contribuye o interviene, tal como lo señala la primera acepción del verbo participar dada por el Diccionario de la Lengua Española de la Real Academia Española: *"Tomar uno parte en una cosa"*

La participación de la Asamblea Nacional en la designación y ratificación del Presidente y demás integrantes del Directorio del Banco Central de Venezuela no puede ser entendida como el ejercicio de una competencia compartida con el Poder Ejecutivo, ni que dicha participación implique una subrogación en el ejercicio de dichas competencias.

En efecto, cuando los artículos 9, 14 y 15 de la ley objeto del presente control preventivo de constitucionalidad establecen que el Órgano Legislativo Nacional debe ratificar la designación del Presidente del Ente Emisor realizada por el Jefe del Ejecutivo Nacional, así como designar a dos de sus directores, contravienen lo establecido en el cardinal octavo de la Disposición Transitoria Cuarta del Texto Fundamental..."

Al respecto, la Sala reconoce que cada órgano que ejerce el Poder Público debe tener un fin superior que cumplir establecido por la Constitución, por lo cual, la Asamblea Nacional debe sancionar las leyes respetando tanto los derechos, garantías y competencias fundamentales allí reconocidos, con razonabilidad y justicia, lo cual constituye una función más allá de un trámite formal, sino fundamentalmente sustantivo, en tanto que bastaría que la voluntad de los diputados se "ocultara" o "disfrazara" con el formalismo de procedimientos parlamentarios, para que mediante ellos se pudiera mandar o prohibir cualquier conducta (anular designaciones), al margen de la Constitución y las Leyes. Por ello, toda función se manifiesta a través de un proceso de realización y ejecución normativa, que se imputa en definitiva a la norma primaria que es la Constitución y, aún en el caso del Poder Legislativo, puede reconocerse como fin de su actuar, los principios, garantías y derechos reconocidos en la Constitución, lo que permite reconocer que la mayor parte de la doctrina constitucional, ha desarrollado este aspecto desde la figura del abuso de derecho, reconocida incluso como principio general del derecho, estableciendo con la desviación de poder una relación de género a especie…"

" … De la simple comparación entre la normativa vigente y la reforma recientemente sancionada por la Asamblea Nacional se constata que la modificación planteada supone la participación del Órgano Legislativo Nacional en el proceso de designación del Presidente del Banco Central de Venezuela, a efectos de ejercer control político sobre la misma, a través de la figura de la ratificación, situación que, como ya se señaló, resulta contraria a lo previsto en el cardinal octavo de la Disposición Transitoria Cuarta de la Constitución.

Igualmente, se advierte que en la reforma sancionada se suprime el contenido del numeral 5 del artículo 10 del vigente Decreto Ley, conforme al cual el Presidente del Banco podrá ejercer las facultades que le sean delegadas por el Directorio. Además, se incluyó un nuevo numeral para establecer como función del Presidente del Banco, comparecer para rendir cuentas de su gestión ante la Asamblea Nacional cuando así sea requerido, disposición que contraviene el criterio establecido por esta Sala Constitucional en sentencia N° 9 del 1 de marzo de 2016, mediante la cual se desaplicó por control difuso de la constitucionalidad, determinados artículos de la Ley Sobre el Régimen de Comparecencia de Funcionarios y Funcionarias Públicos o los y las particulares, ante la Asamblea Nacional y sus Comisiones, así como del Reglamento Interior y de Debates de la Asamblea Nacional, relacionados con la asistencia de los funcionarios ajenos al Ejecutivo Nacional.

Asimismo, la reforma sancionada prevé en el artículo 16 la designación por parte de la Asamblea Nacional de dos Directores del Banco. Al respecto, se reitera que, de conformidad con el mandato establecido en el cardinal octavo de la Disposición Transitoria Cuarta de la Constitución de la República Bolivariana de Venezuela, corresponde al Ejecutivo Nacional la designación de Directores del Banco y, pudiendo inclusive designarlos todos.

Conforme al artículo 17 de la reforma sancionada es la Asamblea Nacional quien conformará el comité que evaluará los méritos y credenciales de los candidatos al Directorio, funciones que no le corresponden, por cuanto tal competencia no se encuentra señalada en el cardinal octavo de la Disposición Transitoria Cuarta del Texto Fundamental.

El artículo 26 de la ley reformada confiere a la Asamblea Nacional la potestad de remover a los miembros del Directorio del Banco con el voto favorable de las dos terceras partes de los integrantes presentes, circunstancia que pudiera afectar la autonomía del Instituto Emisor, como principio constitucional consagrado en el artículo 318 del Texto Fundamental, ya que, además de contrario al principio de paralelismo de la formas, al no ser el órgano competente constitucionalmente para hacer las designaciones, tampoco puede remover a los mencionados funcionarios.

La ley reformada suprime del artículo 40 la potestad del Banco Central de Venezuela de suspender transitoriamente, durante el período el cual se mantengan situaciones internas o externas que representen una amenaza a la Seguridad Nacional y a la estabilidad económica, la publicación de información, con lo cual se estaría poniendo en riesgo la seguridad integral de la Nación o el funcionamiento del propio Banco Central de Venezuela, habida cuenta de la existencia de las circunstancias excepcionales que así lo justifican.

El artículo 18 de la ley reformada suprime la norma que confiere al Banco Central de Venezuela la competencia para regular el ingreso y la salida del territorio de la República de especies monetarias representativas del Bolívar. Al respecto, esta Sala aprecia que resultaría lesivo de la soberanía del Estado venezolano el pretender suprimir dicha competencia, máxime ante la coyuntura que ha puesto en evidencia el tráfico de especies monetarias en zonas fronterizas, afectando la distribución normal de los mismos en el territorio nacional.

Del examen del contenido de las normas reformadas, resulta evidente que el propósito de la Ley de Reforma Parcial del Decreto N° 2.179 con Rango, Valor y Fuerza de Ley de Reforma Parcial de la Ley del Banco Central de Venezuela, es la de asegurar, por parte de la mayoría parlamentaria de la Asamblea Nacional, el control político del Instituto Emisor, lo cual riñe con los fines constitucionalmente previstos en los artículos 318 y 319 del Texto Fundamental e implican, como ya fue establecido, una contravención al mandato que la Constitución le impone al legislador en el cardinal octavo de la Disposición Transitoria Cuarta *ejusdem*. Por ello, la ley objeto del presente control preventivo de constitucionalidad está incursa en el vicio de desviación de poder; y así se declara.

Aún más, evidencia la Sala que los actos legislativos que pueden interferir con las acciones del Ejecutivo Nacional durante la vigencia de un Estado de Emergencia Económica válidamente declarado, pueden hacer nugatorias intencionalmente las funciones del Ejecutivo Nacional, evidenciándose una desviación de poder, en los términos que se justifican en el presente fallo.

Por las razones expuestas, esta Sala Constitucional, en ejercicio de la competencia que le confiere el artículo 214 de la Constitución de la República Bolivariana de Venezuela, en concordancia con lo previsto por el cardinal 15 del artículo 25 de la Ley Orgánica del Tribunal Supremo de Justicia, declara la inconstitucionalidad de la Ley de Reforma Parcial del Decreto N° 2.179 con Rango, Valor y Fuerza de Ley de Reforma Parcial de la Ley del Banco Central de Venezuela, sancionada por la Asamblea Nacional en sesión ordinaria del 3 de marzo de 2016. En consecuencia, se preserva la vigencia del Decreto con Rango, Valor y Fuerza de Ley de Reforma del Decreto con Rango, Valor y Fuerza de Ley del Banco Central de Venezuela publicado en la Gaceta Oficial de la República Bolivariana de Venezuela N° 6.211 Extraordinario del 30 de diciembre de 2015. Así se decide…".

Los jueces en criterio de Petra Dolores...

Esta serie de fallos del Juez Constitucional revelan la adhesión inequívoca del mismo a los objetivos del gobierno, particularmente, de aquellos encaminados a la permanencia del régimen en el ejercicio del poder.

La analista Landaeta no tiene dudas y así lo expresa que constituye además un boicot permanente a las potestades constitucionales de la Asamblea Nacional. Esto es, el desconocimiento de la soberanía popular.

Adicionalmente, estima que se trata de una degeneración del poder judicial.

XII
LA TEORÍA CONSTITUYENTE Y LA SOCIOLOGÍA POLÍTICA...

La sociología, también conocida como la ciencia del filósofo francés Augusto Comte, quien la llamó *ciencia positiva* estudia a la sociedad humana y sus fenómenos, entendida como una entidad distinta a quienes la integran. Es en definitiva un esfuerzo para aplicar los métodos científicos al estudio de la sociedad[1].

Los avances alcanzados indujeron a destacados estudiosos, entre ellos, Gaetano Mosca, Max Weber, Wilfredo Pareto y Maurice Duverger a la identificación de la denominada *"sociología política"*, a la cual se identifica con el estudio de la influencia concomitante de los cambios políticos sociales en el devenir de los pueblos, definiéndose como sus temas:

1. El Estado moderno,

2. Los gobernantes, y

3. Las clases sociales.

Maurice Duverger, jurista francés, la consideró como la encargada de estudiar sociológicamente los fenómenos, por lo que tiende a confundirse con *"la ciencia política[2]"*.

---

1   Rodrigo Borja, *Ibídem*, p. 898.

2   Concepto de Sociología Política - Definición en De Conceptos.com
    http://deconceptos.com/ciencias-sociales/sociologia-
    politica#ixzz491I29RAp.

Es de imaginarse la determinante influencia de *la sociología política* en lo relativo, tanto a la concepción como a la puesta en práctica, de la *Teoría Constituyente*. Pero también y muy específicamente con respecto a la tendencia de los pueblos, en algunos casos de manera racional, pero en otros tristemente no, a observar las pautas del *Pacto Social* que se han dado y cuyo cumplimiento es el mismo, que ejecutar la Constitución, Texto Fundamental, Carta Magna o Ley de Leyes que aquel comporta a la última y viceversa, ya que es absolutamente cierto que la última supone también al primero. Es este el camino si se le sigue con racionalidad para el desarrollo social armónico cuyo resultado consecuencial es el bien común, entendido en criterio de Jackes Maritain como *"la buena vida humana de las muchedumbres*[3]*"*.

1. *Un difícil intento... Algunas determinantes...*

Las iniciativas son tan complejas como las conclusiones, tanto que algunas veces, por decir, si fuésemos francos, en casi todas y si acudiéramos con una real franqueza a lo más profundo de nuestra conciencia, manifestaríamos que, en todos los escenarios, pero, adicionalmente, sin exclusión de ninguno.

Ese es el arquetipo, complejo en todas sus aristas, que son abundantes, por y para definir:

1. ¿Qué es el mundo? En principio muy simple…El conjunto de todas las cosas creadas… La tierra que habitamos… La totalidad de los hombres… El género humano…[4], y

2. Acaso definirlo ¿es saber lo que es la humanidad? Esta última está referida a la naturaleza humana, género humano, propensión a los halagos de la carne, dejándose fácilmente vencer de ella, fragilidad o flaqueza propia del hombre, sensibilidad, compasión de las desgracias de nuestros semejantes.

Es de acotar que las referidas particularidades manosean a diario la tendencia constituyente, generándola, procreándola o destruyéndola.

---

3   Abbagnano, *Ibídem*, p. 132.
4   DRAE, *Ibídem*, 1992, Tomo II, p. 1416.

En su conjunto constituyen la fuente de la Teoría constituyente y de la hechura de la Carta Magna donde se escribe.

Pero sigamos indagando:

1. Y la civilización, entendida como el conjunto de avances y perfeccionamientos en el proceso de adaptación y dominio del hombre sobre la naturaleza[5],

2. El pueblo, la soberanía, cuando es ésta popular y no, son sin dudas determinantes de lo que pretende entenderse,

3. La sociedad, en qué consiste, cuándo empieza y termina, es vulnerable, estática, permanente, transitoria, de qué depende, de factores externos o es ella que los determina,

4. El Estado, los poderes, las funciones de aquellos, autonomía entre ellas, pero además cooperación,

5. La idoneidad para entender parámetros como la división de poderes, pero mucho más la cooperación que ha de existir entre ellos,

6. Más complicado aún, cuando escuchamos que cada uno tiene sus funciones propias,

7. Pero aún más desesperante, que hay países que han logrado conformarse a estas pautas y otros no,

8. Y que los primeros se han transformado en sociedades avanzadas y las nuestras no, y

9. Será acaso que aquellas comenzaron primero, o se entendieron bien desde aquel inicio, y las últimas empezaron un poco más tarde y todavía proseguimos en la larga, compleja y remota ruta, camino o vereda de comprendernos.

Cuán eficiente, es de acotar, es por tanto "*la Teoría, la Tendencia y la Constitución*" en las primeras. Pero cuán deplorables en la segunda tipología de conglomerados humanos.

---

5   Borja, *Ibídem*, p. 115.

Esta dualidad, contraposición y diferencias entre los entes sociales sensatamente establecidos y aquellos que no lo han alanzado, establece consecuencialmente situaciones antagónicas en la humanidad tanto en lo relativo a la estabilidad política como en lo concerniente los estadios aceptables de progreso social. Es la inequidad que menciona el filósofo de Harvard, Michael Sandel, como se señala en páginas de este ensayo.

Pero otros vocablos son también significativos, a saber:

1. Ciudadanía, conjunto de ciudadanos de un Estado… cúmulo de derechos y deberes políticos a ellos reconocidos,

2. Ciudadano, el habitante de las ciudades antiguas,… el vecino de una ciudad que goza de sus privilegios y está obligado a su cargas… En el contexto constitucional… persona que después de haber cumplido los requisitos de nacionalidad, edad y otros impuestos por la legislación de cada Estado, adquiere el ejercicio de los derechos políticos… convirtiéndose en elemento activo de la vida política estatal… [6].

La injerencia de tales conceptos en el orden es tan determinante que como los demás están encapsulados tanto en el origen como en las consecuencias de la Teoría Constituyente y sus tendencias.

2. *Algunos aspectos relacionados con la clase política…*

Petra Dolores Landaeta, amante de las lecturas de Gaetano Mosca, Max Weber, Alfredo Pareto y Norberto Bobbio considera que en los países caribeños cuando se usa la palabra *MOSCA* ha de estarse alerta, presunción que en virtud de la crisis que los conmueve y de otras ocurridas en el pasado, ipso facto se asume que quienes gobiernan en cualquier momento dejen de hacerlo. La hipótesis está, por tanto, relacionada con los madrugonazos, juntas militares o cívico militares, rebeliones y hasta revoluciones. De allí que *"mosca y debacle"* puedan estar íntimamente vinculados. Quien lo niegue nació en otras latitudes o habiéndolo hecho por aquí se ausentó desde niño de estos confines.

---

6   Borja, *Ibídem*, p. 114.

Es difícil negar asimismo que estos países incluyendo a los restantes de América Latina sean sui generis y hasta contradictorios, por lo menos, en a lo que a su consolidación como sociedades se refiere. Pero son, además, particulares para la sociología política y sus principales mentores, entre ellos el jurista, político y sociólogo italiano Gaetano *Mosca*, autor de la obra *"La Clase Política",* cuyo apellido contribuye a que en los pueblos en esas circunstancias reviva el entusiasmo por el *"mosca"* que ilustra el nombre de este artículo. Es también significativo que *"la debacle institucional"* que comúnmente les altera, encuentra, por argumento a contrario, explicación en la lectura del jurista.

En efecto, Don Gaetano distingue a los gobernantes de los gobernados, advirtiendo que el descontento de las masas puede destronar a los primeros, caso en el cual surgiría otra minoría para el oficio, según el filósofo *"la clase política"* que conduce *"el timón del Estado"* y la cual existirá siempre como elemento de la organización social estatuida conforme a *"la teoría constituyente"* del *pacto social* acordado, pero no, por tanto, esa minoría conductora ha de ser siempre la misma. El descontento y las pasiones de los gobernados ejercerán presión ante ella a fin de que *"el acuerdo societario",* escenario en el cual ha de tomarse en cuenta la locución *"debacle",* sinónimo de desastre, ruina o hecatombe, comunes en los pueblos suramericanos, aunque con ciertos espacios de tiempo experimentados en recordados momentos de la historia.

El análisis de la incertidumbre lleva, no tan equivocadamente, a subrayar un antagonismo inocultable entre los diferentes capítulos para que se haya configurado una clase política, observándose una secuencia histórica para perfeccionarla bajo criterios de responsabilidad, eficiencia y honestidad. Todavía en América Latina no hay interdependencia en lo relativo a las fases que identifica el sociólogo en la restructuración de la minoría gobernante:

1)   El predominio de los militares que acaparaba la propiedad de las tierras como clase dominante en las civilizaciones primigenias,

2)   La sustitución de aquellos por los ricos, quienes devienen más fuertes que los castrenses, puesto que el poder se traslada de las armas a la riqueza, y

3)   El surgimiento del Estado ante la necesidad de la protección de la propiedad privada cuando ésta deviene en el objetivo social, a fin de sustituir por leyes la tutela de aquella por el propietario mismo.

Más que continuidad ha reinado una evidente confusión, pudiéndose afirmar que en muchos países no se sabe quiénes gobiernan y si formalmente lo hacen por qué y a qué se gobierna. Pero aunque parezca mentira suele saberse el cómo y también lo que el mandatario persigue. El jurista nos habla de que la justificación del poder de la clase dirigente no depende del hecho de poseerlo, sino más bien de la base moral y legal que lo alimenta conforme a doctrinas reconocidas por la sociedad que de acuerdo con ellas decide regimentarse. Estas constituyen condiciones y limitaciones para aquellos que gobiernan, quienes para el amigo Gaetano al abandonarlas serán sustituidos por otros que demuestren a los gobernados disposición a cumplirlas. El profesor califica esta transformación *"renovación molecular de la clase política"*.

Si trasladáramos las acotaciones del jurista a la realidad, pudiera afirmarse que la desbandada nos ubica ante una sociedad principiante a pesar de los siglos y que las condicionantes de la estampía impulsan a estar *"mosca"*, pues cuando se pierde por parte de la clase dirigente, como unos cuantos síntomas lo revelan, *"el timón del Estado"*, *"la debacle"* arriba con ruidos y otras cosas y con las reacciones populares consecuenciales impredecibles y hasta incontrolables. Es el fin en la mayoría de las hipótesis de la dirigencia que manda. A las consideraciones de Don Gaetano, Norberto Bobbio acota que la clase política existirá siempre, pero que la calidad, formación y organización es perturbada por aquellos que la conducen. Depende de la eficiencia en la consecución del bien común.

Pero también para el caso de que preguntaran Gaetano y Norberto lo que podría suceder, tal vez, Petra Dolores responda que hay que estar *"mosca[7]"*, quedando así consagrada la interpretación al político, jurista y filósofo italiano en medio del proceso de desconstitucionalización de la Teoría Constituyente, obra de la pseudo denominada Revolución Bolivariana, también socialismo del Siglo XXI. Por lo que una interrogante tal vez más formal pudiera formularse para saber si

---

7   Luis Beltrán Guerra, *El Universal Digital*, Mayo 21, 2016.

en Venezuela alguien ejerce *"el timón del Estado"* y si concretamente el gobierno o la oposición. La respuesta, difícil, como otras que se han planteado a lo largo en este ensayo.

3. *La democracia racional... ¿Es la racionalidad importante...?*

La racionalidad política es al mismo tiempo metodología, prototipo y designio de la democracia, por lo que determina la eficiencia de la última. De tal manera que una Teoría Constituyente fundamentada en el impulso, progreso y afianzamiento de la misma está supeditado en la realidad a la optimización por parte de la sociedad que el Texto Constitucional delinea a través de la idoneidad de los poderes públicos de la maximización del bienestar en beneficio del mayor número de personas posible. Esto es, del bien común, entendido como la meta corporativa, ciudadana y popular de la Teoría y la tendencia para hacerla realidad.

Es por ello que pueden identificarse en la historia de la humanidad episodios determinantes en lo que este intento, empresa o mira se refiere y que han legitimado a la sociedad moderna[8], entre ellos la denominada *"Ilustración Francesa"*, fenómeno que dejó establecido[9]:

1. La igualdad, la libertad y la fraternidad como fines sociales modernos,

2. Pero también, la imperatividad de los gobiernos y de la comunidad y de la persona misma en lo concerniente a los fines para el alcance de tales metas.

Estos últimos tanto o quizás más importante que los primeros, por lo menos expresándonos con una mediana sinceridad no puede dudarse que en lo que a su materialización respecta se ha convertido en el dilema que más golpea a la vigencia de la *"Teoría Constituyente"*, convirtiéndola en *"un dilema*[10]*"*. Puede afirmarse entonces que la racionalidad democrática deviene, por tanto, en la clave para la efica-

---

8   José Antonio Crespo, *Racionalidad Política de la Democracia*, ESTU-DIOS. Filosofía-historia-letras, Verano 1989, WEB, mayo 18, 2016.

9   *Ibídem.*

10 Guerra, *El Dilema Venezolano, Ibídem.*

cia social y la felicidad del hombre y en todas las manifestaciones de la vida[11]. Es más, se confunde con ellos en la búsqueda de la justicia social, entendida como aquella que[12]:

1. En el contexto filosófico,

   a) "… una corrección de la igualdad abstracta, bajo el criterio de que la libertad entre desiguales conduce a la injusticia…[13]"

   b) "…En el fondo un valor forjado por la Ley y respaldado por la autoridad política…[14]",

2. En sentido sociológico supone[15]:

   a) La organización de la sociedad con arreglo a criterios equitativos,

   b) En procura de alcanzar una distribución lo más equitativa posible de los bienes y de los frutos de éstos,

   c) Finalidad, que la mayoría los miembros de la sociedad tengan acceso a ellos,

   d) Ha de entenderse que se hace referencia tanto a bienes tangibles, como intangibles, entre ellos:

      *   La remuneración por el trabajo,
      *   El acceso a la educación y la cultura,
      *   La seguridad social,
      *   La distribución de la renta,
      *   La participación en el usufructo de los bienes y servicios que se producen con el esfuerzo colectivo, y
      *   La participación en el desarrollo social.

---

11 Crespo y Guerra, *Ibídem*.

12 Borja, *Ibídem*, pp. 561-562.

13 *Ibídem*.

14 *Ibídem*.

15 *Ibídem*.

La maximización de la justicia social deviene en una de los pilares que sustentan a la democracia como sistema político, calificándola ante los ciudadanos, gobernados y sufragantes y en la comunidad internacional de naciones como eficiente, racional, estable y duradera. La Teoría Constituyente encuentra en esa maximización una columna primordial. Sin ella podrá proseguírsele llamando "teoría", pero carecería del sustrato substancial que la identificaría como exitosa. Sería meramente retórica.

En cuanto a racionalidad democrática, inspirada en el proceso político, sociológico y cultural de *"la Francia de la ilustración"*, ella encuentra su fundamento teórico, imaginario y hasta especulativo en la frase, consigna y enunciado *"la luz de la razón"*, conforme al cual ha de admitirse y sin reservas que el ser humano, tanto individualmente, como en consideración de ser parte integrante de una determinada sociedad, ha y puede, actuando racionalmente como sujeto activo, coadyuvante o colaborador abordar la solución de los problemas atinentes al bienestar individual y colectivo. La racionalidad termina, entonces siendo entendida, como se ha reiterado en párrafos anteriores, *"clave de eficiencia para la felicidad humana*[16]*"*.

La racionalidad deviene, por tanto, en un concepto fundamental y concretamente en una característica de un determinado actuar social y que toca, entre otras, el área de la ética, la justicia y la política[17]. Es el pensamiento de *"la Francia de la Ilustración"* el que la genera, pero con él adviene también *"el Estado Constitucional de Derecho"* estructurado alrededor de *"un poder público normativamente reglado"* por una ley suprema, esto es, por una Constitución la cual propende a un Estado cuyos gobernantes han de dirigirlo a la satisfacción del interés público, misión que encontrará como restricciones, por un lado el régimen estatuido por la propia Carta Fundamental y del otro la situaciones subjetivas garantizadas al ciudadano, corrientemente, expresados bajo la denominación de *"derechos humanos, personales o individuales"*, también denominados *"ciudadanos"*. Las particularidades distintivas de esta tendencia dirigida a la conformación de las sociedades modernas terminan resumiéndose así:

---

16 Crespo, *Ibídem*. Igualmente, Guerra Luis Beltrán, *El Dilema*, *Ibídem*.

17 Abbagnano, *Ibídem*, pp. 879-883.

1. El Estado del *"rule of law"*, también, estado de derecho y estado constitucional,

2. Una jerarquía piramidal normativa que deviene en un ordenamiento jurídico que habrá de regir la acción del Estado y la de los particulares, cuyas consecuencias de no observarse acarrea sanciones aplicables tanto a las providencias violatorias como a aquellos que las pro-vean,

3. Una tipología estructural en la organización del Estado en base a poderes con funciones propias, denominadas legislativa, administrativa y judicial, cada uno separado del otro, pero con la vocación a una cooperación racional de uno con el otro,

4. El poder popular ejercido, derivado y reglamentado por pautas atinentes a la soberanía popular bajo una especie de formula pendular entre la denominada democracia directa e indirecta y que comúnmente se califica como la democracia representativa, y

5. La legitimación ciudadana, popular y electoral para la escogencia mediante sufragio de quienes han de conducir los poderes públicos conforme a las pautas normativas establecidas y en procura del bienestar colectivo, los intereses públicos y el bien común, pero también la revocarles y muchas veces desconocerle en supuestos de desconstitucionalización, abuso de autoridad, esquemas autocráticos, dictatoriales y antidemocráticos.

Es a la luz de los lineamientos de este escenario que se analiza el tema la eficacia democrática, poniéndose de relieve como una debilidad de la Teoría Constituyente que la postula, contempla y propone, como mira el grupo social a la formula. Esto es, el péndulo entre eficiencia e ineficiencia, circunstancias sin lugar a dudas determinantes en lo que a la estabilidad política se refiere.

4. *La democracia eficiente…*

Es difícil con excepción de los autócratas, dictadores, déspotas y tiranos, que aún los hay y bastante, algunos por razones patológicas y otros por intereses personales y que en su mayoría acuden a las máximas de lo que pudiera calificarse como *"un populismo de última moda"*, como el de Hugo Chávez en Venezuela, Rafael Correa en Ecuador y Evo Morales en Bolivia, pero que en el fondo termina fundamentándose en la misma máxima del tradicional y que ha causado tanto daño como aquel, la tendencia más racional en el mundo de la estructura de la acción política es aquella que preconiza a la democracia como la plataforma más idónea. Las fuentes ilustran en este sentido[18]:

1. La democracia proporciona una serie de medios racionales,

2. Los mecanismos democráticos se apoyan y complementan mutuamente,

3. Es de observar en lo relativo a esta última acotación que puede ser paradigmática y hasta prototípica y, por tanto, permanecer en la simple literatura, sin trascendencia a la realidad, como lo revela el caso de Venezuela, tipificado porque las alternativas democráticas antes el conflicto entre los poderes públicos ha quedado prácticamente relegada en lo que su solución respecta a la legitimación popular para el desconocimiento del gobierno y que pudiera calificarse como "la rebelión popular constitucional",

4. Así trata de explicarse en los párrafos siguientes[19]:

   a) *En Venezuela con una Constitución escrita y otra que la viola tejida diariamente en los rincones del poder, se ha generado la rebelión de un pueblo que salió con indignación a la trinchera de la calle, el lugar históricamente indicado para rescatar la libertad. Lo hizo al darse cuenta que las reconciliaciones políticas dialogadas son solo posibles con los regímenes democráticos o sensatos...*

   b) *En rigor no deja de ser un proceso atípico, pues lo conduce el propio pueblo. A él se ha sumado la dirigencia,*

---

18 Crespo y Guerra, *Ibídem*.

19 Luis Beltrán Guerra G., "Rebelión popular, Un nuevo pacto social se impone. El de 1999 ya no existe, siendo imposible rescatarlo", *El Universal* jueves 3 de abril de 2014,12:00 AM.

pues la gente la ha colocado, como al Gobierno, en una situación embarazosa...,

c) *Un episodio de desmoronamiento social nos condujo a una presunta democracia protagónica, sin prever que escogíamos mecenas para la negación democrática. Manifestaciones anarquizantes del segmento político y su arrinconamiento fueron determinantes en el error, por lo que deberíamos aprender una vez rescatada la patria de la debacle sufrida...,*

d) *La rebelión es un derecho natural para el desconocimiento de regímenes que teniendo origen democrático pasan a ser ilegítimos durante su ejercicio (Bix, Natural Law Theory). Conlleva incita la bandera de que más se justifican días de sacrificio que vivir bajo el totalitarismo y el oprobio. Ningún gobernante puede desconocerlo...,*

e) *El pueblo nos enseña otra lección, como la del 23 de enero de 1958 y el 11 de abril del 2002. Parece estar cerca en el 2014 el momento de que ejerzamos la soberanía que nos es inherente para restablecer la democracia. Stephane Hessel inspira a los estudiantes, quienes han levantado su voz contra el totalitarismo y sin marcha atrás. Un nuevo pacto social se impone. El de 1999 ya no existe, siendo imposible rescatarlo, pues el propio régimen lo convirtió en una Constitución inexistente y en desuso... ",*

a. El capítulo venezolano contraría el supuesto que propugna "la teoría constituyente" por más racional que sea, así como la democracia que preconiza, el aserto del mexicano Crespo en el sentido de que:

a) Habiéndose elegido mal a un gobernante o partido, por la razón que sea, la separación de poderes permitirá reducir sus posibles abusos o torpezas toda vez que no se les entrega el poder absoluto,

b) Si con todo el gobierno resulta intolerable o inadecuado, se puede echar mano de los mecanismos legales para sustituirlo. Es decir, los mecanismos de la democracia actúan como un complejo que dispone de diversos dispositivos de seguridad para evitar el abuso de poder y la inestabilidad política y social,

2. Tampoco tendría cabida en la realidad venezolana la aclaratoria del destacado analista en el sentido de que esta discusión carece de sentido en países que han logrado consolidar un régimen democrático, pues a pesar de los esfuerzos en el país caribeño habrá todo, pero menos democracia durante los desastrosos 17 años de esa postura engañosa denominada por sus mentores socialismo del Siglo XXI.

No puede sino compartirse el criterio de Crespo conforme al cual las ventajas y deficiencias de la democracia han de ser aprendidas por los pueblos democráticos a partir de su propia experiencia. Y también al referirse a México, con algunos corolarios similares a los venezolanos, en lo concerniente a lo cual acota[20]:

1. *"...Pero en países que no han ejercitado la democracia más que por escasos períodos de su historia -como es el caso de México- la discusión cobra fundamental importancia. Aquí mientras que a buena parte de la población no le queda claro el funcionamiento y las ventajas posibles de un régimen políticamente democrático, las virtudes del autoritarismo y su naturaleza pretendidamente imprescindible han sido sistemáticamente difundidas por todos los medios a disposición del Estado, con indudable eficacia (al menos hasta hace poco)...",*

   "... La racionalidad de la democracia es algo que debe quedar claro a la población que piensa cada vez menos que el autoritarismo es la única alternativa posible. Si se le considera como la panacea que puede resolver todos los problemas sociales y humanos (con el mejor espíritu de la Ilustración francesa), se puede fácilmente desconfiar de sus alcances -como muchos hacen- y concebirla como una más de las utopías inalcanzables de la humanidad. Si por el contrario, se le considera un sistema ineficaz e incapaz de mantener la estabilidad y el orden -como ha insistido por décadas la élite gobernante en México- no se podrá sacar provecho de su potencial pragmático, y se insistirá en re-

---

20 *Ibídem.*

solver cualquier problema dentro del mismo autoritarismo, aunque éste sea ya incapaz de seguir operando con una eficacia satisfactoria...".

5. *La socialdemocracia y el radicalismo latinoamericanos...*

En la tarea de identificar las características definitorias de una *"Teoría Constituyente"* y en qué constituye definitivamente la tendencia que ella comporta, ha de manifestarse que ambas han sido concebidas por la humanidad como estrategias de consolidación de la sociedad y que ésta última comporta una organización política democrática cuya misión institucional, imperativa y determinante para su propia subsistencia, eficacia, vigencia y apoyo popular es materializar estadios aceptables de justicia constitucional en sus más variadas manifestaciones, incluyendo, muy particularmente, por lo menos en lo que respecto a las sociedades en procura de ser, de contenido social.

En los diferentes movimientos filosóficos en aras de la identificación de una metodología apropiada de desarrollo social, *"teoría y tendencia"* aparecerán por lo menos ínsitamente, confundiese inclusive si las últimas propugnan a los primeros o viceversa. Pensándose que la motivación de este ensayo son las dificultades confrontadas en el discurrir de una ya larga historia de los países de América Latina por conformarse como *"las sociedades democráticas estables"* que anhelan sus pueblos, pareciera tener lógica un esfuerzo por compendiar algunas de las características identificadoras de *"la socialdemocracia"* a través de la cual como estrategia política se ha procurado alcanzar la meta antes comentada, esto es, el desarrollo social armónico, constante y lo más integral posible de nuestros pueblos. En aras de la simplicidad estas notas pudieran ilustrar en lo referente a la socialdemocracia, a su consolidación y a sus ventajas y desventajas:

1. Corriente de pensamiento que surge dentro del Socialismo Marxista, cuando se funda en Alemania en 1869, en el Congreso de Eisenach, el Partido Socialdemócrata de Trabajadores. Este partido y otro que había fundado Ferdinand Lassalle (18251864) se unifican y redactan un programa común, que es conocido como el Programa de Gotha, de 1875[21],

---

21 Serra Rojas, Diccionario... *Ibídem*, pp. 1176.

2. La socialdemocracia abandona la vía revolucionaria y se convierte en reformista. Teóricamente conserva varios puntos del Socialismo Revolucionario o Marxista, pero prácticamente los abandona, tales como la interpretación económica de la historia, la lucha de clases, la dictadura del proletariado, la abolición de la propiedad privada de los medios de producción, la desaparición del Estado, etc.[22],

3. En resumen, la socialdemocracia únicamente conserva del Socialismo Marxista, los programas amplios de beneficio social, pero mantienen la esencia del Capitalismo al conservar de éste la propiedad privada de los medios de producción, y preserva la institución estatal[23],

En Bobbio, Matteucci y Pasquino se acota que, a diferencia del reformismo, la socialdemocracia acepta sin entusiasmo las instituciones liberal democráticas y soporta el mercado y la propiedad privada en la medida en que, diferenciándose en esto del Socialismo Revolucionario, considera a los tiempos como "no maduros" para transformar radicalmente el primero y abolir además la segunda[24].

Pero adicionalmente también se señala[25]:

1. La socialdemocracia se distingue del Socialismo Revolucionario en sus varias encarnaciones históricas: anarquismo, sindicalismo revolucionario, izquierda luxemburguiana, leninismo, porque pone entre paréntesis, por necesidad antes que, por libre elección, el espíritu de negación total del sistema; la socialdemocracia se contrapone al reformismo aún más netamente,

2. Después de la tragedia de la Segunda Guerra Mundial, la evolución de la socialdemocracia hacia el reformismo continúa y al principio de los años setenta parece concluir en todos los

---

22 *Ibídem.*

23 *Ibídem.*

24 Diccionario…, *Ibídem*, pp. 1493-1497.

25 *Ibídem.*

países. Favorecen tal evolución diversos factores: por un lado, la reiteración contra todos los partidos socialistas de la Europa oriental del engaño total por obra de los comunistas, por el otro, la gran revivificación del Capitalismo, dado tantas veces por muerto, que lleve a cabo una estrategia que tome simultáneamente en cuenta los intereses de los obreros y los de las capas medias, finalmente, la pésima demostración que dan las economías basadas en la planificación total y que muestra cómo la abolición integral de la propiedad privada y del mercado, en vez de favorecer el desarrollo armónico de la economía y su subordinación a los intereses de las masas, entrega en manos de los planificadores un poder discrecional absoluto en razón de la elección económica que los ciega completamente, y privándolos con el mercado del único punto válido de referencia para juzgar la eficiencia de sus acciones.

Finalmente, el destacado analista latinoamericano y Ex Presidente del Ecuador, Rodrigo Borja, a su vez nos comenta[26]:

1. *La* socialdemocracia es hoy una versión socialista peculiar de países altamente desarrollados. Es propiamente un fenómeno del norte de Europa –Finlandia, Suecia, Noruega, Alemania, Austria, Dinamarca- que obedece al avance del movimiento obrero de los países nórdicos,

2. Defiende el sistema de economía de mercado a condición de que se dé la libre competencia. Pero cuando individuos o grupos pretenden dominar el mercado, sostiene que la autoridad pública debe intervenir para restablecer el equilibrio y la libertad económica. Porque tiene plena conciencia de las deficiencias del mercado, lo mira con desconfianza. Sabe que en él se marcan tendencias permanentes hacia la concentración del ingreso, la eliminación de la competencia, el olvido de necesidades públicas básicas, la despreocupación por el pleno empleo, la desatención de necesidades futuras y el desinterés por la protección ambiental. Para suplir tales deficiencias o

---

26 Enciclopedia…, *Ibídem*, pp. 1292-1295.

corregir las deformaciones, el Estado debe mantenerse atento y listo a intervenir en el mercado,

3. Plantea un orden económico mixto en el que tienen cabida tanto los mecanismos del mercado como la planificación estatal, la propiedad privada con el control social y las decisiones centrales con las descentralizadas, para alcanzar las metas de su política económica,

4. Defiende la vigencia del Estado de Bienestar como instrumento para promover la justicia social, corregir los desequilibrios económicos y fomentar el desarrollo humano. A comienzos del Siglo XXI la posición mayoritaria de los gobiernos de la Unión Europea fue mantenerlo y fortalecerlo como ejecutor y garante de los derechos sociales, aunque adaptándolo a las nuevas condiciones socioeconómicas y tecnológicas del mundo, y

5. La socialdemocracia no comparte la tesis de que el mercado abierto sea el fundamento principal del régimen democrático. Considera que ésa es una de las tantas argucias del Neoliberalismo, pues mientras que la democracia busca la igualdad y la justicia como valores fundamentales del sistema social que auspicia, el mercado tiene otros valores éticos y diferentes objetivos. No le importa que los individuos o corporaciones económicamente fuertes desplacen a los débiles y los sojuzguen.

Pareciera prudente preguntarnos ahora acerca de la suerte de la socialdemocracia en los países suramericanos. Algunos comentarios en lo concerniente a su puesta en práctica y a sus resultados, no son desde ningún aspecto impertinentes. Veamos.

6. *El radicalismo latinoamericano… Las tendencias denominadas de izquierda…*

Los programas de los gobiernos suramericanos, incluyendo a aquellos que se calificaren de socialdemócratas, no han podido desaferrarse del todo, entre otras variables, de *"las tendencias políticas calificadas como de izquierda"*. Tampoco de las de *"centro izquierda"*, éstas últimas referidas a aquellas propiciadas por:

1. Las clases medias tanto urbanas como por algunos segmentos de la ruralidad, una pretendida intelectualidad burguesa, cuyos promotores terminan autonombrándose "notables" y los burócratas estadales,

2. Las exigencias de la participación política,

3. Las experiencias sociales y políticas del viejo mundo, consecuencia, en parte, de las corrientes inmigratorias que se producen hacia el continente,

4. La ausencia de uniformidad en la orientación de las formas de Estado resultando e la liberación de la colonia,

5. El desplazamiento consecuencial de las corrientes más democráticas y liberales de la sociedad hacia la formación de un nuevo bloque social y político basado en la incorporación de las masas populares a la vida política nacional,

6. La configuración de partidos "populares".

En Norberto Bobbio vamos a encontrar, también, una diversidad de capítulos impregnados de todo, pero menos de homogeneidad por parte de gobiernos que abrazaron el radicalismo en Argentina, Chile, Uruguay y México y que revelan en cierta manera que la corriente entre sus diversos planteamientos no deja de lado, sino más bien que se arropa al populismo, convirtiéndola en arma electorera para alcanzar el poder[27]. Un nuevo capítulo en América Latina surge, como se anota en las páginas de Bobbio para retroalimentar *"la teoría constituyente suramericana"* y cuyas particularidades quedan así expuestas:

"... A partir de la primera posguerra, y como emergente de los efectos ideológicos y políticos que tuvieron en nuestro continente las experiencias revolucionarias europeas y mexicana y la difusión del movimiento de la reforma universitaria iniciada en Córdoba (Argentina), se constituye una formación radical de nuevo tipo, el aprismo, que por su relevancia continental, por la personalidad excepcional de su fundador, Víctor Raúl Haya de la Torre, y por el tipo de doctrina que elabora, dará lugar a nuevas

---

27 *Ibídem.*

formaciones políticas democráticas, socializantes y de matriz interclasistas como:

1. *Acción Democrática en Venezuela,*

2. *El Partido Febrerista en Uruguay,*

3. *El Partido Revolucionario Auténtico en Cuba,*

4. *El Partido de Liberación Nacional en Costa Rica,*

5. *El Partido de Acción Revolucionaria en Guatemala, y*

6. *El Movimiento Nacionalista Revolucionario en Bolivia.*

Son estos partidos los que constituirán la base de sustentación de lo que hoy se conoce como la socialdemocracia latinoamericana...[28] ".

Una manera sencilla, por lo menos, para este ensayo, de considerar la pertinencia, viabilidad y contemporaneidad del *"radicalismo"* sea, tal vez, acercarse a la cooperación de la etimología, en la cual conseguiremos sin dudas abreviaturas que revelan lo que en pocas palabras lo que el fenómeno denota, pero los criterios definitorios se entienden sin lugar a dudas, con una minoría de sacrificio cuando las aplicamos a los intentos de los pueblos latinoamericanos por la estabilidad política por la que tanto se ha luchado. A saber[29]:

1. Conjunto de ideas y doctrinas que pretenden reformar totalmente o en parte el ámbito político, científico, moral o religioso: *sus discursos dejan ver un radicalismo ideológico total,*

2. Actitud tajante e intolerante de la persona que no admite términos medios: *todo el mundo desprecia su radicalismo y su intransigencia, y*

3. Doctrina política que es consecuente con sus presupuestos hasta las últimas consecuencias, dando lugar a un extremismo político.

---

28 *Ibídem.*
29 WEB, Mayo 21, 2016.

Pero sin proponérnoslos ello nos lleva nuevamente a esa realidad de la cual no hemos podido desposeernos y que induce al punto (*6*) siguiente.

7. ¿El cómo somos?... Nuevamente…

Una de las opciones para analizar la problemática tal vez sea acudiendo a la que el alemán Emil Kraepelin calificó como la psiquiatría y que aconseja considerar los factores psicológicos y sociales en concurrencia con los biológicas en el tratamiento de los pueblos, aconsejando que el tratamiento ha de ser dual, o sea, que debería abarcar el suministro de medicinas y las técnicas de la psicología[30].

El venezolano Axel Capriles[31], cultor de las técnicas de la denominada "la psiquiatría de Carl Jung y de su teoría de los arquetipos[32], a juicio del último describible así[33]:

1. *El arquetipo es una tendencia a formar tales representaciones de un motivo –representaciones que pueden variar mucho en el detalle sin perder un patrón básico...,*

2. *Son de hecho una tendencia instintiva (...),*

3. *Es esencial insistir que no son meros conceptos filosóficos,*

4. *Son pedazos de la vida misma –imágenes que están integralmente conectadas al individuo a través del puente de las emociones-,*

5. *No se trata, pues, de representaciones heredadas, sino de posibilidades heredadas de representaciones, y*

30 Definición de psiquiatría - Qué es, Significado y Concepto http://definicion.de/psiquiatria/#ixzz49KwCCzcG.

31 Axel Capriles M., *Las fantasías de Juan Bimba, Mitos que nos dominan, estereotipos que nos confunden*, Editorial Santillana, Caracas, 2011, pp. 176-183.

32 WEB, Dr. Adolfo Vásquez Rocca, Universidad Complutense de Madrid – Multiversidad Mundo Real Edgar Morin.

33 *Ibídem.*

6. *Tampoco son herencias individuales, sino, en lo esencial, generales, como se puede comprobar por ser los arquetipos un fenómeno universal...".*

El conocido psicoanalista reitera que, entre el inmenso legado de Carl Jung, aquel que ha pasado a la historia por sus teorías y métodos revolucionarios en el mundo de la psicología es, precisamente, La Teoría de los Arquetipos, los cuales investiga en las tribus primitivas, en las costumbres secretas esotéricas, en las religiones, en los mitos y leyendas, en los símbolos del Tarot, en las imágenes de la Alquimia y muy especialmente en los sueños. Pensaba que no venimos al mundo como una tabla rasa, por el contrario, nacemos con información y ciertas creencias, concluyendo que no existe una sola idea que no posea antecedentes históricos los cuales llegan a nosotros, por un lado, inconscientemente y del otro los aprendemos a través de mitos, leyendas y la experiencia[34].

Puntualiza Axel Capriles que es fácil identificar diferentes tipos de patrones de conducta en los mitos y leyendas de las culturas antiguas, todas tienden a tener un mismo héroe y trama, tienden, básicamente, a repetirse. Para con base en tal apreciación reafirmar que esta continua repetición de historias con los mismos personajes y un guion similar es lo que, precisamente, llamamos *"arquetipos"*[35].

Es este probablemente el contexto para que tomemos en cuenta tanto a Jung como a Kraepelin y Capriles y nos preguntemos acerca de nuestros propios arquetipos.

8. *Los arquetipos criollos...*

Una primera consideración a tener presente es que don Axel concuerda en lo que a sus apreciaciones respecta en lo que concerniente a quiénes hemos sido, somos y presuntamente continuaremos siéndolo con las acotaciones del destacado periodista Carlos Rangel en su conocida obra *"Del buen salvaje al buen revolucionario*[36]*"* y las cuales

---

34 *Ibídem.*

35 *Ibídem.*

36 *Ibídem.*

se ha referencia en páginas previas de este ensayo. Sufrimos, sin duda, como nación, de discontinuidades y fracturas en nuestra consciencia histórica. Así parecieran evidenciarlo acotaciones como éstas:

1. En lo atinente a "una nación de discontinuidades,

    a) La república marcada con un Decreto de Guerra a Muerte que la dividió en dos,

    b) Pero la parcelación entre la república naciente y la colonia que se abandonaba no agota la historia,

    c) La última, por el contrario, está impregnada de inicios, unos tras otros, de ciclos que como se afirma en nuestro libro "El Dilema Venezolano[37]" comienzan, pero no terminan, pero que conllevan a que otro comience y así sucesivamente.

El párrafo que se transcribe del libro del analista Capriles es revelador, como unos cuantos de Carlos Rangel:

"... Seguimos una psicología de compartimientos estancos, regida por saltos en la concepción y evolución del tiempo que han ido dejando lagunas y espacios encapsulados, sociedades segmentadas que comienzan de nuevo con cada revolución, con cada asalto al poder...[38]".

Ante las conjeturas revolucionarias se impone preguntarse el por qué el uso tan frecuente del vocablo revolución. Da la impresión de que es una consigna que atrae adeptos, seguidores, partidarios y hasta secuaces.

El amigo Axel se lo pregunta señalando que desde su nacimiento republicano, en 1830, no hemos sido sino un rosario de alzamientos, revoluciones e insurgencias. Pero con la gravedad que sus mentores sin excepciones las calificaban como:

"... Acontecimientos con una irrenunciable vocación a mutaciones trascendentes en el proceso evolutivo de la sociedad,...

---

37 *Ibídem.*

38 *Ibídem.*

llamados a transformar radicalmente la consciencia colectiva y la realidad nacional... [39] *".*

Asistido por una incuestionable racionalidad puntualiza[40]:

1. La palabra revolución la usamos en el pasado, en el presente continuamos y el futuro Dios quiera que entendamos qué es, para no proseguir utilizándola como remoquete de variados y banales sucesos,

2. Más que uso el abuso nos ha inducido a emplearla para vestir de grandeza los golpes de Estado,

3. Pero también a cualquier intento de asalto al poder,

4. Inclusive, para referirnos a un simple cuartelazo, y

5. Hasta a la ambición de un facineroso o un magnicida alevoso.

La interrogante que ya en la primera mitad del Siglo XXI tanto angustia como la respuesta, está referida a si todavía habrá oportunidades para proseguir usándola, que a pesar de los pasares la balanza pareciera inclinarse por el sí, afirmación que pareciera encontrar su justificación en comentarios de Don Axel[41]:

"... Son, en palabras de Andrés Eloy Blanco, la mismas revueltas llamadas "revoluciones", iniciadas a veces por malacrianza de un guapo infantil; el mismo candor para seguir con entusiasmo a cada caudillo alzado en armas, con la inconsciencia del niño que sabe que siempre le han de engañar con el dulce de la libertad; la misma ansia demoledora; la curiosa imprevisión de los alzamientos y revoluciones, que se hacían violentamente sin preparación económica, sin parque suficiente y sin programa militar...".

---

39 *Ibídem.*

40 *Ibídem.*

41 *Ibídem.*

Pero la viabilidad de revoluciones de papel se percibe en los comentarios siguientes del escribidor de Juan Bimba[42]:

"...También la Revolución bolivariana creará la Quinta república, una nación innovadora conformada por hombres nuevos, patriotas virtuosos en los que predomina el altruismo, el amor al prójimo y la colaboración...".

Pero finalmente las inquietudes de Axel Capriles, como las de Carlos Rangel, nos llevan con ellos a acompañarles en las apuntaciones siguientes:

1. Cada gobierno cree ser absolutamente original, haber dado inicio a un nuevo período de la historia, por lo cual eso vivimos durante cien años demoliendo el pasado,

2. Romper con la tradición, craso error, fue el precepto sacramental de nuestras revoluciones, incluyendo a la Independencia

3. El por qué angustia:

   a) ¿Por qué negamos el pasado?,

   b) ¿Por qué no podemos vernos como continuidad?,

   c) ¿Por qué nuestros principales caudillos se han identificado regularmente con el arquetipo de Adán?

Al desvinculamos de nuestra historia y al reprimir fragmentos de nuestro recorrido, concluye Don Axel[43]:

1. "... Perdemos el conocimiento acumulado en la tradición cultural ...,

2. Nos debilitamos, y

3. Nos hacemos dependientes de guías inflados que pretende darle un nuevo sentido a la vida nacional.

---

42 *Ibídem.*

43 *Ibídem.*

9. *Algo más sobre arquetipos...*

Una evaluación de lo que pudiera denominarse *"la teoría de los arquetipos"* a lo largo de los pueblos suramericanos, tanto a los de habla española como al Brasil, de la *lingua* portuguesa, bajo el convencimiento de que por no habernos soltado de ellos estamos como estamos, nos llevaría irremediablemente de haber identificado la causa de nuestros males, que son numerosos, pero lo más grave es que son conocidos, pero no cambiamos para avanzar por el sendero requerido. Por lo menos, que cara al futuro deberíamos ser más sinceros, objetivos y pragmáticos en las exploraciones, adopción, adaptación y puesta en práctica de una *"Teoría Constituyente"* y que no debería ser otra sino aquella que porte consigo *"una tendencia"* adecuada, real y propicia y muy particularmente cónsona con nuestra idiosincrasia como estrategia de planificación de un desarrollo integral. Ello supone alcanzar el mayor equilibrio posible en lo pertinente al acceso a un ciclo existencial digno, respetable y decoroso, derivado del esfuerzo de cada quien y no de dadivas electoreras que más que coadyuvar a ese objetivo convierten al ser humano en un objeto despreciado en el mundo íntimo por el mismo y a la larga despreciable por terceros, incluyendo a los proveedores de limosnas con fines politiqueros.

No deja de preocupar a la luz de estas consideraciones que las sociedades de avanzada, cuando les busquemos se nos acerquen con estrategias que tengan presente los *"arquetipos"* que han dominado nuestros destinos. Una prueba tal vez la constituya las políticas intervencionistas, la explotación en desigualdad de condiciones de los recursos naturales y la promoción del denominado *"gendarme necesario"*, una manera de gobernarnos por no tener la idoneidad, cultura y educación indispensables para convivir democráticamente. Pudiera pensarse acaso que nuestras diferencias, antagonismos entre uno y otro episodio en ese largo camino para consolidarnos como pueblos de avanzada y de que seamos, como lo asoman, entre otros, Mario Briceño Iragorry[44], Carlos Rangel[45], Axel Capriles[46] y Pedro Luis España[47],

---

44 Citado por Axel Capriles. *Ibídem.*
45 *Ibídem.*
46 *Ibídem.*

países unidos, pero sin un pegamento históricamente sólido. Probablemente por habernos dedicado antes, ahora y quizás después a destruir el pasado, pero sin edificar ningún presente. Nos hemos apartado de la identidad colectiva, la cual para el amigo Axel es:

"...Una construcción ideológica que tiene por función crear un ser general común para consolidar los lazos de confianza y solidaridad a fin de lograr una mayor cohesión social...[48]*".*

No es justo, como se ha pretendido, echar todas las culpas de nuestros males, equivocaciones y torpezas a la conquista española. Sin embargo, en aras de la racionalidad algunas de las expresiones usadas por Arturo Pérez-Reverte en su novela *"Hombres buenos*[49]*",* entre ellas:

1. Los hombres suelen distinguirse en dos grandes grupos: los que cometen actos viles por bajeza natural, supervivencia o cobardía, y los que, como 'el mismo, para ejecutar esas vilezas exigen que se les pague al contado...,

2. Solo hay dos maneras posibles de soportar la injusticia, sea divina o humana: resignándose a sufrirla, o aliándose con ella...,

3. En lo concerniente a la palabra libertad... es un delirio sugerir al pueblo inculto y violento que puede ser dueño de sí mismo...,

4. Se llaman ilustradas... las naciones que cultivan su espíritu. Y se llaman civilizadas las que tienen costumbres conformes a la razón.... Lo opuesto son naciones bárbaras, donde imperan los gustos del pueblo grosero y bajo, y como tal se halaga a 'este, y se le engaña...,

5. Carlos III fue un buen rey, dentro de lo que cabe... Sólo en cierto modo... No fue un rey progresista en el sentido

---

47 Citar Libro Pedro Luis Espana *Sobre Pobreza*, Office.

48 *Ibídem.*

49 Penguin Radom House Grupo Editorial, S.A.U. Barcelona, España, 2015.

actual del término; pero venía de Nápoles y era un hombre culto que supo rodearse de gente adecuada, ministros competentes y con visión moderna... Por eso sus actuaciones coincidieron a menudo con la filosofía avanzada de su tiempo. Promulgó unas leyes de un progresismo extraordinario, incluso más avanzadas que en Francia....

Una Petra Dolores inquieta se pregunta si algún heredero de Carlos III habrá dado el consejo de rodearse de ministros competentes a Juan Vicente Gómez, a Marcos Pérez Jiménez y a los presidentes de la era democrática de las cuatro décadas venezolanas. Y Quien le habrá aconsejado lo opuesto a Hugo Chávez, a Nicolás Maduro y a su revolución bolivariana, para acabar con la república.

Los párrafos del español Pérez-Reverte prosiguen así[50]:

1.   En lo relativo al castellano como lengua... un idioma bastardo y sin método... por eso procuramos con nuestro trabajo desbrozar y modernizar el castellano. Fijar las referencias cultas para que sea más limpio, más bello y más eficaz...,

2.   Sin duda sería fácil a Dios hacer morir a un tirano antes de que este haga sufrir a la buena gente... Vienen tiempos nuevos... Luces que cambiarán muchas cosas. Incluso a las mujeres..., y

3.   En contra de lo que cree mucha gente en el extranjero, los españoles somos un pueblo triste... Y me pregunto por qué: tenemos sol, buen vino, guapas mujeres, buena gente... La gente no es buena ni mala, sino como la hacen...

Muchas otras acotaciones se hacen en la novela del periodista y miembro de la Real Academia Española que parecieran, conjuntamente con las transcritas, ubicarnos también en los arquetipos que preocupan a los analistas Capriles y Rangel como ha quedado anotado en páginas precedentes.

---

50 *Ibídem.*

XIII

LA CONCEPCIÓN DE LA JUSTICIA EN LA TEORÍA CONSTITUYENTE...

LA PALCONIZACIÓN DE LA SOCIEDAD...

MICHAEL SANDEL...

El profesor más popular del mundo y el filósofo vivo más distinguido...

El catedrático de Harvard en una reciente conferencia en el Teatro Municipal de las Condes, una de las Comunas mejor acomodadas de Chile, como lo refleja el periodista Ignacio Gallegos afirmó que *"La democracia no necesita igualdad perfecta, pero sí que personas diferentes se encuentren en la vida cotidiana[1]"*. Pero también dejó dicho que *"creo que la calidad de la democracia sufre cuando hay demasiada diferencia entre los ricos y los pobres[2]"*, agregando que *"en nuestras sociedades los que tienen más compran una salida de los lugares y las instituciones públicas, porque pueden pagarlo[3]"*. Sandel está refiriéndose en el fondo a la concepción de la justicia cuyo alcance, materialización y puesta en práctica de manera real postula la Teoría Constituyente y por lo cual ha de rendir cuenta la Tendencia que aquella postula, la cual deja de ser tal cuando no es la ruta para hacer realidad estadios aceptables de bienestar individuales y colectivos. Esto es, el bien común, la lucha contra la inequidad y con ellos la justicia social.

---

1 América Economía, Santiago, Chile, Marzo-Abril, 2016, pp. 94-96.

2 *Ibídem.*

3 *Ibídem.*

Las más importantes acotaciones del filósofo así lo ilustran[4]:

1. La inequidad es un problema y uno serio: en un ano en el que el 1% más rico del mundo pasó a tener más recursos que el 99 restante,

2. La inequidad no es solo un problema de justicia, sino que lo también de la democracia,

3. Se pierde fácilmente el sentido de un compartir de la ciudadanía en democracia,

4. En el caso de Chile hay que reconocer que las políticas de mercado generaron un crecimiento económico,

5. Pero está afectado por una inequidad creciente y una tendencia consecuencial hacia una vida individualista que puede correr el sentido de comunidad y de solidaridad, y

6. Es el momento de lidiar con el desafío de la desigualdad y restaurar un sentido fuerte de comunidad.

La *"Palconización"* de la sociedad, para el profesor de filosofía, es la segregación entre clases sociales en todos los aspectos de la vida, acotando[5]:

1. No es bueno para la democracia,

2. Tampoco es una forma satisfactoria de vivir,

3. La democracia requiere que las personas de diferentes contextos sociales se encuentren los unos a los otros en la vida cotidiana, porque así aprendemos a negociar, a vivir con las diferencias y por ese camino a preocuparnos del bien común.

Sandel critica en el contexto el rol del dinero en la política, escenario en el cual no ha de participar, afirmando:

---

4   *Ibídem.*
5   *Ibídem.*

"... La política está en venta, pero no hay una única solución ante el ese dilema... por lo que la alternativa (para Sandel) es el debate y la conversación en torno a cómo queremos vivir y cuáles son los límites del mercado[6]".

Finalmente, critica la corrupción en la política en los Estados Unidos, producto de las donaciones a las campañas electorales, anomalía que cada día se hace más grave, inclusive a raíz de decisiones de la Corte Suprema de Justicia de suprimir restricciones a las sumas a donar.

1. *Nivel cultural...*

No es exagerado afirmar que entender Sandel requiere un nivel cultural que no se logra fácilmente y que no tenemos todos. Tampoco es aplicable a cualquier sociedad, sino que más bien ha de tratarse de una que conformándose como la mayoría de ellas ha sabido entender lo que desean quienes la componen y en cuya organización, quehacer y fines se ha perfeccionado alternativas, instituciones y facultades que la sustentan, entre otras[7]:

1. **Alienación,** referida a la separación de aspectos del mundo humano que deberían estar juntos, según Karl Marx, entre otros. Para Marx, por ejemplo, un obrero pierde algo de sí mismo al convertirse en una parte mecánica de una cadena de producción. Está apartado de la satisfacción del trabajo, y distanciado del fruto de su labor, entre otras cosas,

2. **El buen salvaje,** esto es, un ser humano no pervertido por las influencias corruptas del gobierno y de la sociedad, tal como lo imaginó Jean-Jacques Rousseau, entre otros. El buen salvaje es pacífico, inocente y poseedor de una especie de dignidad natural, en oposición a los salvajes violentos imaginados por Thomas Hobbes,

3. **El carácter,** en el sentido de la naturaleza moral de una persona, las partes moralmente relevantes de la personalidad de un

---

6   *Ibídem.*

7   Barry Loewer, *Teorías Filosóficas,* Blume, Barcelona, España, 2011, pp. 80-81.

individuo. Para Aristóteles, vivir una vida moral consiste no sólo en hacer lo que es correcto, como diría un utilitarista, sino también en cultivar un carácter virtuoso, y ser una buena persona,

4. El contrato social, como acuerdo, implícito o no, imaginado por los filósofos políticos en un esfuerzo por explicar la relación entre la obligación política, el consentimiento de los gobernados y el poder del Estado,

5. El hedonismo, o sea, visión según la cual la principal meta de la vida es el placer. Los hedonistas psicológicos sostienen que el ser humano sólo busca el placer, y los filósofos morales afirman que el placer es lo que deberíamos buscar, que tiene un valor moral,

6. Los imperativos que Immanuel Kant consideraba que los imperativos, o reglas de actuación, nos guían de dos maneras. Los hipotéticos nos dicen lo que tenemos que hacer para lograr determinada meta, y los categóricos lo que debemos hacer sin importar las consecuencias. Para Kant, las exigencias de la moral sólo pueden ser de naturaleza categórica,

7. Las intuiciones morales como respuestas internas que nos pueden llevar a la conclusión de que un acto, o una persona, etcétera, es moralmente correcto o incorrecto. Los filósofos a veces se dejan guiar por sus intuiciones morales cuando tratan de arbitrar entre teorías morales enfrentadas,

8. El justo medio para hacer referencia al virtuoso término medio entre dos extremos. Para los aristotélicos, un carácter virtuoso está relacionado con los actos y se sitúa en el centro de dos clases de vicios: por una parte, el exceso, y por la otra, la carencia. Por ejemplo, la persona virtuosa muestra valentía al estar en el término medio entre el exceso de temeridad y la carencia de cobardía,

9. El materialismo histórico como concepción de la historia humana en tanto que determinada o dependiente del modo en que el ser humano crea las necesidades materiales de la vida, que debemos a Karl Marx y Friedrich Engels,

10. **El modo de producción** para Karl Marx, la manera en que una sociedad organiza y asegura sus necesidades básicas, bienes de consumo, etcétera. El modo de producción está constituido por una enorme red de obreros, herramientas, materias primas y relaciones socio-económicas generales, que, según él, mantienen una relación importante con la clase de vida, con la clase de "conciencia", característica de cada época,

11. **La naturaleza**, como estado de un tiempo imaginario antes de que existiera un gobierno, o sin gobierno alguno. Algunos teóricos políticos especulan sobre el estado de naturaleza en esfuerzo por dilucidar qué utilidad tiene el gobierno, e imaginan a los seres humanos viviendo sin él.

2. *Contrato social...*

Pero suena también interesante preguntarse si en quedan todavía pueblos donde haya que repetirse en procura de su aprendizaje[8]:

1. Thomas Hobbes y Jean Jacques-Rousseau tenían ideas muy diferentes sobre la naturaleza esencial del ser humano,

2. Hobbes argumentaba que, sin el efecto civilizador de la sociedad, la vida sería solitaria, pobre, desagradable, ruda y breve y que se viviría en continuo temor, y con el peligro de una muerte violenta,

3. Rousseau, en cambio, era mucho más optimista: en un estado de naturaleza, el ser humano es el «buen salvaje», que vive una existencia solitaria y apacible, preocupado primordialmente por sus necesidades inmediatas,

4. Esta diferencia se refleja en el modo en que cada uno de estos dos hombres veía la sociedad civil y política,

5. Para Hobbes, la civilización es una precondición para una vida que merezca la pena. Sólo firmando un «contrato social», y, de este modo, traspasando algunos de nuestros derechos naturales a una autoridad absoluta (un Leviatán), es posible evitar una guerra de todos contra todos,

---

8   *Ibídem*, p. 84.

6. Rousseau también creía que era necesario un contrato social, pero su razonamiento era diferente. Argumentaba que la civilización es la fuente original de nuestros problemas. Los derechos de propiedad, bendecidos por la sociedad civil, generan desigualdades, con todos los inevitables vicios que los acompañan. La única forma de vencer el egoísmo y la depravación moral, que son las consecuencias de la civilización, radica en aceptar la autoridad de la «voluntad general» de la población.

3. Desviaciones y algunas otras particularidades...

La denominada necrofilia ideológica...

El sobresaliente venezolano Moisés Naim se ha referido recientemente a la *"necrofilia política*[9]*"*. Es de recordar que acompañó como ministro al Presidente Carlos Andrés Pérez en su segunda administración, siendo coautor conjuntamente con Miguel Rodríguez, brillante economista, de un programa macroeconómico que perseguía reducir a sus justos términos a un *"Estado macrocefálico"*, esto es, una especie de Leviatán, acudiendo a una política económica que no fuera limitativa de la libertad de empresa, como había ocurrido hasta el inicio de ese gobierno. Hugo Chávez con palabrería característica lo definió a lo largo no solamente de Venezuela, sino de todo el Continente como "el neoliberalismo salvaje" y así parece que lo entendimos los venezolanos sufragando en más de una ocasión" por el denominado "socialismo del Siglo XXI". Esto es, *"El Comandante Eterno"*.

Se trata de un fenómeno a través del cual se hace referencia al desenfrenado entusiasmo de los pueblos con líderes cuyas propuestas ya han sido probadas y siempre han terminado mal. La sorpresa para Naim es que estas malas ideas, que deberían estar muertas y enterradas, suelen reaparecer periódicamente. Sigmund Freud llamó esto la compulsión a la repetición, o sea, volver a hacer lo que ya se hizo y que se sabe que da malos resultados[10].

---

9   6 FEB 2016 – 21:34 CET.

10   *Ibídem.*

A dos ejemplos prácticos acude el analista para explicar el prodigio si es así pudiera calificarse:

1. Una amiga que, una y otra vez, se enamora de hombres que la maltratan, o

2. El talentoso colega que salta de un empleo a otro porque no logra controlar su propensión a insultar al jefe.

La necrofilia es la atracción sexual por cadáveres y la ideológica es el amor ciego por ideas muertas. Resulta que esta patología es más común en la política que en la actividad sexual. A otra manifestación de la vida real acude Naim:

"...Encienda su televisión esta noche y le apuesto que verá a algún político apasionadamente enamorado de ideas que ya han sido probadas y han fracasado. O defendiendo creencias cuya falsedad ha quedado demostrada con evidencias incontrovertibles[11]*".*

El maoísmo es para el analista un buen ejemplo:

1. Esta doctrina le costó la vida a más de 55 millones de chinos,

2. En 1981 el Partido Comunista Chino emitió su diagnóstico final sobre la gestión de Mao: "... Cometió errores de enorme magnitud y larga duración, y lejos de hacer un análisis acertado de muchos problemas, confundió lo correcto con lo incorrecto y al pueblo con el enemigo. En esto se centra su tragedia. ..[12]" .

3. Uno pensaría que esta conclusión debería ser suficiente para que las ideas de Mao se quedaran sin seguidores. Y estaría cometiendo un error, pues en un sorprendente número de países aún hay agrupaciones políticas que con gran entusiasmo se definen como maoístas.

---

11 *Ibídem*
12 *Ibídem*

En criterio de Naim el peronismo es otro ejemplo de necrofilia ideológica. Da la impresión de que estuviera refiriéndose a la que tal vez pudiera considerarse como la penúltima desviación del populismo. Tengamos en cuenta que fue un amplio movimiento político social de la genialidad rusa en la década de 1860, caracterizado por la actividad de los estudiantes de incorporar a los campesinos a la revolución[13]. Mucho después, sin deslastrarse de sus aspectos conflictivos, aparece definido como *"un tendencia dirigida a explotar los sentimientos de las masas para ganar el favor de éstas[14]"*. El analista destaca que Argentina habiendo alcanzado niveles de vida equivalentes a los de países desarrollados, Perón, virtuoso del populismo y causante del prolongado entusiasmo nacional se las arregló para subdesarrollarla[15]. Prometer lo que de antemano se sabe que no se cumplirá o distribuir lo que no hay o despilfarrar ahora lo que se necesitará más adelante, fue precisamente, lo que hizo Perón, como Chávez en lo que respecta a Venezuela[16].

Al referirse a Hugo Chávez Naim lo califica como el mejor ejemplo de "necrofilia ideológica y populismo" en el siglo XXI. Y agrega que en la terrible frase del ensayista H. L. Mencken, uno de los más influyentes periodistas de América y autor del libro The American Lenguaje (1919): *"El demagogo es quien predica doctrinas que sabe que son falsas a personas que sabe que son idiotas[17]"*. Pero además complementa "Todos los políticos, en *todas partes, prometen lo que saben que la gente quiere oír. Es lo normal. Pero los populistas van mucho más allá[18]"*

---

13 Serra Rojas, *Ibídem*, Tomo M-Z, p. 904.

14 *Ibídem.*

15 Naim, *Ibídem.*

16 *Ibídem.*

17 *Ibídem*

18 *Ibídem*

Pero a manera de conclusión Naim manifiesta:

"... La necrofilia ideológica aparece en la derecha, la izquierda, los verdes, los secesionistas, los nacionalistas, los defensores del libre mercado, los promotores de más Estado, los partidarios de la austeridad económica y sus detractores...[19]*".*

Pudiéramos preguntarle al destacado suramericano, por lo que este ensayo respecta:

1. Piensa usted que Venezuela tiene necesidad de creer en un líder cuando hay tantos cambios, ansiedad e incertidumbre,

2. Cómo evitaríamos que nos gobierno otro demagogo, y

3. Entendiendo que éste es aquel dedicado a prometer cualquier cosa con tal de obtener y retener el poder.

---

19   *Ibídem*

XIV
EL DESCONOCIMIENTO DE
LA TEORÍA CONSTITUYENTE... Y LA COMUNIDAD
DE NACIONES...

A Petra Dolores cuesta entender por un lado y por lo que a ella respecta las razones para haber tolerado la vida de la Venezuela de los últimos 17 años, miserables de ruina y vergüenza. Tampoco lo entiende en lo relativo al resto de los venezolanos. Por lo que se pregunta a quién imputar tanta falta de *"consciencia"*:

1. Al gobierno,

2. A la dirigencia política, y dentro de ella quiénes serán más responsables, si los viejos o jóvenes,

3. A la Comunidad de Naciones integrada en los denominados organismos internacionales,

4. A los mismos venezolanos,

5. A la Divina Providencia, y

6. A Satanás.

Esta aprehensión la lleva a *"La Nueva Enciclopedia de Alberto Savinio*[1]*"*, el seudónimo de Andrea de Chirico con la intención de refrescar lo que tenía entendido era conciencia, encontrándose con esta apreciación por demás interesante:

---

1 Traducción del Italiano de Jesús Pardo, *Acantilado*, Barcelona, España, 2010, pp. 99-101. 2

a. *Conciencia...,*

Con respecto a la cual se acota[2]:

1. Los incalculables daños que la conciencia ha acarreado a la humanidad,

2. La sordidez mental y la alevosa, pérfida y tendenciosa interpretación del apolíneo "conócete a ti mismo", cuya autoría se imputa a Sócrates,

3. La conciencia era un vicio que el hombre escondía en sí mismo, sin tener manera de exteriorizarlo,

4. Pero llegó el descontento, el vengativo, el plebeyo envidioso, el antiartista y se puso a exaltar ese vicio, lo legalizó, le dio autoridad para aparecer en público desvergonzadamente, para pavonearse,

5. La vulgaridad, estupidez, falta de nobleza, la superchería, pusilanimidad, fea vida, el falso arte que arrecia desde entonces hasta nuestros días, y que hoy trata de imponerse a nosotros, y

6. Todo ello se lo debemos a Sócrates, "la partera de la conciencia".

Por cuanto Don Andrea la lleva a profundidades para las cuales no tiene ganas, Petra Dolores acude al DRAE, anotando la descripción más sencilla:

"Conocimiento interior del bien que debemos hacer y del mal que debemos evitar[3]".

Piensa, no obstante, que otras pautas elementales de la moralidad política, ciudadana y patriótica se han puesto también de lado, percatándose que el mismo Andrea Di Chirico seguidamente al vocablo "conciencia", explica en qué consisten "la confianza y la contradicción" convencida de que el destrozo de la virtud de "la conciencia", como ha ocurrido bajo la presunta egida, más que ella, el abusivo amparo de la mal calificada revolución bolivariana, constituye un boque-

---

2 *Ibídem.*
3 Edición 1970, p. 336.

te, abertura y perforación para mandar, que no lo es mismo que gobernar, navegando en la desconfianza y en las contradicciones individuales y colectivas. Es por consiguiente útil detenerse en las explicaciones de Don Savinio:

b. *Confianza...,*

Para lo cual el autor acude al pragmatismo poniendo de relieve:

1. En la habitación de uno de los mejores hoteles de Florencia encuentro el siguiente aviso: "Se aconseja no dejar los zapatos fuera de la puerta, y dárselos al personal de servicio",

2. En el armario de la misma habitación encuentro una percha fijada con un anillo metálico a la garra que la sostiene, evidentemente para que pueda resistir a la tentación del viajero que quiera llevársela, y

3. Los cubiertos estaban sujetos a la mesa por medio de sólidas cadenitas.

El filósofo Savinio analiza las hipótesis así:

1. Estas precauciones son producto del actual estado de guerra,

2. Las que matan a la gente y esparcen ruina y desolación,

3. Resucitan enfermedades muertas desde hacía siglos, creando otras desconocidas,

4. Destruyen ese mínimo de confianza en el prójimo que nos permitía dejar por la noche los zapatos fuera de la puerta, con la esperanza de encontrarlos, al día siguiente por la mañana, fieles y más relucientes, y

5. Pensar que Heráclito llama a la guerra "padre de los hombres". Serán, probablemente, hombres sin zapatos.

Por pasarle lo mismo con "la Nueva Enciclopedia" acude por lo claro también al citado Diccionario de la Lengua:

"Esperanza firme que se tiene de una persona o cosa[4]".

---

4   *Ibídem*, p. 341.

c. *contradicción...*

Vocablo cuyo sentido etimológico como recogen las fuentes lingüísticas se aprecia así[5]:

1. Afirmación, actitud o comportamiento que expresa lo contrario de lo dicho por uno mismo o por otros,

2. Afirmación y negación que se oponen una a otra y no pueden ser verdaderas a la vez,

3. Acción y efecto de contradecir o contradecirse,

4. Afirmación y negación que recíprocamente se destruye,

5. Enunciado lógico y metafísico por el cual se afirma que una cosa no puede ser y no ser al mismo tiempo y bajo el mismo aspecto.

Para Giorgio de Chirico aquellos que se contradicen son "*falsos y embusteros*" y cometen la peor falta a los deberes de la hospitalidad. El filósofo se está refiriendo en palabras más y palabras menos a lo que pudiera calificarse como "*la perversidad humana*", no ausente desde ningún ángulo de la conducción de los pueblos en la complejidad de los escenarios nacionales, foráneos y comunitarios, pudiendo afirmarse que la humanidad se mueve pendularmente entre vicios, defectos y desenfrenos que mantienen enfermo al mundo. La corrupción, la vocación al dinero fácil, la convicción de que el metálico todo lo resuelve, incluyendo la compra de la personalidad no obstante cuando ésta haya sido destruida, inclusive, por quien la porta. La vindicta pública ha pasado a ser retórica, metafísica y metafórica y únicamente en las sociedades conformadas a reglas definitivas de decencia colectiva genera la conmoción espiritual que ha de producirse en el ser humano que delinque o transgrede las reglas de los convencionalismos sociales.

La democracia tiene como reto con los pueblos el rescate de la moralidad, decencia, conciencia, confianza y claridad en la materialización de los objetivos humanos. Y esta tarea ha de acometérsele sin más dilaciones tanto en el escenario nacional, como en el internacio-

---

5   Diccionario Manual de la Lengua Española Vox. O 2007 Larousse Editorial, S.L. Diccionario Enciclopédico Vox 1. O 2009 Larousse Editorial, S.L.

nal. Ambos escenarios, no puede negarse, que son en la primera mitad del Siglo XXI, sujetos pasivos de demandas populares, inclusive mediante la pretensión de moda en las últimas décadas del derecho a la indignación y particularmente la legitimidad para expresarla, ante lo cual a los gobiernos no le ha quedado otra alternativa de acudir al concepto de orden público y a la fuerza para apaciguar protestas, manifestaciones y presencia de gente en las capitales más connotadas del mundo en denuncia de la inequidad. Sí aquella que Michael Sandel, como se acota en este ensayo, reduce en la ya muchas veces repetida frase[6]:

"El 1% rico y el 99% pobre".

Por ser este el escenario preguntémonos acerca de la solidaridad de la comunidad de naciones para con las penurias políticas, económicas y sociales, que parecieran haberse combinado por una mano mágica para que padezcamos de una de las crisis humanitarias más connotadas del continente. A ese aspecto consideramos pertinente referimos lo cual se hace de seguida.

1. *Desde Washington..., ...La capital de lo que el pseudo socialismo convirtió en consigna politiquera llamándolo...*

El Imperio...,

La angustia de los pueblos de América Latina es tan aguda, extraña y poco explicable conforme a criterios de la sensatez que conlleva, pero como una pesada carga, a pensar si los arquetipos existieron, existen y continuarán presentes, tanto en el subdesarrollo como en el escenario opuesto. Es que nos preguntamos qué habrá pasado y no conseguimos una acertada contestación. Una posibilidad atrevidamente pensada pareciera aflorar:

1. Los arquetipos como hábitos aprendidos o heredados subsisten,

2. Pero lo más grave con sus ventajas y desventajas, porque por supuesto las tienen y las producen, cultivan y amamantan como consecuencia de, y

---

6   *Ibídem.*

3. Además, en todas las sociedades, incluyendo las avanzadas, las menos y las primitivas.

No es posible dejar de pensar que existen, aunque es menos difícil entender y tratar de que así se entienda y procedamos en consecuencia, en los escenarios sociales en los cuales se les ha admitido, pero moderándoseles a fin de sacar beneficios de sus bondades como factores del devenir histórico, político, social, hereditario y hasta biológico subsumiéndolos en un análisis objetivo que irremediablemente imponen, determinan y aplican las circunstancias definitorias de la *"Teoría Constituyente"* y de las manifestaciones dirigidas, impuestas o espontaneas derivadas de la vida en sociedad, que en rigor integran *"la tendencia"* como mecanismo para que sepamos qué es, en qué consiste, quien la ideo y hacia qué nos lleva. Ubiquémonos como observadores para que luego así mismo nos respondamos:

1. *Washington...* Es hora de que los líderes de Venezuela escuchen al pueblo ...,

2. El gobierno de Estados Unidos a través del portavoz del Departamento de Estado, John Kirby lo dijo,

3. *"Los reportes del uso excesivo de la fuerza y violencia contra manifestantes son inquietantes para nosotros y de pre a preocupación"*,

4. Almagro a Nicolás... Kirby fue consultado en lo concerniente a la carta que el secretario general de la Organización de Estados Americanos, Luis Almagro, envió al presidente Nicolás Maduro, respondiendo:

   a) Lo que nos gustaría es ver que los dirigentes venezolanos escuchen la voz de un pueblo y tomen decisiones razonables y prudentes,

   b) Estados Unidos está profundamente preocupado por las difíciles condiciones que está viviendo el pueblo venezolano, particularmente por la escasez de alimentos, medicinas, electricidad y bienes básicos de consumo,

c) La Casa Blanca considera que la solución a esos problemas requerirá la inclusión de todas las partes interesadas, por lo que es importante que los lideres venezolanos trabajen juntos pacíficamente en ello.

La historia de Venezuela, como es notoriamente conocido, ha estado llena de caudillos, dictadores y más que de gobernantes de mandamases y después de *"una primavera democrática"* como la delinea con tino Ramón Guillermo Aveledo, Ex Secretario Ejecutivo de la agrupación de partidos de oposición a la dictadura que sus propios mentores han calificado como socialista, inclusive, en desmedro de los verdaderos cultores de esta modalidad de desarrollo social, denominada *Mesa de la Unidad Democrática (MUD)*. Pero desaparece como consecuencia de un golpe de Estado sangriento cuyo jefe máximo fue tan dictador, autócrata y déspota que sus propios partidarios lo bautizaron con el remoquete de *"Comandante Eterno"*.

2. La OEA a Maduro...

Podrá alguien pensar que la comunidad internacional y los organismos que las lideran constituyen en lo que respecta al continente una sumatoria de arquetipos. Un largo pleito, factor que no del todo describe la conducta arquetipal, pero si contribuye a saber qué es, no deja de ser el merecido, justificado y racional, pero lamentablemente tardío "Mensaje del Secretario General de la OEA al presidente de Venezuela, fechado el 8 de mayo de 2016 cuya transcripción está por demás justificada y que desglosamos así:

1. "... Presidente Nicolás Maduro... "No soy agente de la CIA. Y tu mentira, aunque repetida mil veces, nunca será verdad,

2. De todas formas, conviene aclararlo, aunque esto sea denegar el absurdo. Mi conciencia está limpia, Presidente, y mi conducta mucho más,

3. No hay ninguna amenaza que me puedas hacer que ni remotamente roce a ninguna de las dos,

4. No soy traidor. No soy traidor ni de ideas, ni de principios y esto implica que no lo soy de mi gente, los que se sienten representados por los principios de libertad, honestidad, de-

cencia, probidad pública (sí, de los que suben y bajan pobres del poder), democracia y derechos humanos,

5. Pero tú sí lo eres, Presidente, traicionas a tu pueblo y a tu supuesta ideología con tus diatribas sin contenido,

6. Eres traidor de la ética de la política con tus mentiras y traicionas el principio más sagrado de la política, que es someterte al escrutinio de tu pueblo,

7. Debes devolver la riqueza de quienes han gobernado contigo a tu país, porque la misma pertenece al pueblo,

8. Debes devolver justicia a tu pueblo en toda la dimensión de la palabra (incluso encontrar a los verdaderos asesinos de los 43 y no los que tienes presos por sus ideas, aunque no sean ni las tuyas ni las mías),

9. Debes devolver los presos políticos a sus familias,

10. Debes devolverle a la Asamblea Nacional su legítimo poder porque el mismo emana del pueblo,

11. Debes devolver al pueblo la decisión sobre su futuro,

12. Nunca podrás devolver la vida a los niños muertos en los hospitales por no tener medicinas,

13. Nunca podrás desnudar de tu pueblo tanto sufrimiento, tanta intimidación, tanta miseria, tanto desasosiego y angustia,

14. Que nadie cometa el desatino de dar un golpe de Estado en tu contra, pero que tú tampoco lo des.

15. Es tu deber,

16. Tú tienes un imperativo de decencia pública de hacer el referéndum revocatorio en este 2016, porque cuando la política está polarizada la decisión debe volver al pueblo,

17. Eso es lo que tu Constitución dice,

  1. Negar la consulta al pueblo, negarle la posibilidad de decidir, te transforma en "un dictadorzuelo", como los tantos que ha tenido el continente,

2. Sé que te molesta la OEA y mi trabajo porque entre los Ceibos estorba un Quebracho, y finalmente permíteme que te diga que,

3. Lamento informarte que ni me inclino ni me intimido.

A la luz de lo que resumen los medios de comunicación en lo concerniente a la actitud de Luis Almagro, el diario El Nacional de Caracas recoge de la fuente Washington /AFP /EFE el reportaje titulado "Venezuela, el punto álgido de Almagro a un año de gestión" y del tenor siguiente:

"... El uruguayo Luis Almagro cumple hoy su primer año al frente de la OEA dispuesto a... tomar una decisión sin precedentes referida a Venezuela. "El revocatorio actúa en función de que hay que volver al pueblo soberano para que decida", dijo en entrevista a CNN, y añadió que expresará "recomendaciones sobre Venezuela teniendo en cuenta todas las variables". Presentará su informe en el cual prevé anunciar si promoverá el debate para la aplicación de la Carta Democrática Interamericana, lo que podría llevar a la suspensión de Venezuela del organismo, conforme al artículo 20 de la Carta, adelantando que el tema a partir de ese momento pasa a consideración del Consejo Permanente. El secretario general apuntó a lo que ya es un secreto a voces en el foro regional: la convocatoria en los próximos días a los embajadores de los 34 países miembros para abordar la situación venezolana, paso con el cual se abre un proceso de reuniones y votaciones que pueden tener como consecuencia desde resoluciones o gestiones diplomáticas hasta la eventual suspensión de ese país como miembro del organismo, para lo cual es necesario el voto de dos tercios de los cancilleres, que solo ocurrió tras el golpe de Estado de Honduras en 2009. Almagro, veterano diplomático de izquierda, llegaba a una OEA debilitada y en crisis financiera. La institución ha ganado visibilidad gracias a sus declaraciones, cartas abiertas y tuiteos sobre las crisis más acuciantes del continente, particularmente la venezolana. "Es un secretario general bastante único. En un año ha dejado su marca personal en el puesto. No tiene miedo a asumir riesgos y actúa con convicción. Usa la Secretaría como una plataforma para hacerse oír", afirmó Michael

Shifter, Presidente del Centro de Estudios Diálogo Interamericano. La declaración que causó más impacto fue el reciente mensaje en el que señaló que el presidente Maduro será "un dictadorzuelo más" si impide el referéndum revocatorio que promueve la oposición. Se ha manifestado contundentemente contra las violaciones de derechos humanos y restricciones a las libertades políticas expresó Cynthia Arnson, directora del Programa Latinoamericano del Centro de Estudios Wilson Center...[7]"

Pero allí no terminan las calamidades vergonzosas que alimentan las aseveraciones alarmantes de los medios de comunicación, particularmente a nivel internacional:

1. España califica de delirante acusación de conspiración,

2. El Ministro de Asuntos Exteriores tiene pocas esperanzas sobre resultados de la mediación de ex gobernantes en Venezuela,

3. El canciller de España calificó de absolutamente delirante la acusación del Presidente Nicolás Maduro, según la cual la prensa española orquesta una campaña de ataques contra su gobierno para justificar una intervención militar extranjera,

4. Maduro dice que hay en su contra y contra su gobierno una campaña mediática internacional de odio y que tiene su centro operativo entre Madrid, Miami y Washington,

5. Pensar que ABC o El País pueden derribar el régimen es realismo mágico,

6. El presidente venezolano también mencionó al diario El Mundo, junto con los citados, como los principales medios que desde Europa difunden informaciones negativas sobre Venezuela,

7. Maduro tildó a Rajoy de "racista, basura corrupta y basura colonialista",

8. El embajador español afirmó que Venezuela vive una situación absolutamente imposible,

---

7   *El Nacional*, Jueves 26 de mayo de 2016, MUNDO 7

9. Generales chavistas ejecutarán el estado de excepción,

10. Cecilia Sosa, La Guerra contra la Constitución la decretó Maduro[8],

11. Constituyentes (Ricardo Combellas, Ernesto Alvarenga, Antonio Di Giampaolo y Alberto Jordan) afirman que el gobierno abusa del estado de excepción por miedo al revocatorio, y

12. Los venezolanos padecerán más inflación y escasez durante el segundo semestre[9].

3. La tantas veces mentada carta democrática...

La cuestión de los arquetipos de la psiquiatría de Jung pareciera que se alborotan y por tanto se observan en cada análisis tanto en su aspecto objetivo como subjetivo que se haga de la realidad hispanoamericana. Por lo que provoca preguntarnos:

1. Será eso cierto,

2. De ser así qué hacemos para aprovechar los arquetipos en nuestro propio beneficio, y

3. Esto es, consolidarnos como sociedad de avanzada.

a. Entre dos cartas...[10]

Durante los últimos días se ha convivido entre 2 cartas. Una, la del Secretario General de la OEA, Luis Almagro, a Nicolás Maduro y la otra, la "Carta Democrática Interamericana". Pero a pesar de su contenido, como opina Bruno Rafael Franco, poco pasa ante la expectativa de los venezolanos que abrumados de problemas desean que lo que acontece termine.

Bruno fue jurista, pero se separó de la actividad convencido que el derecho escrito no se aplica sino a la manera de cómo lo entienda el juez, usualmente interesado.

---

8 *La Razón*, Caracas, 22 de mayo de 2016.

9 *Ibídem*.

10 Guerra, *El Universal*, Caracas, mayo 29, 2016.

En la "Carta" de Almagro se denuncia el desconocimiento de las pautas democráticas, calificándose al mandatario como autócrata y requiriéndole fórmulas constitucionales ante la polarización política, la cual, a juicio del remitente, demanda una consulta popular. Para la Revolución la OEA es burguesa, neoliberal, capitalista y dominada por el imperio, por lo cual, como suele expresarse en criollo, *"no hay que pararle"*. De hecho *"el Comandante Eterno"*, convencido de ello y con el espíritu libertario que lo caracterizó, en conjunción de genios presidenciales de la América española y portuguesa creó el Alba y Mercosur. La eficiencia de las últimas, mucho más allá que la de la OEA, justifica, sin lugar a dudas, el pensamiento socialista. No se conoce respuesta formal de Maduro, por lo que para Bruno Rafael, Almagro ha da estar angustiado pensando en que *"El Coronel no tiene quien le escriba"*, de Gabriel García Márquez.

A la otra misiva, esto es, a *"la Carta Democrática Interamericana"*, se le conoce tanto en Venezuela que no hay tertulia donde no se le mencione como una esperanza más eficiente que las internas por provenir del exterior y particularmente del gigante del Norte, donde los americanos no duermen tranquilos como en las guerras mundiales por la amenaza de Venezuela. Pero lo más frustrante es que la referida Carta no prevé, como el común piensa, ninguna alternativa de efectos inmediatos para acabar con el destrozo que se sufre. Es más bien un anhelo de los países suscritores por la democracia representativa, observancia de las constituciones, respeto al orden institucional, participación política, los derechos humanos y la procuración de niveles de equidad social. Pero la exhortación queda a merced de la soberanía de cada Estado y, por supuesto, a navegar entre las aguas de las autocracias y dictaduras de las últimas décadas, algo distintas, pero de igual esencia de las primigenias del Continente.

No pareciera, conforme a lo anterior, un atrevimiento manifestar que la *"Carta Democrática"*, aunque propende a ello, pareciera no estar bien relacionada con el nivel político de algunos de los gobiernos destinatarios, que terminan calificándola como un saludo a la bandera. Evidencia es que las sanciones contempladas como, por ejemplo, la suspensión del Estado miembro del derecho a participar en la OEA ha sido, durante los 17 años de gobierno revolucionario, motivo de burla. A regímenes tan así particulares no les interesa el desastre que causan a sus propios ciudadanos, ni tampoco las angustias diplomáticas y mucho menos sin una penalidad efectiva en los tratados suscritos para que se sientan conminados a aceptarlas.

En el mismo orden de ideas es de afirmar que los regímenes constitucionales internos como los tratados, acuerdos y documentos internacionales, dependen en cuanto a su observancia respecta del compromiso democrático de quienes gobiernan y de la manera como lo hacen. Pero quedan sujetos también a las desviaciones institucionales de éstos, cuando no obstante gestarse bajo pautas de la democracia de origen, se desplacen en su ejercicio a aquellos donde la voluntad de una sola persona es la suprema Ley. Devienen, consecuencialmente, en dictadores.

Una apreciación final para Bruno Rafael Franco es que tanto "la Carta de Almagro", como la "Democrática de la OEA" defieren la opción para que el país resuelva la crisis a los propios venezolanos, en el entendido de que si aquellos que mandan se oponen, ha de corresponder al pueblo la iniciativa. Tal vez, por eso se oye en los coloquios internacionales que el problema de Venezuela lo han de resolver los venezolanos.

El aticismo de Bruno Rafael lo induce a concluir que así como Luis Almagro no tiene quien le escriba, Venezuela deambula como "Bolívar en su Laberinto", otro capítulo del Premio Nobel García Márquez, a quien Bruno tuteaba llamándolo simplemente "Gabo". Al ex jurista se le escucha antes de dormir una larga siesta, hábito diario que adquirió al abandonar el mundo de las ciencias jurídicas: ¿Cuándo y cómo saldremos de esto? Bruno no del todo contento se dispone a analizar la presunta misiva que Jorge Bergoglio, el Papa Francisco, remitió al Presidente, la cual en conversaciones usuales se califica "la carta oculta". Eso sí, lo haría después de la siesta.

4. *Lo que se destruyó...*

Ante lo que ha de reconstruirse...

El futuro democrático de Venezuela pareciera estar cerca, como es sin dudas deseado, pero no puede dejar de expresarse que las masas populares demandan orientaciones claras, precisas y determinantes, pues el reclamo a la democracia en lo que a su eficiencia se contrae ha pasado a ser enorme. Se ha convertido prácticamente en una máxima la que se expresa bajo una especie de protesta mundana de que *"los políticos gobiernan para satisfacer la egolatría, ejercer el poder y enriquecerse a cambio de migajas a votantes"*. Un proceso de reeducación para la convivencia política se demanda, so pena si no se le adelanta de una sociedad anarquizada más de lo que está después del desencanto con los 17 años transcurridos de ejercicio abusivo del poder, de un caudillismo de alpargatas, de una justicia al servicio del gobierno, de un desorden administrativo y del manejo del erario público sin control alguno y con el hacha de la corrupción en todos y cada uno de los niveles, escalas y sitios. No se ha analizado como debido el episodio, por demás lamentable, de que el Congreso Nacional estatuido de conformidad con la Constitución de 1961 en una especie de gavilla conjunta de la dirigencia política y de la Corte Suprema de Justicia adornando las providencias dictadas por aparentes formalidades constitucionales acordaron el defenestramiento de Carlos Andrés Pérez, Presidente popularmente electo, tirando al país a un basurero si rumbo para que termine conduciéndolo un mecenas durante un periodo de destrucción jamás vivido. A raíz del acontecimiento en la década de los noventa escribimos en el Dilema Venezolano[11]:

"... La justicia constituye la razón existencial de la sociedad. Es el propósito por el cual han luchado y luchan mujeres y hombres, atribuyendo a la expresión «sociedad justa» un contenido, para convertirla en una tendencia, cuya conquista está encomendada a las instituciones sociales, tarea llena de dificultades, hasta el extremo de que, como ya se ha sostenido, el mundo todavía reclama a voces su concreción. En este proceso, de siglos, «la sociedad justa» termina por identificarse como el objetivo de la justicia. Ella supone alcanzar el mayor grado de satisfacción de las necesidades del ser humano, a cuyos efectos la humanidad ha puesto en práctica diversas metodologías, las cuales han permitido que tal propósito se haya logrado medianamente en unos países más que en otros. Resultado de ello es la odiosa, pero real,

---

11 *Ibídem*, pp. 27-28.

distinción de las naciones desarrolladas y subdesarrolladas, de importancia en el análisis de la problemática de América Latina. El examen de las metodologías aplicadas para el logro del fin social, continúa integrado a un proceso de revisión, el cual no pareciera concluir. El rol a cumplir por el Estado es el concepto que ha dominado al mundo, dando lugar en un momento histórico, ya superado, a las democracias comunistas y representativas. La humanidad, mayoritariamente, prefiere a las últimas, pero continúa debatiendo el adecuado papel que han de desempeñar las instituciones políticas. Los países desarrollados practican y postulan la economía de mercado como instrumento de desarrollo. Los subdesarrollados no saben qué hacer, aunque añoran el régimen de libertad. El intenso apoyo alcanzado, últimamente, por la tendencia conforme a la cual la sociedad puede avanzar hacia el logro de sus propósitos, a través del desenvolvimiento natural de los factores de producción, pareciera haber detenido la polémica entre intervención y abstención, en lo relativo al papel de las instituciones sociales. La libertad y el bienestar conforman, en el inicio cercano del próximo siglo, el sentido de la lucha humana". En los países subdesarrollados, por supuesto, mucho más que en los de la otra categoría, se duda acerca de cuál es supuesto de otro, o sea, «si la libertad del bienestar o el bienestar de la libertad». Frente a este escenario, la angustia de los pueblos se acentúa frente a la hipótesis de que la libertad es sacrificable, con la anuencia del ser humano, ahogado por las desigualdades sociales, si ello fuere necesario en procura de su subsistencia. «Este es el reclamo moderno de la humanidad a la justicia»". Tal vez siga teniendo vigencia la arenga con la cual en la época imperial, según Santo Tomás de Aquino, Máximo Valerio inyectaba entusiasmo a los romanos: Es preferible ser pobres en un imperio rico, a ser ricos en un imperio pobre...".

Pensamos, formuladas estas consideraciones, que una adecuada metodología para que el leyente valore lo edificado durante las cuatro décadas democráticas a las cuales caímos a mandarriazos destruyéndola, es la comparación entre lo que construimos con lo que destruimos, proceso que, aunque parezca mentira todavía prosigue. La tarea no es tan compleja si nos auxiliamos con el libro *"Parlamento y De-*

mocracia", escrito por Ramón Guillermo Aveledo y editado en el 2005[12], de cuyas páginas conviene extraer los comentarios siguientes:

1. La apertura democrática de la sociedad venezolana a partir de 1958 y el proceso democratizador de su vida política logró una continuidad en el tiempo mayor que casi todos los otros países y una capacidad más exitosa de incorporar nuevos participantes y resolver conflictos,

2. Durante los años 70 Venezuela no sólo mantuvo su democracia, sino que se convirtió en un factor activo en la promoción de la misma en América Latina,

3. La convergencia de varios factores lo posibilitaron, entre ellos,

    a) El duro aprendizaje de los diez años de militarismo,

    b) El reforzamiento del amplio consenso a favor de la democracia emergido a la muerte de Gómez,

    c) Los recursos provenientes de la explotación petrolera que hacían sostenible un proyecto reformista sin que la sociedad sintiera su peso financiero, y

    d) La lectura de estos elementos por parte del liderazgo democrático al frente de partidos políticos con sustento popular.

Aveledo cita al destacado profesor Andrés Stambouli, quien diferencia el Estado Democrático venezolano y lo que se ha denominado petro-Estado:

> *"... Venezuela es mucho más que eso, pues los logros democráticos son producto de la artesanía política dirigida a confeccionar una comunidad política, utilizando el petróleo para dicho fin.[13]"*

---

12 Fundación para la Cultura Urbana, Caracas, pp. 121-124.

13 *Ibídem*

El Ex secretario Ejecutivo de la Mesa de la Unidad Democrática (MUD) acota también, citando otra vez a Stambouli[14], lo cual es importante en aras de la comparación que en este ensayo se ha propuesto:

"... En los setenta había dictaduras militares en Argentina, Uruguay, Paraguay, Brasil, Chile, Perú, Bolivia, Ecuador, Panamá, Nicaragua, Honduras y Guatemala. En Cuba... una dictadura... Sólo Venezuela, Colombia... y Costa Rica... tenían democracias... México gozaba de estabilidad en un régimen de partido hegemónico... República Dominicana con... la dictadura trujillista... [15]*".*

Para reafirmar que Venezuela supo evitar durante los años 60 y 70, la ola militar autoritaria de la América Latina, lo cual fue posible en criterio del mismo profesor Stambouli por:

"... El epicentro de la construcción exitosa del orden democrático constituido por una estructura de partidos políticos altamente centralizada y a los mismos tiempos intercomunicados... [16]*".*

Es oportuno advertir, no obstante, como una causa determinante en el colapso que lamentablemente confronta nuestra democracia y el sistema de partidos que la sustentaba, la acotación siguiente que Aveledo atribuye a Stambouli, a saber:

" ... Esa estructura de partidos políticos altamente centralizada y al mismo tiempo intercomunicados... representó al mismo tiempo y a la larga una de las fuentes de su debilitamiento y deslegitimación... [17]*".*

---

14 *Ibídem.*
15 *Ibídem*
16 *Ibídem*
17 *Ibídem*

La observación es por demás pertinente, pues Aveledo sostiene:

"... En los partidos reside buena parte del secreto del éxito democrático venezolano y, paradójicamente o no tanto, buena parte del secreto de su colapso...[18]*".*

Particularmente cuando a juicio del analista:

"... El proyecto político venezolano (1958-1998) es lo que puede llamarse un Estado Democrático de Partidos bajo el teorema de que la democracia es inviable sin ellos, pues sólo el potencial organizativo de los últimos evita que la democracia de masas deje de estar movida por vaivenes emocionales que la hagan caer en el desamparo, la desintegración y la demagogia...[19]*".*

En apoyo a la anterior aseveración Aveledo reitera que en la doctrina se sostiene que *"...sólo el autoengaño o la hipocresía pueden afirmar la posibilidad de una democracia sin partidos políticos..."* acotando la necesidad de ponderar que la secuencia histórica de las formas democráticas revela:

1. Primero democracia directa,

2. Luego democracia representativa, y

3. Después democracia de partidos.

Para así preguntarse si ¿estaremos ante el nacimiento de una nueva forma democrática cuando la de partidos muestra tantas dificultades? Y cuáles:

1. ¿Democracia de los medios?,

2. ¿Democracia de la imagen?

Lo cual responde inteligentemente en su enjundioso ensayo aduciendo que "...esas son preguntas válidas para 2005 y no para 1958, cuando se reinicia el proceso democratizador de la sociedad política venezolana.

---

18 *Ibídem*

19 *Ibídem.*

El Estado democrático de partidos, como advierte Aveledo, no está exento de manipulaciones, perversidades y maniobras, factores que lo desnaturalizan y consecuencialmente a la democracia que postulan y le sirven de pilares. Pero advierte que no se trata de defectos, errores y equivocaciones del sistema mismo, sino de quienes lo conducen cuyos inadecuados manejos coadyuvan a la pérdida de la autonomía de la Administración pública o de la neutralidad de la función judicial, para concluir:

"... La transgresión de esos límites no fue una invención de los partidos políticos venezolanos, pero además de no hacer, suficiente y oportunamente, para corregirla, en algunos casos la acentuaron, tendencia ésta que no se ha revertido, sino, muy al contrario, profundizado, en la etapa política iniciada en 1999, ya no por el conducto partidista sino a la sombra del personalismo...[20]".

Pudiéramos afirmar que lo que se edificó durante las 4 décadas democráticas encuentra en Aveledo la filosofía que dio sustrato a una gesta de madurez política, progreso social y discusión democrática de altura, camino hacia una nación pacifica, estable y bien enrumbada. Como corolario, en lo que tenemos propuesto en este ensayo, diríamos, por tanto, que lo destruido fue eso y bastante.

Una preocupación ha de repetirse una y otra vez. Aquella relacionada con el fin de la historia.

5. *El posible fin de una triste historia...*
Alternativas constituciones... Opciones para-constitucionales...

Es injusto, carente de sinceridad y hasta irracional que afirmemos que los venezolanos se cruzaron de brazos ante el inimaginable, escandaloso y desvergonzado cúmulo de tropelías, despotismos y arbitrariedades de que han sido víctimas durante la mentada revolución socialista. Lo que sorprende más bien es que, no obstante, todos los más diversos esfuerzos adelantados el régimen aun prosiga y que a pesar de su comentada debilidad pueda, inclusive transcurrir el periodo presidencial, para ver si es posible que la pesadilla finalice en el

---

20 *Ibídem.*

2018, con un nuevo proceso eleccionario y en el entendido de que no dejan de haber dudas en lo relativo a si éste en realidad se realizará.

A la aparente debilidad del gobierno y particularmente del Primer Magistrado se ha referido el destacado profesor y sociólogo Luis Pedro España al analizar la posibilidad de adelantar el referendo revocatorio que ha propuesto la oposición, denunciando que el gobierno ha hecho de ese derecho un dilema en clave de tiempo y que pareciera que llegar a 2017 se hubiese convertido en su razón existencial[21]. El investigador concluye con esta incuestionable acotación:

"... El gobierno por sí mismo, simplemente no existe. Nadie puede creer que sea posible mantenerse así por los próximos años. Unos esperan milagros, otros el desenlace final. Predecir lo que sigue es imposible. La permanencia es un acto de simple aleatoriedad. El gobierno lanza la moneda cada día. En una cara dice 2016, en la otra 2017, no hay más allá.[22]"

No deja de ser útil recordar, en el análisis, los tres eventos, en principio, más importantes de los venezolanos por salir de *"la autocracia chavista"*:

1. La marcha multitudinaria hacia el Palacio Presidencial de Miraflores del 11 de abril de 2002, consecuencia de la cual fue la renuncia de Hugo Chávez y que generó horas de esperanza,

2. La rebelión popular de febrero del 2014, que los dirigentes Antonio Ledezma, Leopoldo López y Mará Corina Machado denominaron *"la Salida",* y

3. Finalmente, la presencia, aunque tímida, relativa y no del todo contundente como las dos anteriores, de gente en lugares públicos de Caracas y algunas capitales de estados, demandando que la autoridad electoral procese el pedimento revocatorio requerido por la oposición, con el apoyo de los diputados democráticos de la Asamblea Nacional.

---

21 *El Nacional*, Caracas, 25 de mayo de 2016

22 *Ibídem*

Al pretender indagar lo que habrá sucedido para que no se haya sido exitoso y que Venezuela prosiga arropada con la ya descosida cobija de los 17 años más tristes de su historia y que una mayoría determinante detesta, como se demostró electoralmente en las elecciones parlamentarias del 6 de diciembre del 2015, no hay una explicación convincente. Más bien, preguntas y respuestas y ambigüedad entre ellas, pero con el lamentable resultado de la pérdida de confianza, esperanza, quietud, tranquilidad y serenidad y sin que haya equivalencia entre lo que el ser humano experimenta internamente y la manera de cómo lo exterioriza, una sumatoria terrible que conduce a la tolerancia, esto es[23]:

1. A la actitud que adoptamos cuando nos encontramos con algo que resulta distinto a nuestros valores..., y

2. A admitir aquello que es contrario a nuestra moral.

Pero lo más grave que esta actitud genera asimismo pasividad[24], entendida como dejar de hacer a los otros, en este caso al gobierno, ni hacer por si cosa alguna, rebelde, ininterrumpida, permanente y consistente hasta un régimen distinto, democrático, popular, constitucional y eficiente, como lo demanda mayoritariamente la Venezuela de la crisis humanitaria de la primera mitad del Siglo XXI.

En ocasiones, particularmente, cuando no hay satisfacción en lo concerniente a las estrategias, a pesar de que pueda haber claridad con respecto al objetivo, no es desarticulado acudir a los precedentes, pues ellos pueden conducir a los pueblos a comprobar si han avanzado en la metodología para deshacerse de lo perverso y establecer lo óptimo y a dejar de lado la dañina conformidad y la convivencia con el statu quo. Las conclusiones parecieran acercarse, entonces, a *"las alternativas reales y posibles"* y da la impresión de que no hubieran sido las siguientes:

1. El pragmatismo revolucionario y democrático, cuyo precedente pudiera considerarse *"la Revolución de octubre de 1945"*, por

---

23 Definición de tolerancia - Qué es, Significado y Concepto http://definicion.de/tolerancia/#ixzz49rqJTZHk.

24 DRAE, 1970, p. 986.

haber puesto término al pretendido continuismo hereditario de un caudillismo oprobioso, tanto como el de los últimos 17 arios[25], para establecer las bases de *"la republica civil"* cuya maximización fue la democracia de los textos constitucionales de 1947 y 1961,

2. Desempeño de la potestad constitucional sancionatoria ante desastres, bochornos, corrupción y demencia, categoría en las cuales habrían de incluirse:

a) La separación de la primera Magistratura del Presidente de Ecuador Abdala Bucarán, como lo analiza Ana Sofía Castellanos en su ensayo Poder popular en Ecuador sosteniendo que*"... En un breve recuento de los hechos, Abdalá Bucaram fue destituido por los diputados del Congreso Nacional. Con voto favorable de la mayoría, fue declarado incompetente para desempeñar su cargo (los argumentos hicieron alusión a una incapacidad o trastorno mental), debido a algunas acciones controversiales en su mandato, entre ellos su política monetaria, la corrupción de sus colaboradores, escándalos personales, nepotismo, etc. Por el lapso de un día, asumió el poder la vicepresidenta Rosalía Arteaga (quien era constitucionalmente la sucesora en el cargo). No obstante, manejos políticos al interior del Congreso impidieron que ella permanecían en el poder. El cargo vacante de la presidencia fue asignado al entonces presidente del Congreso Fabián Alarcón Rivera. . . ",*

b) La destitución de Manuel Zelaya de la Presidencia de Honduras por incurrir en reiteradas violaciones de la Constitución, otras leyes y sentencias judiciales... Zelaya incumplió o desconoció mandatos de la justicia ordinaria y electoral, el Ministerio Publico, el Congreso Nacional, la Procuraduría General y otros órganos del Estado... Por lo que al presentarse el Decreto de separación en el Parlamento fue aprobado de inmediato por los diputados...

---

25 Libros German Carrera Damas y Marco Tulio Brunicelli...

c) El Congreso de Paraguay destituye a Fernando Lugo acusado por la Cámara de Diputados por mal desempeño de sus funciones en un juicio político de cinco horas, asumiendo la Presidencia Federico Franco, Vicepresidente hasta las elecciones en las cuales se escogió a Horacio Cartes. Así como Zelaya Hugo Chávez, Rafael Correa, Evo Morales, Cristina Kirchner y Dilma Rousseff cuestionaron la decisión ofreciendo una absoluta solidaridad al presidente depuesto,

d) El caso de Otto Pérez Molina quien renunciara ante las presiones institucionales y protestas populares por presuntas prácticas ajenas a la moral pública, circunstancias determinantes para despojársele de la inmunidad, razón por la cual se le procesa como a cualquier ciudadano, y

e) El actual juicio a Dilma Rousseff en Brasil, cuyo proceso acusatorio se adelanta.

3. Por último, ha de hacerse referencia a una tercera alternativa, la cual pudiera denominarse *"la de la dirigencia política y el statu quo"* y que preconiza que el gobierno ha de ser cambiado, pero con sujeción, apego y conformidad rigurosa, estricta, juiciosa, matemática y escrupulosa a las cláusulas de la Constitución vigente en Venezuela desde 1999 y de la autoría, por lo menos así afirman sus mentores, de la gesta revolucionaria. Un largo elenco de posibilidades está presente, entre ellas:

a) Dialogo y reconciliación,

b) Renuncia presidencial,

c) Destitución,

d) Reducción del período presidencial por enmienda,

e) Revocación del mandato presidencial, y

f) Nulidad de la proclamación del actual Presidente por doble nacionalidad.

Este puede ser el fin de la historia.

XV

PARA QUÉ ES UNA ASAMBLEA CONSTITUYENTE...

Preguntarse acerca de la *"ratio"* de *"una constituyente"* deviene en aceptar que el Estado es *"un proceso humano, histórico y social constante y en permanente evolución"*, por lo que éste último podrá definirse como aquel al cual la primera (*una constituyente*) moldea, organiza y estatuye. Puede sostenerse, por tanto, que la tipificación de ese proceso como autocrático o democrático pasa a depender de la forma, entendida como exteriorización de la materia y de la sustancialidad de la última. Por supuesto, que un proceso puede ser autocrático al inicio y revertirse como democrático y viceversa.

1. *André Hauriou en la década de los sesenta...*

Algunos, por decir, los más numerosos, cuando se proponen indagar con respecto a las causas determinantes de un escenario que se ha tratado de puntualizar en estas páginas descrito se inclinan por lo precisos, cabales y exactos comentarios del ya fallecido André Hauriou, Profesor Honorario de la Universidad de Paris[1] a que se contraer el Capitulo Primero de su respetaba obra y que titula *"Las Características Políticas, Sociales, Económicas y Técnicas de las Sociedades en Vías de Desarrollo"*, calificativo que como es notoriamente sabido ha acompañado y desde décadas a las de América Latina y que conviene resumir:

---

1   *Derecho Constitucional e Instituciones Políticas*, Editorial Ariel, Barcelona, España, Caracas, México,

1. *Muchos de los países tercermundistas no constituyen aun una nación,*

2. *Todos se ven afectados por el fenómeno del subdesarrollo económico,*

3. *En ellos se ha generado una incompleta formación de la nación, fenómeno que justifica la frase " nacionalismo sin nación,*

4. *No ha ocurrido como en Occidente el proceso de la nacionalización del poder que desemboque en la democracia, lo cual supone:*

   a) *El pueblo adquiere conciencia de ser el propietario original del poder, desee controlar a los gobernantes y tenga los medios para ello,*

   b) *Los gobernantes aceptan este control de su autoridad, y*

El Catedrático de Paris, quien ha debido escribir su obra en la década de los sesenta, al reiterar la diversidad de indicaciones que afectan el proceso para conformar el estado -nación en el tercer mundo, puntualiza:

1. *Aunque se han registrado progresos, en muchos casos la nación aún no está formada,*

2. *La parte de la renta nacional y por consiguiente de cada individuo que debe ser consagrada a las inversiones en enorme, y*

3. *El Estado debe desempeñar necesariamente el papel principal en el esfuerzo emprendido para salir del subdesarrollo.*

2. Inserción de los pueblos en el constitucionalismo…

Un proceso…

La realidad histórica revela que los países latinoamericanos, faltándole bastante para configurarse como estado-nación en los términos que describe André Hauriou[2], se propusieron arroparse en lo que la

---

2   *Ibídem.*

ciencia política a la larga terminó calificando como *"el constitucionalismo"*, el cual supone *"un ordenamiento estatal"*, esto es, un complejo de principios organizativos propio que lo va a caracterizar y a distinguir de otros y que se condensan en un documento denominado *"la constitución"*[3]. Y es también bajo esas condicionantes, términos y modalidades que decidimos arroparnos con la denominada *"democracia constitucional"*, cuyo establecimiento, funcionalidad y disfrute supone:[4]

1. El constitucionalismo es la técnica de la libertad,

2. A través de ella se les asegura a los ciudadanos el ejercicio de sus derechos individuales,

3. Pero al mismo tiempo el propio estado se coloca en la posición de no poderlos violar,

4. Desde este ángulo el constitucionalismo deviene en una metodología para la división del poder, pero en el entendido de que se hace de dos maneras:

    a) Una división horizontal, la famosa división de poderes, y

    b) Una vertical, el federalismo.

También es de tener en cuenta que[5]:

1. El constitucionalismo representa el gobierno de las leyes y no de los hombres,

2. De la racionalidad del derecho y no del mero poder,

3. El valor intrínseco del constitucionalismo lo viene a constituir la defensa de los derechos de las personas, de los ciudadanos, en definitiva, del hombre, y

4. La humanidad revela diversas fórmulas para la materialización de la separación de poderes, de garantismo, de estado de derecho o *rechtstaat,* de *rule of law.*

---

3   Matteucci, en Bobbio, Matteucci y Pasquino, Diccionario... *Ibídem*, p. 335.

4   *Ibídem.*

5   *Ibídem*, 336.

A la luz de estas apreciaciones pareciera como incuestionable que *"la Teoría Constituyente"*, *"la Tendencia"* que ella supone y *"la constitución"* que la contiene, para ser exitosa, demanda de manera irremediable, fatal y hasta irremisible un cierto nivel cultural del grupo social que decida gobernarse de conformidad con los patrones que aquellas informan. Y no hay dudas de que esa ha sido una constante decisiva en el tercer mundo.

Por lo relacionado con América Latina tengamos párrafos en páginas anteriores de este ensayo relativas a las apreciaciones, entre otros, de Carlos Rangel, Carlos Alberto Montaner, Axel Capriles y Luis Pedro España y juntémoslas con otras de este último en su libro *"Desiguales entre Iguales*[6]*"* relacionadas con el nivel de desarrollo social de Venezuela:

1. España puntualiza dos cuadrantes para concluir en que no hay una Venezuela homogénea, por el contrario, existen varias y diferentes la una de la otra,

2. Esos cuadrantes son:

   a) Los estratos sociales, y

   b) Los lugares donde se asienta la población.

En criterio del analista de conformidad con los dos factores mencionados aparecería una población diferenciada:

1. Tanto por su nivel de ingreso y tipo de ocupación,

2. Como por el acceso a bienes, servicios y oportunidades que ofrece el lugar donde vive,

3. Con el resultado consecuencial de varias Venezuela:

   a) Unas que están muy por debajo de promedios aceptables de calidad de vida, necesidades y aspiraciones, y

   b) Otras que están muy por encima.

Por argumento a contrario diríamos que si esa es la Venezuela del 2016, como habrá sido de 1811 cuando decidimos abrazar una Teoría

---

6   Libros El Nacional, Editorial CEC, SA, Caracas, enero 2015.

Constituyente empaquetándola en una Constitución. Pero que ha de-ambulado entre la diversidad de episodios históricos de la más variada gama hasta la primera mitad del Siglo XXI, reveladora de una crisis social espeluznante que nos lleva a preguntarnos como al inicio de este capítulo *"quienes somos y hacia dónde vamos"* y con respecto a lo cual pensamos que el profesor de la Universidad Católica Andrés Bello prosigue como optimista al dejar escrito[7]:

> *"...En resumen, progreso, denuncia y voto, son lo que definen la Venezuela de la que todos formamos parte, y lo que deberá contener todo proyecto futuro que aspire a guiar nuestro destino y a reconocernos todos en esa Venezuela grande e inclusiva que es la popular, a la que todos pertenecemos...".*

3. *Algunos juristas venezolanos opinan...*

Es oportuno observar que a *"la Teoría Constituyente"* la alimentan diversas disciplinas, entre otras la filosofía, la sociología, la política, la economía y el derecho, en razón de lo cual un análisis de la misma resultaría incompleto si se obvian las ciencias jurídicas, por lo que se impone que observemos lo que sostienen destacados abogados vene-zolanos en lo concerniente a las vicisitudes más recientes de nuestro constitucionalismo, a saber:

Hildegard Rondón de Sanso...

La académica, catedrática de Derecho Administrativo y magistrada de la Corte Suprema de Justicia, en una enjundiosa obra analiza el tema relativo a las asambleas constituyentes en América Latina, con especial referencia al proceso adelantado para a aprobación de la Constitución venezolana en 1999, hoy vigente. Estos lineamientos entre otros ilustran las páginas de su bien ilustrado libro:

1. Origen del cambio constitucional:

   a) En casi todos los países el común denominador es el de-seo de "refundar" los sistemas existentes, por deslegiti-mados,

---

7   *Ibídem*, p. 174.

b) El cambio pareciera una fórmula mágica para la legitimización de las instituciones,

2. *La "legitimación aparejada con la refundación"* va a ir de la mano en procura de iniciarse, establecerse y consolidarse en una Asamblea especifica elegida para tales fines, esto es, una Constituyente,

3. El referéndum aprobatorio termina siendo el mecanismo para que la voluntad popular se adhiera o no a la iniciativa constituyente,

4. A efecto de la adecuación y calificación como una corriente progresista la constituyente tomaría en cuenta postulados de las constituciones anteriores, y

5. La constituyente es concebida como órgano ad hoc elegida por el pueblo como poder originario.

Es de destacar que uno de los señalamientos más prolijos en el aquilatado ensayo de la doctora Rondón es el cuestionamiento que hace en lo concerniente a la presunta superioridad del poder constituyente:

1. Cita a Carl Smith, para quien "… el poder constituyente tiene que ser extraordinario e ilimitado en la determinación de su voluntad incondicionada por lo cual es la expresión de la dictadura del soberano, por cuanto no se refiere a una constitución existente, sino a una que va a ser implantada…",

2. Diferencia entre los posibles supuestos de asambleas constituyentes la hipótesis cuando el órgano constituyente se erige en un Estado que posee un régimen legítimamente constituido y que voluntariamente desea cambiarlo, lo lógico resulta que ese Estado señale pautas a la constituyente que lineamientos constituirán n la fuente y el límite de su normatividad, y

3. Aceptar lo contrario es atribuirle una súper constitucionalidad y asambleas constituyentes para realizar funciones sin freno alguno, que sería la negación del Estado de Derecho.

Prosigamos con la opinión de otros destacados juristas estudiosos del tema, entre ellos Allan Brewer Carías, Jesús María Casal, Asdrúbal Aguiar y José Amando Mejía, a saber:

Allan Brewer Carías,

Miembro de la Academia de Ciencias Políticas y Sociales de Venezuela,

Profesor Titular de Derecho Administrativo de la Facultad de Ciencias Jurídicas y Políticas de la Universidad Central de Venezuela

Junction Professor en Columbia University, New York, Miembro de la Asamblea Constituyente de 1999

El criterio del académico y doctor en Derecho Allan Brewer Carías en lo concerniente al proceso constituyente del 99, la Carta Magna aprobada, la desconstitucionalización que se ha producido bajo el mandato de Hugo Chávez y sus herederos contribuyen sin duda alguna a descifrar aspectos importantes de la Venezuela de ayer y de hoy. Tienen, por tanto, una peculiar importancia para este ensayo, cuyas páginas se ha destinado a lo que hemos denominado *"La Teoría Constituyente, su tendencia y sus consecuencias"*.

Creemos que concordaríamos al afirmar que una Asamblea Constituyente no tiene como fin la mera tarea de redactar una Constitución, sino que, a través de la aprobación de ésta, se haga o rehaga el Estado, se funde o se refunde la Nación, lo cual como ya se ha referido en párrafos anteriores demanda una conjunción de postulados teóricos y la realidad de los pueblos. Observemos las apreciaciones del descartado venezolano:

1. En democracia se logra hacer o rehacer el Estado mediante un acuerdo político de largo alcance,

2. Ha de incluirse en él a muchos nuevos actores políticos,

3. En la crisis actual no se podría hacer bajo las pautas anteriores conforme a las cuales lo ejecutaron los líderes de los partidos políticos, hoy deteriorados,

En lo relativo a la convocatoria de la Asamblea Constituyente del 99, Brewer la justifica considerándola necesaria por la generalizada *"exigencia de cambio político reinante ante el deterioro y desmoronamiento de los partidos políticos tradicionales,* por lo que:

1. Con la constituyente se abrió la posibilidad de una vía democrática para el viraje demandado por el país,

2. Era inexorable para reconstruir el sistema político y el Estado,

3. El reto de los venezolanos, como se ha ya afirmado von anterioridad, era sopesar dos opciones: o convocarla democráticamente para lograr el cambio, o esperar a que la convocaran posteriormente y de manera arbitraria.

El jurista con sentido crítico, se refiere, sin embargo, denuncia el abusivo accionar de la Asamblea Constituyente bajo la protección del denominado "poder originario", para intervenir, como realmente ocurrió al poder constituido, quedando sujeto a aquella. Brewer al respecto apunta:

a) La Asamblea se auto atribuyó potestades públicas por encima de la Constitución vigente de 1961,

b) Su proceder fue improvisado y en su inicio con fallas metodológicas fundamentales,

c) Emitió actos constituyentes desconociendo el orden constitucional,

d) Intervino el Congreso de la República y la Corte Suprema de Justicia, y

e) Con sus decisiones arbitrarias e inobservantes de la Carta de 1961, la Asamblea Nacional Constituyente dio un golpe de Estado,

Finaliza expresando que se incurrió en una crasa transgresión del orden constitucional, con la complicidad tanto de la antigua Corte Suprema de Justicia como del nuevo Tribunal Supremo de Justicia.

Asdrúbal Aguiar... [8]

Doctor en Derecho...

Juez en la Corte Interamericana de Derechos Humanos,
Profesor en la UCAB, Universidad de El Salvador y
Universidad de Buenos Aires...

Tal vez una de los más críticos de lo que ha pasado con el constitucionalismo venezolano en los últimos 17 años haya sido Asdrúbal Aguiar, ministro destacado en la segunda Administración del Presidente Rafael Caldera, magistrado de la Corte Interamericana de los Derechos Humanos y profesor en la Universidad Católica Andrés Bello de Caracas, útil razón para que en este ensayo acudamos a sus señalamientos:

1. El día de su toma de posesión Hugo Chávez Frías declara ante el país y en presencia de los mandatarios extranjeros "Juro ante esta Constitución moribunda...", en directa alusión al texto fundamental de 1961; el mismo que le permite incorporarse a la vida democrática y ser electo Presidente, luego de dirigir el golpe de Estado militar del 4 de febrero... [9],

2. Su declaración, en apariencia intrascendente o tremendista, fractura en seco y desde entonces el respeto que por la idea todavía débil de la supremacía constitucional y su acatamiento por gobernantes y gobernados prende, no sin dificultades, en la conciencia colectiva de los venezolanos durante los 40 años precedentes... [10],

3. Chávez abre su mandato "democrático", pues, incitando al desconocimiento de la Constitución vigente, violando impunemente y de modo particular sus artículos 4 (residencia de la soberanía en el pueblo), 52 (deber de acatamiento de la Cons-

---

8 *Historia inconstitucional de Venezuela (1999-2012).* Editorial Jurídica Venezolana, Caracas, 2012.

9 *Ibídem*, pp. 82-83.

10 *Ibídem*, p. 83.

titución), 117 (sujeción de los poderes públicos a la Constitución) y 250 (intangibilidad del orden constitucional) …[11],

4. Convoca unilateralmente un referendo consultivo para que el pueblo expresara su voluntad en relación a su propuesta de convocar una Asamblea Constituyente… Le pide al pueblo, además, que le otorgue a él la autoridad para fijar "las bases del proceso comicial" correspondiente, permitiendo que la Asamblea a ser electa, amén de redactar la nueva Constitución, proceda *ómnibus totus* a "transformar el Estado y crear un nuevo orden jurídico" …[12], y

5. Se consuma de tal modo y por obra de "la revolución bolivariana" en emergencia un evidente "fraude constitucional". Su conductor le da vida a un instrumento que desconoce las bases constitucionales vigentes sin que tenga lugar, anticipadamente, la sustitución de las mismas por otras nuevas y a través de los medios constitucionales entonces permitidos…[13].

Jesús María Casal,

Consultor Jurídico de la Asamblea Nacional,

*Profesor de Derecho Constitucional de la
Universidad Católica Andrés Bello*

*Miembro de la Academia de Ciencias Políticas y
Sociales de Venezuela...*[14]

El joven y destacado jurista nos aporta las ideas siguientes:

1. La Constitución es un instrumento al servicio del consenso,

2. Está al servicio de la democracia y del pluralismo,

3. Ha de elaborarse con tal amplitud que todos, o la gran mayoría, la sientan propia,

---

11 *Ibídem.*

12 *Ibídem,* p. 84.

13 *Ibídem.*

14 *Constitución y Justicia Constitucional,* UCAB, Caracas, 2010.

4. Debe guiar el proceso político, pero no determinarlo,

5. Impone ciertas reglas o principios, pero permite la apertura de la discusión política, y

6. En consecuencia, no puede concebirse la Constitución como un programa político o económico a ser ejecutado.

El académico también acota:

1. Indudablemente en 1998 había una grave crisis del sistema político,

2. Los partidos políticos desacreditados notoriamente,

3. A su desmoronamiento coadyuvó la preeminencia de la élite partidista o *cogollocracia*, el bloqueo al relevo generacional, los dictados de la referida élite a la institucionalidad democrática y judicial,

4. La sociedad reclamaba mayor participación, y

5. Los sectores más vulnerables fueron visiblemente abandonados.

Acopiando adecuadamente lo que Casal sostiene observamos ciertas afirmaciones que son interesantes a los fines del presente ensayo, a saber[15]:

a) La primera víctima del proceso constituyente de 1999 fue el principio del Estado de Derecho,

b) El pueblo escritura la nueva Constitución mediante sus representantes en la Asamblea Constituyente, pero ello no implica que pueda ignorar la vigente,

c) Durante la vigencia de una Constitución tanto el pueblo como las instituciones están subordinados a ella,

---

15 *Proceso Constituyente, Constitución y Justicia Constitucional*, Anuario de Derecho Constitucional, UNAM, México, 2010.

d) El proceso constituyente venezolano de 1999 es un ejemplo de conflicto potencia entre el Estado de derecho y la soberanía popular,

e) El proceso constituyente tiene límites, a pesar del carácter previo o ilimitado que se le atribuye al poder constituyente, mismo que sólo puede explicarse desde la óptica fáctica, y

f) La preponderancia de lo fáctico sobre lo jurídico no permaneció en la ANC, sino que trascendió y se profundizó hasta la actualidad.

José Amando Mejía...

Doctor en Derecho de la Universidad de Paris...

Profesor de Derecho Constitucional
de la Universidad Central de Venezuela y de la
Universidad Metropolitana de Caracas...

Observemos:

Estas apreciaciones relacionadas con el desequilibrio que actualmente afecta a los poderes públicos, pero sucedáneamente colectivo y de una diversidad de dañinas ramificaciones, entre ellas las sociales, espirituales y humanas, cuya fuente no es otra que *"el engaño constitucional"* adelantado y que tipifica una intencionada, malévola y ya descarada tendencia dirigida al desconocimiento por parte de una minoría gobernante de mantener represada la voluntad soberana que expresara el pueblo el 6 de diciembre de 2015, al elegir a la una Asamblea Nacional integrada por diputados democráticos y en mayoría ante los os seguidores del pseudo socialismo que vendió Hugo Chávez como un tutor, mecenas y benefactor a las masas desposeídas de educación, cultura y hasta disposición, pero principalmente afectadas por una miseria in crescendo que no se atendió adecuadamente durante las 4 décadas de la democracia representativa estipulada en la Constitución de 1961. Pero lo más triste, lamentable y desesperante es que ello se hace en una crasa transgresión de la propia del Texto Constitucional vendido como panacea para resolver los males de la representación popular enquistada en las células más impenetrables de la partidocracia y sin ni siquiera imaginar más cónsona con nuestra idiosincrasia. Estas palabras nos animan para que incorporemos a este ensayo al lado de los juristas mencionados al:

Quien plantea la necesidad que la Asamblea Nacional desconozca a la Sala Constitucional del Tribunal Supremo de Justicia, su autoridad y decisiones. A la luz de una primera apreciación, podría parecer una acción parlamentaria enérgica y radical, pero el profesor Mejía ampara su propuesta en la fuerza y poder constituyente del que goza la Asamblea, por reunir a los representantes del pueblo, único titular del referido poder. Es por ello que procedemos a detallar algunos apuntes del mencionado autor, para justificar su propuesta, a saber:

1. La Sala Constitucional con el fin de desconocer la nueva realidad política venezolana, ha utilizado su poder jurisdiccional para limitar a la AN con sentencia que desconocen su legítima conformación y sus potestades,

2. La referida Sala, que califica como "chavista", se erige de hecho sobre un poder por encima de la Constitución, ajustándola a sus interpretaciones,

3. Pretende desconocer la nueva mayoría expresada en los comicios del 6 de diciembre del 2015 con la arbitraria serie de sentencias dictadas luego de la instalación de la AN el 5 de enero de 2016,

4. Existe una evidente contradicción entre las sentencias de la Sala Constitucional y el texto de la Constitución,

5. Se trata de fallos bárbaros e inconstitucionales que impiden a la Asamblea Nacional ejercer sus funciones propias, en especial las de control,

6. La Sala Constitucional violó la Carta Magna al quitar y arrebatar la fuerza normativa de la Constitución.

Las afirmaciones de Mejía se contraen, por tanto, a la legitimidad del Poder Legislativo para desconocer, en el marco de la Constitución, a la Sala Constitucional del Tribunal Supremo de Justicia, con fundamento en:

1. El artículo 5 de la Constitución establece que la Soberanía reside en el pueblo, quien la ejerce directamente o a través de sus representantes,

2. La Carta Magna de 1999 estatuye la intervención del poder constituyente del pueblo, como garantía de la protección de la Constitución,

3. La Asamblea Nacional, como cuerpo integrado por los representantes legítimos del pueblo, ha de desconocer a la Sala Constitucional por transgredir reiteradamente el Texto Fundamental,

4. La Sala Constitucional no es soberana como pretende serlo, sino que debe ajustarse a la Constitución y no pretender apoderarse del poder constituyente del pueblo,

5. La Asamblea Nacional tiene la obligación de defender y proteger la Constitución, por lo que tiene el deber de desconocer al órgano que le impide el ejercicio de sus competencias constitucionales,

6. No se trata de destituir a los miembros de la Sala, sino de desconocerla conforme a lo previsto en la Constitución. No se trata de separar de su cargo a los magistrados, sino de no aceptarlos, ni acatar su autoridad,

7. Los artículos 333 y 350 de la Constitución habilitan al pueblo y éste a sus representantes para que desconozca a los órganos del Poder Público que se aparten de ella,

8. La soberanía constituyente se convoca para organizar la defensa de la Carta Magna frente a quienes la ignoren o transgredan,

9. El desconocimiento constituyente de una autoridad se encuadra también en el derecho comparado dentro de la denominada "teoría de la resistencia frente al poder injusto",

10. La propia Sala, con su proceder, generó la pérdida de su jurisdicción, por lo que, una vez desconocida por la AN y el pueblo, no puede ejercer potestad pública alguna, y si lo hace, sus actos serían nulos, conforme a lo previsto en el artículo 138 de la Constitución,

11. La Asamblea Nacional puede y debe desconocer la Sala Constitucional, actuando como órgano integrado como cuerpo legislador por representantes recientemente electos por el pueblo,

12. La oposición democrática que dirige el Poder Legislativo ha actuado en todo momento en armonía con la Constitución, y ha de considerar la utilización de los mecanismos más extremos que ella prevé para su protección,

13. Si la Asamblea Nacional no toma la decisión de no acatar las decisiones y fallos de la Sala Constitucional y permite que prosiga limitando sus funciones, se convertirá en un poder público que colaborará de forma pasiva con la dictadura, y

14. Esta propuesta será el detonante parar sincerar la crisis política evitando un derramamiento de sangre y lograr la normalización definitiva de ésta a través de un referendo popular constituyente que transforme la actual Asamblea Nacional en una Constituyente.

4. *Derecho a indignarse*...[16]

Algunas veces la distinción de la fuente y lo que ella produce se integran en un único proceso, como sucede con la Teoría Constituyente y la Constitución, amalgama saludable para la armonía de los pueblos, lamentablemente con algunas excepciones como el calificado *"socialismo del Siglo XXI"* en el cual la apropiación indebida de la Carta Magna emerge de los gobernantes, legisladores y titulares de los poderes públicos, incluyendo a aquellos encargados de aplicar mediante pautas torcidas la Ley de Leyes y el ordenamiento normativo secundario que de ella dimana. El desconcierto institucional conjuntamente con el social por zumbar al basurero las reglas constitucionalmente concordadas, se ampara asimismo en la actitud de los propios ciudadanos, mucho más cuando actúan como simples pobladores.

En el país, donde esto ocurre desproporcionadamente han existido 3 episodios derivados de iniciativas democráticas, en algunos con más

---

16 Guerra, *El Universal*, junio 3, 2016, Digital.

seriedad que en otros. Los 2 primeros los norman los pactos sociales constitucionales de 1947, para poner término al caudillismo hereditario nacido en las montoneras, pero que fue perfilándose con la asistencia de la intelectualidad plegada al dictador, por lo menos, como una forma jerarquizada para mandar con bastón en la mano. El segundo encuentra su legitima representación en la Ley de Leyes de textura democrática de 1961 bajo la cual gobernantes, militares y civiles nos hicieron pernoctar en 4 décadas de equilibrio social. Esta es la convicción de Luis Pulido, quien no obstante haber terminado el 3er año de educación secundaria, a través de una definida vocación por la lectura pasa a ser un *"autodidacta"*, carácter con el cual se le contrata en la universidad donde enseña. Fue además, parlamentario y hoy analista de los pactos sociales.

El tercer intento de una amalgama productiva entre Teoría Constituyente y Texto Fundamental se plasma en los 350 artículos, una única disposición derogatoria, 18 transitorias y una final que integran *"el fallido intento de Pacto Social Superior"* de una Asamblea Constituyente el 17 de noviembre de 1999, cuyos capítulos, subcapítulos, parágrafos, párrafos y preceptos, el régimen a lo largo de una década y 7 años ha sustituido por otro, el que a su interés se aplica. Esto es, todo lo contrario a *"la Teoría Constituyente, su Tendencia y el Acuerdo"* que las plasma, bastando para corroborarlo un simple señalamiento de los fines esenciales del referido régimen: 1. La vida, libertad, justicia, solidaridad, igualdad, democracia, responsabilidad social, derechos humanos, ética y pluralismo político, 2. La defensa y desarrollo de la persona, dignidad, ejercicio democrático, sociedad justa y amante de la paz, prosperidad y bienestar del pueblo y 3. Gobierno democrático, participativo, electivo, descentralizado, alternativo, responsable, pluralista y revocable. Con ellos se ha cometido un fraude evidente, tan extremo que es inescrutable.

Es ante esta situación que Don Luis acude a sus aquilatados conocimientos para plantear con coraje que ha de acudirse al *"derecho a la indignación, protesta y rebelión"*, potestad soberana legitima que favorece la insurrección y demanda como lo planteó Hessel una democracia real, valores éticos, justicia y libertad. Plantea asimismo que para conformar lo que el autodidacta nombra *"la triada de la indignación"*, a Hessel se suman José Luis Sampedro censurando que a la libertad no la acompaña la igualdad, ni la fraternidad, así como Nicanor Parra para quien indignarse ante las injusticias contribuye a reconocernos como humanos. Aminora el individualismo, creando un lazo con el contexto histórico al cual pertenecemos.

El desencanto del analista Pulido se produce al sentirse desorientado en una diversidad de encuentros, en los cuales la única agenda es que al desastre hay que ponerle fin, pero de conformidad con la aplicación matemática de las vías constitucionales, o sea, dialogo y reconciliación, renuncia del Primer Magistrado, destitución, reducción del periodo presidencial por enmienda, revocación del mandato y nulidad de la proclamación del actual Presidente por doble nacionalidad. Se le esgrime de igual manera la aplicación de la Carta Democrática Interamericana, que sin duda afectaría la credibilidad del gobierno en la Comunidad de Naciones. Su desesperanza lo lleva a conversar con la politóloga Elvira González, alumna de Hessel y aupadora activa en la Primavera Árabe, de donde sale dispuesto a plantear en la prensa que la dirigencia política ha de embraguetarse con la única opción que le ha dejado el gobierno, la cual no es otra que la de tomar la calle para forzar el cambio que se demanda. En la despedida Elvira pregunta ¿Parirá Venezuela a otro Rómulo Betancourt?

Luis agrega "Habrá socialismo hasta el 19. No tengo dudas.

Pero Elvira se propone aquietarlo leyéndole, después de persignarse, en el Diccionario Teológico[17] que como buena practicante del catolicismo ha convertido en su libro de cabecera, que *"la fe acoge la revelación de Dios en Jesucristo"*.

Lo abraza manifestándole que debemos mantenerla. Pues la esperanza es lo último que se pierde.

Luis decide pasar por el parlamento para proseguir aconsejando a sus excompañeros diputados de las alternativas para rescatar la democracia y el estado de derecho.

---

17 Diccionario Teológico Enciclopédico, Cuarta Edición, Editorial Verbo Divino. Navarra, España, 2003.

Pero de allí regresa al rato a casa de la politóloga Elvira de González para que le lea nuevamente lo que es la fe. Lamentablemente no le consigue.

Es así como se propone con la autorización del profesor Tulio Álvarez editar el fascículo que denomina *"El Abecedario de Tulio"*, convencido de que será una metodología practica para entender para entender *"qué es una Asamblea Constituyente"*. Doña Elvira lo felicita, ofreciéndose como colaboradora.

Ante las dificultades a que se ha hecho referencia en párrafos anteriores a los fines de conformarnos los países latinoamericanos como Estado-nación y consecuencialmente sociedades reales, pareciera aconsejable un régimen de píldoras constitucionales para probar si alimentándonos con ellas pudiéramos conformarnos a los pactos sociales que ya tantas veces hemos escrito. Es por ello que se considera oportuno referirnos al *"Abecedario de Tulio"*, que hemos extraído de un serio estudio del profesor de derecho constitucional y exdiscípulo Tulio Álvarez.

5. *El Abecedario de Tulio...*[18]

En el estudio del régimen jurídico de las obligaciones se examinan las presunciones y que en el Tomo II de la Vigésima Primera Edición del Diccionario de la Lengua Española[19] se definen como *"cosa que por ministerio de la Ley se tiene como verdad"*, pero distinguiéndose también dos categorías:

1. *La presunción de hecho y de derecho*, como aquella que tiene carácter absoluto o preceptivo, en contra de lo cual no vale ni se admite prueba, y

2. *La de ley, solo derecho,* que se reputa verdadera, en tanto que no exista prueba en contrario.

Los ductores de la lengua materna de los venezolanos recogen así lo que nos explican en clases de obligaciones, como la presunción *iure*

---

18 Tulio Alberto Álvarez, "La Constituyente: Todo lo que necesita saver", *Los libros del Nacional*, Editorial CEC, Caracas, 1998.

19 Real Academia Española, Madrid, 1992, p. 1663.

et de iure y las calificadas como *iuris tantum*. Preguntémonos entonces si se habrá convencido el doctor Álvarez que necesitamos el régimen de píldoras al que se hace alusión remedio para alcanzar el nivel cultural que la obediencia constitucional demanda. No es de descartar que Álvarez acucioso como es haya leído a Guillermo Cabanellas[20] para quien constituyen un medio de prueba inatacable algunas veces y susceptible de contraria demostración en otras. De ser esta la presunción, que para algunos es *iuris tantum* y para otros *iure et iure*, pareciera no haber dudas con respecto a la utilidad del referido **"*Abecedario"*.** Tengámoslo presente:

a. *¿Qué es la Constitución?*

Es la norma fundamental de organización del Estado. Tiene una jerarquía superior, en relación con las otras normas del ordenamiento jurídico, por crear el procedimiento de formación de la ley y otros actos normativos e, inclusive, por crear a los mismos órganos de los cuales emanan esos actos. En consecuencia, cuando cualquier hecho, acto u omisión contradice una disposición constitucional o los principios en ella implícitos, se atenta contra el sistema jurídico considerado como un todo,

b. *Es organización...*

En toda sociedad hay relaciones de poder y estructuras que responden a ellas. Quizás por tal razón, la primera noción de Constitución se identifica con la formación u organización del Estado mismo. Cada sociedad tiene una organización y una estructura determinadas por relaciones de poder, aun cuando se trate de la más elemental manifestación de autoridad,

c. *Es orden social...*

En ella, también, surgen diversas normas que establecen un cierto orden social. La primera noción de Constitución se identifica con la organización social, luego con el Estado mismo. Pero la respuesta no puede ser tan sencilla,

---

20 Diccionario de Derecho Usual, Editorial Heliasta SRL, Buenos Aires, 1976, p. 369.

d. Es resultado de un proceso histórico…

Es producto de un proceso histórico. Desde la identificación entre Constitución y organización estatal, cualquiera sea su tipo, hasta la convicción de que esa organización cumple un fin y cometido determinados, se ha producido un largo recorrido. Si analizamos el desarrollo de la humanidad nos encontramos con la historia de la injusticia y la arbitrariedad. En algún momento de esa historia, el hombre comenzó a racionalizar su relación con la sociedad y la autoridad, en ella siempre existente.

e. ¿Qué es el constitucionalismo?...

Ante todo es un proceso histórico, político y social. No se agota con la creación de una Constitución en forma originaria. Todo proceso implica un elemento dinámico con un trasfondo de cambio. Como primera precisión, el constitucionalismo es un proceso. Es un fenómeno político que surge en el momento de la historia cuando la racionalidad se impone a la ilegitimidad en el ejercicio del poder político. Deja de ser ese ejercicio un fin en sí mismo y se convierte en el mecanismo de superación de un estadio agotado en la historia de la humanidad. Para poder comprender el real sentido de las instituciones, debe analizarse el contexto en que fueron creadas. Al analizar la evolución de los textos constitucionales se pretende descifrar las transformaciones derivadas de los conflictos sociales que se presentan como una dialéctica establecimiento - decadencia - regeneración y que marcan los ciclos histórico-políticos. Este proceso de transformación puede ser definido como constitucionalismo.

f. Constitucionalismo formal y constitucionalismo material…

Para entender el concepto de Constitución hay que diferenciar su contenido, la materia constitucional, de la formalidad de los procesos de formación. Dentro de los criterios para definir la Constitución, suele diferenciarse el sentido formal del material. El primero está referido al proceso de elaboración de las normas constitucionales que, en la mayoría de los sistemas como el nuestro, debe ser distinto al de las leyes. Tal formalidad tiene como consecuencia la jerarquía superior de la Constitución. El sentido formal no abarca el caso de las Constituciones no escritas y presupone el tipo rígido de Constitución. El segundo aspecto está referido al contenido de la Constitución. Este criterio reviste una gran utilidad en los estados sin Constitución escrita, ya que toda norma jurídica que tenga "contenido constitucional" debe considerarse integrando la Constitución en sentido material. No todas las normas que regulan la materia constitucional están contenidas en la Constitución formal, concebida como instrumento escrito que emana de acuerdo a un procedimiento.

g. La constitución es un sistema...

Es la norma del ordenamiento jurídico más influenciada por los hechos sociales, políticos y culturales. No se puede prescindir, en su interpretación, de estos elementos. Más allá, las instituciones en ella contenidas deben responder a la realidad de la sociedad que pretende ordenar.

h. Interpretación...

La interpretación de las normas jurídicas, y de las constitucionales en especial, no debe limitarse a captar el sentido de los preceptos expresamente contemplados en las leyes y la Constitución, sino que debe estar ordenada por los principios y valores sustantivos, como los máximos de igualdad, libertad y justicia, que deben marcar un sistema definido como constitucional. La articulación de principios y reglas facilitará la comprensión de la Constitución como un sistema interno con una lógica propia que se deriva de la especial materia regulada.

i. Instituciones y sistema...

Las instituciones contenidas y reguladas en la Constitución están interrelacionadas con el sistema político, el sistema social y el sistema cultural. En muchos casos, una misma institución pertenece a varios sistemas; razón por la cual un cambio en el sistema constitucional tiene un reflejo inmediato en la sociedad. Pero también, en sí misma, por ser un sistema, la Constitución tiene elementos: las instituciones políticas. Estas no pueden reformarse, individualmente, sin que haya un efecto en las otras y en el funcionamiento de todo el sistema. De ahí lo delicado de acometer un proceso de reformas parciales sin tener claro el objetivo final.

j. El poder constituyente...

Es excepcional. Su objetivo es la creación o la modificación de una Constitución. La connotación de su actuación se deriva de la posibilidad de modificar íntegramente el sistema político. Al establecerse límites a ese poder de revisión pueden producirse conflictos de difícil solución.

k. No está subordinado a ninguna regla de forma o de fondo...

Es un poder inicial, autónomo y omnipotente. Es inicial porque no existe, antes de él, ningún otro poder de hecho o de derecho. Es en él donde se sitúa, por excelencia, la voluntad del soberano. Es un poder autónomo: a él solo le compete decidir la forma y el modo en que debe darse una Constitución a la nación. Es un poder omnipotente, incondicionado,

l. Supremacía...

La Constitución emana de un poder constituyente con jerarquía superior a los poderes por ella constituidos; de ahí se deriva su supremacía. El poder constituyente ha sido definido como "la facultad inherente a toda comunidad soberana a darse su ordenamiento jurídico-político fundamental originario por medio de una Constitución, y a reformar ésta total o parcialmente cuando sea necesario".

m. Materialización del poder constituyente...

Surge de esta forma la convicción de que el poder constituyente se materializa y actúa, además en el momento en que se dicta la primera Constitución, en cada ocasión en que se modifica el texto constitucional, independientemente de la magnitud del cambio.

n. Originario y derivado...

El poder constituyente tiene una entidad jurídica especial por el fin que persigue la actividad que ejerce. En efecto, al dictarse la primera Constitución se está creando el ordenamiento jurídico total del Estado, perfilándose como origen de los demás poderes. Sin embargo, se ha tratado de restarle valor a la actuación del poder constituyente cuando actúa modificando una Constitución preexistente, creándose la distinción entre poder constituyente "originario" y el "instituido", "constituido" o "derivado". En realidad, cuando se crea o modifica la Constitución, se produce una situación extraordinaria en la que existe y actúa un poder supremo y superior a cualquier otra autoridad.

o. EL Poder Constituyente y el Constituido...

El hecho de que ya existan poderes constituidos, cuando se modifica una Constitución, no es suficiente argumento para afirmar que no opera el poder constituyente. La Constitución, como resultado del poder constituyente originario, sólo puede ser modificada con el ejercicio del mismo poder constituyente. Cualquiera que sea la magnitud de las reformas que se quieran ejecutar, sea total o parcial, la modificación debe realizarse según las reglas fijadas por la misma Constitución que se trata de modificar. Sin embargo, la experiencia nos dicta que por vía de los acuerdos políticos o en ocasión de los procedimientos constituyentes de orden extrajurídico, como la revolución y golpe de Estado, se obvian estos procedimientos.

p. Diferencias... Poder Originario y Derivado...

La diferencia entre poder constituyente originario y poder constituyente derivado radica en que el primero es soberano y reside en el pueblo, como elemento existencial del Estado, y el segundo opera por el accionar de los poderes constituidos por la misma Constitución que se pretende modificar. Existen entonces dos poderes diferenciados, el primero originario y un poder, también considerado como constituyente, de modificar la Constitución vigente según reglas y procedimientos en ella instituidos. El poder constituyente originario reside siempre en el pueblo y, por ello, permanece fuera de la Constitución. Ningún poder de revisión lo podrá regular; en ningún órgano o poder creados por la Constitución podemos encontrar su conformación político-normativa. Permaneciendo fuera y sobre la Constitución se comprende que él no sea un poder vinculado por la Constitución. En cambio, los poderes constituidos se mueven dentro del cuadro constitucional creado por el poder constituyente.

El poder de revisión no puede depender exclusivamente de los usufructuarios del sistema político que se quiere modificar. Utilizar a la Constitución contra sí misma, obstaculizando los cambios mediante el mismo mecanismo que ella establece, es un fraude constitucional.

q. Factores…

Aun cuando nos sentimos obligados a enfocar el problema del poder constituyente desde el punto de vista estrictamente jurídico —lo que implica partir de la aceptación de las reglas que establece la Constitución vigente con miras a su revisión—, no podemos dejar a un lado los factores económicos, políticos y sociales que inciden en el proceso constituyente. La naturaleza misma de los temas, que pueden ser calificados como materia constitucional, nos permite afirmar que la iniciativa y la materialización de la revisión no pueden depender exclusivamente del individuo o factor de poder que, en un momento dado, determina la voluntad del órgano al cual la propia Constitución ha conferido la función constituyente.

r. Para el caso venezolano…

En el caso venezolano, la Asamblea Constituyente, que es sólo una vía más de modificación de la Constitución, puede ser el mecanismo idóneo para superar los obstáculos.

s. Constituciones flexibles y rígidas…

La diferencia entre una Constitución flexible y una Constitución rígida es elemental. Si se establece un mecanismo de modificación de la Constitución distinto al proceso de formación de la ley ordinaria, independientemente del grado de dificultad que se establezca, la Constitución es rígida. Si el procedimiento de modificación es el mismo, la Constitución es flexible.

t. Una constitución rígida…

La rigidez de una Constitución puede ser, mayor o menor, dependiendo de las dificultades o requisitos que se creen en relación con el procedimiento de modificación de las leyes ordinarias. En definitiva, de esta distinción depende el lugar de la Constitución dentro del orden jurídico. Es importante destacar que la rigidez no implica inmutabilidad de las normas, ya que la Constitución debe adecuarse a las nuevas realidades sociales. Este es, precisamente, el primer problema que se ha planteado en relación con la revisión constitucional: la posibilidad misma de realizar modificaciones al texto fundamental. Las razones de admitirla se pueden encontrar:

a)   en que una generación no puede pretender someter a sus reglas y visión del mundo a las generaciones futuras; y

b)   instituir la inmutabilidad constitucional puede provocar los mecanismos extraconstitucionales. Algunas Constituciones prohibían expresamente su modificación. Tal situación no impidió que se produjeran los cambios.

u.   Límites del poder constituyente...

Ha sido una práctica constante, verificable en el Derecho comparado, que los textos constitucionales impongan límites al poder de modificar la Constitución.

La Constitución de Venezuela (1961) no establece la prohibición de modificación en ciertas materias. José Afonso da Silva diferencia las limitantes del poder de reforma en tres grupos:

t.1 temporales: cuando se establece un límite de tiempo en el cual no se puede realizar la modificación.

t.2 Circunstanciales: señala el caso de la imposibilidad de proceder a modificar la Constitución estando en vigencia el estado de sitio, o en los casos de intervención federal, específicamente la Constitución brasileña. En ciertas circunstancias excepcionales (estado de guerra, estado de sitio, estado de emergencia), situaciones de anormalidad constitucional que pueden resultar en presiones o imposiciones de alteraciones constitucionales, limitando la libertad de deliberación o decisión del órgano representativo, se prohíbe la revisión de la Constitución.

t.3 Materiales: señala la aguda controversia que plantea la pregunta: ¿Puede el poder de reforma alterar cualquier dispositivo constitucional o hay ciertos dispositivos que no pueden ser objeto de enmienda o revisión? Para solucionar esta pregunta la doctrina crea la diferenciación entre limitaciones materiales explícitas y limitaciones materiales implícitas. Las primeras implican que el constituyente originario excluye en forma expresa determinadas materias.

v.   Previsión del abuso legislativo...

Con el fin de evitar que el legislador ordinario tenga una Constitución a su completa disposición, se establecen ciertos requisitos dirigi-

dos a obstaculizar que mayorías parlamentarias circunstanciales ejerzan el poder de revisión para amoldar la Constitución a sus particulares intereses. Para ello se exige la renovación de los integrantes del órgano legislativo a través de elecciones.

w. El dilema de 1998…

En Venezuela no se prevé la figura de la Asamblea Constituyente para modificar la Constitución (1961). Sólo se establece la diferenciación entre enmienda y reforma. El criterio para determinar cuándo procede una u otra es eminentemente político ya que el propio Congreso, de acuerdo a la mayoría circunstancial, define cuándo un cambio es coyuntural o de fondo.

x. Evolución histórica de la Asamblea Constituyente en Venezuela…

En nuestro país ha habido numerosas modificaciones de la Constitución por circunstancias y motivaciones eminentemente personalistas. Pocas son las Constituciones que responden a un proceso constituyente. Hemos refundado la República en diversas oportunidades, en su mayoría los modelos asumidos duraron poco tiempo. Hablar de una evolución histórica de la Asamblea Constituyente implica partir del hecho de que existe una especie única de Asamblea Constituyente, lo cual no es cierto.

y. Los procesos constituyentes en América Latina…

La jerarquía de la Constitución, en sistemas como el nuestro, se deriva del procedimiento especial que se sigue para su formación y del carácter extraordinario que cumple el órgano del cual emana. Los procesos constituyentes nos demuestran que la diferencia entre poder de revisión, referido a la modificación según las pautas que la misma Constitución dicta, y el poder constituyente, actuante en virtud de las circunstancias políticas, es válida. El hecho de que algunos procesos constituyentes se hayan cumplido al margen o en contra de la Constitución reformada no le ha restado validez a la nueva Constitución. Los nuevos sistemas existen, a pesar de ese hecho.

z. La asamblea constituyente en la crisis venezolana...

La Asamblea Constituyente es el tema obligatorio en las elecciones de 1998. Algunos candidatos la han hecho parte de su programa político. Tienen derecho a ello. Para asegurar la eficiencia de las instituciones reguladas en la nueva Constitución debe garantizarse la efectividad de los mecanismos de representación popular, el pluralismo y el respeto a las normas de discusión parlamentaria. Un mecanismo interesante podría ser el desarrollo de leyes constitucionales de organización del Estado.

6. Particularidades consideraciones...

Luis Crisóstomo Ramírez y Aurora Tomasa Zapatero...[21]

Al preguntarse qué es una Asamblea Constituyente se contesta que *"para hacer una Constitución"*, premisa que ha asumido la dirigencia política.

Juan Crisóstomo Ramírez, quien piensa crear un partido con el lema *"Dentro de la Constitución todo, fuera de ella nada"* consulta el tema a Aurora Tomasa Zapatero, de ascendencia española, educada en Salamanca pero que elabora su parecer conforme al criterio de venezolanos que vivieron la experiencia constituyente de Hugo Chávez en el otrora prometedor 1999. Allan Brewer Carias, quien puntualiza:

1. Una Constituyente es para hacer o rehacer el Estado mediante un acuerdo político de largo alcance y por partidos democráticos sólidos,

2. Para la convocatoria constituyente del 98 los partidos existentes no eran aquellos que representaban la soberanía popular, y

3. En un momento de crisis terminal de gobernabilidad, no hay otra forma de reconstituir al sistema político que no sea mediante una convocatoria al pueblo. Ramírez concuerda con Brewer, exiliado del país.

Aurora Tomasa demanda de Juan Crisóstomo, a quien llama Juancho, tomar en cuenta también las acotaciones de Jesús María Casal,

---

21 Guerra, *El Universal*, Caracas, Junio 11, 2016

Consultor Jurídico de la AN, visualizando que sus comentarios concienticen a Henry Ramos y que con el poder que detenta influya en la oposición con respecto a una Constituyente. Por lo que remarca lo que Jesús María ha escrito:

1. La constitución debe de estar al servicio del acuerdo y del consenso, de la democracia y, por tanto, del pluralismo en que ésta se sustenta,

2. Ha de ser elaborada de modo que la sintamos como propia, y

3. Una vez aprobada debería guiar el devenir político.

También se puntualiza que "ha de aceptarse que las condicionantes que determinaron la Asamblea Constituyente del 98, no solamente perviven, sino que, con mayor agudeza, revelan:

1. No hay Estado, por lo menos en el sentido de la eficiencia,

2. Del gobierno queremos salir,

3. La paz colectiva brilla por su ausencia,

4. Somos un pueblo anarquizado,

5. La anomia nos arropa. Considero, por tanto, acordona Aurora, que es impostergable que nos recompongamos, redefinamos y rehagamos y la vía no es otra que una Asamblea Constituyente. Tal vez termine siendo otro intento como lo hemos tenido a lo largo de nuestra historia. Pero probar es de sabios.

En sobre con la mención *"Personal. A sus manos"* constata Juan Crisóstomo que Aurora Tomasa le ha escrito de su puño y letra una nota a Casal que Juancho arbitrariamente lee *"Querido Jesús María, estamos en peores condiciones que en el 98, por lo que convocamos la Asamblea Constituyente para reconstituir a la nación o nos la convocarán y esa sería otra historia, tal vez peor que los últimos 17 años"*.

"El parecer de Aurora" prosigue con el criterio de la profesora Hildegard Rondón de Sanso, por quien siente una particular admiración. De su ensayo *"La Asamblea Constituyente en Latinoamérica"* toma estas ideas:

1. Cuando mencionamos nuestras constituciones estamos hablando de la formación y vida político social,

2. La mayoría de Textos no han contenido efectivas transformaciones, bien por su breve duración o porque han sido un disfraz para la hegemonía de un caudillo, y

3. La conveniencia de que las propias constituciones prevean mecanismos para su adecuación al pacto social como lo hace acertadamente la del 99 contemplando una Constituyente para la restructuración del Estado.

Juancho plantea a Aurora:

1. Si el nacimiento, desarrollo y consolidación de los pactos sociales está supeditado al nivel cultural de los pueblos y a su seriedad, disciplina y vocación a morar bajo pautas sensatas de comportamiento,

2. Asimismo como evitar la ambivalencia entre la soberanía de la cual el pueblo se desprende cediéndola a gobernantes, legisladores y jueces,

3. Si se desnaturaliza la ecuación lo más igualitaria posible entre el soberano y esa minoría gobernante una vez que se le elige y a la cual queda supeditado, y

4. En qué medida es racional pretender garantizar el susodicho equilibrio a través de la consulta popular.

Adiciona, además, que está consciente que desviaciones menores suelen ser objeto de enmiendas y reformas, pero el desbarajuste que sacude a Venezuela impone una aclaración integral, comenzando por preguntarnos quiénes somos y si necesitamos constitución o no. Ramírez con su misiva agrega un párrafo que atribuye a Nicola Matteucci *"Justamente para poner límites al poder del gobierno se habla de una Constitución fiscal ante la necesidad de vigilar la administración de la economía, impidiendo un retiro excesivo del ingreso para tener un balance equilibrado y combatir la inflación. Ese Texto ha de prescribir la necesidad de mayorías calificadas".* Esto ha de serte suficiente para que expreses tu concordancia.

Abatido por las dudas de si las consideraciones serán entendidas, Ramírez quema los estatutos del Partido, fallece al año, pero escribe *"no me manden las nuevas constituciones al cielo, ni al infierno".*

Nos toca ahora la difícil tarea de formular las acotaciones finales de este ensayo, que ha tenido la ambición de un análisis integral de la Teoría Constituyente, la tendencia que postula, la Constitución donde literalmente se escritura y las vicisitudes que confrontamos lo humanos, que son numerosas, para alcanzar las metas de igualdad social, estabilidad política y libertad. Se convierten en enemigos de *"la Teoría"* y sus postulados la cual suele quedar en muchos países como papel escrito que no se aplica.

XVI

LA NACIÓN DEBATE...
LA TEORÍA CONSTITUYENTE...

Petra Dolores es partidaria de un debate nacional con respecto a *"la Teoría Constituyente"*, a fin de examinar la racionalidad de lo que una Asamblea Constituyente acopia en una Constitución con el propósito de estatuir, con plena conciencia, confianza y sin contradicciones, el sendero a observar por Venezuela para que se encamine a una sociedad respetable y respetada, tanto por sus gobernantes y gobernados, así como en la comunidad de naciones, esto es, en el escenario internacional.

Ese debate ha de denominarse:

*"LA ASAMBLEA NACIONAL Y
LA CRISIS DE VENEZUELA"*

Pues, se impone tomar en cuenta, como debido, las elecciones parlamentarias del 6 de diciembre de 2015 y la conformación de una Asamblea Nacional integrada mayoritariamente por diputados democráticos. La proponente insiste que se tenga lugar en el seno la propia Asamblea Nacional, por lo que solicita un derecho de palabra a la Presidencia, el cual le es concedido, acordándose para honrar a la gesta democrática del 23 de enero de 1958, que se realice ese día, a las 11 am. La moción de la Presidencia de la Asamblea fue aprobada por la totalidad de los votos de los diputados opositores.

Los del gobierno salvan el suyo calificando al debate de inútil, politiquero y subsumido en la estrategia de larga data de derrocar al régimen.

Abandonan el hemiciclo como en toda ocasión en la cual intuyen un análisis de cómo se gobierna, sin importarle la objetividad del mismo.

1. *El discurso de la analista…*

LA ASAMBLEA NACIONAL Y LA CRISIS DE VENEZUELA

Señor Presidente,

Señores Parlamentarios,

He solicitado un derecho de palabra ante la Asamblea Nacional electa por el sufragio popular el 6 del pasado mes de diciembre, angustiado por la crisis que afecta a los venezolanos consecuencia de 17 años de un gobierno equivocado, tanto en la conducción del proceso político, como en el manejo de la economía y la problemática social.

Un daño desproporcionado se ha causado y es imperativamente necesario adelantar medidas para evitar que el desastre prosiga, las cuales no pasan por conversaciones y diálogos con el gobierno, pues muchas son las evidencias que revelan que este último a ello se opone. O cuanto menos, no le interesa. El Presidente y sus colaboradores no creen en otra cosa sino en el ejercicio hegemónico del poder y en su propio provecho.

Al país se le gobierna sin Constitución, pues la promulgada en 1999 más que aplicarse se ha desaplicado, creándose en paralelo una autocracia que desconoce, entre otros aspectos inherentes a un sistema democrático, la soberanía popular, la separación de poderes, la legalidad, la honestidad en el manejo de los fondos públicos, el debido proceso y los derechos humanos. Mucho esperan los venezolanos de esta Asamblea Nacional, no pudiéndose desconocer voluntad, firmeza y consistencia de los diputados. Pero el tiempo transcurre y somos víctimas, entre otras variables, de hambre, ineficiencia en los servicios públicos, inseguridad y crimen. Un número asombroso de compatriotas moran en países extranjeros con la consecuente dolorosa división del hogar familiar y el sector privado arrinconado por la acción anárquica de un Estado propietario convertido en una especie de Leviatán criollo. Venezuela pues, respetados parlamentarios, vive una hecatombe, jamás vista a lo largo de su historia.

Entendemos que ustedes están conscientes de que el masivo sufragio de las elecciones decembrinas, constituyó una verdadera rebelión del pueblo democrática y pacífica, circunstancia que estamos compelidos a no olvidar y a tener presente que en el corazón de los venezolanos, sin distingo de clases, en la madrugada de ese día palpitó esperanzadoramente de que había llegado el fin de lo malo para empezar un ciclo bueno. Nunca he pretendido ser profeta, pero mi experiencia como política y luchadora social me induce a expresarles que los venezolanos hemos comenzado a impacientarnos. Pues espera de la soberanía de la cual ustedes son legítimamente depositarios las providencias trascendentes que el malestar nacional demanda. Sabemos que poco falta para completar casi un cuarto de siglo de martirio y sufrimiento, de limitación a nuestros derechos y de enajenación a la libertad.

Las circunstancias que sucintamente hemos resumido obligan a dictámenes transcendentales, imprescindibles, imperativos y obligatorios. Casi memorables y que nuestra sociedad requiere sin postergaciones, obviando inclusive análisis rigurosos de formalismos. No podemos continuar a merced de un Tribunal Supremo de Justicia que no tiene prurito alguno para actuar como apéndice del gobierno, pero lo más grave desconociendo la soberanía del pueblo representada por los diputados que integran esta Asamblea Nacional, en rigor, casi constituyente.

Esta asamblea de diputados está al tanto del proceso de desconstitucionalización puesto en práctica, tipificado en la existencia de un texto constitucional formal, pero en lo material con reglas opuestas a aquél escriturado. Saben ustedes, que la Patria deambula en medio de esa disyuntiva, por lo que el orden social esta tan anarquizado que hay que rehacerlo o tal vez, siendo más reales, generar uno nuevo. Llegó la hora de que nuestra Nación deje de ser una epistemología a merced de personajes mesiánicos que explotan la esperanza ante tantas desigualdades sociales bajo promesas y canonjías que si bien es cierto que alivian necesidades perentorias, convierten al ser humano en despojo de un populismo a ultranza. Los diputados decembrinos ganaron sus curules frente a un gobierno que ha mancillado los derechos individuales, entre ellos, uno de los más importantes para la convivencia democrática, nos referimos al sufragio, comprado durante casi un cuarto de siglo bajo la patraña de la prebenda de un régimen más que próspero dadivoso y por tanto dañino y con espíritu destructivo. Con la sola meta de la satisfacción caudillista de un primer mecenas, sustituido por la voluntad de éste por uno más mediocre.

Amigos de esta Asamblea, el pueblo angustiado espera de ustedes decisiones ejemplares, no comunes, ordinarias, ni habituales. El tema es serio y vuestra representación popular está en juego. Negarlo es desconocer la realidad. Pero lo más grave la democracia cada día más se nos aleja y la autocracia nos arropa ante pasividad, indiferencia y una quietud que nos induce a miramos los unos a los otros y a no entenderlo. Habremos perdido, en consecuencia, la posibilidad de indignarnos y de gritar ¡Ya basta! Pero en el mismo contexto indagamos en lo concerniente a cuál es el límite de nuestra pasividad. Sabemos que está a punto de desbordarse y con consecuencias lamentables.

Los atrevimientos han sido muchos, pero el de más reciente data tipificado en que la Sala Constitucional del TSJ, desconociendo la soberanía popular en ustedes representada ha usurpado el poder exclusivo de este parlamento, además, de implícito, escriturado en el artículo 339 de la Carta Magna, relacionado con el control político de la declaratoria de estados de excepción que por su propio nombre revela su intrínseca excepcionalidad. Lo ha hecho con un odioso fallo, contrario a las reglas de una Constitución formal, pero subsumido en la desaplicación de la misma, esto es, en la desconstitucionalización reinante. Y cuya responsabilidad es exclusiva de los 17 años de destrucción nacional.

El enriquecimiento ilícito vulgar, grosero, evidente y cuantioso consecuencia de un botín en monedas de todas las nacionalidades tirado a la calle y del cual se han aprovechado tirios y troyanos, funcionarios y negociadores con el régimen. No hay actividad en la cual el régimen haya tenido incumbencia donde no se distingan malversaciones del erario público. Inmensas fortunas se han hecho, pero además identificables, por lo menos, en lo que respecta a los ilegalmente enriquecidos. Esta asamblea de diputados electos democráticamente tiene, asimismo, la insoslayable responsabilidad de determinar responsabilidades ante lo que ha sido un altercado al patrimonio público, en desmedro de inversiones sensatas que han podido adelantarse y de la formación de recursos humanos para su incorporación al desarrollo. Estamos obligados por mandato del pueblo, ese que ha otorgado legitimación a ustedes en las patrióticas elecciones decembrinas, a sancionar la mayor corrupción de los recursos públicos que ha conocido Venezuela. No hacerlo es un desprecio al pueblo que os ha elegido. El deber no permite postergación. Es para cumplirlo y de inmediato. En los 4o años de democracia hay evidencias de intentos serios para el control, la sanción y la identificación de responsabilidades por el enriquecimiento ilícito de funcionarios y terceros que abultaron sus fortunas a merced de negocios con el Estado. Pero jamás se había incurrido en el latrocinio de los últimos 17 años, el cual inclusive ha trascendido las fronteras nacionales. Nuestros electores demandan identificación, sanciones, apropiación en favor del Estado de fortunas mal habidas y por supuesto hasta cárcel.

Este derecho de palabra que esta representación popular hoy reunida nos ha otorgado me inspira, demanda y obliga, como vengo a proponer acuerdos concernientes a la aplicación de alternativas constitucionales, entre otros que la Carta Magna asimismo prevé y que no deberían desestimarse, para poner término al período presidencial, a la reorganización del Tribunal Supremo de Justicia y a la perentoria necesidad de sancionar el enriquecimiento ilícito. Se trata de providencias afines a las potestades que la Constitución otorga a esta Asamblea y cuya aplicación retroalimentaría las expectativas que los venezolanos nos planteamos antes y después de las elecciones parlamentarias decembrinas.

He venido a invocar la aplicación del artículo 35o de la Carta Magna como fundamento para tales acuerdos parlamentarios, pues se trata de un precepto que legitima al pueblo, hoy representado en esta Asamblea casi constituyente y por tanto a ustedes para desconocer las autoridades, sin distingo de la calificación de las mismas, cuando hayan contrariado, como lo han hecho de manera indubitable, innega-

469

ble y crasamente los valores, principios y garantías democráticas y los derechos humanos. El Texto Fundamental, ha de entenderse, que cuando habilita al pueblo para ese desconocimiento se refiere a la rebelión o implosión popular, a una elección o a un Acuerdo Parlamentario del poder que ejerza la soberanía popular, hipótesis ultima que incumbe, no hay dudas, a esta Asamblea de Diputados.

Usted ha informado Señor Presidente que se aprobará una enmienda constitucional para acortar el período del Primer Magistrado, supuesto en el cual éste gobernaría hasta comienzos del 2017. Permítame que le diga que un año pareciera mucho tiempo ante la debacle nacional. A los venezolanos se les percibe desde lejos la angustia, la frustración y lo más grave la ira. Da la impresión de que el estallido social está a la vuelta de la esquina. Esfuerzos, por tanto, han de hacerse para que el Parlamento arbitre medidas con efectos más cercanos, los cuales pasan inclusive por la destitución y el abandono directo o indirecto, este último, por cierto, cuando el Primer Magistrado dejare de cumplir con sus obligaciones. ¿No será posible una providencia conforme al citado artículo 350 de la Carta Magna, puesto que si para algo está legitimado a desconocer el pueblo que ustedes representan es a la Presidencia de la República?

El distinguido venezolano Enrique Aristeguieta Gramcko formuló a usted un planteamiento relacionado con la ausencia de la nacionalidad venezolana del Primer Magistrado, supuesto en el cual serian írritos y absolutamente nulos los actos relacionados con la postulación y consecuente aceptación por el Consejo Nacional Electoral de Nicolás Maduro como candidato a la Primera Magistratura, y en consecuencia, su proclamación y juramentación como Jefe de Estado, todo ello de conformidad con el artículo 227 de la Constitución que como es sabido estatuye que para ser Presidente de la Republica se requiere ser venezolano por nacimiento y no poseer otra nacionalidad. Por cuanto la prueba de haber cumplido con ese requisito incumbe al propio Jefe de Estado y no lo hizo, como tampoco lo ha hecho hasta la fecha, no hay dudas de que esta Asamblea Parlamentaria ha de ejercer la potestad que le corresponde a fin de declarar vacante la Primera Magistratura, salvo que vencido un plazo de 3 días hábiles que los diputados le concederían para que presente la partida de nacimiento correspondiente. Por qué y para qué esperar más.

Presidente, usted ha planteado también la declaratoria de vacancia de la Primera Magistratura por abandono del cargo, con fundamento en que el señor Nicolás Maduro no ha cumplido con sus obligaciones constitucionales, pues más bien las ha descuidado, alternativa no carente de legitimidad que pudiera acordar esta Asamblea Nacional con el voto de la mayoría simple de sus integrantes o a lo sumo con las 3 quintas partes, quórum requerido para el voto de censura y subsecuente destitución del Vicepresidente, si se quisiera aplicar a través de una interpretación comparativa en el contexto integral del Texto Constitucional el artículo 24 de la misma. Permítanos que formulemos la misma interrogante anterior ¿Por qué y para qué esperar más?

En lo relacionado con el Tribunal Supremo de Justicia y el resto del Poder Judicial sabemos que el propio Reglamento Interior y de Debates legitima a los diputados para una moción sobre declaratoria de emergencia judicial mediante acto parlamentario sin forma de ley que constituya el marco de diversas reformas legislativas dirigidas a la reestructuración del Poder Judicial y la reforma de los procedimientos. La motivación sustancial estará en orden a la situación de impunidad que se refleja en la "Guerra Social" no declarada que todos los años cobra más de 25.000 víctimas y que ha afectado la forma de vida, la seguridad y bienes de los venezolanos.

En realidad, el alegato político también comprenderá la denuncia por la forma en que la Fiscal General de la República y el Tribunal Supremo de Justicia han atentado contra la institucionalidad democrática y la sistemática violación de la Constitución que permitió la consolidación de un poder incontrolado, lo cual podría derivar en la inhabilitación por "incapacidad moral" de los responsables de estos actos de violación de la Constitución.

Por ejemplo, la Sala Electoral usurpó la función de calificar a sus miembros de la Asamblea Nacional, al coartar el mandato y prerrogativas de los parlamentarios de Amazonas; así como también usurpó la función de proclamar al vencedor de la elección realizada por el C.N.E. La misma usurpación se materializó con la declaratoria de la Sala Constitucional que define la mayor arbitrariedad en materia de los Estados de Excepción.

En nuestro país la tradición constitucional ha identificado la calificación de los miembros del Parlamento como "atribución privativa" del cuerpo legislativo, no sujeta al examen o control de otros poderes. La Sala Electoral no podía por vía cautelar usurpar la función del CNE que acreditó a los nuevos parlamentarios y la de la misma Asamblea Nacional que los calificó.

El país pondera, asimismo, la iniciativa parlamentaria de designar una Comisión que analiza el procedimiento adelantado para la escogencia en diciembre pasado de un grupo de magistrados, teniendo confianza en que se proveerá a la nulidad de tales designaciones. Pero me atrevo a sugerir que tal análisis ha de hacerse asimismo en lo concerniente a los jueces restantes. Eso también lo reclama la Nación.

Pero nuevamente Señor Presidente y Señores Diputados el anhelo de los sufragantes es casi de súplica, pero al mismo tiempo, una demanda a la perentoriedad. Está consciente de que el tiempo transcurre en una especie de tira y encoje entre el parlamento y el TSJ y para eso no concurrió masivamente a las urnas decembrinas. Es por tales razones que ha de andarse con cautela, pero sin mucha prisa, razón para invitarles que analicen el Texto Fundamental y con base en él, que la hay y suficiente, se acuerde por esta Asamblea Nacional la restructuración del Tribunal Supremo de Justicia, con fundamento, entre muchas otras, en las circunstancias siguientes:

1. Que es notorio que las decisiones del Tribunal Supremo de Justicia, en crasa transgresión a los preceptos de la Constitución, han conducido a un proceso de desconstitucionalización, tipificado en la aplicación de aquello que la Carta Magna vigente no escritura, creándose consecuencialmente y de facto un régimen paralelo ajeno al Texto Fundamental, conforme al cual se adoptan los fallos, particularmente, aquellos en los cuales se dilucidan conflictos de potestades derivados del ejercicio arbitrario de ellas por el Poder Ejecutivo,

2. Que es igualmente del conocimiento público que los magistrados transgreden reiteradamente el artículo 256 de la Constitución, el cual en procura de la máxima de la independencia de los jueces, indispensable para una sana y objetiva adminis-

tración de justicia, les prohíbe realizar actividades vinculadas al proselitismo político, supuesto en el cual incurren en favor del gobierno y de las organizaciones políticas que lo respaldan, y

3. Que son evidentes las anomalías en las cuales se ha incurrido en lo concerniente al procedimiento constitucional para la escogencia de los magistrados, en inobservancia absoluta de los artículos 264 y 270 de la Constitución y de la Ley Orgánica del Tribunal Supremo de Justicia, circunstancias que afectan la legitimidad de las designaciones de tales jueces.

La restructuración a que se hace referencia se iniciaría con un Acuerdo de la Asamblea removiendo a los actuales magistrados de la Sala Constitucional, con la prohibición de que puedan proseguir en el ejercicio de sus funciones y, por tanto, resolver controversia constitucional alguna.

En lo relativo a la sanción al enriquecimiento ilícito esta Asamblea parlamentaria habría de tener en cuenta que la desproporcionada corrupción, resultado del ejercicio arbitrario del poder para fines que no son los previstos en la Constitución y que atenta contra la República y el bien común, el orden jurídico y la justicia, ha sido entre otros uno de los principales factores de deslegitimación del gobierno, pero, además, con graves daños para el país. En cierta oportunidad el doctor Rafael Caldera dijo que el pueblo venezolano tenía muchas Virtudes, no siendo una de ellas la de rechazar, tanto la corrupción como a corrupto. Esta Asamblea ha de ser ejemplarizante, estableciendo una Comisión Ad Hoc, mediante un Acuerdo, integrada por 12 venezolanos de notoria probidad a efectos de investigar el enriquecimiento de funcionarios públicos y terceros, aprovechándose de manera directa o indirecta del ejercicio de la función pública. La Carta Magna de 1961 contempló una disposición transitoria conforme a la cual se creó la Comisión contra el Enriquecimiento Ilícito de Funcionarios o Empleados Públicos para sancionar 10 hechos de corrupción contra el Estado cometidos durante la dictadura que feneciera el 23 de enero de 1958.

Esa experiencia pudiera servir de guía en esta oportunidad.

Señor Presidente,

Señores Diputados,

No desconozco que los diputados socialistas nos endilgaran que estarnos planteando un conflicto, pero los parlamentarios demócratas, por fortuna mayoría, entenderán que las providencias parlamentarias a que nos hemos referido responden a una exigencia constitucional al respeto a la soberanía popular expresada en las elecciones decembrinas del 2015 mediante la cual el pueblo en ejercicio del sufragio que le es inherente. Soberanía, por cierto, originaria, que se impone respetar por los demás poderes públicos y mucho más cuando las potestades que ejercen derivan del propio parlamento, entre ellos el Tribunal Supremo de Justicia, el Ministerio Publico, la Contraloría General de la Republica, La Defensoría del Pueblo, brancas éstas que plegadas a la voluntad del régimen están entrelazadas, articuladas, dispuestas y a merced del Presidente para avalar providencias, en su mayoría fuera del contexto constitucional. Pero algo que es tan grave como lo primero que ello los ha llevado a no ejercer sus atribuciones, supuesto que en sana interpretación de la Carta Magna supone el abandono del cargo. Y por consiguiente, a la casación de sus funciones que esta Asamblea casi Constituyente está legitimada para declarar.

Los venezolanos saben que he sido una predicadora del diálogo, camino a una reconciliación en procura de un buen gobierno y la paz de la nacional. Hoy vengo ante ustedes sin renunciar a ello, pero convencida de que aquello requiere como paso previo que esta Asamblea de Diputados responda con providencias urgentes a la grave crisis que confrontamos.

Estoy convencido de que en vuestras manos no ha de perderse esa esperanza, ni la Republica.

Gracias Presidente.

Gracias, respetados parlamentarios.

La discursante clama quietud a los parlamentarios, aduciendo que no ha terminado, pues ha de dar lectura a los Acuerdos Políticos que con la cooperación de destacados juristas ha elaborado y que desea proponer para su definitiva aprobación. La Presidencia advierte que de conformidad con el Reglamento Interior y de Debates Dona Petra Dolores Landaeta ha de proseguir en el uso de la palabra, permisión para que ésta deje formulada la proposición a la cual se ha referido.

2. *Acuerdos políticos propuestos...*

A Petra Dolores, ella misma no lo pudo explicar, una especie de fuerza interna le oprimió el pecho, pero sin causarle dolor, conduciéndola a la creencia de que discurseaba en la Asamblea Constituyente de 1947 o en el Congreso Nacional de 1961, para proponer como efectivamente lo hizo a todo pulmón, con voz serena, pero contundente, los Acuerdos Políticos siguientes:

a. *Primer Acuerdo propuesto... Reestructuración de la Sala Constitucional del Tribunal Supremo de Justicia... Sus considerandos...*

b. *Segundo Acuerdo...Decreto de emergencia Económica...*

c. *Tercer Acuerdo...Sanción al Enriquecimiento Ilícito...*

3. *La sesión de la Asamblea Nacional se suspende...*

Petra Dolores se propone a dar lectura a la parte dispositiva del Acuerdo para proseguir con los relacionados con el Decreto de emergencia Económica dictado por el gobierno. También el que ella ha preparado relativo a la sanción al enriquecimiento ilícito, pero la sesión ha de suspenderse por algarabía parlamentaria, razón por la cual guarda sus papeles y se ausenta protegida por disputados democráticos.

Se le invita para que prosiga en la sesión siguiente, dos semanas después, pero se niega expresando que Venezuela está en un pozo y que de allí le costará salir. Y Mucho menos, convertida en una Nación democrática. Los esfuerzos del 47 y 61, acota, tristemente se han perdido.

No puede convencérsele de lo contrario.

APUNTACIONES FINALES...

En atención a la diversidad de ideas, planteamientos, inquietudes, desasosiegos y citas de analistas latinoamericanos, entre ellos, por supuesto, venezolanos y de otros países, lo primero que debemos aseverar es que *"La Teoría Constituyente"* ha de ser entendida como la columna vertebral de la sociedad organizada conforme a un Pacto Social de naturaleza constitucional y que ésta ha de ser la guía para concluir con *Las Apuntaciones Finales* de este ensayo que se resumen de la manera siguiente:

I.

Primer grupo...

*Referidas a saber lo que se fue como país, se es y
se quiere ser...*

Se trata de aglutinar *Condicionantes de la Teoría,* en lo concerniente a las cuales, en el contexto de estos apuntes, ha de entenderse, por lógica, que presentan supuestos, hipótesis y condicionamientos, entre los cuales, han de hacerse referencia a:

1. El pueblo con tres acepciones, "la jurídica y política, conforme a la cual es el sujeto político en el que reside la soberanía constituyente de un Estado, la de índole social e ideológica, para la que es la comunidad humana con características culturales comunes y la genérica, entendido como conglomerado humano asociado a un territorio con creencias comunes, una memoria histórica, cultura y solidaridad[1]",

---

1   Web, junio 13, 2016.

2. El Estado, "el cual ha de contar con un territorio, una población, leyes, organismos de gobierno y soberanía interna y externa[2]",

3. La Nación, "*conjunto* de personas unidas por lazos patrióticos, historia común, tradiciones, costumbres, lengua y religión a pesar de no estar juntos territorialmente[3]", y

4. La sociedad, "conjunto de personas que conviven y se relacionan dentro de un mismo espacio y ámbito cultural[4]",

5. "La teoría constituyente" supone la compresión de tales condicionantes, conceptos y proposiciones, pero adicionalmente la asimilación de los mismos, los cuales a través de ese proceso adquieren definiciones específicas, técnicas y políticas que conducen a que quienes integran un conglomerado humano devengan ciudadanos y aquellos que la dirigen gobernantes, legisladores y jueces. La dialéctica que así se produce da lugar a nociones mucho más sofisticadas que vale la pena observar en las páginas del catedrático ecuatoriano Rodrigo Borja[5], ya citado en este ensayo:

a) *Al pueblo se atribuyen derechos y deberes políticos en la vida comunitaria para hacer posible la cooperación de los individuos en función de las metas que les son comunes,*

b) *En lo concerniente a "la Nación y al Estado" Borja estima que, aunque en el lenguaje común se los confunde con frecuencia, los conceptos nación y Estado son diferentes. El primero es étnico y antropológico referido a un grupo humano unido por vínculos naturales. El segundo es una estructura jurídica y política montada sobre la base natural de la nación. Para decirlo de otra manera, el Estado*

2   *Ibídem.*

3   *Ibídem.*

4   Web. Word Reference, Junio 13, 2016.

5   Disponible   en   http://enciclopediadelapolitica.org/Default.aspx?i=&por=p&idind=1252&termino.

es la vestidura orgánica y política de la nación. Es la nación jurídica y políticamente organizada. Una armazón colocada sobre la nación preexistente como unidad antropológica y social. Es, por tanto, el fundamento humano e histórico ab inmemorable sobre el que aquél se establece. Por eso se habla de Estado nacional",

c) *La sociedad "es el conjunto de personas dentro del cual el ser humano desenvuelve su vida con la ayuda de los demás. Es algo complejo, puesto que deviene en un intrincado sistema de interrelaciones humanas compuesto por la historia, el lenguaje, la comunicación, la cultura, el derecho en cualquiera de sus formas, la idiosincrasia, el movimiento, el espacio físico y el entorno ecológico. No debe confundirse Estado con sociedad. El primero es la organización jurídica y política que recibe la sociedad en un momento dado de su evolución histórica", y*

6. Es de observar también que *"la Teoría"* encuentra un pilar determinante en *"la soberanía"*, pudiéndose manifestar que la crea y establece el molde para su observancia. Borja la define así[6]:

a) *Es la facultad del Estado para conducirse sin obedecer a poderes ni autoridades ajenos a los suyos,*

b) *En este sentido está provisto de una potestad sustantiva, suprema, inapelable, irresistible y exclusiva que actúa y decide sobre su ser y modo de ordenación, la cual es inmanente, nace y se desenvuelve en el interior del propio Estado,*

c) *Es uno de los elementos esenciales del Estado, por lo que el orden jurídico suyo no deriva su validez de una norma superior de derecho positivo,*

d) *La supremacía de la soberanía consiste en que la voluntad del Estado no admite contrarresto en el orden inter-*

---

6   *Ibídem.*

no, dado que está respaldada por un poder supremo, irresistible, no condicionado,

e) *En razón de ello el poder del Estado está supra ordinado a todos los demás,*

f) *También, el Estado es soberano en cuanto tiene un imperium sobre su territorio, y*

g) *Desde la perspectiva internacional la soberanía es sinónimo de independencia,*

II

Segundo grupo…

Desarrollo y planificación económica...

Esencia de la Teoría...

En este grupo de condicionantes ha de hacerse mención obligatoria a la eficiencia en el manejo de la economía, con respecto a lo cual parecieran ilustrar estas ideas:

a) Los países estables se preocupan en dar una particular importancia a la economía, a consciencia de que ella constituye una vertiente necesaria, forzosa y determinante para el acceso a los bienes y servicios que el ser humano demanda, tanto para su subsistencia, como estabilidad y progreso,

b) Por ello sin arar en el descuido de otras de las columnas que sirven de anclaje a la equivalencia política y a la observancia de las formalidades, dedican pensamiento, lectura, análisis y tiempo a la generación de riqueza,

c) Esta apreciación puede servir para interpretar la frase *"economía, estúpido"*, propia de la campaña presidencial de Bill Clinton en los Estados Unidos (1992) y cuyo colofón pudiera parecerse a una manera de mandar a callar a los politiqueros de oficio ante discursos de galería, diciéndoles que lo determinante es lo que hay que conocer, atender y particularmente saber cómo hacerlo,

d) El Premio Nobel de Economía Paul Krugman lo pone de relieve nada más y nada menos que con respecto a los Estados Unidos al acotar que *"Estremece pensar en la respuesta a otra recesión si cualquier republicano llegase al Despacho Oval, una denuncia de que la política macroeconómica para hacer frente a las recesiones ha estado ausente del actual debate electoral en el gigante del norte... "*,

e) Si tuviéramos a un Krugman caribeño pensaríamos acaso que es plausible continuar proveyendo beneficios de recursos naturales que la providencia colocó en el subsuelo, los cuales ofrecemos a terceros países para que de la manera más sencilla los exploren, exploten y comercialicen, pagándonos por ello, pues de allí quienes nos mandan tendrán el maná y canonjías, prebendas y raciones que favorecen, inclusive, hasta electoralmente al populismo criollo, y

f) Este se encabrita como minoría en el poder manejando a su antojo a la mayoría de la cual deriva el gobierno que desempeña, pero con la gravedad que se rodea, inclusive, mediante formalidades escrituradas en las constituciones, de procedimientos para que la soberanía disponga de ellas destituyéndoles por ineficiente, corrompida, antidemocrática y tramposa, que terminan siendo imposible de cumplir, generando un desengaño popular inimaginable, pero que en "las sociedades débiles" sus pobladores las toleran acobijados en una pasividad incomprensible[7]".

Es de observar que en las sociedades débiles el desarrollo económico termina siendo determinante para propósitos concomitantes con la Teoría Constituyente, tales como el Estado, los poderes públicos, las relaciones interorgánicas, la soberanía, los derechos y deberes individuales, la administración de justicia, el control del gasto público y cualesquiera otras determinantes para el orden social que la propia *Teoría* postula y aunque parezca cacofónico que los últimos potencian a aquella. La amalgama ordenada termina configurando al Estado y sus tipologías, particularmente, a dilucidar si es democrático como lo

---

7   *El País*, Madrid, 13 FEB 2016 - 00:00 CET.

demanda el presente siglo o más bien opuesto a éste. Por supuesto, también por argumento a contrario a la identificación de las denominadas sociedades estables.

III

Tercer grupo...

Los fines, designios y propósitos de...

"La Teoría Constituyente"...

Los cuales en lo concerniente a los países latinoamericanos constituyen *"el anhelo*[8]*", entendido como tener ansia o deseo vehemente de convertirse en sociedades serias.* En lo que respecta a ellos nos permitimos acotar:

1. *La Teoría Constituyente* es el pensamiento de un grupo de personas, pueblo o conglomerado humano para configurarse como Estado-Nación y éste en sociedad estable, avanzada y portadora de progreso social,

2. Por tanto, es *"una tendencia"* a materializarse a través de un determinado proceso, modalidad o manera que acuerde adelantar el Estado-nación,

3. Es en este contexto que el filósofo, pues procura el qué y el cómo un conglomerado de seres humanos además de conformarse como Estado-nación alcance la materialización de la justicia en su sentido más amplio y consecuencialmente el bien común,

4. Es un proceso social a ejecutarse bajo las pautas de la progresividad y las adecuaciones necesarias para ajustar la metodología que supone a los fines a alcanzar,

5. Es jurídico, puesto que *"la tendencia"* que ella porta consigo y la define se formaliza mediante preceptos contenidos en una Constitución, Ley de Leyes, Carta Magna y Texto Fundamental, fuente normativa privilegiada, superior y primaria al cual

---

8   DRAE, 1992, Tomo I, p. 145.

han de ajustarse los preceptivos restantes destinada a regular la conducta del grupo social,

6. Es política, ya que regula el ejercicio del poder público, sus diferentes brancas, la separación y cooperación que han de existir entre ellas,

7. Es altruista en el sentido de que además de instituir, regimentar y determinar los fines del poder público, establece los derechos fundamentales para los ciudadanos y garantías para su observancia, que devienen en limitaciones de aquel,

8. Es deontológica, puesto que se inspira, postula y preconiza la aplicación de la Ley, la moral, la convivencia, la seriedad, la cultura, las buenas costumbres y en definitiva la formación integral del ser humano,

9. Está asistida de la vocación humana a la cooperación y a la satisfacción de las necesidades individuales y colectivas, a través de una explotación racional de los recursos naturales al servicio del hombre, sin discriminaciones entre ellos,

10. Postula el mayor número de felicidad posible a alcanzar en libertad y mediante el esfuerzo de cada quién,

11. Preconiza un Estado rector del proceso económico al servicio del hombre y que encause su acción a través de los mecanismos de la planificación para el logro de estadios aceptables de bienestar,

12. El Estado que reconoce ha de ser democrático, entendido como aquel respetuoso de la soberanía popular, de la libertad, la igualdad y los derechos humanos, así como un sistema de justicia fundamentado en la correcta aplicación de la Ley,

13. Se fundamenta en la sujeción del ejercicio del poder público a la soberanía que emana del pueblo y que lo elige, de manera que serían contrarios a su propia esencia preceptos, inclusive, de rango constitucional que obstaculicen, perturben o problematicen el ejercicio del referido poder,

14. De la imaginería, genialidad y sapiencia de contrato societario de Jean-Jacquess Rousseau deviene en Pacto Social, sujeto como sostiene Barrington Moore, Jr., en su libro *"Injustice; The Social Bases of Obedience and Revolt"*, las modificaciones que demanda el interés colectivo y de ser necesario a sustituírsele por uno nuevo[9], y

15. Los postulados consecuenciales de la filosofía, esencia y ratio de *"la Teoría"* es alcanzar, además, del bien común y el orden legal y muy particularmente su observancia,

IV

Cuarto grupo…

La imperatividad de la Teoría…

Fuerzas que la determinan…

No es exagerado manifestar que los venezolanos, como los latinoamericanos y sin excepciones, al miramos los unos a los otros como que nos transmitiéramos la temporalidad de la estabilidad de los gobiernos, cualquiera que sea la tipología de éstos, o sea, democracias, autocracias, dictaduras tradicionales y actuales, como la de las últimas décadas. Pero lo más grave es que ese convencimiento nos induce a convertirnos y ubicarnos en determinadas tipologías, grupos o categorías, tales como:

1. En buscadores de oportunidades, algunos para prepararnos en lo que a nuestras actividades profesionales, comerciales, empresariales, educativas y hasta amorosas respecta,

2. Otros para descubrir maniobras, ocasiones y metodologías para insertarnos directa o indirectamente en procura de beneficios propios en el gobierno de turno o de aquel por venir ante la debilidad del primero,

3. Aquellos que se dedican a la inversión de lo que tenemos, concluyendo como algunos que es más conveniente hacerlo

---

9   Barrington More, Jr., M.E. Sharpe Inc., Armonk, New York, pp. 45-48.

afuera o tener depositados con lo que contamos en la banca extranjera,

4. Los no creyentes, la mayoría, en actividades como la ganadería, la agricultura, la industria en sus diferentes ramas, por lo que transmitimos la impresión de que solo unos cuantos se avocan a las mismas, particularmente, integrantes de generaciones de inmigrantes que vinieron de Europa a raíz de la última guerra, y

5. Los de la pereza, flojera y vagancia o por lo menos del mínimo esfuerzo para sobrevivir sin aspiraciones.

Estas apreciaciones son fácilmente deducibles de los análisis de Carlos Rangel, Francisco Herrera Luque, Luis Pedro España y Axel Capriles. Por supuesto, existen otros que sostienen que somos:

1. Patriotas,

2. Honestos a carta cabal,

3. Trabajadores incansables,

4. Preparados, y

5. Católicos, por lo que, en principio, dedicamos mayor tiempo a cultivar más el alma que las cosas materiales.

A esta dicotomía, bifurcación y ambivalencia ha estado y prosigue estándolo supeditada en Venezuela y en los países restantes del Continente tanto *"La Teoría Constituyente, como La Tendencia que la misma postula y el Pacto Constitucional"* en el cual se escritura. Quien decida negarlo ha de hacer un enorme esfuerzo, dejándose apuntado que en la variada bibliografía en la que se fundamenta este ensayo no encontramos un soporte serio en tal sentido.

Más bien evidencias relativas a numerosas dudas en lo concerniente a la actuación de Hugo Chávez, lo cual pudiéramos dejar expresada, entre unas cuantas otras, con estas preguntas:

1. ¿Fue un hombre sincero,

2. Encantador de serpientes,

3. Sonó realmente con emular al Libertador,

4. Fue un bocazas,

5. Tenía preparación para gobernar,

6. Quiso realmente combatir la pobreza, sin esperar nada a cambio y mucho menos votos para su elección y reelección como jefe de Estado, y

7. Se propuso con franqueza una Venezuela igualitaria?

Pero también el planteamiento adicional por el cual trata de denunciarse que cualquiera que hubiese sido el supuesto de Chávez, a quien imputar la responsabilidad de la miseria humana a la cual prometió un estado digno y en lo que avanzó, tal vez como Robín Hood, hasta pocos días antes de su inesperado fallecimiento, cuyas consecuencias aún retumban a lo largo de la Patria.

V

Quinto grupo…

Minoría y mayoría…[10]
Democracia representativa y participativa…
Sociedades débiles…

Las condicionantes a que se ha hecho referencia en el Grupo II tienen una importancia determinante para "la Teoría, la Tendencia que ella postula y el Pacto Social escriturado conforme a la misma en una determinada Constitución, todas etapas del proceso constituyente y que concluye postulado una determinada tipología de sociedad, cuya materialización queda en manos de gobernantes y gobernados y muy particularmente a la tipología, genética, cultura, educación, honradez y formación de los mismos. La significación de la equivalencia entre minoría y mayoría en la conformación, presente, futuro y éxitos de *"La Teoría"* y sus capítulos consecuenciales obliga y muy particularmente en lo que concierne a las sociedades en formación a los comentarios siguientes:

_____

10 Guerra, *El Universal*, Caracas, junio 18, 2016.

1. La historia es más sencilla de explicar que comprender, pues dados a moldear escenarios convencidos de ser como *Leonardo Da Vinci*, pensamos que todo lo que haríamos resultaría óptimo,

2. En la década de los 80 se demandó la democratización de los partidos, lo que terminó acorchándose como *"la antipolítica"*, reservándose el vocablo *"partidocracia"* para lo que se cuestionaba,

3. Un dilema preocupante, pues páginas escritas acordonan por lo concierne a Venezuela que la Asamblea Constituyente del 99 fue resultado de un cambio ante la ilegitimidad de los órganos constitucionales y la debacle partidista que ejercieron el poder bajo el imperio del Texto del 61,

4. Las apreciaciones se confundieron con los vítores a Hugo Chávez alzado en armas contra el gobierno constitucional, pero, además, ya electo Presidente por el voto, sin saberse quién sugirió al Jefe de Estado la alternativa constituyente, pero no hay dudas de que ha debido ser alguien de *"la antipolítica"* conocedor del tema,

5. Lo cierto es que Hugo Chávez la convoca, escoge los asambleístas y probablemente por sugerencia de alguien más, resultan electos 6 académicos, para entonces no compenetrados con lo que terminó después en la Revolución Socialista, pero lo más grave es que el propio Presidente electo alejó del proceso que pasó a llamar *"revolucionario"*,

6. El resultado fue una nueva Constitución adornada de esperanzas, pero que su mentor aplicaría a su conveniencia,

7. No pareciera abusivo preguntarnos si quienes estimaron que una Asamblea Constituyente vigorizaría a la democracia que los teóricos consideraban moribunda hayan imaginado además que la Carta Magna aprobada iba a ser ejecutada a lo Macchiavello en dupla con Fouché, el Genio Tenebroso, amparándose sus cultores en uno de los postulados de la pretendida *"vigorización democrática"*, o sea, el reemplazo de *"la democracia representativa por la participativa"*,

8. Se impuso, por lógica, el nivel característico en las sociedades débiles, para comprar lo que terminó convirtiéndose en una *"trampa jaula de la democracia"*, a fin de supeditar *"la mayoría"* a la potestas de *"una minoría"*, a la cual la primera cedió la soberanía, quedando aquella con habilitación formal absoluta para dominarla,

9. La dicotomía entre *"antipolítica y partidocracia"* terminó siendo, pues, la fuente de *"un sablazo constitucional"* para enajenar la soberanía popular de la cual es titular *"la mayoría"*. Pero lo más grave es que *"el cintarazo"* prosigue a *"tracto sucesivo"*, a pesar de los múltiples esfuerzos y que tiene al país en alzamiento popular,

10. El amparo constitucional de *"la minoría"* derivó, en presuntos mecanismos de la llamada *"participación"*, zurcidos con ajuga de buen tamaño en una madeja bien tejida en el Texto del 99 al consagrar a un tal Poder Ciudadano ejercido por un presuntuoso Consejo Moral Republicano, que la gente manifiesta no saber qué es y de que a pesar de ser consumada ejercitante del sufragio aclara no haber participado en la elección de sus integrantes. Se trata de un poder establecido *"forever"* en el cual quedó embutida *"la minoría"*, cuya víctima es la Asamblea Nacional, o sea *"la mayoría"* que representa al pueblo. La soberanía quedó dividida en dos segmentos en una acentuada confrontación que potencia *"quien revocará a quien"*, pues las acciones de uno y otro se mueven pendularmente en el sentido de la debilidad del gobierno o de la alianza democrática, bloques que no han logrado entenderse. Más bien contraponerse,

11. La Asamblea Nacional ha venido ejecutando *"un plan de alternativas escalonadas"*, desde el cuestionamiento del ejercicio de la Primera Magistratura por nacionalidad, la reducción del periodo y la revocación del mandato,

12. Un *"ping pong"* de *"la mayoría y la minoría"* representada la última, en lo que atañe a la posibilidad revocatoria hoy propuesta, por el Consejo Nacional Electoral y lo que es más

grave por el Juez de rango constitucional, inserto como aquel en *"la minoría"*,

13. Más de uno duda de la posibilidad de un revocatorio y otros que de producirse el gobierno que asuma será tan vulnerable que todo lo malo puede sucederle, negativo, por supuesto, para la Nación, y

14. Algunos creen en un buen devenir, pensando en alternativas como el 18 de octubre del 45, el 23 de enero del 58 y una transición por fuerzas internas y externas con un Presidente y gobierno distintos, partidos vigorosos que representen de verdad al pueblo, una Constitución menos pomposa y más ejecutable, el país abierto a inversiones nacionales y foráneas, educación como mecanismo para surgir y respeto a la legalidad.

El tema de la Teoría constituyente es en definitiva problemático, lo cual se constata mucho más acentuado en las sociedades integradas a los países de América Latina, las cuales no terminan por consolidarse con arreglo a la constitución democrática en la cual aquella se inspira y potencia.

Por cuanto en este contexto es interés del presente ensayo acometer el caso venezolano ante la crisis que la sacude en el 2016, nos ha parecido conveniente que queden expresados apuntes finales en lo que respecta a este país, lo cual pasa a hacerse en los términos siguientes:

Apuntes concernientes a Venezuela…

Pareciera que las cartas están echadas, consecuencia de un esfuerzo que ha venido realizando la representación democrática, a través de un menú de opciones. Ha sido una especie de alternativas escalonadas una sucedánea de otra, entre ellas la de una consulta para revocar el mandato presidencial.

En lo referente a esta opción ha de expresar como fundamento de la misma:

1. La legitimación del pueblo para revocarse al Primer Magistrado es un derecho constitucional,

2. Un mecanismo incito en lo que la Carta Magna califica como democracia participativa, publicitada por Hugo Chávez ante las desviaciones denunciadas de la representativa,

3. Es consecuencia de que el soberano así como elige, mantiene la posibilidad de deslegitimar al mal elegido mediante el voto,

4. Ha de entenderse como la alternancia de la mayoría frente a una pésima minoría gobernante y,

5. La Carta Magna lo escritura en el artículo 72 configurando un referéndum revocatorio.

La alternativa confronta, no obstante, un arbitrario ventajismo oficial, propio de los pueblos a los que ha costado conformarse a un pacto constitucional. Al árbitro electoral se censura por las limitaciones a que ha sometido la petición.

Asimismo, a las providencias de la AN se les obstaculiza por el Poder Ejecutivo y la Sala Constitucional del TSJ, con una especie de espantajo, inclusive, de que se disuelva al parlamento. Se ha hecho referencia también a la nulidad de la instalación de la Asamblea y al allanamiento de la inmunidad de sus diputados.

Algunos piensan que de no concretarse el revocatorio, el reclamo castrense o la rebelión popular, el menú de alternativas pudiera dar paso a la convocatoria a una Asamblea Nacional Constituyente con el objeto de redactar un nuevo pacto social (Art. 347), pedimento que puede hacer el 15 % de los electores inscritos en el registro electoral (348). Por lo que quienes han venido propiciando esta iniciativa bajo la bandera de que a la Nación hay que reedificarla y que la constituyente es para eso y no simplemente para redactar una constitución, vería satisfecha su aspiración.

A favor de la alternativa constituyente pudiera razonarse:

1. Al país se le gobierna con una Constitución que a su conveniencia el régimen ha venido creando, durante el ya prolongado ejercicio del poder,

2. La escrita en el 99, además no haber tenido suerte y estar teñida de incertidumbre el pueblo no la quiere,

3.   Si Hugo Chávez la convocó para refundar a la República y en lugar de lograrlo la destruyó, por qué no se le convoca para reconstruirlo,

4.   Los venezolanos demandan pautas claras en un Acuerdo Societario, pues nos miramos y no sabemos quiénes somos y hacia dónde vamos y,

5.   La Constitución del 99 rompió con el régimen constitucional democrático de 1961, por lo que es necesario restablecer la democracia y a una nueva Venezuela. Los mentores de esta posibilidad opinan, además, que una Constituyente democrática es un camino para la reunificación de los venezolanos, lo cual ha de tomarse en cuenta y en lo inmediato.

El nuevo Pacto Social ha de postular, como lo plantea el Catedrático español de Teoría del Estado y Derecho Constitucional Juan Ferrando Badia, la transición a la democracia[11]:

1.   El pluralismo tanto e nivel de grupos sociales como políticos,

2.   Caminar hacia una sociedad más igualitaria, y

3.   Que hagamos viable el camino seguro hacia una democracia económica, social y política.

La propuesta constituyente, por supuesto, no garantiza que el comportamiento del Ejecutivo, el Tribunal Supremo de Justicia y el Consejo Nacional Electoral sea distinto al que se observa en lo relativo al referéndum revocatorio. Habrá que sortear, como hoy, el enclave que bajo la batuta de Chávez se armó para garantizar, cuando hiciere falta, interpretaciones interesadas de la Ley, no en beneficio de la democracia. Por el contrario, del oficialismo. Más de una doce de fallos en tal sentido ha dictado el Juez Constitucional.

Circunstancias que coadyuvan a que los gobernados acudan a opciones de hecho demandando respeto a su dignidad:

---

11   *Democracia frente a autocracia; Hacia una Democracia Económica, Social y Política*, Editorial Tecnos, Madrid, 1980, p. 129.

1.   El reclamo a las Fuerzas Armadas, con iguales inquietudes por la paz, el derecho a la vida y a la alimentación, a fin de que exija la observancia de la constitucionalidad (Art. 328),

2.   Al soldado se le enseña, además, el concepto de Patria y que a su servicio ha de estar,

3.   Otra posibilidad es aquella consecuencia de la indignación y del derecho a revelarse cuando a la gente se le pisotea en sus derechos, la libertad le es restringida y no consigue por las equivocaciones del gobernante bienes para subsistir. Recordemos el odioso plebiscito para legitimar a Pérez Jiménez en el poder (1957), ante el cual aviones de combate volaron el cielo caraqueño estimulando un movimiento popular, camino para una democracia de 4 décadas.

Esta última pareciera estar en marcha, demandando estimulo, coordinación y objetivos claros. Los medios se refieren al abultado listado de protestas a nivel nacional. Es ese hoy el clamor popular.

A MANERA DE CONCLUSIÓN...

En la tentativa de una conclusión, Dios quiera que se entienda que el ensayo se ha planteado analizar la metodología para convivir, entenderse, amarse, crecer, trabajar, esforzarse por surgir y no depender de los gobiernos, camino a una sociedad estable, en razón de lo cual queda desechada la compra de la conciencia al ser humano a través de una prebenda, canonjía, bolsa de comida o promesa de dársela.

Estas pautas deben inspirar tanto en el diseño, escritura y ejecución de una adecuada "Teoría Constituyente como en lo relativo a la tendencia de la misma y al Pacto Social Constitucional que escritura lo que aquella propone".

Tengamos, sin embargo, presente que parte considerable de la humanidad prefiere el pragmatismo como metodología de desarrollo y que la aproximación analítica está en un segundo plano, por lo que no está demás que procurando una especie de guía para nuestros propios enredos, como venezolanos nos preguntemos:

¿1. Quiénes fuimos,

2. Cómo hemos debido ser,

3. Qué es el ser humano,

4. A qué debía dedicarse, y

5. Qué ha de hacer?

El destacado profesor Juan David García Bacca si nos propusiéramos encontrar   algunas respuestas, da la impresión que nos aporta ideas para encontrarlas[1]:

1. *"La actitud práctica es la que predomina en el hombre, y la que tomamos ordinariamente ante las cosas... El hombre ordinario, precisamente por su afán de servirse de ellas, de utilizarlas, no ve lo que son, y sólo sabe aprovechar lo más externo y superficial... Solamente está interesado por aquellas que le sirven a las faenas y menesteres de todos los días,*

2. *No cuesta mucho darnos cuenta de cuán dócil es colocarse en plan y actitud de ver lo que las cosas nos están enseñando, ostentando... Es necesario conocer las ideas de las mismas, no sus utilidades, sus valores prácticos, hay que saber qué son, y no para qué sirven al hombre... Cuando se ha llegado a saber qué es una cosa, a cubrir su idea, se puede llegar a dominarla muchísimo más que cuando sólo se sabe usar de ella,*

3. *Es necesario dar la bienvenida a todos los seres, acogerlos cariñosamente, con interés, en la casa del alma, en el palacio del entendimiento, y enterarnos atentamente de qué o quiénes son, de qué se componen, cuáles son sus relaciones, qué es lo que nos enseñan o relatan... Este es el deber de universalidad...*

4. *Si hacemos el recuento de las cosas que nos interesan, veremos qué reducido es, frente al número inmenso de las que quedan fuera del ámbito de nuestras preocupaciones, ... Es necesario interesarse por todas, y abrazarlas, enterarse de sus esencias, de lo que tienen, de lo que las compone... Hemos de unirnos con lo eterno, lo inmutable, lo que permanece siempre idéntico, sin cambiar,*

---

1   Juan David García Bacca: "Elementos de Filosofía. Origen y evolución desde los griegos hasta el siglo XX; estructura, fundamentos y grandes temas". *Los libros de El Nacional*, Caracas, Editorial CEC, 1963. pp. 9-13.

5. *Las ideas, pues, las esencias, las definiciones son cosas eter-nas, inmutables, no sometidas al tiempo; y es necesario des-cubrirlas en todas las cosas, aun en las mudables, su esencia, su núcleo eterno, su idea siempre idéntica,*

6. *Es preciso estudiar las ideas de las cosas sensibles, del mun-do real y visible; la esencia del alma, la esencia de las ideas lógicas,..., la esencia de las virtudes...".*

Es de observar, en el contexto, que lo largo del ensayo resaltan co-mo circunstancias determinantes en el pasado, presente y futuro de los suramericanos, caracterizados por parte de algunos por el reinado de lo práctico tipificado en aquellos que aprovechan las ocasiones para sus propios beneficios, sin importarles el concepto de país, nación y mucho menos el de Patria. De ello las acentuadas diferencias humanas de una mínima minoría propietaria de patrimonios abundantes alcan-zados por actividades diversas y que inducen a pensar que en el conti-nente no es complicado hacerse rico y que lo difícil es hacerlo con el país donde se hacen las fortunas. La mayoría es la pobreza en sus dife-rentes niveles.

Para Petra Dolores Landaeta este escenario es determinante en la puesta en práctica de *"La Teoría Constituyente y de la Constitución que la estatuye"*, así como para que en el Continente no haya existido un constitucionalismo estable, con todas sus deplorables consecuen-cias.

EPÍLOGO

Petra Dolores está convencida, a pesar de las dificultades, sus desencantos y momentos de melancolía que vivirá para darse el gusto de percibir la transición de esta Venezuela a una democrática, rica, estable, sólida y de avanzada, como es la que merecen quienes en ella moramos.

Para la fecha tiene 94 años, edad que no es un obstáculo para que rete a la vida celebrando nupcias por primera vez con Genaro del Carmen Rivera, de Carúpano, cuyo oficio es el de coplero y galeronista, en cuyas rimas haya Doña Petra un entusiasmo para llegar al siglo. Antes no había conocido varón.

Pierde a Genaro a los 12 meses, entristeciéndose como es lógico, pero en las composiciones musicales escritas de su fiel compañero encuentra alivio para esa pena y la que siente por la crisis de la República.

Para el 2016, en la proximidad de una iniciativa opositora ante las autoridades electorales, Petra Dolores tararea *"Pueblo, revócalos" o mucho mejor "bárrelos"*, título de un galerón que desde su chinchorro Genaro entonaba.

No ve Petra Dolores la transición, muriendo con la angustia de no saber de quién fue la culpa.

Es así como termina el ensayo.

ÍNDICE GENERAL